PONS

Bildwörterbuch
Spanisch
Deutsch

W0209728

Mit Premium-App

PONS GmbH
Stuttgart

INHALT

ÍNDICE

LEICHTER LERNEN MIT BILDERN – WARUM IST DAS SO?

Liebe Leserin, lieber Leser,

wie wichtig die Bedeutung von Bildern ist, wenn es um das Merken von Begriffen geht, wissen wir seit Jahren aus der Lernpsychologie. Kennen Sie das? Wenn Sie ein Bild zu einem Wort sehen, bleibt das Wort viel schneller im Gedächtnis haften, als wenn es nur geschrieben dasteht. Und wenn es darum geht, in einer fremden Sprache Wortschatz nicht nur nachzuschlagen, sondern auch zu verstehen und ihn sich zu merken, unterstützen die Bilder Sie dabei, sich die Wörter schneller und besser einzuprägen. Das hat ganz einfache Gründe:

→ ***Bilder wirken schneller und direkter als reiner Text.*** *Schon als kleine Kinder denken wir in Bildern und können sie ganz intuitiv entschlüsseln, interpretieren und aufnehmen. Sind Bilder mit Wörtern verknüpft, bilden sie eine Einheit, die unser Gehirn mit hoher Effizienz verarbeitet und abspeichert.*

→ ***Bilder erleichtern und unterstützen das Verständnis.*** *Sie vermitteln Zusammenhänge und liefern uns deutlich mehr Informationen als nur Text alleine.*

→ ***Bilder sind emotional.*** *Sie wecken unser Interesse, steigern unsere Motivation und bleiben besser im Gedächtnis haften als Text alleine.*

→ ***Bilder machen Freude.*** *Wo viel Text abschreckt, sorgen Bilder dafür, dass uns das Lernen Spaß macht, und wir bleiben länger bei der Sache.*

Gesehen, verstanden und schon gemerkt – so leicht kann das visuelle Lernen sein. Überzeugen Sie sich selbst!

Ihre

PONS-Redaktion

SE APRENDE MEJOR CON IMÁGENES, ¿POR QUÉ?

Querida lectora, querido lector:

Gracias a la psicología del aprendizaje hace años que sabemos la importancia que tienen las imágenes en la retención y aprendizaje de términos. ¿Sabía que si ve una imagen y, automáticamente, relaciona una palabra con ella, el término queda registrado mucho más rápidamente en la memoria que si solo leyera la palabra escrita? Por lo tanto, si al aprender un idioma extranjero se trata no solo de consultar el vocabulario que se desconoce sino de entenderlo y de memorizarlo, las imágenes favorecen un aprendizaje mucho más rápido y eficaz. Todo esto tiene razones muy sencillas:

→ **Las imágenes tienen un efecto más rápido y directo que el simple texto.** Desde la edad más temprana pensamos en imágenes, somos capaces de descifrarlas, interpretarlas y memorizarlas intuitivamente. Si imagen y palabra quedan vinculadas, forman una unidad que nuestro cerebro procesa y almacena con gran eficacia.

→ **Las imágenes facilitan y fomentan la comprensión.** Las imágenes transmiten contextos y nos proporcionan una información más clara que el mero texto.

→ **Las imágenes tienen una gran carga emocional.** Despiertan nuestro interés, aumentan nuestra motivación y arraigan en la mente mucho más fácilmente que el texto.

→ **Las imágenes nos alegran siempre.** Las imágenes nos proporcionan diversión mientras aprendemos allí donde solo nos veríamos desalentados por un texto extenso, así que, automáticamente, centramos nuestra atención durante un periodo de tiempo más prolongado.

Visto, entendido y memorizado, así de fácil puede resultar el aprendizaje visual. ¡Convénzase usted mismo!

Su

Redacción PONS

SO ARBEITEN SIE EFFIZIENT MIT DEM BILDWÖRTERBUCH

die Erdbeere
la **fresa**
[ˈfresa]

die Himbeere
la **frambuesa**
[framˈbwesa]

die Brombeere
la **(zarza)mora**
[(θarθa)ˈmora]

die Heidelbeere
el **arándano**
[aˈraṇdano]

Ganz gleich, ob Sie erst anfangen, eine Fremdsprache zu erlernen, oder ob Sie bereits über gute Sprachkenntnisse verfügen: Dieses Wörterbuch ist Ihr idealer Begleiter. Für jede Sprache decken rund 8.000 Begriffe alle Bereiche des Alltags ab und die Kombination von Wort und Bild ermöglicht Ihnen, Wörter schnell nachzuschlagen, zu übersetzen und sich mühelos einzuprägen. Hier die wichtigsten Tipps, wie Sie den größten Nutzen aus diesem Wörterbuch ziehen:

No importa si hace poco que comenzó a aprender una lengua extranjera o si ya goza de buenos conocimientos: este diccionario es en todo caso un compañero útil y fiel. Los 8 000 términos en cada idioma abarcan todos los ámbitos de la vida cotidiana. La combinación de imagen y término favorece la consulta, la traducción y la memorización sin esfuerzo. A continuación los consejos más importantes para sacarle el mayor partido a este diccionario.

1. Wörter im Zusammenhang lernen

Wörter werden schneller gemerkt, wenn man sie im Kontext lernt. Aus diesem Grund ist dieses Wörterbuch nach Themenfeldern aus dem Alltagsleben gegliedert. Ganz gleich, in welches Thema Sie eintauchen - ob Einkaufen, Kleidung, Lebensmittel oder Familie - betrachten Sie beim Lernen das Thema als Ganzes und versuchen Sie, möglichst viele Wörter aus dem Themenbereich aufzunehmen. Sie werden erstaunt sein, wie viel Wortschatz Sie sich in kürzester Zeit merken können.

1. Aprender términos en su contexto

Cualquier término se memoriza mucho más rápido si se aprende en su contexto. Por esta razón hemos dividido el diccionario en campos temáticos de la vida cotidiana. Es indiferente el tema que elija (ir de compras, ropa, alimentos o familia y parentescos), considere cada campo temático como una unidad y trate de asimilar de cada tema tantas palabras como pueda. Seguro que se sorprenderá al comprobar cuánto vocabulario es capaz de memorizar en tan corto espacio de tiempo.

LA MANERA MÁS EFICAZ DE TRABAJAR CON EL DICCIONARIO VISUAL

Herzlichen Glückwunsch!	**¡Felicidades!** [feliθi'ðaðes]
Alles Gute zum Geburtstag!	**¡Feliz cumpleaños!** [fe'liθ kumple'aɲos]
Wie viel Uhr ist es?	**¿Qué hora es?** [ke 'ora es]
Es ist zwei Uhr.	**Son las dos.** [son las dos]
Guten Appetit!	**¡Buen provecho!** [bwen pro'βetʃo]
Zum Wohl!	**¡Salud!** [sa'luð]
①	②

2. Die wichtigsten Schlüsselsätze auf einen Blick

Ob in der Fremdsprache nach der Uhrzeit fragen, oder zum Geburtstag gratulieren: In den 13 thematisch sortierten Kapiteln finden Sie neben der reinen Wort-Bild-Zuordnung die wichtigsten Sätze für die häufigsten Situationen ①. Prägen Sie sich diese Schlüsselsätze gut ein und schon haben Sie den Grundstein für eine erfolgreiche Kommunikation gelegt.

2. Las expresiones más importantes de un solo vistazo

Preguntar por la hora o felicitar un cumpleaños en una lengua extranjera: En los 13 capítulos ordenados según diferentes temas encontrará, además de las imágenes con su término correspondiente, las expresiones más importantes para las situaciones más frecuentes ①. Memorice bien estas expresiones y habrá conseguido cimentar la comunicación en esa lengua.

3. Richtig aussprechen

Damit Sie jedes Wort richtig aussprechen, haben wir allen Wörtern und Sätzen eine Lautschrift beigefügt ②. Eine Übersicht über die verwendeten phonetischen Zeichen finden Sie bequem auf der letzten Seite des Buches.

3. La pronunciación correcta

Para que pueda pronunciar correctamente cada término en el idioma extranjero hemos transcrito cada palabra y cada expresión con signos fonéticos ②. En la última página del diccionario encontrará, para cualquier consulta, una relación de todos los signos fonéticos que hemos utilizado.

INDEX DEUTSCH - **ÍNDICE ALEMÁN**	**394**
INDEX SPANISCH - **ÍNDICE ESPAÑOL**	**417**

③

glutenfrei
sin gluten
[sin ˈgluten]

laktosefrei
sin lactosa
[sin lakˈtosa]

④

4. Schnell übersetzen

Wenn es einfach schnell gehen muss, schlagen Sie im Anhang im Stichwortverzeichnis die richtige Übersetzung nach ③. Dort ist jedes Stichwort in Deutsch und Spanisch in alphabetischer Reihenfolge aufgeführt und im Nu gefunden.

4. Traduzca rápidamente

Cuando tenga que consultar una traducción con rapidez nada más fácil que ir al índice de términos en el apéndice del diccionario ③. Allí encontrará todos y cada uno de los términos en alemán y español perfectamente ordenados según el alfabeto.

5. Für den Notfall

Bilder sind eine universelle Sprache, die von allen Kulturen verstanden werden. Sollten Ihnen doch mal die Worte fehlen, zeigen Sie einfach auf das entsprechende Bild ④. Ob im Hotel, Restaurant oder auf der Straße - so können Sie sich überall auf der Welt ganz ohne Sprache verständigen.

5. En caso de emergencia

Las imágenes representan un lenguaje universal entendido por todas las culturas. Si alguna vez se queda sin la palabra adecuada, simplemente señale la imagen correspondiente ④. Sea en un hotel, en un restaurante o en la calle, así podrá hacerse entender sin palabras en cualquier parte del mundo.

6. Noch mehr Sprache

Für die ersten Schritte in der fremden Sprache liefern Ihnen die Extras im Anhang des Bildwörterbuchs praktische Unterstützung: Mit den wichtigsten Sätzen auf Deutsch und auf Spanisch sind Sie für den gelungenen Einstieg in die Fremdsprache gewappnet. Und wenn es darum geht, eigene Sätze zu bilden, hilft Ihnen unsere ausführliche Verbliste, wo Sie auch abstrakte Verben, die sich nicht abbilden lassen, nachschlagen und übersetzen können.

6. Todavía más lengua

Para los primeros pasos en la lengua extranjera, los extras en el anexo del diccionario de imágenes le suministrarán un apoyo práctico: con las frases más importantes en alemán y en español estará más que preparado para empezar con éxito con la lengua extranjera. Y si de lo que se trata es formar frases propias, la extensa lista de verbos le va a ayudar. En esta lista encontrará verbos de significado abstracto, que no se pueden representar en imágenes, y los encontrará traducidos.

die Bankkauffrau
la **empleada titulada de banca**
[emple'aða titu'laða de 'baŋka]

der Lehrer
el **profesor**
[profe'sor]

die Ingenieurin
la **ingeniera**
[iŋxe'njera]

der Kellner
el **camarero**
[kama'rero]

Das sollten Sie noch wissen

Die Stichwörter in diesem Wörterbuch stehen immer in der Einzahl, es sei denn sie werden in der Regel nur in der Pluralform verwendet.

Lo que todavía debería saber

Los términos de este diccionario aparecen siempre en singular, a excepción de aquellos que, por regla general, solo se utilizan en su forma plural.

Es war uns wichtig, bei Funktions- und Berufsbezeichnungen Männer und Frauen gleichermaßen und gleichberechtigt zu berücksichtigen. Da wir aber aus Platzgründen nicht immer beide Geschlechter gleichzeitig abbilden können, haben wir uns immer für eines entscheiden müssen. Dabei orientiert sich das Geschlecht des Worts immer am Geschlecht der abgebildeten Figur.

Para nosotros era muy importante tratar con igualdad e igualitariamente las actividades, la profesión o la categoría profesional de hombres y mujeres. Sin embargo, por motivos de espacio, ha sido imposible plasmar siempre la versión femenina y la masculina, viéndonos obligados a decantarnos por una u otra. Así, el género del término se ciñe siempre a la imagen que aparece.

MENSCHEN

GENTE

DIE FAMILIE – LA FAMILIA

Der Stammbaum – El árbol genealógico

der Schwiegervater
el **suegro**
[ˈsweɣro]

die Schwiegermutter
la **suegra**
[ˈsweɣra]

die Schwägerin
la **cuñada**
[kuˈɲaða]

der Schwager
el **cuñado**
[kuˈɲaðo]

der Ehemann
el **marido**
[maˈriðo]

die Ehefrau
la **esposa**
[esˈposa]

der Schwiegersohn
el **yerno**
[ˈɟerno]

die Tochter
la **hija**
[ˈixa]

der Sohn
el **hijo**
[ˈixo]

der Enkel
el **nieto**
[ˈnjeto]

die Enkelin
la **nieta**
[ˈnjeta]

DIE FAMILIE – LA FAMILIA

Der Stammbaum – El árbol genealógico

der Großvater
el **abuelo**
[aˈβwelo]

die Großmutter
la **abuela**
[aˈβwela]

die Mutter
la **madre**
[ˈmaðre]

der Vater
el **padre**
[ˈpaðre]

die Tante
la **tía**
[ˈtia]

der Onkel
el **tío**
[ˈtio]

die Schwester
la **hermana**
[erˈmana]

der Bruder
el **hermano**
[erˈmano]

die Cousine
la **prima**
[ˈprima]

die Nichte
la **sobrina**
[soˈβrina]

der Neffe
el **sobrino**
[soˈβrino]

der/die Verwandte	el **familiar** [famiˈljar]
die Großeltern	los **abuelos** [aˈβwelos]
die Eltern	los **padres** [ˈpaðres]
das Ehepaar	el **matrimonio** [matriˈmonjo]
der Vorfahre	el **antepasado** [an̦tepaˈsaðo, -a]
ledig	**soltero (-a)** [sol̦ˈtero, -a]
verheiratet	**casado (-a)** [kaˈsaðo, -a]
geschieden	**divorciado (-a)** [diβorˈθjaðo, -a]
verlobt	**prometido (-a)** [promeˈtiðo, -a]
verwitwet	**viudo (-a)** [ˈbjuðo, -a]
verwandt	**emparentado (-a)** [emparen̦ˈtaðo, -a]

BEZIEHUNGEN – RELACIONES SOCIALES

Familie und Lebensphasen – Familia y fases en la vida

das Baby
el **bebé**
[be'βe]

das Kind
el **niño**
['niɲo]

Herr ...
señor...
[se'ɲor]

der Mann
el **hombre**
['ombre]

die Jugendliche
la **joven**
['xoβen]

die Zwillinge
las **gemelas**
[xe'melas]

die Frau
la **mujer**
[mu'xer]

Frau ...
señora...
[se'ɲora]

der/die Bekannte
el (la) **conocido (-a)**
[kono'θiðo, -a]

der Junge
el **chico**
['tʃiko]

das Mädchen
la **chica**
['tʃika]

die Freunde
los **amigos**
[a'miɣos]

das Paar
la **pareja**
[pa'rexa]

die Freundin
la **novia**
['noβja]

der Freund
el **novio**
['noβjo]

der Erwachsene	el **adulto** [a'ðul̩to]
die Geschwister	los **hermanos** [er'manos]
der Patenonkel	el **padrino** [pa'ðrino]
die Patentante	la **madrina** [ma'ðrina]
der Stiefvater	el **padrastro** [pa'ðrastro]
die Stiefmutter	la **madrastra** [ma'ðrastra]
der Stiefbruder	el **hermanastro** [erma'nastro]
die Stiefschwester	la **hermanastra** [erma'nastra]
der Nachbar	el **vecino** [be'θino]
die Nachbarin	la **vecina** [be'θina]

BEZIEHUNGEN – RELACIONES SOCIALES

Begrüßen und verabschieden – Saludar y despedirse

jemanden vorstellen
presentar a alguien
[preseṇˈtar a ˈalɣjen]

jemanden begrüßen
saludar a alguien
[saluˈðar a alɣjen]

sich die Hand geben
darse la mano
[ˈdarse la ˈmano]

sich verbeugen
hacer una reverencia
[aˈθer ˈuna rreβeˈreṇθja]

sich umarmen
abrazarse
[aβraˈθarse]

lachen
reír
[rreˈir]

weinen
llorar
[ʎoˈrar]

sich verabschieden
despedirse
[despeˈðirse]

einen Knicks machen
hacer una ligera reverencia
[aˈθer ˈuna liˈxera rreβeˈreṇθja]

winken
saludar con la mano
[saluˈðar kon la ˈmano]

jemandem einen Kuss geben
darle a alguien un beso
[ˈdarle a ˈalɣjen un ˈbeso]

jemanden anrufen
llamar a alguien por teléfono
[ʎaˈmar a ˈalɣjen por teˈlefono]

Hallo!	**¡Hola!**	[ˈola]
Guten Tag!	**¡Buenos días!**	[ˈbwenos ˈdias]
Guten Morgen!	**¡Buenos días!**	[ˈbwenos ˈdias]
Guten Abend!	**¡Buenas tardes!/¡Buenas noches!**	[ˈbwenas ˈtarðes/ˈbwenas ˈnoʧes]
Wie heißt du?	**¿Cómo te llamas?**	[ˈkomo te ˈʎamas]
Wie heißen Sie?	**¿Cómo se llama usted?**	[ˈkomo se ˈʎama usˈteð]
Ich heiße ...	**Me llamo...**	[me ˈʎamo]
Herzlich willkommen!	**¡Bienvenido!/¡Bienvenida!**	[bjembeˈniðo/bjembeˈniða]
Tschüss!	**¡Adiós!**	[aˈðjos]
Auf Wiedersehen!	**¡Hasta la vista!**	[ˈasta la ˈbista]

das kleine Geschenk
el **detalle**
[deˈtaʎe]

EREIGNISSE IM LEBEN - SUCESOS EN LA VIDA

Feste - Festejos

die Hochzeit
la **boda**
[ˈboða]

der Geburtstag
el **cumpleaños**
[kumpleˈaɲos]

das Weihnachten
la **Navidad**
[naβiˈðað]

der Valentinstag
el **Día de San Valentín**
[ˈdia de san balen̪ˈtin]

das Thanksgiving
el **Día de Acción de Gracias**
[ˈdia aɣˈθjon de ˈgraθjas]

das Halloween
la **fiesta de Halloween**
[ˈfjesta de xeloˈɣuin]

der/das Silvester
la **Nochevieja**
[noʧeˈβjexa]

das Ostern
la **Pascua de Resurrección**
[ˈpaskwa de rresurreɣˈθjon]

die Hanukkah
la **Janucá**
[xanuˈka]

das Wesakfest
el **Vesak**
[beˈsak]

das Ramadanfest
la fiesta del fin de Ramadán
[ˈfjesta del fin de rramaˈðan]

das chinesische Neujahr
el **año nuevo chino**
[ˈaɲo ˈnweβo ˈʧino]

der Karneval
el **carnaval**
[karnaˈβal]

das Diwalifest	el **Divali** [diˈβali]
das Passah	el **Pésaj** [ˈpesax]
die Feier	la **festividad** [festiβiˈðað]
der Hochzeitstag	el **aniversario de boda** [aniβerˈsarjo de ˈboða]
der Feiertag	el **día festivo** [ˈdia fesˈtiβo]
der Muttertag	el **Día de la Madre** [ˈdia de la ˈmaðre]
der Vatertag	el **Día del Padre** [ˈdia del ˈpaðre]
die Taufe	el **bautizo** [bau̯ˈtiθo]
Herzlichen Glückwunsch!	**¡Felicidades!** [feliθiˈðaðes]
Alles Gute zum Geburtstag!	**¡Feliz cumpleaños!** [feˈliθ kumpleˈaɲos]

EREIGNISSE IM LEBEN – SUCESOS EN LA VIDA

Wendepunkte – Momentos decisivos

die Geburt
el **nacimiento**
[naθiˈmjen̩to]

der Kindergarten
el **preescolar**
[pre(e)skoˈlar]

die Einschulung
la **escolarización**
[eskolariθaˈθjon]

der Schulabschlussball
el **baile de graduación**
[ˈbai̯le de graðwaˈθjon]

der Studienabschluss
la **graduación universitaria**
[graðwaˈθjon uniβersiˈtarja]

der Berufseinstieg
la **entrada en el mundo laboral**
[en̩ˈtraða en el ˈmun̩do laβoˈral]

sich verlieben
enamorarse
[enamoˈrarse]

sich verloben
prometerse
[promeˈterse]

heiraten
casarse
[kaˈsarse]

die Schwangerschaft
el **embarazo**
[embaˈraθo]

umziehen
mudarse
[muˈðarse]

in Rente gehen
jubilarse
[xuβiˈlarse]

die Beerdigung
el **entierro**
[en̩ˈtjerro]

volljährig werden	**cumplir la mayoría de edad** [kumˈplir la maɟoˈria de eˈðað]
jemandem einen Heiratsantrag machen	**pedir la mano de alguien** [peˈðir la mano de ˈalɣjen]
das Brautkleid	el **traje de novia** [ˈtraxe de ˈnoβja]
die Braut	la **novia** [ˈnoβja]
der Bräutigam	el **novio** [ˈnoβjo]
eine Familie gründen	**formar una familia** [forˈmar ˈuna faˈmilja]
die Scheidung	el **divorcio** [diˈβorθjo]
sich scheiden lassen	**divorciarse** [diβorˈθjarse]
sterben	**morir** [moˈrir]

MENSCHEN BESCHREIBEN – DESCRIBIR PERSONAS

Das Gesicht – La cara

das Haar
el **pelo**
[ˈpelo]

die Augenbraue
la **ceja**
[ˈθexa]

die Stirn
la **frente**
[ˈfren̪te]

die Wimper
la **pestaña**
[pesˈtaɲa]

die Schläfe
la **sien**
[sjen]

das Auge
el **ojo**
[ˈoxo]

die Nase
la **nariz**
[naˈriθ]

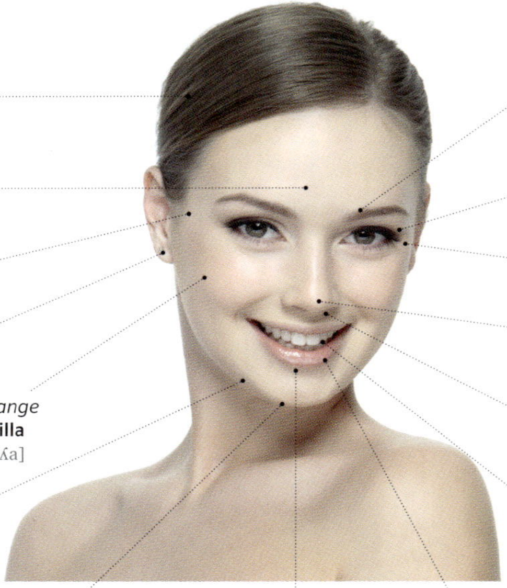

das Ohr
la **oreja**
[oˈrexa]

die Wange
la **mejilla**
[meˈxiʎa]

das Nasenloch
el **orificio de la nariz**
[oriˈfiθjo de la naˈriθ]

der Unterkiefer
la **mandíbula inferior**
[man̪ˈdiβula iɱfeˈrjor]

der Zahn
el **diente**
[ˈdjen̪te]

das Kinn
la **barbilla**
[barˈβiʎa]

der Mund
la **boca**
[ˈboka]

die Lippe
el **labio**
[ˈlaβjo]

eine Grimasse schneiden
poner carotas
[poˈner kaˈrotas]

die Haut	la **piel** [pjel]
die Falte	la **arruga** [aˈrruɣa]
das Muttermal	el **lunar** [luˈnar]
das Grübchen	el **hoyuelo** [oˈɟʝwelo]
die Sommersprossen	las **pecas** [ˈpekas]
die Pore	el **poro** [ˈporo]
der Pickel	la **espinilla** [espiˈniʎa]

MENSCHEN BESCHREIBEN – DESCRIBIR PERSONAS

Das Haar – El cabello

rothaarig
pelirrojo (-a)
[peliˈrroxo, -a]

gewellt
ondulado (-a)
[oṇduˈlaðo, -a]

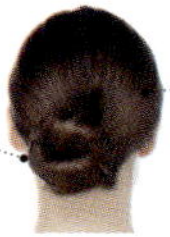

der Dutt
el **moño**
[ˈmoɲo]

brünett
castaño (-a)
[kasˈtaɲo, -a]

der Kurzhaarschnitt
el **pelo corto**
[ˈpelo ˈkorto]

grau meliert
entrecano (-a)
[eṇtreˈkano, -a]

die Perücke
la **peluca**
[peˈluka]

der Stufenschnitt
el **corte escalado**
[ˈkorte eskaˈlaðo]

der Pony
el **flequillo**
[fleˈkiʎo]

die Strähnchen
las **mechas**
[ˈmetʃas]

die Bobfrisur
el **corte bob**
[ˈkorte bob]

glatt
liso (-a)
[ˈliso, -a]

blond
rubio (-a)
[ˈrruβjo, -a]

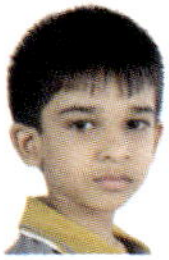

dunkel
moreno (-a)
[moˈreno, -a]

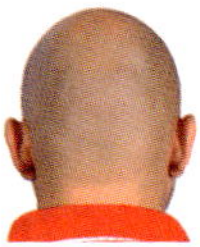

die Glatze
la **calva**
[ˈkalβa]

der Pferdeschwanz
la **cola (de caballo)**
[ˈkola (de kaˈβaʎo)]

lockig
rizado (-a)
[rriˈθaðo, -a]

der Zopf
la **trenza**
[ˈtreṇθa]

MENSCHEN BESCHREIBEN – DESCRIBIR PERSONAS

Die äußere Erscheinung – La apariencia exterior

der Bart
la **barba**
[ˈbarβa]

der Schnurrbart
el **bigote**
[biˈɣote]

jung
joven
[ˈxoβen]

alt
viejo (-a)
[ˈbjexo, -a]

muskulös
musculoso (-a)
[muskuˈloso, -a]

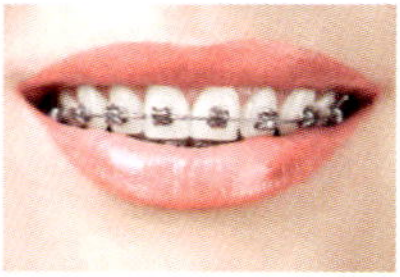

die Zahnspange
el **aparato de ortodoncia**
[apaˈrato de ortoˈðoṇθja]

blass
pálido (-a)
[ˈpaliðo, -a]

sonnengebräunt
moreno (-a)
[moˈreno, -a]

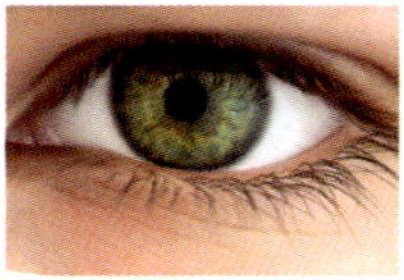

die grünen Augen
los **ojos verdes**
[ˈoxos ˈberðes]

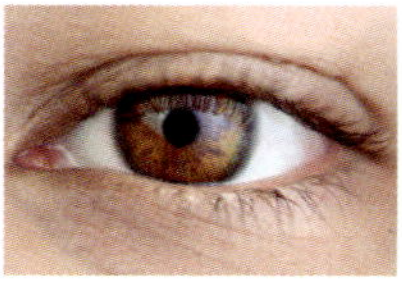

die braunen Augen
los **ojos castaños**
[ˈoxos kasˈtaɲos]

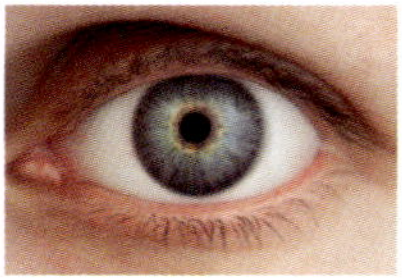

die grauen Augen
los **ojos grises**
[ˈoxos ˈgrises]

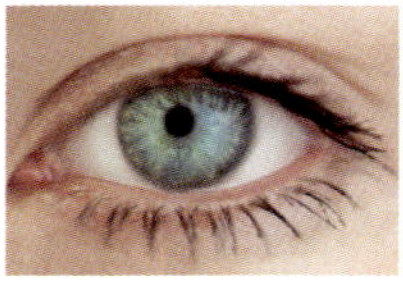

die blauen Augen
los **ojos azules**
[ˈoxos aˈθules]

attraktiv	**atractivo (-a)** [atrakˈtiβo, -a]
hübsch	**guapo (-a)** [ˈgwapo, -a]
hässlich	**feo (-a)** [ˈfeo, -a]
schön	**bonito (-a)** [boˈnito, -a]
jemanden nach dem Äußeren beurteilen	**juzgar a alguien por su apariencia** [xuθˈɣar a ˈalɣjen por su apaˈrjeṇθja]
schlank	**delgado (-a)** [delˈɣaðo, -a]
dick	**gordo (-a)** [ˈgorðo, -a]
groß	**alto (-a)** [ˈal̦to, -a]
klein	**bajo (-a)** [ˈbaxo, -a]
die Narbe	la **cicatriz** [θikaˈtriθ]

MENSCHEN BESCHREIBEN - DESCRIBIR PERSONAS

Gefühle und Persönlichkeit - Sentimientos y personalidad

glücklich
feliz
[feˈliθ]

stolz
orgulloso (-a)
[orɣuˈʎoso, -a]

überrascht
sorprendido (-a)
[sorpren̪ˈdiðo, -a]

aufgeregt
nervioso (-a)
[nerˈβjoso, -a]

verlegen
avergonzado (-a)
[aβerɣon̪ˈθaðo, -a]

verwirrt
confuso (-a)
[koɱˈfuso, -a]

schüchtern
tímido (-a)
[ˈtimiðo, -a]

nachdenklich
pensativo (-a)
[pensaˈtiβo, -a]

neugierig
curioso (-a)
[kuˈrjoso, -a]

niedlich
rico (-a)
[ˈrriko, -a]

verliebt
enamorado (-a)
[enamoˈraðo, -a]

selbstbewusst
seguro (-a) de sí mismo (-a)
[seˈɣuro (-a) de si ˈmismo (-a)]

offen	**abierto (-a)** [aˈβjerto, -a]
tolerant	**tolerante** [toleˈran̪te]
geduldig	**paciente** [paˈθjen̪te]
freundlich	**amable** [aˈmaβle]
sympathisch	**simpático (-a)** [simˈpatiko, -a]
nett	**majo (-a)** [ˈmaxo, -a]
lächeln	**sonreír** [sonreˈir]
Ich bin verärgert/froh/traurig.	**Estoy enojado (-a)/contento (-a)/triste.** [esˈtoi̯ enoˈxaðo (-a)/kon̪ˈten̪to (-a)/ˈtriste]

MENSCHEN BESCHREIBEN – DESCRIBIR PERSONAS

Gefühle und Persönlichkeit – Sentimientos y personalidad

traurig
triste
[ˈtriste]

gestresst
estresado (-a)
[estreˈsaðo, -a]

verärgert
enojado (-a)
[enoˈxaðo, -a]

wütend
furioso (-a)
[fuˈrjoso, -a]

eifersüchtig
celoso (-a)
[θeˈloso, -a]

verängstigt
atemorizado (-a)
[atemoriˈθaðo, -a]

nervös
nervioso (-a)
[nerˈβjoso, -a]

müde
cansado (-a)
[kanˈsaðo, -a]

angeekelt
asqueado (-a)
[askeˈaðo, -a]

dickköpfig
terco (-a)
[ˈterko, -a]

gelangweilt
aburrido (-a)
[aβuˈrriðo, -a]

sauer
enfadado (-a)
[eɱfaˈðaðo, -a]

die Stirn runzeln	**fruncir el ceño** [fruṇˈθir el ˈθeɲo]
bestürzt	**estupefacto (-a)** [estupeˈfakto, -a]
unsympathisch	**antipático (-a)** [aṇtiˈpatiko, -a]
verzweifelt	**desesperado (-a)** [desespeˈraðo, -a]
neidisch	**sentir envidia** [seṇˈtir emˈbidja]
ungeduldig	**impaciente** [impaˈθjeṇte]
arrogant	**arrogante** [arroˈɣaṇte]
intolerant	**intolerante** [iṇtoleˈraṇte]
sensibel	**sensible** [senˈsiβle]

DIE KLEIDUNG – LA ROPA

Babysachen – Para bebés

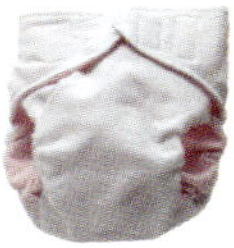

die Stoffwindel
el **pañal de tela**
[paˈɲal de ˈtela]

die Wegwerfwindel
el **pañal de usar y tirar**
[paˈɲal de uˈsar i tiˈrar]

der Body
el **bodi**
[ˈboði]

der Schneeanzug
el **mono para nieve**
[ˈmono ˈpara ˈnjeβe]

der Babyschlafsack
el **saco de dormir**
[ˈsako de dorˈmir]

die Rassel
el **sonajero**
[sonaˈxero]

der Strampler
el **pelele**
[peˈlele]

der Babyfäustling
la **manopla de bebé**
[maˈnopla de beˈβe]

die Mütze
el **gorro**
[ˈgorro]

das Babyschühchen
el **peúco**
[peˈuko]

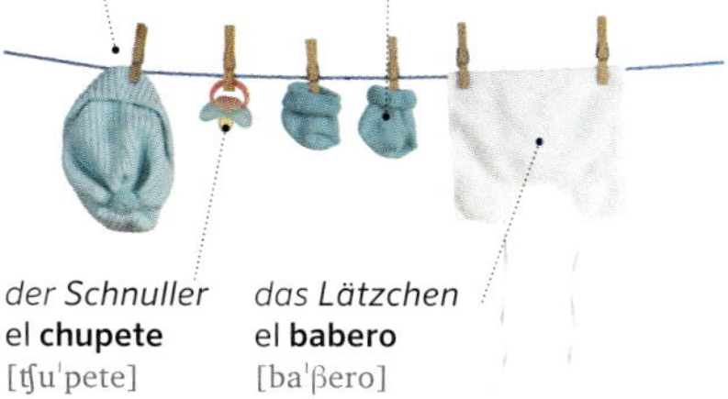

der Schnuller
el **chupete**
[ʧuˈpete]

das Lätzchen
el **babero**
[baˈβero]

der Sonnenhut
la **gorra**
[ˈgorra]

das Söckchen
el **calcetín**
[kal̪θeˈtin]

das Latzhöschen
el **peto**
[ˈpeto]

die Babydecke
la **mantita**
[man̪ˈtita]

das Babyfläschchen	el **biberón** [biβeˈron]
die Biobaumwolle	el **bioalgodón** [bioalɣoˈðon]
aus Kunstfaser	**de fibra sintética** [de ˈfiβra sin̪ˈtetika]

DIE KLEIDUNG – LA ROPA

Unisex-Kleidung – Ropa unisex

der Trainingsanzug
el **chándal**
[ˈʧan̪dal]

der Kapuzenpullover
la **sudadera con capucha**
[suðaˈðera kon kaˈpuʧa]

der Turnschuh
la **zapatilla de deporte**
[θapaˈtiʎa de deˈporte]

der Schlafanzug
el **pijama**
[piˈxama]

der Hausschuh
la **zapatilla (de estar por casa)**
[θapaˈtiʎa (de esˈtar por ˈkasa)]

der Bademantel
el **albornoz**
[alβorˈnoθ]

der Wintermantel
el **abrigo de invierno**
[aˈβriɣo de imˈbjerno]

die Regenjacke
el **chubasquero**
[ʧuβasˈkero]

die Schneehose
el **pantalón de esquí**
[pan̪taˈlon de esˈki]

Könnte ich das mal anprobieren?	**¿Podría probármelo (-a)?** [poˈðria proˈβarmelo, -a]
Haben Sie das auch eine Nummer größer/kleiner?	**¿Tiene una talla más grande/pequeña?** [ˈtiene ˈuna ˈtaʎa mas ˈgran̪de/peˈkeɲa]
eng/weit	**estrecho (-a)/ancho (-a)** [esˈtreʧo, -a/ˈanʧo, -a]
kurz/lang	**corto (-a)/largo (-a)** [ˈkorto, -a/ˈlarɣo, -a]
klein/groß	**pequeño (-a)/grande** [peˈkeɲo, -a/ˈgran̪de]
Das passt gut, ich nehme es.	**Esto me queda bien, me lo/la llevo.** [ˈesto me ˈkeða ˈbjen me lo/la ˈʎeβo]
mit kurzen/langen Ärmeln	**de manga corta/larga** [de ˈmaŋga ˈkorta/ˈlarɣa]
der Knopf	el **botón** [boˈton]
der Druckknopf	el **broche de presión** [ˈbroʧe de preˈsjon]
das Knopfloch	el **ojal** [oˈxal]

DIE KLEIDUNG – LA ROPA

Herrenkleidung – Ropa de caballero

das T-Shirt
la **camiseta**
[kamiˈseta]

das Polohemd
el **polo**
[ˈpolo]

der Rollkragenpullover
el **jersey de cuello alto**
[xerˈsei̯ de ˈkweʎo ˈal̪to]

die Weste
el **chaleco**
[t͡ʃaˈleko]

der Pullunder
el **chaleco de punto**
[t͡ʃaˈleko de ˈpun̪to]

die Fliege
la **pajarita**
[paxaˈrita]

der Anzug
el **traje**
[ˈtraxe]

der Kragen
el **cuello**
[ˈkweʎo]

die Krawatte
la **corbata**
[korˈβata]

das Hemd
la **camisa**
[kaˈmisa]

der/das Sakko
la **americana**
[ameriˈkana]

die Hose
el **pantalón**
[pan̪taˈlon]

die kurze Hose
el **pantalón corto**
[pan̪taˈlon ˈkorto]

die Boxershorts
el **(calzoncillo) bóxer**
[(kal̪θon̪ˈθiʎo) ˈboɣser]

die Unterhose
el **calzoncillo**
[kal̪θon̪ˈθiʎo]

die Badehose
el **bañador**
[baɲaˈðor]

DIE KLEIDUNG – LA ROPA

Damenkleidung – Ropa de señoras

der Strumpf
la **media**
[ˈmeðja]

die Strumpfhose
las **medias panti(s)**
[ˈmeðjas ˈpan̪ti(s)]

die Leggings
los **leggings**
[ˈleɣiŋs]

der Slip
la **braguita**
[braˈɣita]

der Bikini
el **biquini**
[biˈkini]

der Badeanzug
el **bañador**
[baɲaˈðor]

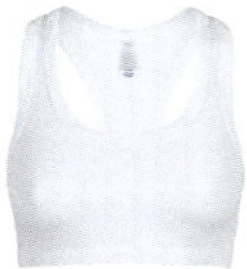

der Sport-BH
el **sujetador de deporte**
[suxetaˈðor de deˈporte]

der Büstenhalter/der BH
el **sujetador**
[suxetaˈðor]

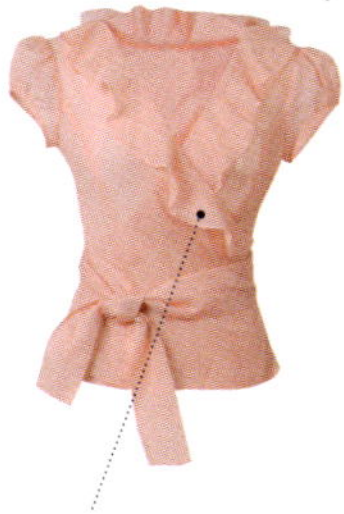

die Rüsche
el **volante**
[boˈlan̪te]

die Umstandsmode	la **moda premamá**	[ˈmoða premaˈma]
die Naht	la **costura**	[kosˈtura]
der Ärmel	la **manga**	[ˈmaŋga]
der Saum	el **dobladillo**	[doβlaˈðiʎo]
die Seide	la **seda**	[ˈseða]
die Spitze	la **puntilla**	[pun̪ˈtiʎa]
die Größe	la **talla**	[ˈtaʎa]
der Ausschnitt	el **escote**	[esˈkote]
trägerlos	**sin tirantes**	[tiˈran̪tes]
tailliert	**entallado (-a)**	[en̪taˈʎaðo, -a]
leger	**informal**	[iɱforˈmal]
schick	**chic**	[ʧik]
bequem	**cómodo (-a)**	[ˈkomoðo, -a]
mit Stretchanteil	**con elastán**	[kon elasˈtan]
modisch	**a la/de moda**	[a la/de ˈmoða]

DIE KLEIDUNG – LA ROPA

Damenkleidung – Ropa de señoras

die Schleife
el **lazo**
[ˈlaθo]

das Kleid
el **vestido**
[besˈtiðo]

das Trägertop
el **top de tirantes**
[top de tiˈran̪tes]

die Bluse
la **blusa**
[ˈblusa]

die Strickjacke
la **chaqueta de punto**
[tʃaˈketa de ˈpun̪to]

der Rock
la **falda**
[ˈfal̪da]

die Shorts
el **short**
[ʃorð]

die Röhrenhose
el **pantalón de pitillo**
[pan̪taˈlon de piˈtiʎo]

die Schlaghose
el **pantalón de campana**
[pan̪taˈlon de kamˈpana]

die leicht ausgestellte Hose
el **pantalón estilo boot cut**
[pan̪taˈlon esˈtilo but cat]

DIE KLEIDUNG – LA ROPA

Accessoires – Complementos

der Sonnenhut
el **sombrero de paja**
[som'brero de 'paxa]

der Hut
el **sombrero**
[som'brero]

die Brille
las **gafas**
['gafas]

die Sonnenbrille
las **gafas de sol**
['gafas de sol]

der Rucksack
la **mochila**
[mo'ʧila]

die Krawattennadel
el **alfiler de corbata**
[alfi'ler de kor'βata]

der Regenschirm
el **paraguas**
[pa'raɣwas]

die Uhr
el **reloj**
[rre'lox]

die Hosenträger
los **tirantes**
[ti'ran̩tes]

der Ring
el **anillo**
[a'niʎo]

der Handschuh
el **guante**
['gwan̩te]

die Mütze
el **gorro**
['gorro]

der Schal
la **bufanda**
[bu'fan̩da]

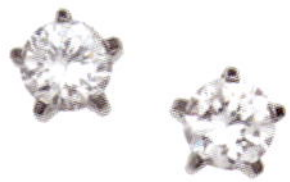

der Ohrring
el **pendiente**
[pen̩'djen̩te]

die Halskette
el **collar**
[ko'ʎar]

der Manschettenknopf
los **gemelos**
[xe'melos]

der Reißverschluss	la **cremallera** [krema'ʎera]
der Klettverschluss	el **cierre de velcro** ['θjerre de 'belkro]
die Handytasche	la **funda para el móvil** ['fun̩da 'para el 'moβil]
die Reisetasche	la **bolsa de viaje** ['bolsa de bi'axe]
der Koffer	la **maleta** [ma'leta]

DIE KLEIDUNG – LA ROPA

Schuhe und Lederwaren – Zapatos y artículos de piel

der Pumps
el **zapato de tacón**
[θaˈpato de taˈkon]

die Sandale
la **sandalia**
[sanˈdalja]

der Ballerina
la **bailarina**
[bai̯laˈrina]

der Gummistiefel
la **bota de agua**
[ˈbota de ˈaɣwa]

der Flip-Flop®
la **chancleta**
[ʧaŋˈkleta]

der hohe Stiefel
la **bota de caña alta**
[ˈbota de ˈkaɲa ˈal̪ta]

die Handtasche
el **bolso (de mano)**
[ˈbolso (de ˈmano)]

das Portemonnaie
el **monedero**
[moneˈðero]

die Brieftasche
la **cartera**
[karˈtera]

die Aktentasche
el **maletín**
[maleˈtin]

der Gürtel
el **cinturón**
[θin̪tuˈron]

die Lederjacke
la **cazadora de piel**
[kaθaˈðora de pjel]

der Schnürschuh
el **zapato de cordón**
[θaˈpato de korˈðon]

der Wanderstiefel
la **bota de montaña**
[ˈbota de mon̪ˈtaɲa]

die Socke
el **calcetín**
[kal̪θeˈtin]

der Schnürsenkel	el **cordón** [korˈðon]
die Gürtelschlaufe	la **trabilla** [traˈβiʎa]
der Keilabsatz	el **tacón de cuña** [taˈkon de ˈkuɲa]
der Absatz	el **tacón** [taˈkon]
die Sohle	la **suela** [ˈswela]
der Riemen	la **correa** [koˈrrea]
die Schnalle	la **hebilla** [eˈβiʎa]

die Trekkingsandale
la **sandalia de montaña**
[sanˈdalja de mon̪ˈtaɲa]

der Turnschuh
la **zapatilla de deporte**
[θapaˈtiʎa de deˈporte]

DIE KÖRPERPFLEGE – LA HIGIENE PERSONAL

die Zahnpasta
la **pasta de dientes**
[ˈpasta de ˈdjen̪tes]

das Parfüm
el **perfume**
[perˈfume]

das Deo
el **desodorante**
[desoðoˈran̪te]

die Gesichtscreme
la **crema facial**
[ˈkrema faˈθjal]

der Kamm
el **peine**
[ˈpei̯ne]

das Duschgel
el **gel de ducha**
[xel de ˈduʧa]

das Shampoo
el **champú**
[ʧamˈpu]

die Spülung
la **crema acondicionadora**
[ˈkrema akon̪diθjonaˈðora]

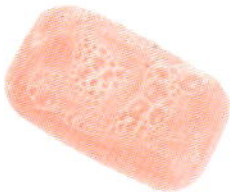

die Seife
el **jabón**
[xaˈβon]

die Haarbürste
el **cepillo para el pelo**
[θeˈpiʎo ˈpara el ˈpelo]

die Sonnencreme
la **protección solar**
[proteɣˈθjon soˈlar]

der Kulturbeutel
el **neceser**
[neθeˈser]

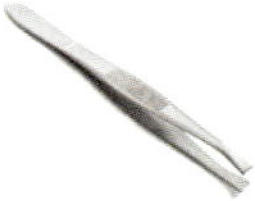

die Pinzette
las **pinzas**
[ˈpin̪θas]

die Nagelschere
la **tijera para uñas**
[tiˈxera ˈpara ˈuɲas]

die Nagelfeile
la **lima (de uñas)**
[ˈlima (de ˈuɲas)]

die Haarspange
el **pasador**
[pasaˈðor]

die Feuchtigkeitscreme	la **crema hidratante** [ˈkrema iðraˈtan̪te]
sich die Augenbrauen zupfen	**depilar las cejas** [depiˈlar las ˈθexas]
die Enthaarung	la **depilación** [depilaˈθjon]
der Nagellackentferner	el **quitaesmalte** [kitaesˈmal̪te]
das Haarprodukt	el **producto para el pelo** [proˈðukto ˈpara el ˈpelo]
sich die Haare föhnen	**secarse el pelo con el secador** [seˈkarse el ˈpelo kon el sekaˈðor]
sich die Haare glätten	**alisarse el pelo** [aliˈsarse el ˈpelo]
der/das Haargummi	la **goma para el pelo** [ˈgoma ˈpara el ˈpelo]

DIE SCHMINKSACHEN – PARA MAQUILLARSE

die Abdeckcreme
el **corrector**
[korrek'tor]

die Grundierung
la **base (de maquillaje)**
['base (de maki'ʎaxe)]

der Lippenstift
el **pintalabios**
[pinta'laβjos]

die Wimperntusche
el **rímel**
['rrimel]

der Spiegel
el **espejo**
[es'pexo]

die Farbpalette
la **paleta de sombras**
[pa'leta de 'sombras]

der Lidschatten
la **sombra (de ojos)**
['sombra (de 'oxos)]

die Puderdose
la **polvera**
[pol'βera]

der Nagellack
el **pintaúñas**
[pinta'uɲas]

der Bronzer
el **bronceador**
[bronθea'ðor]

das Rouge
el **colorete**
[kolo'rete]

der Pinsel	el **pincel** [pin'θel]
der Kajalstift	el **lápiz de ojos** ['lapiθ de 'oxos]
der/das Lipgloss	el **brillo para labios** ['briʎo 'para 'laβjos]
die Wimpernzange	el **rizador de pestañas** [rriθa'ðor de pes'taɲas]

ZU HAUSE

EN CASA

DIE WOHNUNG – EL PISO

der Hausschlüssel
la **llave de la puerta**
[ˈʎaβe de la ˈpwerta]

die Sprechanlage
el **interfono**
[in̪terˈfono]

die Hausnummer
el **número (de la portería)**
[ˈnumero (de la porteˈria)]

die Türklingel
el **timbre**
[ˈtimbre]

das Türschloss
la **cerradura de la puerta**
[θerraˈðura de la ˈpwerta]

der Fußabtreter
el **felpudo**
[felˈpuðo]

der Briefkasten
el **buzón**
[buˈθon]

das Einfamilienhaus
la **casa unifamiliar**
[ˈkasa unifamiˈljar]

das Doppelhaus
las **casas contiguas**
[ˈkasas kon̪ˈtiɣwas]

das Reihenhaus
la **casa adosada**
[ˈkasa aðoˈsaða]

das Mehrfamilienhaus
la **casa plurifamiliar**
[ˈkasa plurifamiˈljar]

der Bungalow
el **bungaló**
[buŋgaˈlo]

der Schirmständer
el **paragüero**
[paraˈɣwero]

die Eigentumswohnung	el **piso en propiedad** [ˈpiso en propjeˈðað]
die Mietwohnung	el **piso de alquiler** [ˈpiso de alkiˈler]
der Hof	el **patio** [ˈpatjo]
das Eigentum	la **propiedad** [propjeˈðað]
das Grundstück	el **terreno** [teˈrreno]
der Umbau	la **reforma** [rreˈforma]
der Anbau	la **ampliación** [ampljaˈθjon]
zu verkaufen	**se vende** [se ˈben̪de]

DIE WOHNUNG – EL PISO

der Dachboden
el **desván**
[desˈβan]

der Keller
el **sótano**
[ˈsotano]

der Flur
el **pasillo**
[paˈsiʎo]

der Aufzug
el **ascensor**
[asθenˈsor]

der Grundriss
el **plano**
[ˈplano]

die Garage
el **garaje**
[gaˈraxe]

der Carport
el **carport**
[ˈkarport]

der Altbau
el **edificio viejo**
[eðiˈfiθjo ˈbjexo]

der Hausmeister
el **portero**
[porˈtero]

die Wendeltreppe
la **escalera de caracol**
[eskaˈlera de karaˈkol]

der Rauchmelder
el **detector de humos**
[detekˈtor de ˈumos]

das Treppenhaus
la **escalera**
[eskaˈlera]

mieten	**alquilar** [alkiˈlar]
die Miete	el **alquiler** [alkiˈler]
vermieten	**alquilar** [alkiˈlar]
der Vermieter	el **arrendador** [arreṇdaˈðor]
die Vermieterin	la **arrendadora** [arreṇdaˈðora]
der Mieter	el **inquilino** [iŋkiˈlino]
die Mieterin	la **inquilina** [iŋkiˈlina]
die Kaution	el **depósito** [deˈposito]

der Mietvertrag
el **contrato de alquiler**
[koṇˈtrato de alkiˈler]

DAS HAUS – LA CASA

das Dachfenster
el **tragaluz**
[traɣa'luθ]

der Schornstein
la **chimenea**
[ʧime'nea]

die Dachrinne
el **canalón**
[kana'lon]

der Dachziegel
la **teja**
['texa]

die Dachgaube
la **ventana abuhardillada**
[beṇ'tana abwarðiˈʎaða]

der erste Stock
el **primer piso**
[pri'mer 'piso]

das Dach
el **tejado**
[te'xaðo]

der Balkon
el **balcón**
[bal'kon]

die Türschwelle
el **umbral (de la puerta)**
[um'bral de la 'pwerta]

die Haustür
la **puerta de casa**
['pwerta de 'kasa]

das Fenster
la **ventana**
[beṇ'tana]

das Erdgeschoss
la **planta baja**
['plaṇta 'baxa]

die Terrasse
la **terraza**
[te'rraθa]

das Einzelhaus	la **casa individual** ['kasa iṇdiβi'ðwal]
der Neubau	la **casa de nueva construcción** ['kasa de 'nweβa konstruɣ'θjon]
die Dreizimmerwohnung	el **piso de tres habitaciones** ['piso de tres aβita'θjones]
möbliert	**amueblado (-a)** [amwe'βlaðo, -a]
das Stockwerk	la **planta** ['plaṇta]
der Eigentümer	el **propietario** [propje'tarjo]
die Eigentümerin	la **propietaria** [propje'tarja]
eine Hypothek aufnehmen	**hipotecar** [ipote'kar]

DAS HAUS - LA CASA

Der Eingang - La entrada

die Diele
el **recibidor**
[rreθiβi'ðor]

der Spiegel
el **espejo**
[es'pexo]

der Sessel
la **butaca**
[bu'taka]

der Ablagetisch
la **mesita**
[me'sita]

die Wohnungstür
la **puerta de entrada**
['pwerta de en̪'traða]

der Garderoben-ständer
el **perchero**
[per'ʧero]

der Schirmständer
el **paragüero**
[para'ɣwero]

das Treppengeländer
la **barandilla**
[baran̪'diʎa]

die Treppe
la **escalera**
[eska'lera]

der Treppenabsatz
el **descansillo**
[deskan'siʎo]

die Treppenstufe
el **escalón**
[eska'lon]

das Schlüsselbrett
el **colgador para llaves**
[kolɣa'ðor 'para 'ʎaβes]

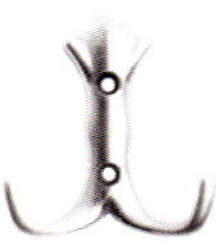

der Kleiderhaken
el **colgadero**
[kolɣa'ðero]

der Kleiderbügel
la **percha**
['perʧa]

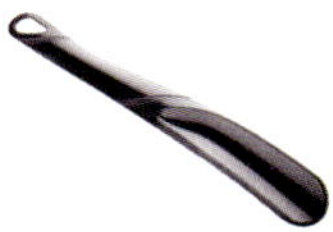

der Schuhlöffel
el **calzador**
[kal̪θa'ðor]

DAS HAUS – LA CASA

Das Wohnzimmer – La sala de estar

der Spiegel
el **espejo** [esˈpexo]

der Ventilator
el **ventilador** [bentilaˈðor]

der Bilderrahmen
el **marco** [ˈmarko]

der Vorhang
la **cortina** [korˈtina]

die Decke
el **techo** [ˈtetʃo]

das Gemälde
el **cuadro** [ˈkwaðro]

das Sofa
el **sofá**
[soˈfa]

die Lampe
la **lámpara**
[ˈlampara]

das Sofakissen
el **cojín**
[koˈxin]

der Beistellschrank
el **armario auxiliar**
[arˈmarjo auɣsiˈljar]

der Kaminsims
la **repisa de la chimenea**
[rreˈpisa de la tʃimeˈnea]

der gepolsterte Hocker
el **puf acolchado**
[puf akolˈtʃaðo]

der Teppichboden
la **moqueta**
[moˈketa]

der Kamin
la **chimenea**
[tʃimeˈnea]

der Sessel
el **sillón**
[siˈʎon]

der Couchtisch
la **mesa de tresillo**
[ˈmesa de treˈsiʎo]

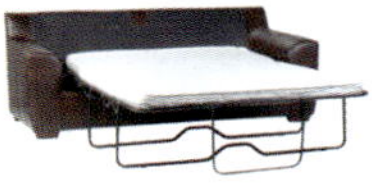

die Schlafcouch
el **sofá cama**
[soˈfa ˈkama]

die Vitrine
la **vitrina**
[biˈtrina]

die Fernsehbank
el **banco de televisión**
[ˈbaŋko de teleβiˈsjon]

das Bücherregal
la **estantería para libros**
[estanteˈria ˈpara ˈliβros]

DAS HAUS – LA CASA

Das Esszimmer – El comedor

das Rollo
el **estor enrollable**
[esˈtor enrroˈʎaβle]

der Kronleuchter
la **lámpara de araña**
[ˈlampara de aˈraɲa]

die Vitrine
la **vitrina**
[biˈtrina]

die Zimmerpflanze
la **planta de interior**
[ˈplan̪ta de in̪teˈrjor]

das Fensterbrett
el **alféizar**
[alˈfei̯θar]

der Tischläufer
el **camino de mesa**
[kaˈmino de ˈmesa]

die Kerze
la **vela**
[ˈbela]

der Stuhl
la **silla**
[ˈsiʎa]

der Esstisch
la **mesa comedor**
[ˈmesa komeˈðor]

die Tischdekoration
la **decoración de la mesa**
[dekoraˈθjon de la ˈmesa]

der Holzboden
el **suelo de madera**
[ˈswelo de maˈðera]

die Blumenvase
el **jarrón**
[xaˈrron]

die Anrichte
el **aparador**
[aparaˈðor]

die Wanduhr
el **reloj de pared**
[rreˈlox de paˈreð]

der Hochstuhl
la **trona**
[ˈtrona]

DAS HAUS – LA CASA

Die Küche – La cocina

die Einbauküche
la **cocina americana**
[koˈθina ameriˈkana]

die Einbauleuchte
la **lámpara empotrada**
[ˈlampara empoˈtraða]

die Dunstabzugshaube
la **campana (extractora)**
[kamˈpana (estrakˈtora)]

die Arbeitsplatte
la **encimera**
[eṇθiˈmera]

der Hängeschrank
el **armario colgante**
[arˈmarjo kolˈɣaṇte]

der Backofenschalter
el **mando del horno**
[ˈmaṇdo del ˈorno]

der Herd
la **cocina**
[koˈθina]

der Backofen
el **horno**
[ˈorno]

das Spülbecken
el **fregadero**
[freɣaˈðero]

der Küchenhocker
el **taburete (de cocina)**
[taβuˈrete de koˈθina]

die Schublade
el **cajón**
[kaˈxon]

der Kühlschrank
la **nevera**
[neˈβera]

die Frühstückstheke
el **desayunador**
[desaɟunaˈðor]

die Spülmaschine
el **lavaplatos**
[laβaˈplatos]

der Gefrierschrank
el **congelador**
[koŋxelaˈðor]

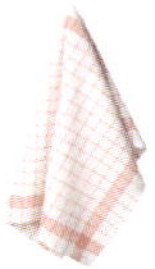

das Geschirrtuch
el **trapo de cocina**
[ˈtrapo de koˈθina]

der Mülleimer	el **cubo de basura** [ˈkuβo de baˈsura]
die Mülltrennung	la **separación de basuras** [separaˈθjon de baˈsuras]
die Verpackung	el **envase** [emˈbase]
das Altglas	el **vidrio reciclable** [ˈbiðrjo reθiˈklaβle]
den Ofen vorheizen	**precalentar el horno** [prekaleṇˈtar el ˈorno]
die Spülmaschine laufen lassen	**poner el lavaplatos** [poˈner el laβaˈplatos]
das Essen auftauen	**descongelar la comida** [deskoŋxeˈlar la koˈmiða]
das Geschirr abtropfen lassen	**dejar escurrir los platos** [deˈxar eskuˈrrir los ˈplatos]

DAS HAUS – LA CASA

Küchengeräte – Aparatos y utensilios de cocina

der Pürierstab
la **batidora de pie**
[batiˈðora de pie]

der Mixer
la **batidora**
[batiˈðora]

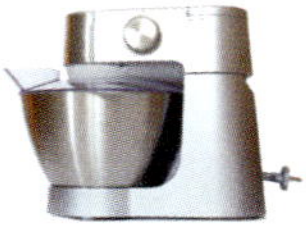

die Küchenmaschine
el **robot de cocina**
[rroˈβot de koˈθina]

die Mikrowelle
el **microondas**
[mikroˈon̪das]

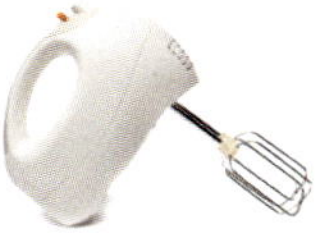

das Handrührgerät
la **batidora de mano**
[batiˈðora de ˈmano]

der Wasserkocher
el **hervidor de agua**
[erβiˈðor de ˈaɣwa]

das Waffeleisen
la **gofrera**
[goˈfrera]

der Elektrogrill
la **parrilla eléctrica**
[paˈrriʎa eˈlektrika]

der Toaster
la **tostadora**
[tostaˈðora]

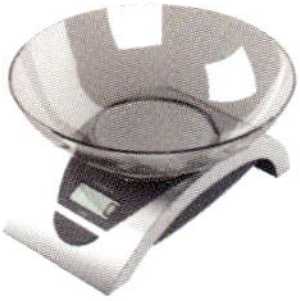

die Küchenwaage
la **balanza de cocina**
[baˈlan̪θa de koˈθina]

der Schnellkochtopf
la **olla exprés**
[ˈoʎa esˈpres]

der Sandwichgrill
la **sandwichera**
[saŋgwiˈʧera]

die Kaffeemaschine
la **máquina de café**
[ˈmakina de kaˈfe]

der Dampfgarer
la **vaporera eléctrica**
[bapoˈrera eˈlektrika]

der Raclettegrill
la **(plancha para) raclette**
[(ˈplanʧa ˈpara) rraˈklet]

der Reiskocher
la **arrocera eléctrica**
[arroˈθera eˈlektrika]

DAS HAUS – LA CASA

Koch- und Backutensilien – Utensilios para cocinar

der Küchenwecker
el **minutero**
[minuˈtero]

das Ausstechförmchen
el **molde para pastas**
[ˈmol̪de ˈpara ˈpastas]

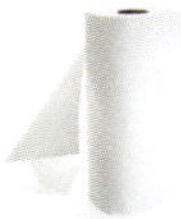

das Küchenpapier
el **papel de cocina**
[paˈpel de koˈθina]

die Schürze
el **delantal**
[delan̪ˈtal]

das Muffinförmchen
la **molde de papel**
[ˈmol̪de de paˈpel]

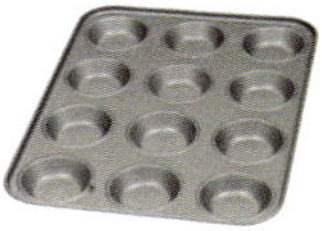

die Törtchenform
el **molde para magdalenas**
[ˈmol̪de ˈpara maɣðaˈlenas]

die Springform
el **molde redondo desmontable**
[ˈmol̪de rreˈðon̪do desmon̪ˈtaβle]

das Backblech
la **bandeja de horno**
[ban̪ˈdexa de ˈorno]

der Messerschärfer
el **afilador de cuchillos**
[afilaˈðor de kuˈʧiʎos]

das Teigrad
el **cortapastas**
[kortaˈpastas]

der Topfhandschuh
la **manopla de cocina**
[maˈnopla de koˈθina]

das Tablett
la **bandeja**
[ban̪ˈdexa]

die Sanduhr
el **reloj de arena**
[rreˈlox de [aˈrena]

das Kuchengitter	la **rejilla de cocina**	[rreˈxiʎa de koˈθina]
der Spritzbeutel	la **manga pastelera**	[ˈmaŋga pasteˈlera]
das Backpapier	el **papel de horno**	[paˈpel de ˈorno]
die Frischhaltefolie	el **film transparente**	[film transpaˈren̪te]
der Putzlappen	el **trapo para limpiar**	[ˈtrapo ˈpara limˈpjar]
die Alufolie	el **papel de aluminio**	[paˈpel de aluˈminjo]
der Gefrierbeutel	la **bolsa para congelados**	[ˈbolsa ˈpara koŋxeˈlaðos]
die Rührschüssel	el **bol para mezclar**	[bol ˈpara meθˈklar]

DAS HAUS – LA CASA

Koch- und Backutensilien – Utensilios para cocinar

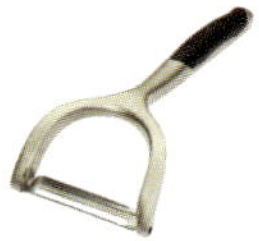

der Schäler
el **pelador**
[pela'ðor]

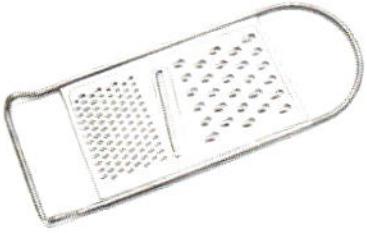

die Reibe
el **rallador**
[rraʎa'ðor]

das Hackmesser
el **hacha de cocinero**
['atʃa de koθi'nero]

das Küchenmesser
el **cuchillo de cocina**
[ku'tʃiʎo de ko'θina]

das Küchensieb
el **colador**
[kola'ðor]

das Abtropfsieb
el **escurridor**
[eskurri'ðor]

der Kartoffelstampfer
el **machaca patatas**
[ma'tʃaka pa'tatas]

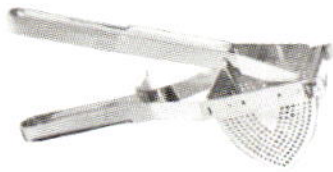

die Knoblauchpresse
el **prensa ajos**
['prensa 'axos]

die Schöpfkelle
el **cazo**
['kaθo]

der Schneebesen
el **batidor**
[bati'ðor]

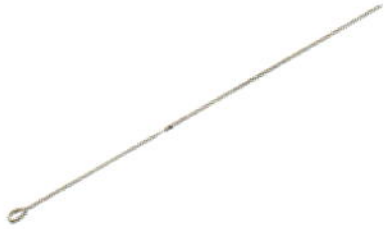

der Spieß
el **pincho**
['pintʃo]

der Dosenöffner
el **abrelatas**
[aβre'latas]

der Mörser	el **mortero** [mor'tero]
der Stößel	la **mano (de mortero)** ['mano (de mor'tero)]
der Messerblock	el **taco para cuchillos** ['tako 'para ku'tʃiʎos]
der Fleischklopfer	el **mazo para carne** ['maθo 'para 'karne]
der Eierschneider	el **cortador de huevos duros** [korta'ðor de 'weβos 'duros]
der Eisportionierer	el **porcionador para helado** [porθjona'ðor 'para e'laðo]
die Thermoskanne®	el **termo** ['termo]
der Spüllappen	la **bayeta** [ba'ɟeta]

das Schneidebrett
la **tabla de cortar**
['taβla de kor'tar]

DAS HAUS – LA CASA

Koch- und Backutensilien – Utensilios para cocinar

der Korkenzieher
el **sacacorchos**
[saka'kortʃos]

der Backpinsel
el **pincel de cocina**
[piṇ'θel de ko'θina]

das Nudelholz
el **rodillo**
[rro'ðiʎo]

der Pfannenwender
la **rasera**
[rra'sera]

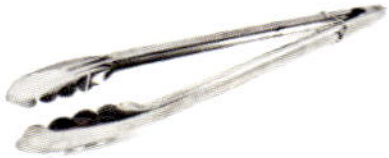

die Küchenzange
las **pinzas de cocina**
['piṇθas de ko'θina]

der Teigschaber
la **espátula de cocina**
[es'patula de ko'θina]

der Servierlöffel
el **cucharón**
[kutʃa'ron]

der Kochlöffel
el **cuchara de madera**
[ku'tʃara de ma'ðera]

die Bratpfanne
la **sartén**
[sar'ten]

der Wok
el **wok**
[gwok]

der Kochtopf
la **olla**
['oʎa]

der Schmortopf
la **cacerola**
[kaθe'rola]

das Auflaufförmchen
el **molde individual**
['moḷde iṇdiβi'ðwal]

die Bratengabel	el **tenedor de cocina** [tene'ðor de ko'θina]
der Untersetzer	el **salvamanteles** [salβamaṇ'teles]
die Grillpfanne	la **sartén para carne** [sar'ten 'para 'karne]
der Messbecher	el **(vaso) medidor** [('baso) meði'ðor]
der Trichter	el **embudo** [em'buðo]
der Messlöffel	la **cuchara dosificadora** [ku'tʃara dosifika'ðora]
der Abtropfständer	el **escurreplatos** [eskurre'platos]
der Flaschenöffner	el **abrebotellas** [aβreβo'teʎas]

DAS HAUS – LA CASA

Das Schlafzimmer – El dormitorio

der Bettbezug
el **juego de sábanas**
[ˈxweɣo de ˈsaβanas]

die Bettdecke
el **edredón**
[eðreˈðon]

das Kopfteil
la **cabecera**
[kaβeˈθera]

das Doppelbett
la **cama de matrimonio**
[ˈkama de matriˈmonjo]

das Kopfkissen
la **almohada**
[almoˈaða]

der Kissenbezug
la **funda de la almohada**
[ˈfunda de la almoˈaða]

die Nachttischlampe
la **lamparilla**
[lampaˈriʎa]

die Kommode
la **cómoda**
[ˈkomoða]

das Bettgestell
el **armazón de la cama**
[armaˈθon de la ˈkama]

das Laken
la **sábana bajera**
[ˈsaβana baˈxera]

der Teppich
la **alfombra**
[alˈfombra]

der Hocker
el **puf**
[puf]

die Matratze
el **colchón**
[kolˈʧon]

der Nachttisch
la **mesita de noche**
[meˈsita de ˈnoʧe]

der Kleiderschrank	el **armario (ropero)** [arˈmarjo (rroˈpero)]
der Wecker	el **despertador** [despertaˈðor]
den Wecker stellen	**poner el despertador** [poˈner el despertaˈðor]
die Wärmflasche	la **bolsa de agua** [ˈbolsa de ˈaɣwa]
die Heizdecke	la **manta eléctrica** [ˈmanta eˈlektrika]
die Tagesdecke	el **cubrecama** [kuβreˈkama]
die Schlafbrille	el **antifaz (para dormir)** [antiˈfaθ (ˈpara dorˈmir)]
das Zimmer mit Bad	la **habitación con baño** [aβitaˈθjon con ˈbaɲo]

DAS HAUS – LA CASA

Das Kinderzimmer – El cuarto de los niños

der Ball
la **pelota**
[pe'lota]

die Puppe
la **muñeca**
[mu'ɲeka]

die Wickeltasche
la **bolsa del bebé**
['bolsa del be'βe]

der Kinderwagen
el **carrito**
[ka'rrito]

das Babyfon®
el **intercomunicador**
[in̦terkomunika'ðor]

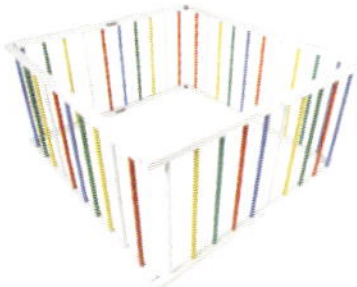

der Laufstall
el **parque**
['parke]

das Gitterbettchen
la **cuna**
['kuna]

die Flauschdecke
la **mantita**
['man̦'tita]

das Mobile
el **móvil para bebés**
['moβil 'para be'βes]

der Gitterstab
el **barrote**
[ba'rrote]

der Teddy
el **oso de peluche**
['oso de pe'lutʃe]

der Wickeltisch
el **cambiador**
[kambja'ðor]

das Kuscheltier
el **peluche**
[pe'lutʃe]

das Spielzeug
el **juguete**
[xu'ɣete]

die Wickelauflage
el **cambiador de sobremesa**
[kambja'ðor de soβre'mesa]

das Töpfchen
el **orinal**
[ori'nal]

die Babytragetasche
el **capazo**
[ka'paθo]

der Schulranzen
la **cartera del colegio**
[kar'tera del ko'lexjo]

das Bauklötzchen
el **bloque de construcción**
['bloke de konstruɣ'θjon]

DAS HAUS – LA CASA

Das Jugendzimmer – El cuarto de joven

das Einzelbett
la **cama individual**
[ˈkama in̩diβiˈðwal]

die Hängelampe
la **lámpara**
[ˈlampara]

der Schreibtisch
el **escritorio**
[eskriˈtorjo]

das Bücherregal
la **estantería**
[estan̩teˈria]

die Schreibtischlampe
la **lámpara de escritorio**
[ˈlampara de eskriˈtorjo]

der Stuhl
la **silla**
[ˈsiʎa]

der Teppichboden
la **moqueta**
[moˈketa]

die Fensterbank
la **repisa de la ventana**
[rreˈpisa de la ben̩ˈtana]

die Schublade
el **cajón**
[kaˈxon]

das Etagenbett	la **litera** [liˈtera]
schlafen	**dormir** [dorˈmir]
schnarchen	**roncar** [rroŋˈkar]
aufwachen	**despertar** [desperˈtar]
aufstehen	**levantarse** [leβan̩ˈtarse]
der Albtraum	la **pesadilla** [pesaˈðiʎa]
träumen	**soñar** [soˈɲar]

einschlafen	**quedarse dormido (-a)** [keˈðarse dorˈmiðo, -a]
tief schlafen	**dormir profundamente** [dorˈmir profun̩daˈmen̩te]
ausschlafen	**dormir hasta tarde** [dorˈmir ˈasta ˈtarðe]
wach sein	**estar despierto (-a)** [esˈtar desˈpjerto, -a]
das Bett machen	**hacer la cama** [aˈθer la ˈkama]
ins Bett gehen	**irse a la cama** [ˈirse a la ˈkama]
das Zimmer aufräumen	**recoger la habitación** [rrekoˈxer la aβitaˈθjon]

DAS HAUS – LA CASA

Das Arbeitszimmer – El cuarto de trabajo

der Bilderrahmen
el **marco**
[ˈmarko]

die Verandatür
la **cristalera corredera**
[kristaˈlera korreˈðera]

der Bücherschrank
el **mueble librería**
[ˈmweβle liβreˈria]

die Zimmerpflanze
la **planta de interior**
[ˈplan̪ta de in̪teˈrjor]

das Foto
la **foto**
[ˈfoto]

das Tageslicht
la **luz de día**
[luθ de ˈdia]

der/das Laptop
el **(ordenador) portátil**
[(orðenaˈðor) porˈtatil]

die Rückenlehne
el **espaldar**
[espal̪ˈdar]

der Sessel
el **sillón**
[siˈʎon]

der Schreibtisch
el **escritorio**
[eskriˈtorjo]

der Rollcontainer
la **cajonera con ruedas**
[kaxoˈnera kon ˈrrweðas]

der Drehstuhl
la **silla de escritorio**
[ˈsiʎa de eskriˈtorjo]

die Armlehne
el **reposabrazos**
[rreposaˈβraθos]

die Unterlage	el **documento** [dokuˈmen̪to]
die Steuererklärung	la **declaración de la renta** [deklaraˈθjon de la ˈrren̪ta]
arbeiten	**trabajar** [traβaˈxar]
sich konzentrieren	**concentrarse** [kon̪θen̪ˈtrarse]
die Überstunde	la **hora extra** [ˈora ˈestra]
von zu Hause arbeiten	**trabajar desde casa** [traβaˈxar ˈdesðe ˈkasa]
eine Pause machen	**tomarse un descanso** [toˈmarse un desˈkanso]
selbstständig sein	**ser autónomo (-a)** [ser au̯ˈtonomo, -a]

DAS HAUS – LA CASA

Das Badezimmer – El cuarto de baño

der Spiegel
el **espejo**
[es'pexo]

das Waschbecken
el **lavabo**
[la'βaβo]

der Seifenspender
el **dispensador de jabón**
[dispensa'ðor de xa'βon]

der Waschbecken-unterschrank
el **mueble del lavabo**
['mweβle del la'βaβo]

die Duschkabine
la **mampara de ducha**
[mam'para de 'duʧa]

die Dusche
la **ducha** ['duʧa]

der Handtuchhalter
el **toallero**
[toa'ʎero]

das Handtuch
la **toalla** [to'aʎa]

der Wasserhahn
el **grifo** ['grifo]

die Badewanne
la **bañera** [ba'ɲera]

die Toilette
el **váter**
['bater]

die Toilettenspülung
la **cisterna**
[θis'terna]

der Spülkasten
el **depósito de la cisterna**
[de'posito de la θis'terna]

auf die Toilette gehen
ir al váter
[ir al 'bater]

der Toilettendeckel
la **tapa del váter**
['tapa del 'bater]

die Toilettenbrille
la **asiento del váter**
[a'sjento del 'bater]

die Kloschüssel
la **taza del váter**
['taθa del 'bater]

die Klobürste
la **escobilla**
[esko'βiʎa]

das Toilettenpapier
el **papel higiénico**
[pa'pel i'xjeniko]

der Raumduft
el **ambientador**
[ambjenta'ðor]

der Klostein
el **bloc de WC**
[blok de 'bater]

DAS HAUS - LA CASA

Sanitäre Anlagen - Instalaciones sanitarias

der Elektroboiler
el **calentador eléctrico**
[kaleṇta'ðor e'lektriko]

der Behälter
el **depósito**
[de'posito]

das Thermostat
el **termostato**
[termos'tato]

der Warmwasser-ablauf
la **salida de agua caliente**
[sa'liða de 'aɣwa ka'ljeṇte]

der Kaltwasserzulauf
la **toma de agua fría**
['toma de 'aɣwa 'fria]

das Gas-Wandheizgerät
el **calentador de gas**
[kaleṇta'ðor de gas]

das Sicherheitsventil
la **válvula de seguridad**
['balβula de seɣuri'ðað]

der Regler
el **reglaje**
[rre'ɣlaxe]

der Überlauf
el **tubo de desagüe**
['tuβo de de'saɣwe]

das Waschbecken
el **lavabo**
[la'βaβo]

die Zuleitung
la **conducción**
[koṇduɣ'θjon]

der Absperrhahn
la **llave de paso**
['ʎaβe de 'paso]

der Abfluss
el **desagüe**
[de'saɣwe]

der Siphon
el **sifón**
[si'fon]

der Spülkasten
el **depósito de la cisterna**
[de'posito de la θis'terna]

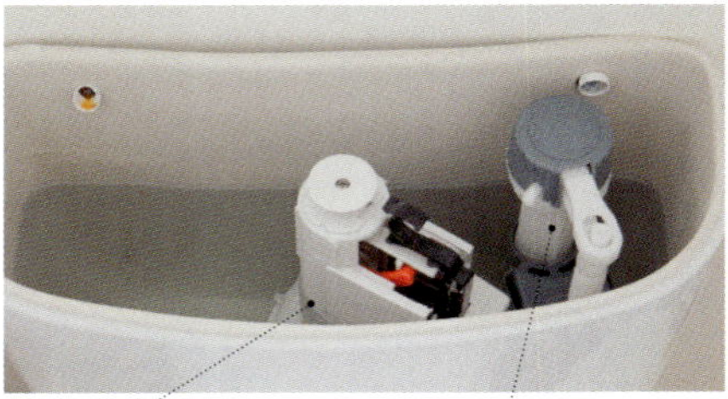

die Heberglocke
el **tirador**
[tira'ðor]

der Überlauf
el **rebosadero**
[rreβosa'ðero]

DAS HAUS – LA CASA

Im Badezimmer – En cuarto de baño

das Wattepad
el **disco de algodón**
['disko de [alɣo'ðon]

der Duschschwamm
la **esponja**
[es'poŋxa]

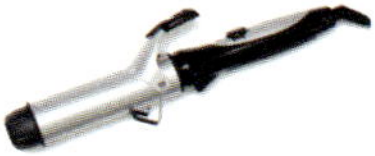

der Lockenstab
el **rizador**
[rriθa'ðor]

das Glätteisen
las **planchas**
['planʧas]

der Rasierapparat
la **máquina de afeitar**
['makina de afei̯'tar]

das Schwammtuch
el **paño esponja**
['paɲo es'poŋxa]

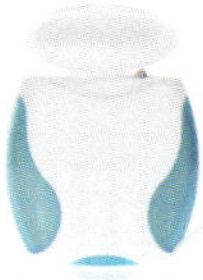

die Zahnseide
la **seda dental**
['seða den̪'tal]

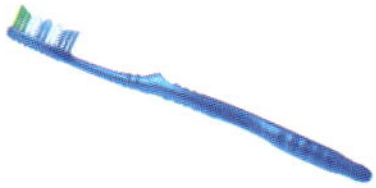

die Zahnbürste
el **cepillo de dientes**
[θe'piʎo de 'djen̪tes]

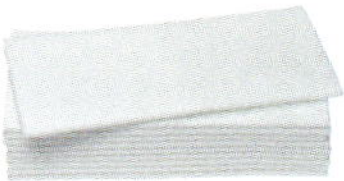

das Taschentuch
el **pañuelo de papel**
[pa'ɲwelo de pa'pel]

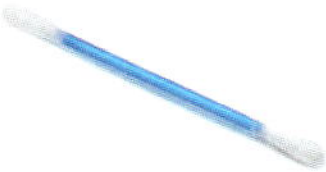

das Wattestäbchen
el **bastoncillo de algodón**
[baston̪'θiʎo de alɣo'ðon]

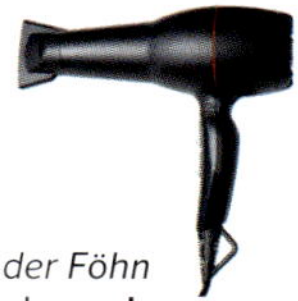

der Föhn
el **secador**
[seka'ðor]

der Rasierschaum
la **espuma de afeitar**
[es'puma de afei̯'tar]

der Rasierer
la **maquinilla de afeitar**
[maki'niʎa de afei̯'tar]

der Waschlappen	la **manopla de baño** [ma'nopla de 'baɲo]
das Mundwasser	el **enjuague bucal** [eŋ'xwaɣe bu'kal]
sich rasieren	**afeitarse** [afei̯'tarse]
sich frisch machen	**refrescarse** [rrefres'karse]
sich schminken	**maquillarse** [maki'ʎarse]
sich die Zähne putzen	**lavarse los dientes** [la'βarse los 'djen̪tes]
das Rasierwasser	el **after shave** ['after ʃeif]
der Duschkopf	la **alcachofa de la ducha** [alka'ʧofa de la 'duʧa]
der Duschvorhang	la **cortina** [kor'tina]
die Bodematte	la **alfombrilla** [alfom'briʎa]
sich waschen	**lavarse** [la'βarse]
baden	**bañarse** [ba'ɲarse]
den Hahn auf-/zudrehen	**abrir/cerrar el grifo** [a'βrir/θe'rrar el 'grifo]
duschen	**ducharse** [du'ʧarse]

DAS HAUS – LA CASA

Die Waschküche – El cuarto de lavado

die Waschmaschine
la **lavadora**
[laβa'ðora]

die Waschmittelkammer
el **cajón dosificador**
[ka'xon dosifika'ðor]

der Frontlader
la **lavadora de carga frontal**
[laβa'ðora de 'karɣa fron̦'tal]

der Wäschekorb
la **cesta de la ropa**
['θesta de la 'rropa]

die zusammengelegte Wäsche
la **ropa doblada**
['rropa do'βlaða]

die Wäscheleine
la **cuerda para tender la ropa**
['kwerða 'para ten̦'der la 'rropa]

die Wäscheklammer
la **pinza**
['pin̦θa]

der Fleckenentferner
el **quitamanchas**
[kita'mantʃas]

der Weichspüler
el **suavizante**
[swaβi'θan̦te]

das Bleichmittel
la **lejía**
[le'xia]

das Waschpulver
el **detergente en polvo**
[deter'xen̦te en 'polβo]

das Bügeleisen
la **plancha**
['plantʃa]

das Bügelbrett
la **tabla de planchar**
['taβla de plan'tʃar]

die Waschmaschine füllen	**llenar la lavadora** [ʎe'nar la laβa'ðora]
die Wäsche waschen	**lavar la ropa** [la'βar la 'rropa]
die Wäsche schleudern	**centrifugar la ropa** [θen̦trifu'ɣar la 'rropa]
der Wäscheständer	el **tendedero** [ten̦de'ðero]
der Wäschetrockner	**secadora** [seka'ðora]
der Schmutzwäschekorb	el **cesto de la ropa sucia** ['θesto de la 'rropa 'suθja]
die Wäsche zum Trocknen aufhängen	**tender la ropa para que se seque** [ten̦'der la 'rropa 'para ke se se'ke]
bügeln	**planchar** [plan'tʃar]

DAS HAUS – LA CASA

Reinigungsartikel – Artículos de limpieza

das Reinigungsmittel
el **producto de limpieza**
[pro'ðukto de lim'pjeθa]

das Spülmittel
el **(detergente) lavavajillas**
[(deter'xeṇte) laβaβa'xiʎas]

die Bürste
la **escobilla**
[esko'βiʎa]

die Sprühflasche
el **pulverizador**
[pulβeriθa'ðor]

der Gummiwischer
el **limpiacristales**
[limpjakris'tales]

die Kehrschaufel
el **recogedor**
[rrekoxe'ðor]

der Handfeger
la **escobilla**
[esko'βiʎa]

der Wischmopp
la **fregona**
[fre'ɣona]

der Schwamm
el **estropajo**
[estro'paxo]

der Gummihandschuh
el **guante de goma**
['gwaṇte de 'goma]

der Eimer
el **cubo**
['kuβo]

der WC-Reiniger
el **detergente para WC**
[deter'xeṇte 'para 'bater]

schrubben	**fregar, frotar** [fre'ɣar, fro'tar]
fegen	**barrer** [ba'rrer]
polieren	**dar brillo** [dar 'briʎo]
putzen	**limpiar** [lim'pjar]
abwischen	**pasar el trapo, limpiar** [pa'sar el 'trapo, lim'pjar]
der Staubsauger	**el aspirador** [aspira'ðor]
Staub saugen	**pasar el aspirador** [pa'sar aspira'ðor]
der Staubwedel	**el plumero** [plu'mero]

die Wurzelbürste
el **cepillo**
[θe'piʎo]

DAS HAUS – LA CASA

Die Heimwerkstatt – El taller en casa

die Handsäge
el **serrucho**
[seˈrruʧo]

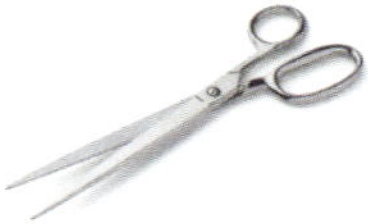

die Schere
las **tijeras**
[tiˈxeras]

die Schraube
el **tornillo**
[torˈniʎo]

die Mutter
la **tuerca**
[ˈtwerka]

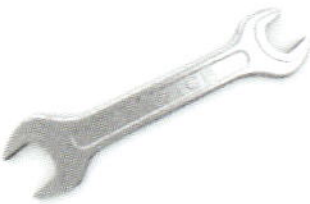

der Schrauben-schlüssel
la **llave inglesa**
[ˈʎaβe iŋˈglesa]

der Holzhammer
la **maza de madera**
[ˈmaθa de maˈðera]

die Rohrzange
las **tenazas pico de loro**
[teˈnaθas de ˈpiko de ˈloro]

das Maßband
la **cinta métrica**
[ˈθiṇta ˈmetrika]

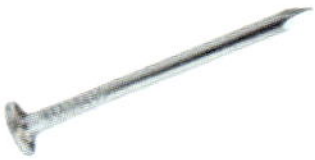

der Nagel
el **clavo**
[ˈklaβo]

der Hammer
el **martillo**
[marˈtiʎo]

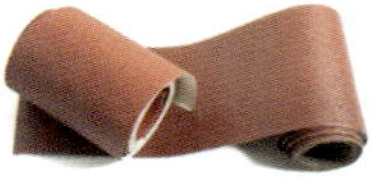

das Schleifpapier
el **papel de lija**
[paˈpel de ˈlixa]

die Wasserwaage
el **nivel de aire**
[niˈβel de ˈai̯re]

die Kombizange
los **alicates**
[aliˈkates]

der Schraubenzieher
el **destornillador**
[destorniʎaˈðor]

die Bügelsäge
la **sierra (para metales)**
[ˈsjerra (ˈpara meˈtales)]

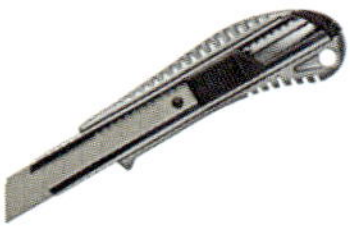

das Teppichmesser
el **cúter**
[ˈkuter]

DAS HAUS – LA CASA

Die Heimwerkstatt – El taller en casa

der Akkubohrer
la **taladradora sin cable**
[talaðraˈðora sin ˈkaβle]

der Akku
la **batería**
[bateˈria]

der Bohrer
la **broca**
[ˈbroka]

der Elektrobohrer
la **taladradora**
[talaðraˈðora]

das Stemmeisen	el **escoplo**	[esˈkoplo]
die Nietenzange	la **remachadora**	[rrematʃaˈðora]
der Seitenschneider	el **cortaalambres**	[korta(a)ˈlambres]
das Sägeblatt	la **hoja de sierra**	[ˈoxa de ˈsjerra]
schrauben	**atornillar**	[atorniˈʎar]
löten	**soldar**	[soḷˈdar]
messen	**medir**	[meˈðir]
abschmirgeln	**lijar**	[ˈlixar]
sägen	**serrar**	[seˈrrar]
schneiden	**cortar**	[korˈtar]
bohren	**taladrar**	[talaˈðrar]
hämmern	**clavar**	[klaˈβar]
feilen	**limar**	[liˈmar]
ausstemmen	**trabajar con escoplo**	[traβaˈxar kon esˈkoplo]
nieten	**remachar**	[rremaˈtʃar]
streichen	**pintar**	[piṇˈtar]
hobeln	**cepillar**	[θepiˈʎar]

die Klebepistole
la **pistola de encolar**
[pisˈtola de eŋkoˈlar]

die Stichsäge
el **serrucho de punta**
[seˈrrutʃo de ˈpuṇta]

der Bandschleifer
la **lijadora de banda**
[lixaˈðora de ˈbaṇda]

die Kreissäge
la **sierra circular**
[ˈsjerra θirkuˈlar]

DAS HAUS – LA CASA

Die Heimwerkstatt – El taller en casa

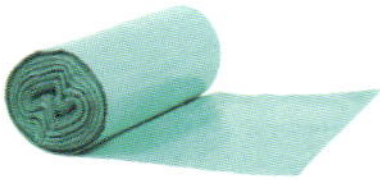

der Müllbeutel
la **bolsa de basura**
[ˈbolsa de baˈsura]

das Mikrofasertuch
la **bayeta de microfibra**
[baˈɟeta de mikroˈfiβra]

der Dichtstoff
el **material de sellado**
[mateˈrjal de seˈʎaðo]

die Kartuschenpistole
la **pistola de calafateo**
[pisˈtola de kalafaˈteo]

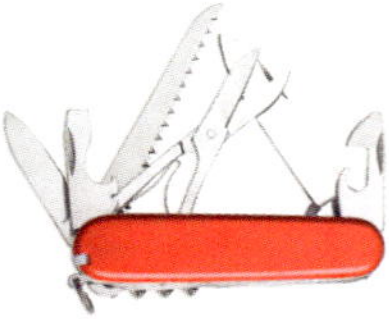

das Taschenmesser
la **navaja**
[naˈβaxa]

der Werkzeugkasten
la **caja de herramientas**
[ˈkaxa de erraˈmjen̪tas]

die Werkbank
el **banco de carpintero**
[ˈbaŋko de karpin̪ˈtero]

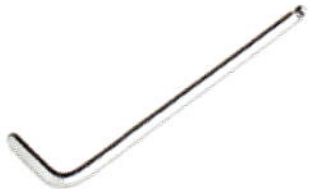

der Inbusschlüssel
la **llave Allen**
[ˈʎaβe ˈalen̪]

der Besen
la **escoba**
[esˈkoβa]

die Schutzbrille
las **gafas protectoras**
[ˈgafas protekˈtoras]

der Lötkolben
el **soldador**
[sol̪daˈðor]

das Lötzinn
el **estaño de soldar**
[esˈtaɲo de sol̪ˈdar]

das Sperrholz	la **madera contrachapada** [maˈðera kon̪traʧaˈpaða]
die Spanplatte	el **tablero de aglomerado** [taˈβlero de aɣlomeˈraðo]
der Lack	la **laca** [ˈlaka]
das Metall	el **metal** [meˈtal]
der rostfreie Stahl	el **acero inoxidable** [aˈθero inoɣsiˈðaβle]
der Kunststoff	el **plástico** [ˈplastiko]
der Draht	el **alambre** [aˈlambre]
das Holzbrett	la **tabla de madera** [ˈtaβla de maˈðera]

DAS HAUS – LA CASA

Renovieren – Hacer reformas

der Acryllack
la **pintura acrílica**
[piṇˈtura aˈkrilika]

der Flachpinsel
la **brocha**
[ˈbroʧa]

die Farbwanne
la **bandeja**
[baṇˈdexa]

das Verdünnungsmittel
el **diluyente**
[diluˈɟeṇte]

der/die Spachtel
la **espátula**
[esˈpatula]

der Farbroller
el **rodillo (de pintor)**
[rroˈðiʎo (de piṇˈtor)]

der Handwerker
el **obrero**
[oˈβrero]

die Leiter
la **escalera**
[eskaˈlera]

die Latzhose
el **mono de trabajo**
[ˈmono de traˈβaxo]

die Farbdose
la **lata de pintura**
[ˈlata de piṇˈtura]

tapezieren
empapelar
[empapeˈlar]

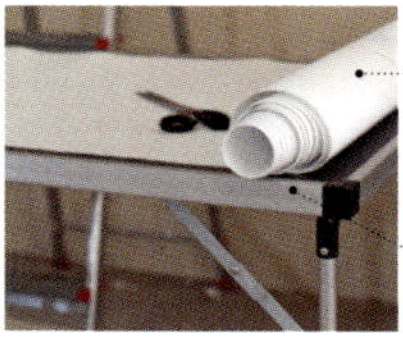

die Tapetenrolle
el **rollo de papel pintado**
[ˈrroʎo de paˈpel piṇˈtaðo]

der Tapeziertisch
la **mesa de pintor**
[ˈmesa de piṇˈtor]

die Farbe
la **pintura**
[piṇˈtura]

das Abdeckband
la **cinta de enmascarar**
[ˈθiṇta de enmaskaˈrar]

kacheln	**alicatar** [alikaˈtar]
verputzen	**emplastar** [emplasˈtar]
spachteln	**masillar** [masiˈʎar]
die Tapete entfernen	**arrancar el papel pintado** [arraŋˈkar el paˈpel piṇˈtaðo]
die Abdeckfolie	**plástico protector** [ˈplastiko protekˈtor]
die Spachtelmasse	**masilla** [maˈsiʎa]
das Lösungsmittel	**disolvente** [disolˈβeṇte]
das Versiegelungsmittel	**sellante** [seˈʎaṇte]

das Farbmuster
el **muestrario de colores**
[mwesˈtrarjo de koˈlores]

DAS HAUS – LA CASA

Strom und Heizung – Electricidad y calefacción

der Stromzähler
el **contador de electricidad**
[kon̪ta'ðor de elektriθi'ðað]

die Sicherung
el **fusible**
[fu'siβle]

der Heizkörper
el **radiador**
[rraðja'ðor]

der Kaminofen
la **estufa de leña**
[es'tufa de 'leɲa]

der Stecker
la **clavija**
[kla'βixa]

die Steckdose
el **enchufe**
[en'ʧufe]

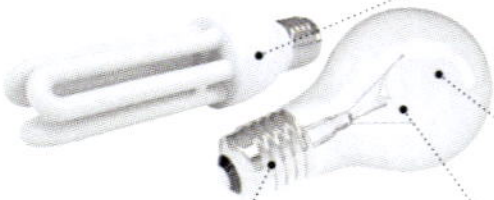

die Energiesparlampe
la **bombilla de bajo consumo**
[bom'biʎa de 'baxo kon'sumo]

die Glühbirne
la **bombilla**
[bom'biʎa]

der Lampensockel
el **casquillo**
[kas'kiʎo]

der Glühfaden
el **filamento**
[fila'men̪to]

das Verlängerungskabel
el **(cable) alargador**
[('kaβle) alarɣa'ðor]

der Schalter
el **interruptor**
[in̪terrup'tor]

die Mehrfachsteckdose
el **enchufe múltiple**
[en'ʧufe 'mul̪tiple]

der Luftkanal	el **respiradero** [rrespira'ðero]
die Heizung anschalten/ ausschalten	**encender/apagar la calefacción** [en̪θen̪'der/apa'ɣar la kalefaɣ'θjon]
die erneuerbare Energie	la **energía renovable** [ener'xia rreno'βaβle]
das Stromnetz	la **red eléctrica** [rreð e'lektrika]
die Stromstärke	la **intensidad de la corriente** [in̪tensi'ðað de la ko'rrjen̪te]
die Spannung	el **voltaje** [bol̪'taxe]
die Solarheizung	la **calefacción solar** [kalefaɣ'θjon so'lar]
die Zentralheizung	la **calefacción central** [kalefaɣ'θjon θen̪'tral]
die Fußbodenheizung	la **calefacción de suelo radiante** [kalefaɣ'θjon de 'swelo rra'ðjan̪te]
der Sicherungskasten	la **caja de fusibles** ['kaxa de fu'siβles]
die Leitung	el **cable** ['kaβle]
das Ampere	el **amperio** [am'perjo]
das Watt	el **vatio** ['batjo]
das Volt	el **voltio** ['bol̪tjo]
der Adapter	el **adaptador** [a'daptɐ]
die Erdung	la **toma de tierra** [toma de 'tjerra]

DER GARTEN – EL JARDÍN

die Terrasse
la **terraza**
[teˈrraθa]

der Gartenteich
el **estanque**
[esˈtaŋke]

der Gartenweg
el **camino**
[kaˈmino]

der Gemüsegarten
el **huerto**
[ˈwerto]

die Küchenkräuter
las **hierbas culinarias**
[ˈɟerβas kuliˈnarjas]

das Gewächshaus
el **invernadero**
[imbernaˈðero]

das Gartenhaus
la **caseta**
[kaˈseta]

das Blumenbeet
el **arriate**
[arriˈate]

die Gartenbank
el **banco**
[ˈbaŋko]

die Gartenmöbel
los **muebles de jardín**
[ˈmweβles del xarˈðin]

die Gartenmauer
el **muro**
[ˈmuro]

der Dachgarten
el **jardín de azotea**
[xarˈðin de aθoˈtea]

der Komposter
el **compostador**
[kompostaˈðor]

der Steingarten
el **jardín de rocalla**
[xarˈðin de rroˈkaʎa]

der Gartenzaun
la **valla**
[ˈbaʎa]

die Hecke
el **seto**
[ˈseto]

DER GARTEN – EL JARDÍN

Gartengeräte – Herramientas de jardinería

die Rosenschere
las **tijeras de podar**
[ti'xeras de po'ðar]

der Gartenschlauch
la **manguera**
[maŋ'gera]

die Topfpflanze
la **planta de maceta**
['plaṇta de ma'θeta]

der Handrechen
el **rastrillo de mano**
[rras'triʎo de 'mano]

die Blumenkelle
el **trasplantador**
[trasplaṇta'ðor]

der Laubrechen
la **escoba de césped**
[es'koβa de 'θespeð]

der Spaten
la **pala**
['pala]

die Gießkanne
la **regadera**
[rreɣa'ðera]

der Gartenhandschuh
el **guante de jardinería**
['gwaṇte de xarðine'ria]

der Rasenmäher
el **cortacésped**
[korta'θespeð]

der Rasentrimmer
la **desbrozadora**
[desbroθa'ðora]

der Rechen
el **rastrillo**
[rras'triʎo]

die Mistgabel
la **horca**
['orka]

die Schubkarre
la **carretilla**
[karre'tiʎa]

die Heckenschere
la **cizalla**
[θi'θaʎa]

die Hacke
la **azada**
[a'θaða]

der Rasensprenger
el **aspersor**
[asper'sor]

DER GARTEN – EL JARDÍN

Die Gartenarbeit – Trabajos de jardinería

Rollrasen verlegen
poner tepes de césped
[po'ner 'tepes de 'θespeð]

den Rasen sprengen
regar el césped
[rre'ɣar el 'θespeð]

das Laub rechen
rastrillar las hojas
[rrastri'ʎar las 'oxas]

pflanzen
plantar
[plan̪'tar]

stutzen
podar
[po'ðar]

den Rasen mähen
cortar del césped
[kor'tar el 'θespeð]

Unkraut jäten
escardar
[eskar'ðar]

umgraben
cavar
[ka'βar]

zurückschneiden
podar
[po'ðar]

pflücken
recoger, recolectar
[rreko'xer, rrekolek'tar]

säen
sembrar
[sem'brar]

spritzen
fumigar
[fumi'ɣar]

düngen	**abonar** [aβo'nar]
ernten	**cosechar** [kose'ʧar]
züchten	**cultivar** [kul̪ti'βar]
vermehren	**hacer que prolifere** [a'θer ke proli'fere]
gießen	**regar** [rre'ɣar]
der Sämling	el **brote** ['brote]
der Dünger	el **abono** [a'βono]
der Unkrautvernichter	el **herbicida** [erβi'θiða]

eintopfen
plantar en un macetero
[plan̪'tar en un maθe'tero]

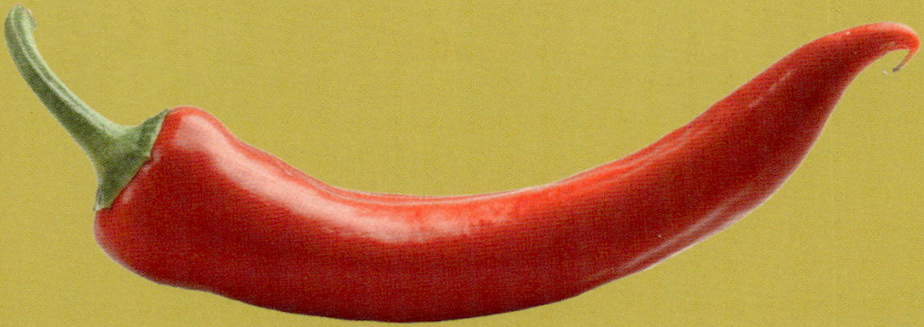

ESSEN UND TRINKEN

COMER Y BEBER

TIERISCHE PRODUKTE – PRODUCTOS CÁRNICOS Y PESCADOS

Fleisch – Carne

das Lammfleisch
la **carne de cordero**
[ˈkarne de korˈðero]

das Rindfleisch
la **carne de vacuno**
[ˈkarne de baˈkuno]

das Steak
el **bistec**
[bisˈteɣ]

das Schweinefleisch
la **carne de cerdo**
[ˈkarne de ˈθerðo]

das Filet
el **filete**
[fiˈlete]

das Kalbfleisch
la **carne de ternera**
[ˈkarne de terˈnera]

die Keule
la **pata**
[ˈpata]

das Kotelett
la **chuleta**
[ʧuˈleta]

die Leber
el **hígado**
[ˈiɣaðo]

die Niere
el **riñón**
[rriˈɲon]

das Kaninchen
el **conejo**
[koˈnexo]

der Schinken
el **jamón**
[xaˈmon]

das Hackfleisch
la **carne picada**
[ˈkarne piˈkaða]

die Wurst
la **salchicha**
[salˈʧiʧa]

der Aufschnitt
el **embutido**
[embuˈtiðo]

die Salami
el **salami**
[saˈlami]

TIERISCHE PRODUKTE – PRODUCTOS CÁRNICOS Y PESCADOS

Geflügel – Aves

das Hähnchen
el **pollo**
[ˈpoʎo]

die Brust
la **pechuga**
[peˈʧuɣa]

der Schenkel
el **muslo**
[ˈmuslo]

der Flügel
el **ala**
[ˈala]

die Hähnchenkeule
el **muslo de pollo**
[ˈmuslo de ˈpoʎo]

die Ente
el **pato**
[ˈpato]

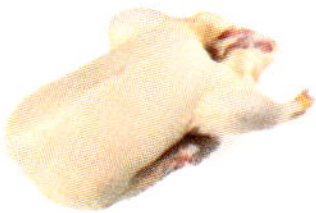

das Entenfleisch
la **carne de pato**
[ˈkarne de ˈpato]

die Gans
el **ganso**
[ˈganso]

das Gänsefleisch
la **carne de ganso**
[ˈkarne de ˈganso]

die Wachtel
la **codorniz**
[koðorˈniθ]

das Wachtelfleisch
la **carne de codorniz**
[ˈkarne de koðorˈniθ]

die Pute
el **pavo**
[ˈpaβo]

das Putenfleisch
la **carne de pavo**
[ˈkarne de ˈpaβo]

das Bioprodukt	el **producto biológico** [proˈðukto bioˈloxiko]
die Innereien	la **asadura** [asaˈðura]
mariniert	**marinado (-a)** [mariˈnaðo, -a]
geräuchert	**ahumado (-a)** [auˈmaðo, -a]
gepökelt	**curado (-a)** [kuˈraðo, -a]
braten	**asar** [aˈsar]
schmoren	**estofar** [estoˈfar]
grillen	**hacer a la parrilla** [aˈθer a la paˈrriʎa]

aus Freilandhaltung
campero (-a)
[kamˈpero, -a]

TIERISCHE PRODUKTE – PRODUCTOS CÁRNICOS Y PESCADOS

Fisch – Pescado

die Forelle
la **trucha**
[ˈtruʧa]

der Karpfen
la **carpa**
[ˈkarpa]

der Zander
la **lucioperca**
[luθjoˈperka]

der Seeteufel
el **rape**
[ˈrrape]

die Makrele
la **caballa**
[kaˈβaʎa]

die Seezunge
el **lenguado**
[leŋˈgwaðo]

die Sardine
la **sardina**
[sarˈðina]

die Scholle
la **solla**
[ˈsoʎa]

der Aal
la **anguila**
[aŋˈgila]

der Thunfisch
el **atún**
[aˈtun]

der Kabeljau
el **bacalao**
[bakaˈlao]

der Seebarsch
la **lubina**
[luˈβina]

der Lachs
el **salmón**
[salˈmon]

der Heilbutt
el **fletán**
[fleˈtan]

der Fischrogen
las **huevas de pescado**
[ˈweβas de pesˈkaðo]

das Fischsteak
el **filete de pescado**
[fiˈlete de pesˈkaðo]

TIERISCHE PRODUKTE – PRODUCTOS CÁRNICOS Y PESCADOS

Meeresfrüchte – Marisco

die Garnele
la **gamba**
[ˈgamba]

der Hummer
el **bogavante**
[boɣaˈβaṇte]

der Krebs
el **cangrejo**
[kaŋˈgrexo]

der Flusskrebs
el **cangrejo de río**
[kaŋˈgrexo de ˈrrio]

die Miesmuschel
el **mejillón**
[mexiˈʎon]

die Kammmuschel
la **venera**
[beˈnera]

die Venusmuschel
la **almeja**
[alˈmexa]

die Herzmuschel
el **berberecho**
[berβeˈreʧo]

die Auster
la **ostra**
[ˈostra]

der Tintenfisch
la **sepia**
[ˈsepja]

der Krake
el **pulpo**
[ˈpulpo]

der Räucherfisch
el **pescado ahumado**
[pesˈkaðo auˈmaðo]

das Filet	el **filete** [fiˈlete]
geräuchert	**ahumado (-a)** [auˈmaðo, -a]
einen Fisch entgräten	**quitar las espinas** [kiˈtar las esˈpinas]
die Gräte	la **raspa** [ˈrraspa]
die Schuppe	la **escama** [esˈkama]
abschuppen	**escamar** [eskaˈmar]
tiefgefroren	**congelado (-a)** [koŋxeˈlaðo, -a]
frisch	**fresco (-a)** [ˈfresko, -a]

der Dosenfisch
el **pescado en lata**
[pesˈkaðo en ˈlata]

TIERISCHE PRODUKTE – PRODUCTOS CÁRNICOS Y PESCADOS

Milchprodukte und Eier – Productos lácteos y huevos

die Sahne
la **nata**
['nata]

die Milch
la **leche**
['letʃe]

der Hüttenkäse
el **queso cottage**
['keso ko'taʃ]

der Ziegenkäse
el **queso de cabra**
['keso de 'kaβra]

der Quark
el **queso quark**
['keso kwark]

der Joghurt
el **yogur**
['ɟoɣur]

der Brie
el **(queso) brie**
[('keso) brje]

der Gorgonzola
el **(queso) gorgonzola**
[('keso) gorɣon̪'θola]

der Feta
el **(queso) feta**
[('keso) 'feta]

das Hühnerei
el **huevo de gallina**
['weβo de ga'ʎina]

die Eierschale
la **cáscara del huevo**
['kaskara del 'weβo]

das Eiweiß
la **clara**
['klara]

das Eigelb
la **yema**
['ɟema]

das Wachtelei
el **huevo de codorniz**
['weβo de koðor'niθ]

das Gänseei
el **huevo de ganso**
['weβo de 'ganso]

TIERISCHE PRODUKTE – PRODUCTOS CÁRNICOS Y PESCADOS

Milchprodukte und Eier – Productos lácteos y huevos

der Eierkarton
el **cartón de huevos**
[kar'ton de 'weβos]

die Butter
la **mantequilla**
[man̪te'kiʎa]

der Parmesan
el **(queso) parmesano**
[('keso) parme'sano]

der Emmentaler
el **(queso) emmental**
[('keso) emen̪'tal]

der Cheddar
el **(queso) cheddar**
[('keso) ʧe'ðar]

der Raclettekäse
el **(queso) raclette**
[('keso) ra'klet]

der Camembert
el **(queso) camembert**
[('keso) 'kamember]

der Gouda
el **(queso) gouda**
[('keso) 'gou̯ða]

der Mozzarella
la **mozzarella**
[moðsa'rela]

der geriebene Käse
el **queso rallado**
['keso rra'ʎaðo]

die Buttermilch
el **suero de mantequilla**
['swero de man̪te'kiʎa]

der Frischkäse
el **queso fresco**
['keso 'fresko]

die Kuhmilch	la **leche de vaca** ['leʧe de 'baka]
die Ziegenmilch	la **leche de cabra** ['leʧe de 'kaβra]
die laktosefreie Milch	la **leche sin lactosa** ['leʧe sin lak'tosa]]
die Sojamilch	la **leche de soja** ['leʧe de 'soxa]
homogenisiert	**homogeneizado (-a)** [omoxenei̯'θaðo, -a]
pasteurisiert	**pasteurizado (-a)** [pasteu̯ri'θaðo, -a]
fettarm	**bajo (-a) en grasas** ['baxo, -a en 'grasas]
die Vollmilch	la **leche entera** ['leʧe en̪'tera]

die Kondensmilch
la **leche condensada**
['leʧe kon̪den'saða]

GEMÜSE – VERDURA Y HORTALIZAS

die/der Trüffel
la **trufa**
[ˈtrufa]

der Champignon
el **champiñón**
[ʧamˈpiɲon]

der Steinpilz
la **seta calabaza**
[ˈseta kalaˈβaθa]

der Pfifferling
el **rebozuelo**
[rreβoˈθwelo]

der Spargel
el **espárrago**
[esˈparraɣo]

der Kohlrabi
el **colinabo**
[koliˈnaβo]

der Rhabarber
el **ruibarbo**
[rrwiˈβarβo]

der Mangold
la **acelga**
[aˈθelɣa]

der Fenchel
el **hinojo**
[iˈnoxo]

der/die Stangensellerie
el **apio**
[ˈapjo]

die Artischocke
la **alcachofa**
[alkaˈʧofa]

die Kresse
el **berro**
[ˈberro]

die Brunnenkresse
el **berro de agua**
[ˈberro de ˈaɣwa]

das Blatt	la **hoja** [ˈoxa]
der Strunk	el **troncho** [ˈtronʧo]
das Röschen	el **cogollo** [koˈɣoʎo]
das Herz	el **corazón** [koraˈθon]
die Spitze	la **punta** [ˈpuṇta]
das gedämpfte Gemüse	la **verdura al vapor** [berˈðura al baˈpor]
aus biologischem Anbau	**de cultivo biológico** [de kuḷˈtiβo bioˈloxiko]
aus heimischer Produktion	**de la región** [de la rreˈxjon]

GEMÜSE – VERDURA Y HORTALIZAS

Wurzelgemüse – Raíces y tubérculos

die Süßkartoffel
el **boniato**
[boˈnjato]

die Karotte
la **zanahoria**
[θanaˈorja]

die Kartoffel
la **patata**
[paˈtata]

die Schalotte
el **chalote**
[ʧaˈlote]

die rote Zwiebel
la **cebolla morada**
[θeˈβoʎa moˈraða]

die Pastinake
la **chirivía**
[ʧiriˈβia]

der Knoblauch
el **ajo**
[ˈaxo]

die Rübe
el **nabo**
[ˈnaβo]

die Zwiebel
la **cebolla**
[θeˈβoʎa]

das Radieschen
el **rábano (rojo)**
[ˈrraβano (ˈrroxo)]

die Frühlingszwiebel
la **cebolleta**
[θeβoˈʎeta]

die Rote Bete
la **remolacha**
[rremoˈlaʧa]

die Knoblauchzehe	el **diente de ajo** [ˈdjeṇte de ˈaxo]
die Knoblauchknolle	la **cabeza de ajo** [kaˈβeθa de ˈaxo]
die Wurzel	la **raíz** [rraˈiθ]
bitter	**amargo (-a)** [aˈmarɣo, -a]
roh	**crudo (-a)** [ˈkruðo, -a]
scharf	**picante** [piˈkaṇte]
mehligkochend	**para puré** [ˈpara puˈre]
festkochend	**para ensaladilla** [ˈpara ensalaˈðiʎa]

der Lauch
el **puerro**
[ˈpwerro]

GEMÜSE – VERDURA Y HORTALIZAS

Blattgemüse – Verdura

der Brokkoli
el **brócoli**
[ˈbrokoli]

der Rotkohl
la **col lombarda**
[kol lomˈbarða]

der Wirsing
la col de Milán
[kol de miˈlan]

der Rosenkohl
la **col de Bruselas**
[kol de bruˈselas]

der Blumenkohl
la **coliflor**
[koliˈflor]

der Weißkohl
la **col (repollo)**
[kol (rreˈpoʎo)]

der Kopfsalat
la **lechuga (de cogollo)**
[leˈʧuɣa (de koˈɣoʎo)]

der Eisbergsalat
la **lechuga iceberg**
[leˈʧuɣa iθeˈβerɣ]

der Römersalat
la **lechuga (romana)**
[leˈʧuɣa (rroˈmana)]

der/die Chicorée
la **endivia**
[en̩ˈdiβja]

der Feldsalat
las **collejas**
[koˈʎexas]

der Spinat
la **espinaca**
[espiˈnaka]

der Rucola
la **rúcula**
[ˈrrukula]

der Endiviensalat
la **escarola**
[eskaˈrola]

GEMÜSE – VERDURA Y HORTALIZAS

Fruchtgemüse – Hortalizas de frutos

der/die Paprika
el **pimiento**
[piˈmjeṇto]

die Zucchini
el **calabacín**
[kalaβaˈθin]

die Aubergine
la **berenjena**
[bereŋˈxena]

die Tomate
el **tomate**
[toˈmate]

die Kirschtomate
el **tomate cherry**
[toˈmate ˈʧerri]

die Olive
la **aceituna**
[aθei̯ˈtuna]

die Okraschote
el **quingombó**
[kiŋgomˈbo]

die Chilischote
la **guindilla**
[giṇˈdiʎa]

die Avocado
el **aguacate**
[aɣwaˈkate]

die Gurke
el **pepino**
[peˈpino]

der Kürbis
la **calabaza**
[kalaˈβaθa]

der Butternusskürbis
la **calabaza moscada**
[kalaˈβaθa mosˈkaða]

schälen	**pelar** [peˈlar]
schneiden	**cortar** [korˈtar]
roh	**crudo (-a)** [ˈkruðo, -a]
gekocht	**cocido (-a)** [koˈθiðo, -a]
gegart	**cocido (-a)** [koˈθiðo, -a]
das Püree	el **puré** [puˈre]
püriert	**triturado (-a)** [trituˈraðo, -a]
braten	**asar** [aˈsar]

der Mais
el **maíz**
[maˈiθ]

GEMÜSE – VERDURA Y HORTALIZAS

Hülsenfrüchte – Legumbres

die grüne Linse
la **lenteja (verde)**
[leṇˈtexa (ˈberðe)]

die Ackerbohne
la **haba**
[ˈaβa]

die schwarze Bohne
la **judía negra**
[xuˈðia ˈneɣra]

die Gartenerbse
el **guisante**
[giˈsaṇte]

die Kichererbse
el **garbanzo**
[garˈβaṇθo]

die rote Linse
la **lenteja roja**
[leṇˈtexa ˈrroxa]

die grüne Bohne
la **judía verde**
[xuˈðia ˈberðe]

die Zuckererbse
el **guisante mollar**
[giˈsaṇte moˈʎar]

die Kidneybohne
la **judía roja**
[xuˈðia ˈrroxa]

die Limabohne
la **judía de Lima**
[xuˈðia de ˈlima]

die Tellerlinse
la **lenteja pardina**
[leṇˈtexa parˈðina]

die Hülse	la **vaina** [ˈbai̯na]
der Kern	**la pepita** [peˈpita]
die Schote	**la vaina** [ˈbai̯na]
der Samen	**la semilla** [seˈmiʎa]
die Sojasprossen	**los brotes de soja** [ˈbrotes de ˈsoxa]
die Sojabohne	**la soja** [ˈsoxa]
die Mungobohne	**la judía mungo** [xuˈðia ˈmuŋgo]
die Schwarzaugenbohne	**la judía de careta** [xuˈðia de kaˈreta]

OBST – FRUTA

Beeren und Steinobst – Bayas y drupas

die Erdbeere
la **fresa**
[ˈfresa]

die Brombeere
la **(zarza)mora**
[(θarθa)ˈmora]

die Himbeere
la **frambuesa**
[framˈbwesa]

die Heidelbeere
el **arándano**
[aˈraṇdano]

die roten Johannisbeeren
las **grosellas rojas**
[groˈseʎas ˈrroxas]

die schwarzen Johannisbeeren
las **grosellas negras**
[groˈseʎas ˈneɣras]

die Weintraube
la **uva**
[ˈuβa]

die Stachelbeere
la **grosella espinosa**
[groˈseʎa espiˈnosa]

die Preiselbeere
el **arándano agrio**
[aˈraṇdano ˈaɣrjo]

die Kirsche
la **cereza**
[θeˈreθa]

die Holunderbeere
el **saúco**
[saˈuko]

der Pfirsich
el **melocotón**
[melokoˈton]

die Nektarine
la **nectarina**
[nektaˈrina]

die Pflaume
la **ciruela**
[θiˈrwela]

die Aprikose
el **albaricoque**
[alβariˈkoke]

der Apfel
la **manzana**
[maṇˈθana]

die Birne
la **pera**
[ˈpera]

die Quitte
el **membrillo**
[memˈbriʎo]

OBST – FRUTA

Exotische Früchte – Frutas exóticas

die Feige
el **higo**
[ˈiɣo]

die Birnenmelone
el **pepino dulce**
[peˈpino ˈdul̪θe]

die Physalis
el **alquequenje**
[alkeˈkeŋxe]

die Litschi
el **lichi**
[ˈliʧi]

die Sternfrucht
la **carambola**
[karamˈbola]

die Ananasguave
la **guayaba de Brasil**
[gwaˈɟaβa de braˈsil]

die Papaya
la **papaya**
[paˈpaɟa]

die Cherimoya
la **chirimoya**
[ʧiriˈmoɟa]

die Passionsfrucht
la **granadilla**
[granaˈðiʎa]

die Mangostanfrucht
el **mangostán**
[maŋgosˈtan]

der Granatapfel
la **granada**
[graˈnaða]

die Kiwano
el **kiwano**
[kiˈβano]

die Rambutan
el **rambután**
[rrambuˈtan]

die Pitahaya
la **pitahaya**
[piˈtaɟa]

die Ananas
la **piña**
[ˈpiɲa]

die Guave
la **guayaba**
[gwaˈɟaβa]

die Banane
el **plátano**
[ˈplatano]

die Kiwi
el **kiwi**
[ˈkiβi]

die Mango
el **mango**
[ˈmaŋgo]

die Kokosnuss
el **coco**
[ˈkoko]

OBST – FRUTA

Zitrusfrüchte und Melonen – Cítricos y melones

die Orange
la **naranja**
[naˈraŋxa]

die Limette
la **lima**
[ˈlima]

die Grapefruit
el **pomelo**
[poˈmelo]

die Zitrone
el **limón**
[liˈmon]

geschält
pelado (-a)
[peˈlaðo, -a]

die Clementine
la **clementina**
[klemeṇˈtina]

der Schnitz
el **gajo**
[ˈgaxo]

die Schale
la **cáscara**
[ˈkaskara]

die Zuckermelone
el **melón (chino)**
[meˈlon (ˈʧino)]

die Honigmelone
el **melón (de miel)**
[meˈlon (de mjel)]

die Wassermelone
la **sandía**
[saṇˈdia]

die Blutorange
la **naranja sanguina**
[naˈraŋxa saŋˈgina]

kernlos	**sin pepitas** [sin peˈpitas]
saftig	**jugoso (-a)** [xuˈɣoso, -a]
knackig	**crujiente** [kruˈxjeṇte]
das Kerngehäuse	el **corazón** [koraˈθon]
sauer	**ácido (-a)** [ˈaθiðo, -a]
reif	**maduro (-a)** [maˈðuro, -a]
frisch	**fresco (-a)** [ˈfresko, -a]
faulig	**podrido (-a)** [podrido, -a]

die Kumquat
el **kumquat**
[kumˈkwat]

OBST – FRUTA

Nüsse und Trockenobst – Nueces y frutos secos

der Cashewkern
el **anacardo**
[ana'karðo]

die Mandel
la **almendra**
[al'meṇdra]

die Kastanie
la **castaña**
[kas'taɲa]

die Walnuss
la **nuez**
[nweθ]

die Haselnuss
la **avellana**
[aβe'ʎana]

die Erdnuss
el **cacahuete**
[kaka'wete]

die Pekannuss
la **pacana**
[pa'kana]

die Macadamianuss
la **nuez de macadamia**
[nweθ de maka'ðamja]

der Pinienkern
el **piñón**
[pi'ɲon]

die Rosine
la **(uva) pasa**
[('uβa) 'pasa]

die Sultanine
la **(uva) pasa sultana**
[('uβa) 'pasa suḷ'tana]

die Backpflaume
la **ciruela pasa**
[θi'rwela 'pasa]

die Dattel
el **dátil**
['datil]

die Paranuss	la **nuez de Brasil** [nweθ de bra'sil]
die Pistazie	el **pistacho** [pis'taʧo]
geröstet	**tostado (-a)** [tos'taðo, -a]
gesalzen	**salado (-a)** [sa'laðo, -a]
das Studentenfutter	**frutos secos y pasas** ['frutos 'sekos i 'pasas]
der Nussknacker	el **cascanueces** [kaska'nweθes]
die Nussschale	la **cáscara** ['kaskara]
eine Nuss knacken	**cascar una nuez** [kas'kar 'una nweθ]

KRÄUTER UND GEWÜRZE – HIERBAS Y ESPECIAS

Kräuter – Hierbas

der Lavendel
la **lavanda**
[laˈβaṇda]

der Estragon
el **estragón**
[estraˈɣon]

der Oregano
el **orégano**
[oˈreɣano]

das/der Liebstöckel
el **apio del monte**
[ˈapjo del ˈmoṇte]

der Salbei
la **salvia**
[ˈsalβja]

die Minze
la **menta**
[ˈmeṇta]

der Majoran
la **mejorana**
[mexoˈrana]

der Rosmarin
el **romero**
[rroˈmero]

das Basilikum
la **albahaca**
[alˈβaka/alβaˈaka]

die Petersilie
el **perejil**
[pereˈxil]

der Thymian
el **tomillo**
[toˈmiʎo]

der Koriander
el **cilantro**
[θiˈlaṇtro]

der Schnittlauch
el **cebollino**
[θeβoˈʎino]

der Fenchel
el **hinojo**
[iˈnoxo]

der Dill
el **eneldo**
[eˈneḷdo]

die Zitronenmelisse
la **melisa**
[meˈlisa]

KRÄUTER UND GEWÜRZE – HIERBAS Y ESPECIAS

Gewürze – Especias

der Sternanis
el **anís estrellado**
[aˈnis estreˈʎaðo]

das Lorbeerblatt
la **hoja de laurel**
[ˈoxa de lau̯ˈrel]

der Koriander
el **cilantro**
[θiˈlan̪tro]

die Zimtrinde
la **canela en rama**
[kaˈnela en ˈrrama]

die Kurkuma
la **cúrcuma**
[ˈkurkuma]

das Currypulver
el **curry en polvo**
[ˈkurri en ˈpolβo]

der Paprika
el **pimentón**
[pimen̪ˈton]

der Pfeffer
la **pimienta**
[piˈmjen̪ta]

die Muskatnuss
la **nuez moscada**
[nweθ mosˈkaða]

der/das Kardamom
el **cardamomo**
[karðaˈmomo]

die Nelken
los **clavos**
[ˈklaβos]

der Ingwer
el **jengibre**
[xeŋˈxiβre]

die Chiliflocken
el **chile machacado**
[ˈʧile maʧaˈkaðo]

die Chilischote
la **guindilla**
[gin̪ˈdiʎa]

der Fenchel
el **hinojo**
[iˈnoxo]

das Garam masala
el **garam masala**
[gaˈram maˈsala]

KRÄUTER UND GEWÜRZE – HIERBAS Y ESPECIAS

Würzmittel und Soßen – Condimentos y salsas

der Essig
el **vinagre**
[biˈnaɣre]

das Olivenöl
el **aceite de oliva**
[aˈθei̯te de oˈliβa]

der Pfeffer
la **pimienta**
[piˈmjen̪ta]

das Salz
la **sal**
[sal]

die Pfeffermühle
el **molinillo de pimienta**
[moliˈniʎo de piˈmjen̪ta]

die Salsa
la **salsa**
[ˈsalsa]

der/das Ketchup
el **kétchup**
[ˈkeðtʃup]

der Senf
la **mostaza**
[mosˈtaθa]

die Mayonnaise
la **(salsa) mayonesa**
[(ˈsalsa) maɟoˈnesa]

zerstoßen	**machacado (-a)** [matʃaˈkaðo, -a]
gemahlen	**molido (-a)** [moˈliðo, -a]
geraspelt	**rallado (-a)** [rraˈʎaðo, -a]
der Salzstreuer	el **salero** [saˈlero]
die Salatsoße	el **aliño (para la ensalada)** [aˈliɲo (ˈpara la ensaˈlaða)]
würzen	**condimentar; sazonar** [kon̪dimen̪ˈtar; θoˈnar]
anmachen	**aliñar** [aliˈɲar]
marinieren	**marinar** [mariˈnar]

die Sojasoße
la **(salsa de) soja**
[(ˈsalsa de) ˈsoxa]

GETREIDE UND MEHL – CEREALES Y HARINAS

der Dinkel
la **escanda**
[esˈkan̩da]

die Kürbiskerne
las **pipas de calabaza**
[ˈpipas de kalaˈβaθa]

die Sonnenblumenkerne
las **pipas de girasol**
[ˈpipas de xiraˈsol]

die Quinoa
la **quinua**
[ˈkinwa]

der Wildreis
el **arroz silvestre**
[aˈrroθ silˈβestre]

der Hafer
la **avena**
[aˈβena]

die Gerste
la **cebada**
[θeˈβaða]

der Naturreis
el **arroz integral**
[aˈrroθ in̩teˈɣral]

der Mais
el **maíz**
[maˈiθ]

die Hirse
el **mijo**
[ˈmixo]

der Weizen
el **trigo**
[ˈtriɣo]

der/das Couscous
el **cuscús**
[kusˈkus]

der Buchweizen
el **trigo sarraceno**
[ˈtriɣo sarraˈθeno]

der Basmatireis
el **arroz basmati**
[aˈrroθ basˈma:ti]

der Bulgur
el **bulgur**
[bulˈɣur]

der Reis
el **arroz**
[aˈrroθ]

GETREIDE UND MEHL – CEREALES Y HARINAS

die Penne
los **macarrones**
[maka'rrones]

die Spaghetti
los **espaguetis**
[espa'ɣetis]

die Tagliatelle
los **tallarines**
[taʎa'rines]

die Ravioli
los **raviolis**
[rra'βjolis]

die Fusilli
los **fusilli**
[fu'sili]

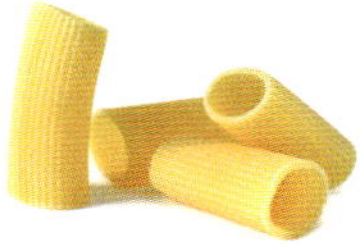

die Rigatoni
los **rigatoni**
[rriɣa'toni]

die Tortellini
los **tortelini**
[torte'lini]

das Weizenmehl
la **harina de trigo**
[a'rina de 'triɣo]

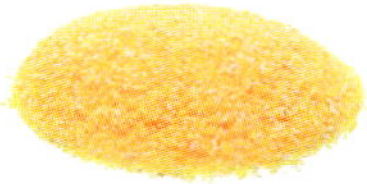

das Maismehl
la **harina de maíz**
[a'rina de ma'iθ]

die Hefe
la **levadura**
[leβa'ðura]

der Teig
la **masa**
['masa]

das Backpulver	la **levadura química** [leβa'ðura 'kimika]
das glutenfreie Mehl	la **harina sin gluten** [a'rina sin 'gluten]
das Roggenmehl	la **harina de centeno** [a'rina de θeṇ'teno]
das Vollkornmehl	la **harina integral** [a'rina iṇte'ɣral]
sieben	**cribar** [kri'βar]
kneten	**amasar** [ama'sar]
verrühren	**mezclar** [meθ'klar]
backen	**hornear** [orne'ar]

die Reisnudeln
los **fideos de arroz**
[fi'ðeos de a'rroθ]

GETREIDE UND MEHL – CEREALES Y HARINAS

Brot – Pan

die Brezel
el **pretzel**
[ˈpreðθel]

das Croissant
el **cruasán**
[krwaˈsan]

das/die Baguette
la **barra de pan**
[ˈbarra de pan]

das Schwarzbrot
el **pan negro**
[pan ˈneɣro]

das Weißbrot
el **pan blanco**
[pan ˈblaŋko]

das Vollkornbrot
el **pan integral**
[pan iṇteˈɣral]

das Mehrkornbrot
el **pan multigrano**
[pan muḷtiˈɣrano]

das Graubrot
el **pan integral**
[pan iṇteˈɣral]

das Fladenbrot
el **pan árabe**
[pan ˈaraβe]

die Tortilla
la **tortilla (mexicana)**
[torˈtiʎa (mexiˈkana)]

das Toastbrot
el **pan de molde**
[pan de ˈmoḷde]

das Sauerteigbrot
el **pan de levadura natural**
[pan de leβaˈðura natuˈral]

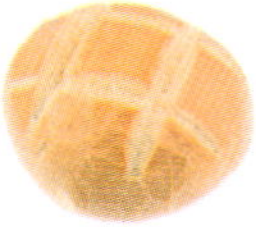

das Brötchen
el **panecillo**
[paneˈθiʎo]

der Bagel
el **baguel**
[baˈɣel]

das belegte Brötchen
el **bocadillo**
[bokaˈðiʎo]

das Knäckebrot
el **pan sueco**
[pan ˈsweko]

GETREIDE UND MEHL – CEREALES Y HARINAS

Brotaufstriche – Para untar el pan

das Glas
el **tarro**
[ˈtarro]

der Honig
la **miel**
[mjel]

der Waldhonig
la **miel silvestre**
[mjel silˈβestre]

der flüssige Honig
la **miel líquida**
[mjel iða]

der Zitronenaufstrich
la **crema de limón**
[ˈkrema de liˈmon]

die Konfitüre
la **confitura**
[koɱfiˈtura]

die Marmelade
la **mermelada**
[mermeˈlaða]

der Ahornsirup
el **sirope de arce**
[siˈrope de ˈarθe]

die Erdnussbutter
la **mantequilla de cacahuete**
[maṇteˈkiʎa de kakaˈwete]

der Schokoladen-aufstrich
la **crema de cacao**
[ˈkrema de kaˈkao]

die Margarine
la **margarina**
[marɣaˈrina]

der Laib
la **hogaza**
[oˈɣaθa]

die Scheibe
la **rebanada**
[rreβaˈnaða]

das Paniermehl
el **pan rallado**
[pan rraˈʎaðo]

das Sandwich
el **sándwich**
[ˈsaŋgwitʃ]

GETREIDE UND MEHL – CEREALES Y HARINAS

Kuchen und Gebäck – Tortas, pasteles y pastas

der Käsekuchen
la **tarta de queso**
[ˈtarta de ˈkeso]

die Schokoladentorte
el **pastel de chocolate**
[pasˈtel de ʧokoˈlate]

der Muffin
el **muffin**
[ˈmufin]

die Makrone
el **macaroon**
[makaˈron]

der Lebkuchen
el **pan de jengibre**
[pan de xeŋˈxiβre]

das Biskuit
el **bizcocho**
[biθˈkoʧo]

der Berliner
la **berlinesa**
[berliˈnesa]

der Gugelhupf
el **bizcocho de Saboya**
[biθˈkoʧo de saˈboɟa]

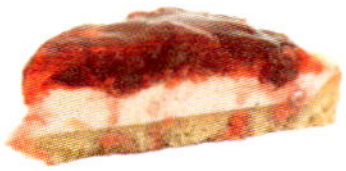

die Obsttorte
la **tartaleta de fruta**
[tartaˈleta de ˈfruta]

die Schwarzwälder Kirschtorte
el **pastel de la Selva Negra**
[pasˈtel de la ˈselβa ˈneɣra]

der Zwetschgenkuchen
la **tarta de ciruelas**
[ˈtarta de θiˈrwelas]

die Linzer Torte
la **tarta de Linzer**
[ˈtarta de ˈliṇθer]

das Marmeladentörtchen
la **tartita de mermelada**
[tarˈtita de mermeˈlaða]

der Zuckerguss	la **cobertura de azúcar** [koβerˈtura de aˈθukar]
das Marzipan	el **mazapán** [maθaˈpan]
der Geburtstagskuchen	el **pastel de cumpleaños** [pasˈtel de kumpleˈaɲos]
die Geburtstagskerze	la **vela de cumpleaños** [ˈbela de kumpleˈaɲos]
die Kuchendekoration	la **decoración del pastel** [dekoraˈθjon del pasˈtel]
das Gebäck	las **pastas** [ˈpastas]
das Eclair	el **pepito** [peˈpito]
das Baiser	el **merengue** [meˈreŋge]

DESSERTS UND SÜSSSPEISEN – POSTRES Y DULCES

der Apfelstrudel
el **strudel de manzana**
[ˈstrudel de maṇˈθana]

das Tiramisu
el **tiramisú**
[tiramiˈsu]

die Eiscreme
el **helado**
[eˈlaðo]

die Eiskugel
la **bola de helado**
[ˈbola de eˈlaðo]

die Eiswaffel
el **barquillo**
[barˈkiʎo]

der Pfannkuchen
el **panqueque**
[paŋˈkeke]

die Crêpe
la **crepe**
[ˈkrepe]

der Eisbecher
la **copa de helado**
[ˈkopa de eˈlaðo]

der Karamellpudding
el **flan**
[flan]

die Mousse
el/la **mousse**
[mus]

die Schlagsahne
la **nata (montada)**
[ˈnata (moṇˈtaða)]

die Crème brûlée
la **crema catalana**
[ˈkrema kataˈlana]

die Panna cotta
la **panna cotta**
[ˈpana ˈkota]

der Wackelpudding
la **gelatina**
[xelaˈtina]

der Obstsalat
la **macedonia**
[maθeˈðonja]

GETRÄNKE – BEBIDAS

Erfrischungsgetränke – Refrescos

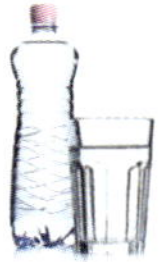

das Wasser
el **agua**
[ˈaɣwa]

das Tonicwater
la **tónica**
[ˈtonika]

der Orangensaft
el **zumo de naranja**
[ˈθumo de naˈraŋxa]

der Tomatensaft
el **zumo de tomate**
[ˈθumo de toˈmate]

das alkoholfreie Bier
la **cerveza sin alcohol**
[θerˈβeθa sin alˈkol]

der Karottensaft
el **zumo de zanahoria**
[ˈθumo de θanaˈorja]

die/das Cola
la **coca-cola®**
[koka-ˈkola]

die Limonade
el **refresco de limón**
[rreˈfresko de liˈmon]

der Eiskaffee
el **café helado**
[kaˈfe eˈlaðo]

die Eisschokolade
el **chocolate helado**
[tʃokoˈlate eˈlaðo]

der Eistee
el **té helado**
[te eˈlaðo]

die Apfelschorle
el **zumo de manzana con agua mineral con gas**
[ˈθumo de maṇˈθana kon ˈaɣwa mineˈral kon gas]

der Milchshake
el **batido (de leche)**
[baˈtiðo (de ˈletʃe)]

die Saftpresse	el **exprimidor** [esprimiˈðor]
der frisch gepresste Grapefruitsaft	el **zumo de pomelo recién exprimido** [ˈθumo de poˈmelo rreˈθjen espriˈmiðo]
das Tafelwasser	el **agua mineral** [ˈaɣwa mineˈral]
das Leitungswasser	el **agua del grifo** [ˈaɣwa del ˈgrifo]
das Mineralwasser mit Kohlensäure	el **agua mineral con gas** [ˈaɣwa mineˈral kon gas]
das stille Mineralwasser	el **agua mineral** [ˈaɣwa mineˈral]
der Apfelsaft	el **zumo de manzana** [ˈθumo de maṇˈθana]
der Johannisbeersaft	el **zumo de grosella** [ˈθumo groˈseʎa]

GETRÄNKE – BEBIDAS

Heißgetränke – Bebidas calientes

der Espresso
el **café solo**
[kaˈfe ˈsolo]

die Kaffeebohnen
los **granos de café**
[ˈgranos de kaˈfe]

der Amaretto
el **amaretto**
[amaˈreto]

der Kaffee zum Mitnehmen
el **café para llevar**
[kaˈfe ˈpara ʎeˈβar]

der Deckel
la **tapa**
[ˈtapa]

der Becher
el **vaso de café**
[ˈbaso de kaˈfe]

der Milchschaum
la **espuma de leche**
[esˈpuma de ˈleʧe]

der Teebeutel
la **bolsita de té**
[bolˈsita de te]

die Teeblätter
las **hojas de té**
[ˈoxas de te]

die Teekanne
la **tetera**
[teˈtera]

der Schwarztee
el **té**
[te]

der/die Latte macchiato
la **(leche) manchada**
[(ˈleʧe) manˈʧaða]

der Kaffee
el **café**
[kaˈfe]

der Cappuccino
el **capuchino**
[kapuˈʧino]

der Milchkaffee
el **café con leche**
[kaˈfe kon ˈleʧe]

der Minztee
el **té a la menta**
[te a la ˈmen̩ta]

der Kamillentee
la **(infusión de) manzanilla**
[(iɱfuˈsjon de) man̪θaˈniʎa]

der Kräutertee
la **infusión de hierbas**
[iɱfuˈsjon de ˈɟerβas]

der Glühwein
el **vino caliente con especias**
[ˈbino kaˈljen̩te kon esˈpeθjas]

GETRÄNKE – BEBIDAS

Alkoholische Getränke – Bebidas alcohólicas

der Cocktail
el **cóctel**
[ˈkoktel]

die Sangria
la **sangría**
[saŋˈgria]

mit Eis
con hielo
[kon ˈɟelo]

der Whisky
el **whisky**
[ˈwiski]

der Gin Tonic
el **gin-tonic**
[ɟin-ˈtonik]

der Rum
el **ron**
[rron]

das Bier
la **cerveza**
[θerˈβeθa]

das Pils
la **cerveza pilsener**
[θerˈβeθa ˈpilsener]

das dunkle Bier
la **cerveza negra**
[θerˈβeθa ˈneɣra]

der Wodka
el/la **vodka**
[ˈboθka]

der Roséwein
el **vino rosado**
[ˈbino rroˈsaðo]

der Weißwein
el **vino blanco**
[ˈbino ˈblaŋko]

der Rotwein
el **vino tinto**
[ˈbino ˈtin̪to]

der Sekt
el **cava**
[ˈkaβa]

der Tequila
el **tequila**
[teˈkila]

der Weinbrand	el **brandy** [ˈbran̪di]
der Schnaps	el **aguardiente** [aɣwarˈðjen̪te]
der Sherry	el **jerez** [xeˈreθ]
der Likör	el **licor** [liˈkor]
der Cidre	la **sidra** [ˈsiðra]
die Weinschorle	el **vino con agua mineral con gas** [ˈbino kon ˈaɣwa mineˈral kon gas]
das Hefeweizen	la **cerveza de trigo** [θerˈβeθa de ˈtriɣo]
der Champagner	el **champán** [ʧamˈpan]

KOCHEN – COCINAR

Zubereitung – Preparación

schälen
pelar
[peˈlar]

schneiden
cortar
[korˈtar]

schlagen
batir
[baˈtir]

reiben
rallar
[rraˈʎar]

zerstoßen
machacar
[maʧaˈkar]

glasieren
glasear
[glaseˈar]

sieben
tamizar
[tamiˈθar]

stampfen
machacar
[maʧaˈkar]

klopfen
ablandar
[aβlan̩ˈdar]

ausrollen
extender
[esten̩ˈder]

salzen
salar
[saˈlar]

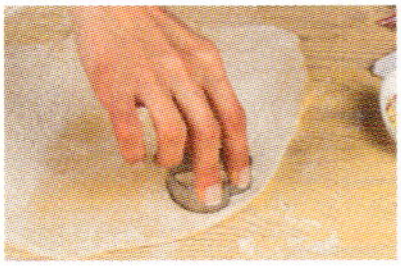

ausstechen
cortar con una forma
[korˈtar kon ˈuna ˈforma]

rösten	**tostar** [tosˈtar]
kochen	**hervir** [erˈβir]
köcheln lassen	**cocer a fuego lento** [koˈθer a ˈfweɣo ˈlen̩to]
grillen	**asar a la parrilla** [aˈsar a la paˈrriʎa]
anbraten	**sofreír** [sofreˈir]
braten	**asar** [aˈsar]
frittieren	**freír** [freˈir]
pochieren	**pochar** [poˈʧar]

streuen
espolvorear
[espolβoreˈar]

GERICHTE UND MAHLZEITEN – COMIDAS Y PLATOS

Das Frühstück – El desayuno

das Brot
el **pan**
[pan]

der Orangensaft
el **zumo de naranja**
[ˈθumo de naˈraŋxa]

das Brötchen
el **panecillo**
[paneˈθiʎo]

die Milch
la **leche**
[ˈleʧe]

der Käse
el **queso**
[ˈkeso]

die Marmelade
la **mermelada**
[mermeˈlaða]

der Cappuccino
el **capuchino**
[kapuˈʧino]

das gekochte Ei
el **huevo pasado por agua**
[ˈweβo paˈsaðo por ˈaɣwa]

das Müsli
el **muesli**
[ˈmwesli]

die Melone
el **melón**
[meˈlon]

der Schinken
el **jamón**
[xaˈmon]

die Butter
la **mantequilla**
[man̪teˈkiʎa]

die Frühstücksflocken
los **cereales**
[θereˈales]

das Croissant
el **cruasán**
[krwaˈsan]

die Cornflakes
los **copos de maíz**
[ˈkopos de maˈiθ]

der Früchtejoghurt
el **yogur de fruta**
[ˈɟoɣur de ˈfruta]

das frische Obst
la **fruta fresca**
[ˈfruta ˈfreska]

der Müsliriegel
la **barrita de muesli**
[baˈrrita de ˈmwesli]

die Weizenkeime
el **germen de trigo**
[ˈxermen de ˈtriɣo]

GERICHTE UND MAHLZEITEN – COMIDAS Y PLATOS

Das Frühstück – El desayuno

das Toastbrot
la **tostada**
[tosˈtaða]

die gegrillte Tomate
los **tomates asados**
[toˈmates aˈsaðos]

die gebackenen Bohnen
las **judías cocidas**
[xuˈðias koˈθiðas]

die Rösti
las **tortitas de patata rallada**
[torˈtitas de paˈtata rraˈʎaða]

die Blutwurst
la **morcilla**
[morˈθiʎa]

der Speck
el **beicon**
[ˈbei̯kon]

die Pilze
las **setas**
[ˈsetas]

die Wurst
la **salchicha**
[salˈʧiʧa]

das Spiegelei
el **huevo frito**
[ˈweβo ˈfrito]

das Rührei
los **huevos revueltos**
[ˈweβos rreˈβwel̯tos]

das Omelett
la **tortilla**
[torˈtiʎa]

armer Ritter
la **torrija de leche**
[toˈrrixa de ˈleʧe]

die Waffel
el **gofre**
[ˈgofre]

der Pfannkuchen
el **panqueque**
[paŋˈkeke]

der Haferbrei
las **gachas de avena**
[ˈgaʧas de aˈβena]

der Fruchtshake
el **batido de fruta**
[baˈtiðo de ˈfruta]

die heiße Schokolade
el **chocolate caliente**
[ʧokoˈlate kaˈljen̯te]

GERICHTE UND MAHLZEITEN – COMIDAS Y PLATOS

Snacks und Knabbereien – Entre comidas

die Chips
las **patatas fritas**
[pa'tatas 'fritas]

die Salzbrezel
la **rosquilla salada**
[rros'kiʎa sa'laða]

das Popcorn
las **palomitas**
[palo'mitas]

der/das Bonbon
el **caramelo**
[kara'melo]

das Gummibärchen
el **osito de gominola**
[o'sito de gomi'nola]

die Lakritze
el **regaliz**
[rreɣa'liθ]

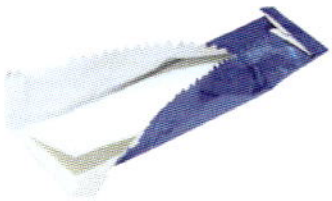

der/das Kaugummi
el **chicle**
['ʧikle]

der Lutscher
la **piruleta**
[piru'leta]

die weiße Schokolade
el **chocolate blanco**
[ʧoko'late 'blaŋko]

der Schokoriegel
la **chocolatina**
[ʧokola'tina]

die Zartbitter-schokolade
el **chocolate amargo extrafino**
[ʧoko'late a'marɣo estra'fino]

die Milchschokolade
el **chocolate con leche**
[ʧoko'late kon 'leʧe]

der Eislutscher
el **polo**
['polo]

der Frozen Yogurt
el **yogur helado**
['ɟoɣur e'laðo]

der Keks
la **galleta**
[ga'ʎeta]

die Praline
el **bombón**
[bom'bon]

GERICHTE UND MAHLZEITEN – COMIDAS Y PLATOS

Das Fastfood – La comida rápida

das Stück Pizza
el **trozo de pizza**
[ˈtroθo de ˈpitsa]

die Pizza
la **pizza**
[ˈpitsa]

der Hamburger
la **hamburguesa**
[amburˈɣesa]

die Pommes frites
las **patatas fritas**
[paˈtatas ˈfritas]

die Tortilla-Chips
los **chips de tortilla**
[ʧips de torˈtiʎa]

der Taco
el **taco**
[ˈtako]

die gebratenen Nudeln
los **tallarines fritos**
[taʎaˈrines ˈfritos]

das Sushi
el **sushi**
[ˈsuʃi]

der/das Hot Dog
el **perrito caliente**
[peˈrrito kaˈljen̩te]

der Döner
el **kebab**
[keˈβaβ]

der Wrap
el **wrap**
[grap]

der Fisch mit Pommes
el **pescado frito con patatas fritas**
[pesˈkaðo ˈfrito kon paˈtatas ˈfritas]

Ich würde gerne etwas zum Mitnehmen bestellen.	**Me gustaría encargar algo para llevar.** [me gustaˈria eŋkarˈɣar ˈalɣo ˈpara ʎeˈβar]
Eine Portion Pommes rot-weiß, bitte.	**Una de patatas fritas con kétchup y mayonesa.** [ˈuna de paˈtatas ˈfritas kon ˈkeðʧup i maɟoˈnesa]
klein/mittelgroß/groß	**pequeño/mediano/grande** [peˈkeɲo/meˈðjano/ˈgran̩de]
süß	**dulce** [ˈdul̩θe]
salzig	**salado (-a)** [saˈlaðo, -a]
der Lieferservice	el **servicio a domicilio** [serˈβiθjo a domiˈθiljo]
bestellen	**encargar** [eŋkarˈɣar]
liefern	**entregar** [en̩treˈɣar]

das Nugget
el **nugget**
[ˈnuɣet]

GERICHTE UND MAHLZEITEN – COMIDAS Y PLATOS

Die Hauptmahlzeit – Comida principal

die Suppe
la **sopa**
[ˈsopa]

die Frikadelle
el **filete ruso**
[fiˈlete ˈrruso]

das Steak
el **bistec**
[bisˈteɣ]

der Beilagensalat
la **ensalada de guarnición**
[ensaˈlaða de gwarniˈθjon]

die Kartoffelspalten
las **patatas a cuartos**
[paˈtatas a ˈkwartos]

die Lasagne
la **lasaña**
[laˈsaɲa]

die Spaghetti Bolognese
los **espaguetis con salsa boloñesa**
[espaˈɣetis kon ˈsalsa boloˈɲesa]

das Brathähnchen
el **pollo asado**
[aˈsaðo]

das panierte Schnitzel
el **escalope**
[eskaˈlope]

die Bratkartoffeln
las **patatas salteadas**
[paˈtatas saḻteˈaðas]

der Eintopf
el **estofado**
[estoˈfaðo]

der Auflauf
el **gratinado**
[gratiˈnaðo]

die Pastete
el **pastel (salado) de hojaldre**
[pasˈtel (saˈlaðo) de oˈxaḻdre]

die Quiche
el/la **quiche**
[kiʃ]

das Curry
el **curry**
[ˈkurri]

GERICHTE UND MAHLZEITEN – COMIDAS Y PLATOS

Im Restaurant – En el restaurante

① *der Gast*
el/la **cliente**
[ˈkljeṇte]

② *der Kellner*
el **camarero**
[kamaˈrero]

③ *der Tisch für zwei Personen*
la **mesa para dos personas**
[ˈmesa ˈpara dos perˈsonas]

④ *das Rotweinglas*
la **copa de vino tinto**
[ˈkopa de ˈbino]

⑤ *die Speisekarte*
la **carta**
[ˈkarta]

⑥ *die Bestellung*
la **comanda**
[koˈmaṇda]

die Vorspeise
el **entrante**
[eṇˈtraṇte]

der Nachtisch
el **postre**
[ˈpostre]

die Beilage
la **guarnición**
[gwarniˈθjon]

das Hauptgericht
el **plato principal**
[ˈplato priṇθiˈpal]

die Suppe
la **sopa**
[ˈsopa]

der Aperitif
el **aperitivo**
[aperiˈtiβo]

der/das Sorbet
el **sorbete**
[sorˈβete]

der Salat
la **ensalada**
[ensaˈlaða]

der Käseteller
la **tabla de quesos**
[ˈtaβla de ˈkesos]

der Kaffee
el **café**
[kaˈfe]

der Likör
el **licor**
[liˈkor]

das Käsemesser
el **cuchillo de queso**
[kuˈʧiʎo de ˈkeso]

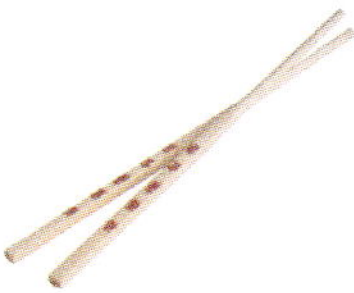

das Stäbchen
el **palillo**
[paˈliʎo]

GERICHTE UND MAHLZEITEN – COMIDAS Y PLATOS

Geschirr und Besteck – Vajilla y cubiertos

die Serviette
la **servilleta**
[serβiˈʎeta]

der Brotteller
el **plato para pan**
[ˈplato ˈpara pan]

die Gabel
el **tenedor**
[teneˈðor]

die Tischdecke
el **mantel**
[man̪ˈtel]

der Essteller
el **plato llano**
[ˈplato ˈʎano]

das Wasserglas
la **copa de agua**
[ˈkopa de ˈaɣwa]

das Weinglas
la **copa de vino**
[ˈkopa de ˈbino]

der Dessertlöffel
la **cucharilla de postre**
[kuʧaˈriʎa de ˈpostre]

der Suppenlöffel
la **cuchara de sopa**
[kuˈʧara de ˈsopa]

das Messer
el **cuchillo**
[kuˈʧiʎo]

die Schüssel
la **fuente**
[ˈfwen̪te]

die Karaffe
la **jarra**
[ˈxarra]

das Steakmesser
el **cuchillo de carne**
[kuˈʧiʎo de ˈkarne]

der Zahnstocher
el **palillo**
[paˈliʎo]

Könnten Sie uns bitte die Weinkarte bringen?	**¿Nos podría traer la carta de vinos?** [nos poˈðria traˈer la ˈkarta de ˈbinos]
Guten Appetit!	**¡Buen provecho!** [bwen proˈβeʧo]
Zum Wohl!	**¡Salud!** [saˈluð]
Als Vorspeise/Hauptgericht/Nachtisch nehme ich …	**De entrante/plato principal/postre tomaré…** [de en̪ˈtran̪te/ˈplato prin̪θiˈpal/ˈpostre tomaˈre]
die Spezialitäten	las **especialidades** [espeθjaliˈðaðes]
Ich hätte gerne die Rechnung, bitte.	**Tráiganos la cuenta.** [ˈtraiɣanos la ˈkwen̪ta]
die Bezahlung	el **pago** [ˈpaɣo]
das Trinkgeld	la **propina** [proˈpina]

DIE ERNÄHRUNG – LA ALIMENTACIÓN

das Fett
la **grasa**
[ˈgrasa]

der Zucker
el **azúcar**
[aˈθukar]

das Kohlenhydrat
el **hidrato de carbono**
[iˈðrato de karˈβono]

das Eiweiß
la **proteína**
[proteˈina]

ohne Eier
sin huevos
[sin ˈweβos]

zuckerfrei
sin azúcar
[sin aˈθukar]

glutenfrei
sin gluten
[sin ˈgluten]

laktosefrei
sin lactosa
[sin lakˈtosa]

die Ballaststoffe
las **fibras vegetales**
[ˈfiβras bexeˈtales]

das Cholesterin
el **colesterol**
[kolesteˈrol]

vegetarisch
vegetariano (-a)
[bexetaˈrjano, -a]

vegan
vegano (-a)
[beˈɣano, -a]

die Lebensmittelintoleranz	la **intolerancia alimentaria** [in̪toleˈran̪θja alimen̪ˈtarja]
die Fruktose	la **fructosa** [frukˈtosa]
die Glukose	la **glucosa** [gluˈkosa]
das Natrium	el **sodio** [ˈsoðjo]
die Kalorien	las **calorías** [kaloˈrias]
der Geschmacksverstärker	el **potenciador de sabor** [poten̪θjaˈðor de saˈβor]
die gesunde Ernährung	la **alimentación sana** [alimentaˈθjon ˈsana]
fasten	**ayunar** [aɟuˈnar]

die Diät
la **dieta**
[diˈeta]

UNTERWEGS
DE CAMINO

STRASSEN UND VERKEHR – TRÁFICO Y CARRETERAS

① *die Straßenlaterne*
la **farola**
[faˈrola]

② *die Einbahnstraße*
la **calle de dirección única**
[ˈkaʎe de direɣˈθjon ˈunika]

③ *die Fußgängerampel*
el **semáforo para peatones**
[seˈmaforo ˈpara peaˈtones]

④ *der Bürgersteig*
la **acera**
[aˈθera]

⑤ *der Bordstein*
el **bordillo**
[borˈðiʎo]

⑥ *die Ampel*
el **semáforo**
[seˈmaforo]

⑦ *das geparkte Auto*
el **coche aparcado**
[ˈkotʃe aparˈkaðo]

⑧ *die Fahrspur*
el **carril**
[kaˈrril]

⑨ *die Straßenmarkierung*
la **señalización (de la carretera)**
[seɲaliθaˈθjon (de la karreˈtera)]

⑩ *der Rinnstein*
el **arroyo (de la acera)**
[aˈrroɟo (de la aˈθera)]

der Tunnel
el **túnel**
[ˈtunel]

der Parkschein-automat
el **parquímetro**
[parˈkimetro]

der Fahrradweg
el **carril bici**
[kaˈrril ˈbiθi]

der Behinderten-parkplatz
el **aparcamiento para personas con discapacidad**
[aparkaˈmjen̪to ˈpara perˈsonas kon diskapaθiˈðað]

die Brücke
el **puente**
[ˈpwen̪te]

der Kreisverkehr
la **rotonda**
[rroˈton̪da]

der Zebrastreifen
el **paso de cebra**
[ˈpaso de ˈθebra]

die Notrufsäule
el **teléfono de emergencia**
[teˈlefono de emerˈxen̪θja]

STRASSEN UND VERKEHR – TRÁFICO Y CARRETERAS

das Autobahnkreuz
el **cruce de autopistas**
[ˈkruθe de au̯toˈpistas]

die Autobahn
la **autopista**
[au̯toˈpista]

der Berufsverkehr
el **tráfico en hora punta**
[ˈtrafiko en ora ˈpun̪ta]

① *der Mittelstreifen*
la **mediana**
[meˈðjana]

② *die Überholspur*
el **carril de adelantamiento**
[kaˈrril de aðelan̪taˈmjen̪to]

③ *die Überführung*
el **paso elevado**
[ˈpaso eleˈβaðo]

④ *die Kurve*
la **curva**
[ˈkurβa]

⑤ *die Unterführung*
el **paso subterráneo**
[ˈpaso suβteˈrraneo]

⑥ *die Einfahrt*
la **entrada**
[en̪ˈtraða]

⑦ *die Ausfahrt*
la **salida**
[saˈliða]

der Verkehrspolizist
el **(agente de) policía de tráfico**
[(aˈxen̪te de) poliˈθia de ˈtrafiko]

der Strafzettel
la **multa**
[ˈmul̪ta]

die Mautstelle
el **(control de) peaje**
[(kon̪ˈtrol de) peˈaxe]

abschleppen
remolcar
[rremolˈkar]

die Kreuzung	el **cruce** [ˈkruθe]
die Vorfahrt	la **preferencia** [prefeˈren̪θja]
die Geschwindigkeitsüberschreitung	el **exceso de velocidad** [esˈθeso de beloθiˈðað]
anhalten	**parar** [ˈparar]
der Standstreifen	el **arcén** [arˈθen]
die Raststätte	el **área de servicio** [ˈarea de serˈβiθjo]
die Entfernungstafel	la **señal indicadora** [seˈɲal in̪dikaˈðora]
rückwärtsfahren	**ir marcha atrás** [ir ˈmarʧa aˈtras]

der Stau
el **atasco**
[aˈtasko]

STRASSEN UND VERKEHR – TRÁFICO Y CARRETERAS

Verkehrsschilder – Señales de tráfico

Einfahrt verboten
prohibido el paso
[proi̯ˈβiðo el ˈpaso]

das Halteverbot
prohibido parar
[proi̯ˈβiðo paˈrar]

die Baustelle
la **obra**
[ˈoβra]

der Tunnel
el **túnel**
[ˈtunel]

das Parkverbot
prohibido aparcar
[proi̯ˈβiðo aparˈkar]

der Stau
el **atasco**
[aˈtasko]

das Gefälle
el **desnivel**
[desniˈβel]

der Kreisverkehr
la **rotonda**
[rroˈton̪da]

die Geschwindigkeits-begrenzung
el **límite de velocidad**
[ˈlimite de beloθiˈðað]

Vorfahrt gewähren!
¡ceda el paso!
[θeˈða el ˈpaso]

die Einbahnstraße
la **calle de sentido obligatorio**
[ˈkaʎe de sen̪ˈtiðo oβliɣaˈtorjo]

der Gegenverkehr
el **tráfico en sentido opuesto**
[ˈtrafiko en sen̪ˈtiðo oˈpwesto]

Einbiegen nach rechts verboten
prohibido girar a la derecha
[proi̯ˈβiðo xiˈrar a la deˈreʧa]

Einbiegen nach links verboten
prohibido girar a la izquierda
[proi̯ˈβiðo xiˈrar a la iθˈkjerða]

Wenden verboten
prohibido cambiar de sentido
[proi̯ˈβiðo kamˈbjar de sen̪ˈtiðo]

die Schnee- oder Eisglätte
el **pavimento deslizante por nievo o hielo**
[paβiˈmen̪to desliˈθan̪te por ˈnjeβe o ˈɟelo]

DAS AUTO – EL COCHE

Autotypen – Tipos de coches

die Stretchlimousine
la **limusina**
[limuˈsina]

das Cabrio
el **descapotable**
[deskapoˈtaβle]

die Fließhecklimousine
el **berlina de dos volúmenes**
[berˈlina de dos boˈlumenes]

der Sportwagen
el **coche deportivo**
[ˈkoʧe deporˈtiβo]

der Kleinstwagen
el **microcoche**
[mikroˈkoʧe]

der Kleinwagen
el **coche urbano**
[ˈkoʧe urˈβano]

der Oldtimer
el **coche antiguo**
[ˈkoʧe an̪ˈtiɣwo]

die Limousine
la **berlina**
[berˈlina]

der Kombiwagen
el **coche familiar**
[ˈkoʧe famiˈljar]

der Pick-up
la **camioneta**
[kamjoˈneta]

der Kleintransporter
la **furgoneta**
[furɣoˈneta]

die Klimaanlage	el **aire acondicionado** [ˈai̯re akon̪diθjoˈnaðo]
die Sitzheizung	la **calefacción del asiento** [kalefaɣˈθjon del aˈsjen̪to]
die Automatikschaltung	el **cambio de marchas automático** [ˈkambjo de ˈmarʧas au̯toˈmatiko]
die Handschaltung	el **cambio de marchas manual** [ˈkambjo de ˈmarʧas manuˈal]
die Zündung	el **contacto** [kon̪ˈtakto]
zweitürig	**de dos puertas** [de dos ˈpwertas]
dreitürig	**de tres puertas** [de tres ˈpwertas]
viertürig	**de cuatro puertas** [de ˈkwatro ˈpwertas]

der Geländewagen
el **todoterreno**
[toðoteˈrreno]

DAS AUTO – EL COCHE

Das Auto – Außenansicht – El coche por fuera

die Beifahrerseite
la **parte del copiloto**
[ˈparte del kopiˈloto]

das Dach
el **techo**
[ˈteʧo]

die Windschutzscheibe
el **parabrisas**
[paraˈβrisas]

die Fahrerseite
la **parte del conductor**
[ˈparte del kon̪dukˈtor]

die Begrenzungsleuchte
la **luz de posición (lateral)**
[luθ de posiˈθjon (lateˈral)]

der Rückspiegel
el **(espejo) retrovisor**
[(esˈpexo) rretroβiˈsor]

die Blinkleuchte
el **intermitente**
[in̪termiˈten̪te]

das Rad
la **rueda**
[ˈrrweða]

der Scheibenwischer
el **limpiaparabrisas**
[limpjaparaˈβrisas]

der Kühlergrill
la **calandra**
[kaˈlan̪dra]

die Stoßstange
el **parachoques**
[paraˈʧokes]

das Nummernschild
la **(placa de) matrícula**
[(ˈplaka de) maˈtrikula]

das Markenemblem
el **emblema**
[emˈblema]

der Nebelscheinwerfer
la **luz antiniebla delantera**
[luθ an̪tiˈnjeβla delan̪ˈtera]

das Reifenprofil
el **perfil del neumático**
[perˈfil del neu̯ˈmatiko]

der Ölmessstab	la **varilla del aceite** [baˈriʎa del aˈθei̯te]
der Luftfilter	el **filtro del aire** [ˈfil̪tro del ˈai̯re]
der Bremsflüssigkeitsbehälter	el **depósito del líquido de frenos** [deˈposito del ˈlikiðo de ˈfrenos]
die Antenne	la **antena** [an̪ˈtena]
die Radaufhängung	la **suspensión** [suspenˈsjon]
das Abblendlicht	la **luz corta** [luθ ˈkorta]
das Fernlicht	la **luz larga** [luθ ˈlarɣa]

DAS AUTO – EL COCHE

Das Auto – Außenansicht – El coche por fuera

① *der Seitenspiegel*
el **(espejo) retrovisor lateral**
[(es'pexo) rretroβi'sor late'ral]

② *die B-Säule*
el **Pilar B**
[pi'lar be]

③ *der Kofferraum*
el **maletero**
[male'tero]

④ *die Heckscheibe*
la **luneta trasera**
[lu'neta tra'sera]

⑤ *die Motorhaube*
el **capó**
[ka'po]

⑥ *das Seitenfenster*
la **ventanilla lateral**
[beṇta'niʎa late'ral]

⑦ *die Autotür*
la **puerta**
['pwerta]

⑧ *die Radkappe*
el **tapacubos**
[tapa'kuβos]

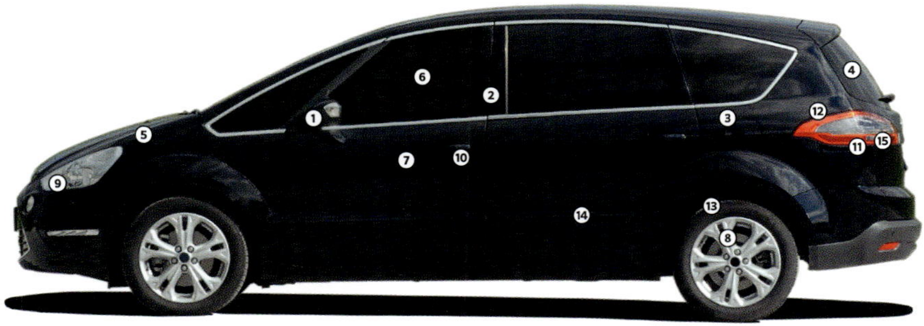

⑨ *der Scheinwerfer*
el **faro**
['faro]

⑩ *der Türgriff*
la **manilla (de la puerta)**
[ma'niʎa (de la 'pwerta)]

⑪ *die Bremsleuchte*
la **luz de freno**
[luθ de 'freno]

⑫ *die Rückleuchte*
la **luz trasera**
[luθ tra'sera]

⑬ *der Reifen*
el **neumático**
[neu̯'matiko]

⑭ *die Seitenschutzleiste*
la **moldura (lateral)**
[moḷ'dura (late'ral)]

⑮ *der Rückfahrscheinwerfer*
la **luz de marcha atrás**
[luθ de 'martʃa a'tras]

der Motor	el **motor** [mo'tor]
der Benzintank	el **depósito de la gasolina** [de'posito de la gaso'lina]
das Getriebe	la **caja (de cambios)** ['kaxa (de 'kambjos)]
der Kühler	el **radiador** [rraðja'ðor]
der Ventilator	el **ventilador** [beṇtila'ðor]
die Batterie	la **batería** [bate'ria]
der Auspufftopf	el **silenciador** [sileṇθja'ðor]
das Auspuffrohr	el **tubo de escape** ['tuβo de es'kape]

die Felge
la **llanta**
['ʎaṇta]

DAS AUTO – EL COCHE

Das Auto - Innenausstattung – El coche por dentro

① *der Seitenspiegel*
el **(espejo) retrovisor lateral**
[(es'pexo) rretroβi'sor late'ral]

② *das Lenkrad*
el **volante**
[bo'lan̪te]

③ *das Armaturenbrett*
el **salpicadero**
[salpika'ðero]

④ *der Türöffner*
el **tirador**
[tira'ðor]

⑤ *der Fahrersitz*
el **asiento del conductor**
[a'sjen̪to del kon̪duk'tor]

⑥ *die Mittelkonsole*
la **consola central**
[kon'sola θen̪'tral]

⑦ *die Handbremse*
el **freno de mano**
['freno de 'mano]

⑧ *der Heizungsregler*
el **mando de la calefacción**
['man̪do de la kalefaɣ'θjon]

⑨ *das Handschuhfach*
la **guantera**
[gwan̪'tera]

⑩ *der Schalthebel*
la **palanca de cambio**
[pa'laŋka de 'kambjo]

⑪ *der Beifahrersitz*
el **asiento del copiloto**
[a'sjen̪to del kopi'loto]

der Warnblinkschalter
el **botón para los intermitentes de emergencia**
[bo'ton 'para los in̪termi'ten̪tes de emer'xen̪θja]

die Stereoanlage
el **equipo estéreo**
[e'kipo es'tereo]

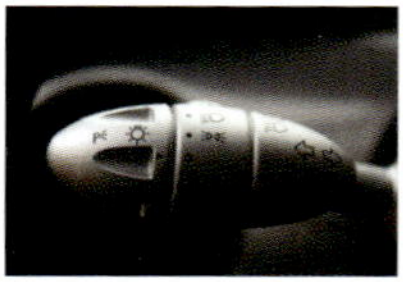

der Blinkerhebel
la **palanca del intermitente**
[pa'laŋka del in̪termi'ten̪te]

der Zigarettenanzünder
el **encendedor**
[en̪θen̪de'ðor]

das Navigationsgerät
el **GPS**
[xepe'ese]

die Fußstütze	el **reposapiés** [rreposa'pjes]
das Kupplungspedal	el **(pedal del) embrague** [(pe'ðal del) em'braɣe]
das Bremspedal	el **(pedal del) freno** [(pe'ðal del) 'freno]
das Gaspedal	el **(pedal del) acelerador** [(pe'ðal del) aθelera'ðor]
der Sicherheitsgurt	el **cinturón de seguridad** [θin̪tu'ron de seɣuri'ðað]
die Kopfstütze	el **reposacabezas** [rreposaka'βeθas]
der Airbag	el **airbag** ['ai̯rβaɣ]
die Hupe	el **claxon** ['klaɣson]

DAS AUTO – EL COCHE

Die Tankstelle – La gasolinera

die Preisanzeige
el **indicador del precio**
[in̪dikaˈðor del ˈpreθjo]

die Literanzeige
el **indicador de los litros**
[in̪dikaˈðor de los ˈlitros]

der Feuerlöscher
el **extintor**
[estin̪ˈtor]

die Zapfsäule
el **surtidor (de gasolina)**
[surtiˈðor (de gasoˈlina)]

das Reifenfüllgerät
el **inflador de neumáticos**
[iɱflaˈðor de neu̯ˈmatikos]

das Rauchverbot
la **prohibición de fumar**
[proi̯βiˈθjon de fuˈmar]

das Benzin
la **gasolina**
[gasoˈlina]

der Diesel
el **diésel/gasóleo**
[ˈdjesel/gaˈsoleo]

bleifrei
sin plomo
[sin ˈplomo]

verbleit
con plomo
[kon ˈplomo]

der Zapfschlauch
la **manguera**
[maŋˈgera]

die Zapfpistole
la **pistola del surtidor**
[pisˈtola del surtiˈðor]

der Tankdeckel
la **tapa del depósito**
[ˈtapa del deˈposito]

der Wagenheber
el **gato**
[ˈgato]

(das) Öl wechseln	**cambiar el aceite** [kamˈbjar el aˈθei̯te]
der Reifendruck	la **presión de los neumáticos** [preˈsjon de los neu̯ˈmatikos]
der Keilriemen	la **correa del ventilador** [koˈrrea del ben̪tilaˈðor]
die Lichtmaschine	el **alternador** [al̪ternaˈðor]
der Sommerreifen	el **neumático de verano** [neu̯ˈmatiko de beˈrano]
der Winterreifen	el **neumático de invierno** [neu̯ˈmatiko de imˈbjerno]
der Allwetterreifen	el **neumático para todas las estaciones** [neu̯ˈmatiko ˈpara ˈtoðas las estaˈθjones]
die Schneekette	la **cadena para la nieve** [kaˈðena ˈpara la ˈnjeβe]

tanken
poner gasolina
[poˈner gasoˈlina]

DAS AUTO – EL COCHE

Die Tankstelle – La gasolinera

① *die Tankanzeige*
el **indicador (del nivel) de la gasolina**
[iṇdika'ðor (del ni'βel) de la gaso'lina]

② *die Tankleuchte*
la **luz de reserva** [luθ de rre'serβa]

③ *der/das Tachometer*
el **velocímetro** [belo'θimetro]

④ *die Geschwindigkeit*
la **velocidad** [beloθi'ðað]

⑤ *der Kilometerstand*
el **kilometraje** [kilome'traxe]

⑥ *der Drehzahlmesser*
el **cuentarrevoluciones**
[kweṇtarreβolu'θjones]

⑦ *die Kühlmitteltemperaturanzeige*
el **indicador de la temperatura**
[iṇdika'ðor de la tempera'tura]

den Reifen wechseln
cambiar la rueda
[kam'bjar la 'rrweða]

der Radmutternschlüssel
la **llave de tuerca de rueda**
['ʎaβe de 'twerka de 'rrweða]

das Reserverad
la **rueda de recambio**
['rrweða de rre'kambjo]

die Reifenpanne
el **pinchazo**
[pin'ʧaθo]

der Verkehrsunfall	el **accidente de carretera** [aɣθi'ðeṇte de karre'tera]
Ich habe eine Panne.	**Mi coche tiene una avería.** [mi 'koʧe 'tjene 'una aβe'ria]
Könnten Sie bitte den Pannendienst anrufen?	**¿Podría llamar al servicio de asistencia en carretera?** [po'ðrja ʎa'mar al ser'βiθjo de asis'teṇθja en karre'tera]
Der Motor springt nicht an.	**El motor no arranca.** [el mo'tor no a'rraŋka]
das Starthilfekabel	el **cable de arranque** ['kaβle de a'rraŋke]
Könnten Sie mir Starthilfe geben?	**¿Podría ayudarme a arrancar el coche?** [po'ðrja aɟu'ðarme a arraŋ'kar el 'koʧe]
der Ersatzreifen	la **rueda de recambio** ['rrweða de rre'kambjo]
Könnten Sie mir beim Reifenwechseln helfen?	**¿Podría ayudarme a cambiar la rueda?** [po'ðrja aɟu'ðarme a kam'bjar la 'rrweða]

DER BUS – AUTOBUSES Y AUTOCARES

der Doppeldecker
el **ómnibus de dos pisos**
[ˈomniβus de dos ˈpisos]

die Liniennummer
el **número de línea**
[ˈnumero de ˈlinea]

das Fahrziel
el **destino**
[desˈtino]

der Reisebus
el **autocar**
[au̯toˈkar]

die Automatiktür
la **puerta automática**
[ˈpwerta au̯toˈmatika]

der Gepäckraum
el **maletero**
[maleˈtero]

die Bushaltestelle
la **parada de autobús**
[paˈraða de au̯toˈβus]

der Fahrplan
el **horario**
[oˈrarjo]

das Wartehäuschen
la **parada con garita**
[paˈraða kon gaˈrita]

der Schulbus
el **autocar escolar**
[au̯toˈkar eskoˈlar]

der Halteknopf
el **botón de parada**
[boˈton de paˈraða]

der Niederflurbus	el **autobús de piso bajo** [au̯toˈβus de ˈpiso ˈbaxo]
der Busbahnhof	la **estación de autobuses** [estaˈθjon de au̯toˈβuses]
der Linienbus	el **autobús de línea** [au̯toˈβus de ˈlinea]
der Kleinbus	el **microbús** [mikroˈβus]
die Monatskarte	el **abono mensual** [aˈβono menˈsual]
der Fahrpreis	el **precio del billete (sencillo)** [ˈpreθjo del biˈʎete (sen̪ˈθiʎo)]
die Fahrkarte	el **billete** [biˈʎete]
der Fahrkartenautomat	la **máquina expendedora** [ˈmakina espen̪deˈðora]

die Halteschlaufe
el **asidero**
[asiˈðero]

DAS MOTORRAD – LA MOTOCICLETA

die Rennmaschine
la **moto de carreras**
[ˈmoto de kaˈrreras]

das Cockpit
el **cuadro de mandos**
[ˈkwaðro de ˈman̪dos]

der Kupplungshebel
la **palanca del embrague**
[paˈlaŋka del emˈbraɣe]

der Lenkergriff
el **manillar**
[maniˈʎar]

der Fahrersitz
el **asiento delantero**
[aˈsjen̪to delan̪ˈtero]

der Rückspiegel
el **(espejo) retrovisor**
[(esˈpexo) rretroβiˈsor]

der Soziussitz
el **asiento trasero**
[aˈsjen̪to traˈsero]

das Schutzblech
el **guardabarros**
[gwarðaˈβarros]

der Seitenständer
el **caballete lateral**
[kaβaˈʎete lateˈral]

die Fußraste
el **estribo**
[esˈtriβo]

die Rückleuchte
la **luz trasera**
[luθ traˈsera]

das Getriebe
la **caja de cambios**
[ˈkaxa de ˈkambjos]

der Fußschalthebel
el **pedal de cambio**
[peˈðal de ˈkambjo]

die Radaufhängung
la **suspensión (de la rueda)**
[suspenˈsjon (de la ˈrrweða)]

der Motorroller
la **escúter**
[esˈkuter]

das Quad
el **cuatrimoto**
[kwatriˈmoto]

das Geländemotorrad
la **moto de motocrós**
[ˈmoto de motoˈcros]

der Chopper
la **(moto) chopper**
[(ˈmoto) ˈʧoper]

DAS MOTORRAD – LA MOTOCICLETA

der Motorradhelm
el **casco de motorista**
[ˈkasko de motoˈrista]

die Lederjacke
la **chaqueta de piel**
[ʧaˈketa de pjel]

die Motorradkombi
el **traje de motorista**
[ˈtraxe de motoˈrista]

der Lederhandschuh
el **guante de piel**
[ˈgwan̩te de pjel]

das Visier
la **visera**
[biˈsera]

der Lufteinlass
el **respiradero**
[rrespiraˈðero]

der Reflektorstreifen
la **tira reflectante**
[ˈtira rreflekˈtan̩te]

der Tachometer
el **velocímetro**
[beloˈθimetro]

der Lenker
el **manillar**
[maniˈʎar]

der Tankdeckel
el **tapón del depósito**
[taˈpon del deˈposito]

der Benzintank
el **depósito de la gasolina**
[deˈposito de la gasoˈlina]

der Blinker
el **intermitente**
[in̩termiˈten̩te]

der Bremshebel für die Vorderradbremse
la **palanca del freno delantero**
[paˈlaŋka del ˈfreno delan̩ˈtero]

der Gasdrehgriff
el **puño acelerador**
[ˈpuɲo aθeleraˈðor]

das Motorradgespann
la **moto con sidecar**
[ˈmoto kon siðeˈkar]

der Tourer
la **moto de carretera**
[ˈmoto de karreˈtera]

der Beiwagen
el **sidecar**
[siðeˈkar]

DAS FAHRRAD – LA BICICLETA

die Felgenbremse
el **freno de llanta**
[ˈfreno de ˈʎanta]

der Sattel
el **sillín**
[siˈʎin]

die Sattelstütze
el **poste del sillín**
[ˈposte del siˈʎin]

der Lenker
el **manillar**
[maniˈʎar]

der Fahrradkorb
la **cesta**
[ˈθesta]

der Gepäckträger
el **portaequipajes**
[portaekiˈpaxes]

die Gabel
la **horquilla**
[orˈkiʎa]

das Hinterrad
la **rueda trasera**
[ˈrrweða traˈsera]

der Reifen
la **cubierta**
[kuˈβjerta]

die Felge
la **llanta**
[ˈʎanta]

das Vorderrad
la **rueda delantera**
[ˈrrweða delanˈtera]

die Speiche
el **radio**
[ˈrraðjo]

der Reflektor
el **reflector**
[rreflekˈtor]

der Kettenschutz
el **cubrecadenas**
[kuβrekaˈðenas]

die Kette
la **cadena**
[kaˈðena]

das Pedal
el **pedal**
[peˈðal]

das Zahnrad
el **plato**
[ˈplato]

das Schutzblech
el **guardabarros**
[gwarðaˈβarros]

der Schalthebel	la **palanca de cambio** [paˈlaŋka de ˈkambjo]
der Bremshebel	la **palanca de freno** [paˈlaŋka de ˈfreno]
die Luftpumpe	la **bomba** [ˈbomba]
der Fahrradhelm	el **casco** [ˈkasko]
der Dynamo	la **dinamo** [diˈnamo]
in die Pedale treten	**pedalear** [peðaleˈar]
bremsen	**frenar** [freˈnar]
in einen höheren/niedrigeren Gang schalten	**cambiar a una marcha más larga/corta** [kamˈbjar a ˈuna ˈmartʃa mas ˈlarɣa/ˈkorta]
Radfahren lernen	**aprender a ir en bicicleta** [aprenˈder a ir en biθiˈkleta]
einen Fahrradschlauch flicken	**reparar una cámara de la bicicleta** [rrepaˈrar ˈuna ˈkamara de la biθiˈkleta]

DAS FAHRRAD – LA BICICLETA

der Kindersitz
la **silla para niños**
[ˈsiʎa ˈpara ˈniɲos]

das Einrad
el/la **monorrueda**
[monoˈrrweða]

das Tandem
el **tándem**
[ˈtan̪dem]

das BMX-Rad
la **bicicleta de BMX**
[biθiˈkleta de be ˈeme ˈekis]

das Rennrad
la **bicicleta de carreras**
[biθiˈkleta de kaˈrreras]

das Tourenfahrrad
la **bicicleta de carretera**
[biθiˈkleta de karreˈtera]

das Mountainbike
la **bicicleta de montaña**
[biθiˈkleta de mon̪ˈtaɲa]

das Elektrofahrrad
la **bicicleta eléctrica**
[biθiˈkleta eˈlektrika]

das Liegerad
la **bicicleta reclinada**
[biθiˈkleta rrekliˈnaða]

das Dreirad
el **triciclo**
[triˈθiklo]

das Fahrradschloss
el **candado**
[kan̪ˈdaðo]

das Flickzeug
el **kit para pinchazos**
[kit ˈpara pinˈʧaθos]

das Leihfahrrad
la **bicicleta de alquiler**
[biθiˈkleta de alkiˈler]

der Kinderanhänger
el **remolque para niños**
[rreˈmolke ˈpara ˈniɲos]

die Satteltasche
las **alforjas**
[alˈforxas]

der Fahrradständer
el **aparcabicis**
[aparkaˈbiθis]

DAS LASTKRAFTFAHRZEUG – VEHÍCULOS DE CARGA

der Sattelschlepper
el **(camión con) tráiler**
[(kaˈmjon kon) ˈtrai̯ler]

die Kühlerhaube
el **capó**
[kaˈpo]

der Kühlergrill
la **calandra**
[kaˈlaṇdra]

der Scheinwerfer
el **faro delantero**
[ˈfaro delaṇˈtero]

der Stoßfänger
el **parachoques**
[paraˈʧokes]

die Windschutzscheibe
el **parabrisas**
[paraˈβrisas]

die Trittstufe
el **escalón**
[eskaˈlon]

der Kraftstofftank
el **depósito de combustible**
[deˈposito de kombusˈtiβle]

das Auspuffrohr
el **tubo de escape**
[ˈtuβo de esˈkape]

die Schlafkabine
la **cabina para dormir**
[kaˈβina ˈpara dorˈmir]

das Lufthorn
la **bocina**
[boˈθina]

der Stauraum
el **compartimento para almacén**
[kompartiˈmeṇto ˈpara almaˈθen]

der Autotransporter
el **tráiler para coches**
[ˈtrai̯ler ˈpara ˈkoʧes]

die Schneefräse
el **quitanieves**
[kitaˈnjeβes]

die Straßenkehrmaschine
la **barredora**
[barreˈðora]

der Müllwagen
el **camión de la basura**
[kaˈmjon de la baˈsura]

der Tankwagen
el **camión cisterna**
[kaˈmjon θisˈterna]

der Sattelzug
el **camión articulado**
[kaˈmjon artikuˈlaðo]

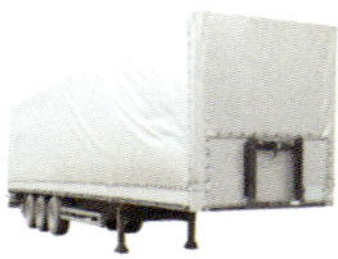

der Auflieger
el **semirremolque**
[semirreˈmolke]

der Flachbettauflieger
el **semirremolque bajo**
[semirreˈmolke ˈbaxo]

WEITERE FAHRZEUGE – MÁS VEHÍCULOS

der Bagger
la **excavadora**
[eskaβaˈðora]

der Radlader
la **cargadora-retroex-cavadora** [karɣaˈðora-ˈrretroeskaβaˈðora]

der Betonmischer
la **hormigonera**
[ormiɣoˈnera]

der Kipper
el **volquete**
[bolˈkete]

der Wohnwagen
la **caravana**
[karaˈβana]

das Wohnmobil
la **autocaravana**
[au̯tokaraˈβana]

der Gabelstapler
la **carretilla elevadora (de horquilla)**
[karreˈtiʎa eleβaˈðora (de orˈkiʎa)]

das Feuerwehrfahrzeug
el **coche de bomberos**
[ˈkoʧe de bomˈberos]

der Anhänger
el **remolque**
[rreˈmolke]

der Traktor
el **tractor**
[trakˈtor]

der Polizeiwagen
el **coche de policía**
[ˈkoʧe de poliˈθia]

das Taxi
el **taxi**
[ˈtaɣsi]

der Abschleppwagen
la **grúa-remolque**
[ˈgrua-rreˈmolke]

der Fahrzeugkran
la **grúa móvil**
[ˈgrua ˈmoβil]

der Taxistand
la **parada de taxis**
[paˈraða de ˈtaɣsis]

ein Taxi herbeiwinken
parar un taxi
[paˈrar un ˈtaɣsi]

DER ZUG – EL TREN

der Zug
el **tren**
[tren]

der Führerstand
la **cabina del maquinista**
[ka'βina del maki'nista]

die Schiene
la **vía**
['bia]

der Waggon
el **vagón**
[ba'ɣon]

das Kleinabteil
el **compartimento**
[komparti'meṇto]

die Gepäckablage
el **portaequipajes**
[portaeki'paxes]

die Armlehne
el **reposabrazos**
[rreposa'βraθos]

der Sitz
el **asiento**
[a'sjeṇto]

die Kopflehne
el **reposacabezas**
[rreposaka'βeθas]

der Güterzug
el **tren de mercancías**
[tren de merkaṇ'θias]

die Straßenbahn
el **tranvía**
[tram'bia]

die U-Bahn
el **metro**
['metro]

die Einschienenbahn
el **monorraíl**
[monorra'il]

die Dampflok
la **locomotora a vapor**
[lokomo'tora a ba'por]

der Hochgeschwindigkeitszug	el **tren de alta velocidad** [tren de 'aḷta beloθi'ðað]
das Großraumabteil	el **vagón con asientos** [ba'ɣon kon a'sjeṇtos]
die Oberleitung	la **catenaria** [kate'narja]
die erste Klasse	la **primera clase** [pri'mera 'klase]
die zweite Klasse	la **segunda clase** [se'ɣuṇda 'klase]
der Klapptisch	la **mesita plegable** [me'sita ple'ɣaβle]
der Triebwagen	la **unidad múltiple** [uni'ðað 'muḷtiple]
die Sitzplatzreservierung	la **reserva de asiento** [rre'serβa de a'sjeṇto]

DER ZUG – EL TREN

Am Bahnhof – En la estación

der Bahnsteig
el **andén**
[an̦ˈden]

einsteigen
subir
[suˈβir]

aussteigen
bajar
[baˈxar]

das Geländer
la **barandilla**
[baran̦ˈdiʎa]

die Gleisnummer
el **número de vía**
[ˈnumero de ˈbia]

der Wegweiser
la **indicación**
[in̦dikaˈθjon]

der Reisende
el **viajero**
[bjaˈxero]

die Rolltreppe
la **escalera mecánica**
[eskaˈlera meˈkanika]

die Bahnhofshalle
el **vestíbulo de la estación**
[besˈtiβulo de la estaˈθjon]

der Fahrkartenschalter
la **ventanilla de venta de billetes**
[ben̦taˈniʎa de ˈben̦ta de biˈʎetes]

der Fahrkarten-automat
la **máquina expende-dora de billetes**
[ˈmakina espen̦deˈðora de biˈʎetes]

die Schaffnerin
la **revisora**
[rreβiˈsora]

die Verspätung	el **retraso** [rreˈtraso]
pünktlich	**puntual** [pun̦tuˈal]
umsteigen	**hacer trasbordo** [aˈθer trasˈβorðo]
schwarzfahren	**viajar sin billete** [bjaˈxar sin biˈʎete]
das Schienennetz	la **red ferroviaria** [rreð ferroˈβjarja]
Eine einfache Fahrt nach ..., bitte.	**Un billete solo de ida a...** [un biˈʎete ˈsolo de ˈiða a]
hin und zurück	**de ida y vuelta** [de ˈiða i ˈbwel̦ta]
Ist dieser Platz noch frei?	**¿Está libre este asiento?** [esˈta ˈliβre ˈeste aˈsjen̦to]

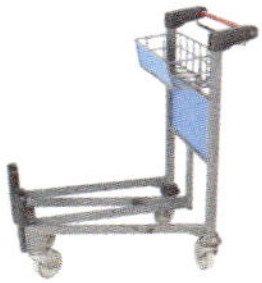

der Kofferkuli
el **carrito portaequipajes**
[kaˈrrito portaekiˈpaxes]

DAS FLUGZEUG – EL AVIÓN

das Verkehrsflugzeug
el **avión de línea**
[aˈβjon de ˈlinea]

das Fenster
la **ventanilla**
[bentaˈniʎa]

der Rumpf
el **fuselaje**
[fuseˈlaxe]

der Bug
el **morro**
[ˈmorro]

das Heck
la **cola**
[ˈkola]

die Tragfläche
el **ala**
[ˈala]

die Flugzeugtür
la **puerta del avión**
[ˈpwerta del aβiˈon]

das Seitenleitwerk
el **estabilizador vertical**
[estaβiliθaˈðor bertiˈkal]

der Gepäckraum
la **bodega de equipaje**
[boˈðeɣa de ekiˈpaxe]

das Fahrwerk
el **tren de aterrizaje (principal)**
[tren de aterriˈθaxe (prinθiˈpal)]

das Cockpit
la **cabina**
[kaˈβina]

das Höhenleitwerk
el **estabilizador horizontal**
[estaβiliθaˈðor oriθonˈtal]

das Querruder
el **alerón**
[aleˈron]

das Triebwerk
el **turborreactor**
[turβorreakˈtor]

das Bugfahrwerk
el **tren de aterrizaje delantero**
[tren de aterriˈθaxe delanˈtero]

der Windsack
la **manga de aire**
[ˈmaŋga de ˈai̯re]

Ihr Flug ist jetzt zum Einsteigen bereit.	**El avión está preparado para el embarque.** [el aβiˈon esˈta prepaˈraðo ˈpara el emˈbarke]
die Fluggesellschaft	la **compañía aérea** [kompaˈɲia aˈerea]
der Flugsicherungsdienst	el **servicio de control aéreo** [serˈβiθjo de konˈtrol aˈereo]
der Pilot	el **piloto** [piˈloto]
die Pilotin	la **piloto** [piˈloto]
die erste Klasse	la **primera clase** [priˈmera ˈklase]
die Businessklasse	la **clase business** [ˈklase ˈbisnes]
die Economyklasse	la **clase turista con restricciones** [ˈklase tuˈrista kon rrestriɣˈθjones]

DAS FLUGZEUG – EL AVIÓN

Im Flugzeug – En el avión

die Sicherheitsanweisung
las **indicaciones de seguridad**
[iṇdika'θjones de seɣuri'ðað]

die Flugbegleiterin
la **azafata**
[aθa'fata]

der Sitzplatz
el **asiento**
[a'sjeṇto]

das Gepäckfach
el **compartimento portaequipajes**
[komparti'meṇto portaeki'paxes]

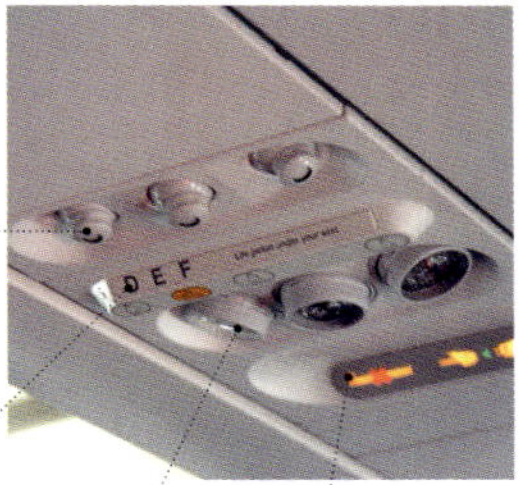

die Luftdüse
la **salida del aire acondicionado**
[sa'liða del 'ai̯re akoṇdiθjo'naðo]

die Sitznummer
el **número del asiento**
['numero de a'sjeṇto]

die Leselampe
la **luz de lectura**
[luθ de lek'tura]

der Nichtraucherflug
el **vuelo en el que está prohibido fumar**
['bwelo en el ke es'ta proi̯'βiðo fu'mar]

das Handgepäck
el **equipaje de mano**
[eki'paxe de 'mano]

der Gang
el **pasillo**
[pa'siʎo]

der Notausgang
la **salida de emergencia**
[sa'liða de emer'xeṇθja]

der Sitzabstand
el **espacio entre asientos**
[es'paθjo 'eṇtre a'sjeṇtos]

die Sitzreihe	la **fila** ['fila]
der Sicherheitsgurt	el **cinturón de seguridad** [θiṇtu'ron de seɣuri'ðað]
sich anschnallen	**abrocharse el cinturón** [aβro'ʧarse el θiṇtu'ron]
die Start- und Landebahn	la **pista de despegue y aterrizaje** ['pista de des'peɣe i aterri'θaxe]
fliegen	**volar** [bo'lar]
starten	**despegar** [despe'ɣar]
landen	**aterrizar** [aterri'θar]
die Turbulenzen	las **turbulencias** [turβu'leṇθja]
die Notlandung	el **aterrizaje forzoso** [aterri'θaxe for'θoso]
die Sauerstoffmaske	la **máscara de oxígeno** ['maskara de oɣ'sixeno]

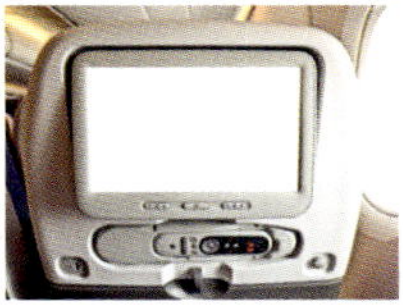

der Bildschirm für das Bordprogramm
el **monitor para el programa de a bordo**
[moni'tor 'para el pro'ɣrama de a 'borðo]

DAS FLUGZEUG – EL AVIÓN

Am Flughafen – En el aeropuerto

der Check-in-Automat
la **terminal de auto-embarque**
[termiˈnal de au̯toemˈbarke]

der Check-in-Schalter
el **mostrador de embarque**
[mostraˈðor de emˈbarke]

die Bordkarte
la **tarjeta de embarque**
[tarˈxeta de emˈbarke]

der Reisepass
el **pasaporte**
[pasaˈporte]

die Ankunft
la **llegada**
[ʎeˈɣaða]

der Abflug
la **salida**
[saˈliða]

das Terminal
la **terminal**
[termiˈnal]

der Zoll
la **aduana**
[aˈðwana]

die Sicherheits-kontrolle
el **control de seguridad**
[koṇˈtrol de seɣuriˈðað]

die Ticketkontrolle
el **control de billetes**
[koṇˈtrol de biˈʎetes]

der Duty-free-Laden
la **tienda libre de impuestos**
[ˈtjeṇda ˈliβre de imˈpwestos]

die Fluggasttreppe
la **escalerilla para pasajeros**
[eskaleˈriʎa ˈpara pasaˈxeros]

der Flugsteig
la **puerta (de embarque)**
[ˈpwerta (de emˈbarke)]

die Fluggastbrücke
la **pasarela de acceso**
[pasaˈrela de aɣˈθeso]

der Kontrollturm
la **torre de control**
[ˈtorre de koṇˈtrol]

der Fluglotse
el **controlador aéreo**
[koṇtrolaˈðor aˈereo]

DAS FLUGZEUG – EL AVIÓN

Am Flughafen – En el aeropuerto

① *die Anzeigetafel*
el **panel de información**
[pa'nel de iɱforma'θjon]

② *das Reiseziel*
el **destino**
[des'tino]

der Langstreckenflug
el **vuelo de larga distancia**
['bwelo de 'larɣa dis'taṇθja]

der Auslandsflug
el **vuelo internacional**
['bwelo iṇternaθjo'nal]

der Inlandsflug
el **vuelo nacional**
['bwelo naθjo'nal]

der Rollkoffer
la **maleta con ruedas**
[ma'leta kon 'rrweðas]

das Übergepäck
el **exceso de equipaje**
[es'θeso de eki'paxe]

das Gepäckband
la **cinta para equipajes**
['θiṇta 'para eki'paxes]

der Fahrsteig
el **pasillo rodante**
[pa'siʎo rro'ðaṇte]

die Zwischenlandung	la **escala** [es'kala]
einen Flug buchen	**reservar un billete de avión** [rreser'βar un bi'ʎete de aβi'on]
der/das Online-Check-in	la **facturación en línea** [fakturaθjon en 'linea]
die Buchungsnummer	el **número de reserva** ['numero de rre'serβa]
das Visum	el **visado** [bi'saðo]
die Gepäckkontrolle	el **control de equipajes** [koṇ'trol de eki'paxes]
der Gepäckabschnitt	la **etiqueta del equipaje** [eti'keta del eki'paxe]
der Währungsumtausch	el **cambio de divisas** ['kambjo de di'βisas]

der Rucksack
la **mochila**
[mo'tʃila]

DAS SCHIFF – EL BARCO

das Kreuzfahrtschiff
el **crucero**
[kruˈθero]

die Radarantenne
la **antena del radar**
[an̪ˈtena del rraˈðar]

das Deck
la **cubierta**
[kuˈβjerta]

die Kabine
el **camarote**
[kamaˈrote]

der Schornstein
la **chimenea**
[ʧimeˈnea]

die Funkantenne
la **antena de la radio**
[an̪ˈtena de la ˈrraðjo]

die Backbordseite
el **babor**
[baˈβor]

der Rumpf
el **casco**
[ˈkasko]

das Bullauge
el **ojo de buey**
[ˈoxo de bwei̯]

die Steuerbordseite
el **estribor**
[estriˈβor]

der Bug
la **proa**
[ˈproa]

das Rettungsboot
el **bote salvavidas**
[ˈbote salβaˈβiðas]

der Bugwulst
el **bulbo**
[ˈbulβo]

das Segelboot
el **velero**
[beˈlero]

die Motorjacht
el **yate a motor**
[ˈɟate a moˈtor]

das Motorboot
la **lancha motora**
[ˈlanʧa moˈtora]

der Katamaran
el **catamarán**
[katamaˈran]

DAS SCHIFF – EL BARCO

Der Hafen – El puerto

der Containerhafen
la **terminal de contenedores**
[termiˈnal de koṇteneˈðores]

das Containerlager
el **almacén de contenedores**
[almaˈθen de koṇteneˈðores]

die Fracht
el **flete**
[ˈflete]

der Kai
el **muelle**
[ˈmweʎe]

der Kran
la **grúa**
[ˈgrua]

das Containerschiff
el **buque portacontenedores**
[ˈbuke portakoṇteneˈðores]

der Leuchtturm
el **faro**
[ˈfaro]

die Vertäuung
el **amarre**
[aˈmarre]

der Poller
la **bita**
[ˈbita]

die Boje
la **boya**
[ˈboɟa]

den Anker werfen/lichten	**echar/levar el ancla** [eˈʧar/leˈβar el ˈaŋkla]
die Küstenwache	la **guardia costera** [ˈgwarðja kosˈtera]
anlegen	**atracar** [atraˈkar]
auslaufen	**zarpar** [θarˈpar]
an Bord gehen	**embarcar** [embarˈkar]
von Bord gehen	**desembarcar** [desemβarˈkar]
der Landungssteg	el **embarcadero** [embarkaˈðero]
das U-Boot	el **submarino** [suβmaˈrino]

die Fähre
el **ferry**
[ˈferri]

IN DER STADT

EN LA CIUDAD

DIE INNENSTADT – EL CENTRO DE LA CIUDAD

die Vorstadt
la **periferia**
[peri'ferja]

die Brücke
el **puente**
['pwente]

der Fluss
el **río**
['rrio]

die Straße
la **calle**
['kaʎe]

das Geschäftsviertel
la **zona comercial**
['θona komer'θjal]

der Fernsehturm
la **torre de televisión**
['torre de teleβi'sjon]

der Wohnblock
el **bloque de pisos**
['bloke de 'pisos]

der Dom
la **catedral**
[kate'ðral]

der Gehweg
la **acera**
[a'θera]

die Altstadt
el **casco antiguo**
['kasko an'tiɣwo]

der Turm
la **torre**
['torre]

die Straßenbeleuchtung
el **alumbrado público**
[alum'braðo 'puβliko]

die Seitenstraße
la **bocacalle**
[boka'kaʎe]

der Boulevard
la **avenida**
[aβe'niða]

die Treppe
la **escalera**
[eska'lera]

die Gasse
la **callejuela**
[kaʎe'xwela]

DIE INNENSTADT – EL CENTRO DE LA CIUDAD

der Park
el **parque**
[ˈparke]

der Kanal
el **canal**
[kaˈnal]

das Ausgehviertel
la **zona (para salir) de copas**
[ˈθona (ˈpara saˈlir) de ˈkopas]

der Platz
la **plaza**
[ˈplaθa]

das Einkaufsviertel
la **zona comercial**
[ˈθona komerˈθjal]

das Industriegebiet
la **zona industrial**
[ˈθona iṇdusˈtrjal]

das Wohngebiet
la **zona residencial**
[ˈθona rresiðeṇˈθjal]

das Rathaus
el **ayuntamiento**
[aɟuṇtaˈmjeṇto]

die Universität
la **universidad**
[uniβersiˈðað]

die Schule
el **colegio**
[koˈlexjo]

die Post
(los) **correos**
[koˈrreos]

die Feuerwache
el **parque de bomberos**
[ˈparke de bomˈberos]

die Polizeiwache
la **comisaría de policía**
[komisaˈria de poliˈθia]

das Krankenhaus
el **hospital**
[ospiˈtal]

die Bibliothek
la **biblioteca**
[biβljoˈteka]

das Gerichtsgebäude
el **juzgado**
[xuθˈɣaðo]

DIE INNENSTADT – EL CENTRO DE LA CIUDAD

Gebäude in der Innenstadt – Edificios en el centro

der Wolkenkratzer
el **rascacielos**
[rraskaˈθjelos]

die Burg
el **castillo**
[kasˈtiʎo]

das Schloss
el **palacio**
[paˈlaθjo]

die Kirche
la **iglesia**
[iˈɣlesja]

die Moschee
la **mezquita**
[meθˈkita]

die Synagoge
la **sinagoga**
[sinaˈɣoɣa]

der Tempel
el **templo**
[ˈtemplo]

die Ruine
la **ruina**
[ˈrrwina]

das Bürogebäude
el **edificio de oficinas**
[eðiˈfiθjo de ofiˈθinas]

das Theater
el **teatro**
[teˈatro]

das Kino
el **cine**
[ˈθine]

die Fabrik
la **fábrica**
[ˈfaβrika]

die Botschaft
la **embajada**
[embaˈxaða]

das Opernhaus
la **ópera**
[ˈopera]

das Museum
el **museo**
[muˈseo]

die Kunsthalle
la **galería de arte**
[galeˈria de ˈarte]

DIE INNENSTADT – EL CENTRO DE LA CIUDAD

Auf der Straße – En la calle

die Straßenlaterne
la **farola**
[faˈrola]

die Fußgängerampel
el **semáforo para peatones**
[seˈmaforo ˈpara peaˈtones]

die Ampel
el **semáforo**
[seˈmaforo]

das Denkmal
la **estatua**
[esˈtatwa]

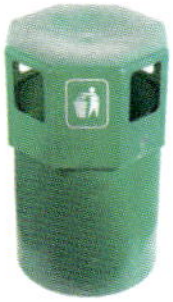

der Abfalleimer
la **papelera**
[papeˈlera]

der Kanaldeckel
la **tapa de alcantarilla**
[ˈtapa de alkan̪taˈriʎa]

der Hydrant
la **boca de incendio**
[ˈboka de in̪ˈθen̪djo]

der Friedhof
el **cementerio**
[θemen̪ˈterjo]

die Bushaltestelle
la **parada de autobús**
[paˈraða de au̯toˈβus]

der Kiosk
el **quiosco**
[ˈkjosko]

die Tiefgarage
el **garaje subterráneo**
[gaˈraxe suβteˈrraneo]

die Fußgängerzone
la **zona peatonal**
[ˈθona peatoˈnal]

Entschuldigen Sie bitte, wie komme ich nach ...?	**Disculpe, ¿cómo puedo llegar a...?** [diskulˈpe ˈkomo ˈpweðo ʎeˈɣar a]
Könnten Sie mir bitte sagen, wo ... ist?	**¿Me podría decir dónde está...?** [me poˈðria deˈθir ˈdon̪de esˈta]
Könnten Sie mir das bitte auf der Karte zeigen?	**¿Me lo podría indicar en el mapa?** [me lo poˈðria in̪diˈkar en el ˈmapa]
an der Ecke	**en la esquina** [en la esˈkina]
rechts/links abbiegen	**girar a la derecha/izquierda** [xiˈrar a la deˈreʧa/iθˈkjerða]
auf der rechten/linken Seite	**a la derecha/izquierda** [a la deˈreʧa/iθˈkjerða]
(schräg) gegenüber	**enfrente (en diagonal)** [eɱˈfren̪te (en djaɣoˈnal)]
in der Nähe (von)	**cerca (de)** [ˈθerka (de)]

DIE INNENSTADT – EL CENTRO DE LA CIUDAD

Das Hotel – El hotel

die Rezeption
la **recepción**
[rreθeβˈθjon]

die Empfangsdame
la **recepcionista**
[rreθeβθjoˈnista]

die Schlüsselkarte
la **tarjeta (de la habitación)**
[tarˈxeta (de la aβitaˈθjon)]

die Klingel
el **timbre**
[ˈtimbre]

die Lobby
el **vestíbulo**
[besˈtiβulo]

die Bar
el **bar**
[bar]

das Restaurant
el **restaurante**
[rrestau̯ˈraṇte]

die Hotelanlage
el **complejo turístico**
[komˈplexo tuˈristiko]

das Doppelzimmer
la **habitación doble**
[aβitaˈθjon ˈdoβle]

das Zweibettzimmer
la **habitación con dos camas**
[aβitaˈθjon kon dos ˈkamas]

das Einzelzimmer
la **habitación individual**
[aβitaˈθjon iṇdiβiˈðwal]

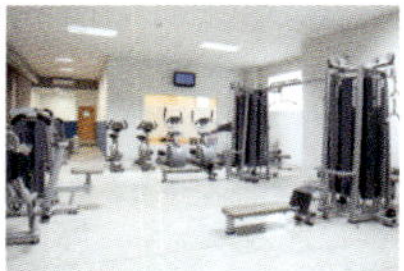

der Fitnessraum
el **gimnasio**
[ximˈnasjo]

der Pool
la **piscina**
[pisˈθina]

Ich habe ein Zimmer unter dem Namen ... gebucht.	**He reservado una habitación a nombre de...** [e rreserˈβaðo ˈuna aβitaˈθjon a ˈnombre de]
Was kostet das Zimmer, bitte?	**¿Qué precio tiene la habitación?** [ke ˈpreθjo ˈtjene la aβitaˈθjon]
Ich hätte gerne ein Doppelzimmer für eine Nacht.	**Querría una habitación doble por una noche.** [keˈrria ˈuna aβitaˈθjon ˈdoβle por ˈuna ˈnoʧe]
Haben Sie ein Zimmer frei?	**¿Tienen habitaciones libres?** [ˈtjenen aβitaˈθjones ˈliβres]

DIE INNENSTADT – EL CENTRO DE LA CIUDAD

Das Hotel – El hotel

der/die Concierge
el/la **conserje**
[kon'serxe]

der Kofferwagen
el **carrito del equipaje**
[ka'rrito del eki'paxe]

der Türanhänger „Bitte nicht stören“
el **letrero “No molestar”**
[le'trero no moles'tar]

die Gepäckablage
el **bastidor (para equipaje)**
[basti'ðor ('para eki'paxe)]

der Zimmerservice
el **servicio de habitaciones**
[ser'βiθjo de aβita'θjones]

das Zimmermädchen
la **camarera de habitación**
[kama'rera de aβita'θjon]

die Suite
la **suite**
[swit]

die Toilettenartikel
los **productos de higiene**
[pro'ðuktos de i'xjene]

die Minibar
el **minibar**
[mini'βar]

die Zimmernummer
el **número de habitación**
['numero de aβita'θjon]

das Frühstücksbuffet
el **bufé de desayuno**
[bu'fe de desa'ɟuno]

das Drei-/Vier-Sterne-Hotel	el **hotel de tres/cuatro estrellas** [o'tel de tres/'kwatro es'treʎas]
das Familienzimmer	la **habitación familiar** [aβita'θjon fami'ljar]
ein-/auschecken	**registrar la entrada/salida** [rrexis'trar la en̪'traða/sa'liða]
die Halbpension	la **media pensión** ['meðja pen'sjon]
die Vollpension	la **pensión completa** [pen'sjon kom'pleta]
das Zimmer mit Frühstück	la **habitación con desayuno** [aβita'θjon kon desa'ɟuno]
das Zustellbett	la **cama supletoria** ['kama suple'torja]
der Weckanruf	el **servicio de despertador** [ser'βiθjo de desperta'ðor]

der Tresor
la **caja fuerte**
['kaxa 'fwerte]

DIE INNENSTADT – EL CENTRO DE LA CIUDAD

Die Bank – El banco

das Chipkartenterminal
la **terminal de cobro con tarjeta**
[termiˈnal de ˈkoβro kon tarˈxeta]

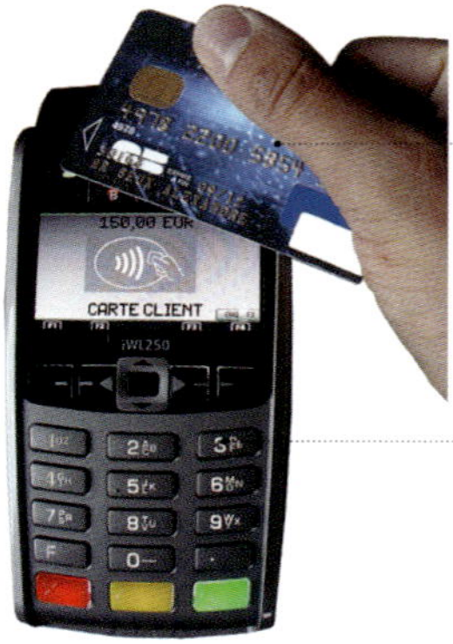

die EC-Karte
la **tarjeta Maestro®**
[tarˈxeta maˈestro]

das Tastenfeld
el **teclado**
[teˈklaðo]

der Schalter
la **ventanilla**
[bentaˈniʎa]

die Kassiererin
la **cajera**
[kaˈxera]

das Onlinebanking
la **banca en línea**
[ˈbaŋka en ˈlinea]

der Geldautomat
el **cajero automático**
[kaˈxero au̯toˈmatiko]

Geld abheben
retirar dinero
[rretiˈrar diˈnero]

Geld einzahlen
ingresar dinero
[iŋgreˈsar diˈnero]

einen Scheck ausstellen
extender un cheque
[estenˈder un ˈʧeke]

die Kontoüberziehung	el **descubierto** [deskuˈβjerto]
das Girokonto	la **cuenta corriente** [ˈkwenta koˈrrjente]
das Sparkonto	la **cuenta de ahorro** [ˈkwenta de aˈorro]
die PIN-Nummer	el **número PIN** [ˈnumero pin]
der Zinssatz	el **tipo de interés** [ˈtipo de inteˈres]
das Darlehen	el **préstamo** [ˈprestamo]
die Hypothek	la **hipoteca** [ipoˈteka]
die Kontonummer	el **número de cuenta** [ˈnumero de ˈkwenta]

DIE INNENSTADT – EL CENTRO DE LA CIUDAD

Die Bank – El banco

der Geldschein
el **billete**
[biˈʎete]

die Münze
la **moneda**
[moˈneða]

die Währung
la **divisa**
[diˈβisa]

das Wertpapier
el **valor**
[baˈlor]

der Wechselkurs
el **tipo de cambio**
[ˈtipo de ˈkambjo]

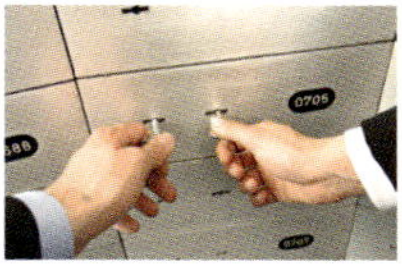

das Bankschließfach
la **caja de seguridad**
[ˈkaxa de seɣuriˈðað]

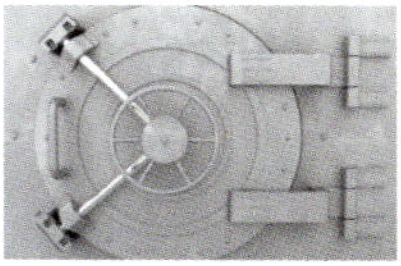

der Tresor
la **caja fuerte**
[ˈkaxa ˈfwerte]

die Kreditkarte
la **tarjeta de crédito**
[tarˈxeta de ˈkreðito]

die Börse
la **bolsa**
[ˈbolsa]

der Börsenkurs
la **cotización bursátil**
[kotiθaˈθjon burˈsatil]

der Finanzberater
el **asesor financiero**
[aseˈsor finan̪ˈθjero]

die Rechnung
la **factura**
[fakˈtura]

Könnten Sie mir das bitte wechseln?	**¿Cambiarme este dinero?** [kamˈbjarme ˈeste diˈnero]
Wie ist der aktuelle Wechselkurs?	**¿A cómo está el curso actual?** [a ˈkomo esˈta el ˈkurso aktuˈal]
Ich möchte gerne ein Konto eröffnen.	**Querría abrir una cuenta.** [keˈrria aˈβrir ˈuna ˈkwen̪ta]
der Betrag	el **importe** [imˈporte]
der Reisescheck	el **cheque de viaje** [ˈʧeke de biˈaxe]
das Eigenkapital	el **capital propio** [capital ˈpropjo]
die Provision	la **comisión** [komiˈsjon]
die Wechselstube	la **casa de cambio** [ˈkasa de ˈkambjo]

der Überweisungs-schein
el **formulario de trasferencia**
[formuˈlarjo de trasfeˈren̪θja]

EINKAUFEN – DE COMPRAS

Läden und Geschäfte – Tiendas y comercios

der Markt
el **mercado**
[merˈkaðo]

der Marktstand
el **puesto del mercado**
[ˈpwesto de merˈkaðo]

das Schaufenster
el **escaparate**
[eskapaˈrate]

die Tierhandlung
la **tienda de animales**
[ˈtjeṇda de aniˈmales]

der Gemüseladen
la **verdulería**
[berðuleˈria]

die Metzgerei
la **carnicería**
[karniθeˈria]

die Bäckerei
la **panadería**
[panaðeˈria]

die Konditorei
la **pastelería**
[pasteleˈria]

der Supermarkt
el **supermercado**
[supermerˈkaðo]

das Fischgeschäft
la **pescadería**
[peskaðeˈria]

die Weinhandlung
la **bodega**
[boˈðeɣa]

der Blumenladen
la **floristería**
[floristeˈria]

das Lebensmittel-geschäft
la **tienda de comestibles**
[ˈtjeṇda de komesˈtiβles]

der Bioladen
la **tienda de productos biológicos**
[ˈtjeṇda de proˈðuktos bioˈloxikos]

das Schreibwaren-geschäft
la **papelería**
[papeleˈria]

der Tante-Emma-Laden
el **colmado**
[kolˈmaðo]

EINKAUFEN – DE COMPRAS

Läden und Geschäfte – Tiendas y comercios

der Buchladen
la **librería**
[liβreˈria]

die Drogerie
la **droguería**
[droɣeˈria]

die Boutique
la **boutique de moda**
[buˈtik de ˈmoða]

der Antiquitätenladen
la **tienda de antigüedades**
[ˈtjeṇda de aṇtiɣweˈðaðdes]

der Spielzeugladen
la **juguetería**
[xuɣeteˈria]

das Juweliergeschäft
la **joyería**
[xoɟeˈria]

das Möbelgeschäft
la **tienda de muebles**
[ˈtjeṇda de ˈmweβles]

der Elektrofachmarkt
la **tienda de electrónica**
[ˈtjeṇda de elekˈtronika]

das Schuhgeschäft
la **zapatería**
[θapateˈria]

der Friseursalon
la **peluquería**
[pelukeˈria]

die Schneiderei
la **sastrería**
[sastreˈria]

die Parfümerie
la **perfumería**
[perfumeˈria]

der Baumarkt
el **gran almacén de bricolaje**
[gran almaˈθen de brikoˈlaxe]

der Geschenkeladen
la **tienda de artículos de regalo**
[ˈtjeṇda de arˈtikulos de rreˈɣalo]

die Apotheke
la **farmacia**
[farˈmaθja]

der Optiker
la **óptica**
[ˈoptika]

EINKAUFEN – DE COMPRAS

Das Einkaufszentrum – El centro comercial

der Lichthof
el **atrio**
[ˈatrjo]

die zweite Etage
la **segunda planta**
[seˈɣun̪da ˈplan̪ta]

die erste Etage
la **primera planta**
[priˈmera ˈplan̪ta]

das Geschäft
la **tienda**
[ˈtjen̪da]

die Rolltreppe
la **escalera mecánica**
[eskaˈlera meˈkanika]

das Erdgeschoss
la **planta baja**
[ˈplan̪ta ˈbaxa]

die Verkäuferin
la **vendedora**
[ben̪deˈðora]

der Food Court
la **plaza de comidas**
[ˈplaθa de koˈmiðas]

die Umkleidekabine
el **probador**
[proβaˈðor]

der Parkplatz
el **aparcamiento**
[aparkaˈmjen̪to]

der Wickelraum
el **cuarto para cambiar al bebé**
[ˈkwarto ˈpara kamˈbjar al beˈβe]

der Kundendienst	la **atención al cliente** [aten̪ˈθjon al ˈkljen̪te]
der Lageplan	el **plano general** [ˈplano xeneˈral]
der Sicherheitsdienst	el **servicio de seguridad** [serˈβiθjo de seɣuriˈðað]
Könnten Sie mir bitte ... zeigen?	**¿Podría mostrarme...?** [poˈðria mosˈtrarme]
Wie viel kostet es?	**¿Qué precio tiene?** [ke ˈpreθjo ˈtjene]
Kann ich das bitte umtauschen?	**¿Podría descambiar esto?** [poˈðria deskamˈbjar ˈesto]
Könnten Sie das bitte als Geschenk einpacken?	**¿Podría envolverlo (-a) para regalo?** [poˈðria embolˈβerlo (-a) ˈpara rreˈɣalo]
der Ausverkauf	las **rebajas** [rreˈβaxas]

EINKAUFEN – DE COMPRAS

Das Kaufhaus – Los grandes almacenes

die Schaufensterpuppe
el **maniquí**
[maniˈki]

die Einkaufstüte
la **bolsa de la compra**
[ˈbolsa de la ˈkompra]

die Taschenabteilung
la **sección de bolsos**
[seɣˈθjon de ˈbolsos]

der Imbissbereich
la **zona de bares**
[ˈθona de ˈbares]

die Sportabteilung
la **sección de deportes**
[seɣˈθjon de deˈportes]

die Kurzwaren
la **sección de mercería**
[seɣˈθjon de merθeˈria]

die Unterwäsche
la **lencería**
[leṇθeˈria]

die Kosmetikabteilung
la **sección de cosmética**
[seɣˈθjon de kosˈmetika]

die Herrenabteilung
la **sección de caballeros**
[seɣˈθjon de kaβaˈʎeros]

die Damenabteilung
la **sección de señoras**
[seɣˈθjon de seˈɲoras]

die Kinderabteilung
la **sección de niños**
[seɣˈθjon de ˈniɲos]

die Schuhabteilung
la **sección de zapatería**
[seɣˈθjon de θapateˈria]

die Lebensmittel-abteilung
la **sección de comestibles**
[seɣˈθjon de komesˈtiβles]

die Multimedia-Abteilung
la **sección de multimedia**
[seɣˈθjon de muḷtiˈmedja]

die Heimtextilien-abteilung
la **sección de ropa del hogar**
[seɣˈθjon de ˈrropa del oˈɣar]

die Schreibwaren-abteilung
la **sección de papelería**
[seɣˈθjon de papeleˈria]

EINKAUFEN – DE COMPRAS

Der Supermarkt – El supermercado

der Kassierer
el **cajero**
[kaˈxero]

die Kundin
la **clienta**
[ˈkljeṇta]

die Ware
el **artículo**
[arˈtikulo]

das Warentransport-band
la **cinta de la caja**
[ˈθiṇta de la ˈkaxa]

das Warenregal
el **estante**
[esˈtaṇte]

der Einkaufswagen
el **carrito de la compra**
[kaˈrrito de la ˈkompra]

die Kasse
la **caja**
[ˈkaxa]

der Scanner
el **escáner**
[esˈkaner]

die Käsetheke
el **mostrador de quesos**
[mostraˈðor de ˈkesos]

die Fleischtheke
el **mostrador de carnes**
[mostraˈðor de ˈkarnes]

die Einkaufsliste
la **lista de la compra**
[ˈlista de la ˈkompra]

der Gang
el **pasillo**
[paˈsiʎo]

der Einkaufskorb
la **cesta de la compra**
[ˈθesta de la ˈkompra]

1 865342 69003

der Strichcode
el **código de barras**
[ˈkoðiɣo de ˈbarras]

das Sonderangebot
la **oferta especial**
[oˈferta espeˈθjal]

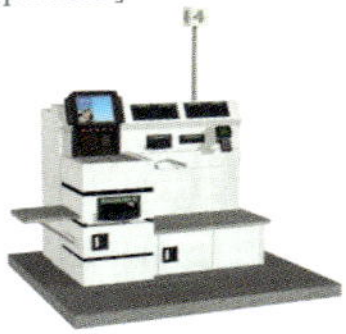

die Selbstbedienungs-kasse
la **caja de autocobro**
[ˈkaxa de au̯toˈkoβro]

EINKAUFEN – DE COMPRAS

Der Supermarkt – El supermercado

das Kühlregal
la **nevera (frigorífica)**
[neˈβera friɣoˈrifika]

die Milchprodukte
los **productos lácteos**
[proˈðuktos ˈlakteos]

die Tiefkühlkost
los **congelados**
[koŋxeˈlaðos]

das Obst und Gemüse
la **fruta y verdura**
[ˈfruta i berˈðura]

das Fleisch und Geflügel
las **carnes y aves**
[ˈkarnes i ˈaβes]

die Konserven
las **conservas**
[konˈserβas]

die Feinkost
las **delicatessen**
[delikaˈtesen]

der Kassenzettel
el **tique de compra**
[ˈtike de ˈkompra]

die Babyartikel
los **productos para el bebé**
[proˈðuktos ˈpara el beˈβe]

die Frühstücksflocken
los **cereales para desayunar**
[θereˈales ˈpara desaɟuˈnar]

die Backwaren
los **productos de panadería y bollería**
[proˈðuktos de panaðeˈria i boʎeˈria]

die Fischtheke
el **mostrador del pescado**
[mostraˈðor del pesˈkaðo]

die Getränke	las **bebidas** [beˈβiðas]
die Süßigkeiten	los **dulces** [ˈdul̪θes]
das Tierfutter	la **comida para animales** [koˈmiða ˈpara aniˈmales]
die Bioprodukte	los **productos biológicos** [proˈðuktos bioˈloxikos]
bezahlen	**pagar** [paˈɣar]
das Kleingeld	las **monedas (sueltas)** [moˈneðas (ˈswel̪tas)]
der Preis	el **precio** [ˈpreθjo]
das Preisschild	la **etiqueta del precio** [etiˈketa del ˈpreθjo]

die Reinigungsmittel
los **productos de limpieza**
[proˈðuktos de limˈpjeθa]

EINKAUFEN – DE COMPRAS

Der Kiosk – El quiosco

die Zeitung
el **periódico**
[peˈrjoðiko]

die Zeitschrift
la **revista**
[rreˈβista]

das Notizbuch
el **bloc de notas**
[blok de ˈnotas]

der/das Comic
el **cómic**
[ˈkomik]

das Zeitschriftenregal
el **expositor de revistas**
[espositˈtor de rreˈβistas]

die Grußkarte
la **tarjeta (de felicitación)**
[tarˈxeta (de feliθitaˈθjon)]

der Lottoschein
el **boleto de bonoloto**
[boˈleto de bonoˈloto]

das Buch
el **libro**
[ˈliβro]

der/das Kaugummi
el **chicle**
[ˈʧikle]

der/das Pfefferminz-bonbon
el **caramelo de menta**
[karaˈmelo de ˈmeṇta]

der Schokoriegel
la **barrita de chocolate**
[baˈrrita de ʧokoˈlate]

der Tabak
el **tabaco**
[taˈβako]

die Zigarette
el **cigarrillo**
[θiɣaˈrriʎo]

die Pfeife
la **pipa**
[ˈpipa]

das Feuerzeug
el **encendedor**
[eṇθeṇdeˈðor]

die Zigarre
el **(cigarro) puro**
[(θiˈɣarro) ˈpuro]

CAFÉS UND BARS – BARES Y CAFÉS

das Straßencafé
la **cafetería**
[kafete'ria]

die Sonnenterrasse
la **terraza**
[te'rraθa]

die Theke
la **barra**
['barra]

die Kaffeemaschine
la **máquina de café**
['makina de ka'fe]

das Tablett
la **bandeja**
[ban̪'dexa]

der Zapfhahn
el **grifo (de la cerveza)**
['grifo (de la θer'βeθa)]

der Barkeeper
el **barman**
['barman]

der Barista
el **barista**
[ba'rista]

der Barhocker
el **taburete**
[taβu'rete]

der Korkenzieher
el **sacacorchos**
[saka'kortʃos]

der Cocktailshaker
la **coctelera**
[kokte'lera]

der Weinkühler
la **enfriadera**
[eɱfrja'ðera]

etwas auf Rechnung setzen	**apuntar algo en la cuenta**	[apun̪'tar 'alɣo en la 'kwen̪ta]
die Rechnung übernehmen	**pagar la cuenta**	[pa'ɣar la 'kwen̪ta]
sich auf einen Kaffee treffen	**quedar para tomar un café**	[ke'ðar 'para to'mar un ka'fe]
Wo sind bitte die Toiletten?	**¿Dónde están los servicios?**	['don̪de es'tan los ser'βiθjos]
Ich hätte gern ...	**Querría...**	[ke'rria]
Bitte ein Glas ...	**Póngame un vaso de...**	['poŋgame un 'baso de]
Bitte eine Tasse ...	**Póngame una taza de...**	['poŋgame 'una 'taθa de]
Das Gleiche noch einmal.	**Póngame otra vez lo mismo.**	['poŋgame 'otra beθ lo 'mismo]

der Aschenbecher
el **cenicero**
[θeni'θero]

SEHENSWÜRDIGKEITEN – MONUMENTOS Y CURIOSIDADES

der Stadtplan
el **mapa de la ciudad**
[ˈmapa de la θjuˈðað]

die Touristen-information
la **información turística**
[iɱformaˈθjon tuˈristika]

der Reiseführer
la **guía turística**
[ˈgia tuˈristika]

das Souvenir
el **recuerdo**
[rreˈkwerðo]

die Stadtbesichtigung
la **visita por la ciudad**
[biˈsita por la θjuˈðað]

die Stadtrundfahrt
el **recorrido por la ciudad**
[rrekoˈrriðo por la θjuˈðað]

die Flussfahrt
el **recorrido por el río**
[rrekoˈrriðo por el ˈrrio]

das Aquarium
el **acuario**
[aˈkwarjo]

die Aussichtsplattform
el **mirador**
[miraˈðor]

die Ausstellung
la **exposición**
[esposiˈθjon]

der Straßenmusiker
el **cantante callejero**
[kan̪ˈtan̪te kaʎeˈxero]

der Straßenkünstler
el **artista callejero**
[arˈtista kaʎeˈxero]

die Warteschlange
la cola
[ˈkola]

der Fremdenführer	el **guía turístico** [ˈgia tuˈristiko]
die Fremdenführerin	la **guía turística** [ˈgia tuˈristika]
der Ausflug	la **excursión** [eskurˈsjon]
die Öffnungszeiten	el **horario de apertura** [ˈorarjo]
geöffnet	**abierto (-a)** [aˈβjerto, -a]
geschlossen	**cerrado (-a)** [θeˈrraðo, -a]
das Eintrittsgeld	el **precio de la entrada** [ˈpreθjo de la en̪ˈtraða]
die Ermäßigung	el **descuento** [desˈkwen̪to]

DIE ARCHITEKTUR – LA ARQUITECTURA

klassizistisch
clasicista
[klasiˈθista]

gotisch
gótico (-a)
[ˈgotiko, -a]

barock
barroco (-a)
[baˈrroko, -a]

romanisch
románico (-a)
[rroˈmaniko, -a]

die Renaissance
el **Renacimiento**
[rrenaθiˈmjen̩to]

der/das Art déco
el **art déco**
[art ˈðeko]

der Jugendstil
el **modernismo**
[moðerˈnismo]

das Rokoko
el **rococó**
[rrokoˈko]

das Bauhaus
el **(estilo) Bauhaus**
[(esˈtilo) bau̯ˈxau̯s]

die Säule
la **columna**
[koˈlumna]

der Bogen
el **arco**
[ˈarko]

die Kuppel
la **cúpula**
[ˈkupula]

die Fassade	la **fachada** [faˈʧaða]
der Flügel	el **ala** [ˈala]
das Gewölbe	la **bóveda** [ˈboβeða]
das Grabmal	el **sepulcro** [seˈpulkro]
der Innenhof	el **patio interior** [ˈpatjo in̩teˈrjor]
die Stadtmauer	la **muralla de la ciudad** [muˈraʎa de la θjuˈðað]
die Katakomben	las **catacumbas** [kataˈkumbas]
die Gedenkstätte	el **lugar de conmemoración** [luˈɣar de konmemoraˈθjon]

das Wahrzeichen
el **símbolo**
[ˈsimbolo]

PARK UND SPIELPLATZ –
PARQUES Y ZONAS DE RECREO

der Kurpark
los **jardines (del balneario)**
[xarˈðines (del balneˈarjo)]

① *der Pavillon*
el **pabellón**
[paβeˈʎon]

② *der Fußweg*
el **camino**
[kaˈmino]

③ *die Liegewiese*
el **césped**
[ˈθespeð]

die Gartenanlage
los **jardines**
[xarˈðines]

④ *der Brunnen*
la **fuente**
[ˈfweṇte]

⑤ *die Parkbank*
el **banco**
[ˈbaŋko]

der botanische Garten
el **jardín botánico**
[xarˈðin boˈtaniko]

der Schlosspark
los **jardines del palacio**
[xarˈðines del paˈlaθjo]

der Landschaftspark
el **parque**
[ˈparke]

der See
el **lago**
[ˈlaɣo]

der Nationalpark
el **parque nacional**
[ˈparke naθjoˈnal]

der Bergpark
el **jardín en la ladera de un monte**
[xarˈðin en la laˈðera de un ˈmoṇte]

der Zoo
el **zoo**
[ˈθo]

der Wildpark
el **parque de vida silvestre**
[ˈparke de ˈbiða silˈβestre]

PARK UND SPIELPLATZ – PARQUES Y ZONAS DE RECREO

der Spielplatz
el **parque infantil**
[ˈparke iɱfan̪ˈtil]

① *das Klettergerüst*
la **estructura para escalar**
[estrukˈtura ˈpara eskaˈlar]

② *die Rutsche*
el **tobogán**
[toβoˈɣan]

③ *die Schaukel*
el **columpio**
[koˈlumpjo]

④ *die Wippe*
el **balancín**
[balan̪ˈθin]

der Sandkasten
el **cajón de arena**
[kaˈxon de aˈrena]

das Hangelgerüst
la estructura para colgarse
[estrukˈtura ˈpara kolˈɣarse]

der Irrgarten
el **laberinto**
[laβeˈrin̪to]

der Vergnügungspark
el **parque de atracciones**
[ˈparke atraɣˈθjones]

der Grillplatz
la **zona para barbacoas**
[ˈθona ˈpara barβaˈkoas]

das Picknick
el **picnic**
[ˈpiɣniɣ]

spazieren gehen
pasear
[paseˈar]

das Slacklining
el **slackline**
[eslakˈlai̯n]

joggen
hacer footing
[aˈθer ˈfutiŋ]

das Planschbecken
la **piscina para niños**
[pisˈθina ˈpara ˈniɲos]

BILDUNG UND BERUF

EDUCACIÓN Y PROFESIÓN

DIE SCHULE – COLEGIO E INSTITUTO

der Kindergarten
el **jardín de infancia**
[xarˈðin de iɱˈfan̪θja]

die Vorschule
el **colegio de párvulos**
[koˈlexjo de ˈparβulos]

die Grundschule
la **escuela primaria**
[esˈkwela priˈmarja]

die weiterführende Schule
la **escuela secundaria**
[esˈkwela sekun̪ˈdarja]

das Gymnasium
el **instituto de enseñanza media**
[instiˈtuto de enseˈɲan̪θa ˈmeðja]

die Klasse
la **clase**
[ˈklase]

die Prüfung
el **examen**
[eɣˈsamen]

die Aula
el **aula**
[ˈau̯la]

der Computerraum
la **sala de ordenadores**
[ˈsala de orðenaˈðores]

die Schulleiterin
la **directora del colegio**
[direkˈtora del koˈlexjo]

die Lehrerin
la **profesora**
[profeˈsora]

der Sportplatz
el **campo de deporte**
[ˈkampo de deˈporte]

die Schuluniform
el **uniforme**
[uniˈforme]

der Aufsatz	la **redacción** [rreðaɣˈθjon]
die Klassenarbeit	el **trabajo escrito** [traˈβaxo esˈkrito]
die Note	la **nota** [ˈnota]
seinen/ihren Abschluss machen	**alcanzar un grado** [alkan̪ˈθar un ˈgraðo]
der mittlere Schulabschluss	el **graduado en ESO** [graðuˈaðo en ˈeso]
die Privatschule	el **colegio privado** [koˈlexjo priˈβaðo]
das Abitur	la **selectividad** [selektiβiˈðað]
das Internat	el **internado** [in̪terˈnaðo]

DIE SCHULE – COLEGIO E INSTITUTO

Das Klassenzimmer – El aula

das Lehrerpult
la **tribuna**
[triˈβuna]

die Tafel
la **pizarra**
[piˈθarra]

der Schüler
el **alumno**
[aˈlumno]

die Schülerin
la **alumna**
[aˈlumna]

der Winkelmesser
el **transportador**
[transportaˈðor]

der Bleistift
el **lápiz**
[ˈlapiθ]

das Schulheft
el **cuaderno escolar**
[kwaˈðerno eskoˈlar]

das Federmäppchen
el **estuche**
[esˈtutʃe]

das Zeichendreieck
la **escuadra**
[esˈkwaðra]

das Lineal
la **regla**
[ˈrreɣla]

die Schultasche	la **cartera** [karˈtera]
das Wörterbuch	el **diccionario** [diɣθjoˈnarjo]
die Nachhilfe	la **clase de repaso** [ˈklase de rreˈpaso]
die Kreide	la **tiza** [ˈtiθa]
das Schulbuch	el **libro de texto** [ˈliβro de ˈtesto]
der Füller	la **pluma** [ˈpluma]
die Tintenpatrone	el **cartucho de tinta** [karˈtutʃo de ˈtin̪ta]
der Marker	el **marcador** [markaˈðor]

der Taschenrechner
la **calculadora**
[kalkulaˈðora]

DIE SCHULE – COLEGIO E INSTITUTO

Die Schulfächer – Las asignaturas

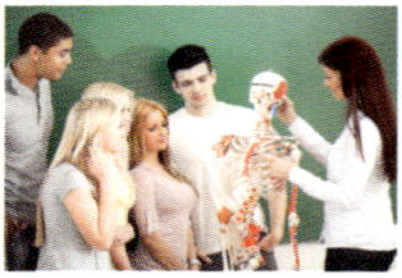

die Biologie
la **biología**
[bioloˈxia]

die Mathematik
las **matemáticas**
[mateˈmatikas]

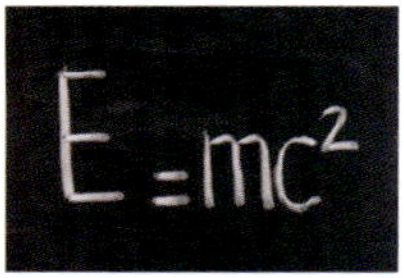

die Physik
la **física**
[ˈfisika]

die Chemie
la **química**
[ˈkimika]

der Religionsunterricht
la **clase de religión**
[ˈklase de rreliˈxjon]

der Ethikunterricht
la **clase de ética**
[ˈklase de ˈetika]

die Kunst
la **clase de arte**
[ˈklase de ˈarte]

die Erdkunde
la **geografía**
[xeoɣraˈfia]

die Fremdsprachen
las **lenguas extranjeras**
[ˈleŋgwas estraŋˈxeras]

die Geschichte
la **historia**
[isˈtorja]

der Sport
la **educación física**
[eðukaˈθjon ˈfisika]

die Musik
la **música**
[ˈmusika]

das Drama
la **dramática**
[draˈmatika]

die Informatik
la **informática**
[iɱforˈmatika]

der Werkunterricht
la **clase de manualidades**
[ˈklase de manwaliˈðaðes]

die Gemeinschaftskunde
la **educación cívica**
[eðukaˈθjon ˈθiβika]

DIE SCHULE – COLEGIO E INSTITUTO

Die Schulfächer – Las asignaturas

das Technische Zeichnen
el **dibujo técnico**
[diˈβuxo ˈteɣniko]

die Hauswirtschaft
la **economía doméstica**
[ekonoˈmia doˈmestika]

schreiben
escribir
[eskriˈβir]

rechnen
calcular
[kalkuˈlar]

buchstabieren
deletrear
[deletreˈar]

lesen
leer
[leˈer]

sich melden
pedir la palabra
[peˈðir la paˈlaβra]

die Klassenfahrt
la **excursión con la clase**
[eskurˈsjon kon la ˈklase]

der Stundenplan
el **horario (de clases)**
[ˈorarjo (de ˈklases)]

der Abschlussball
el **baile de graduación**
[ˈbai̯le de graðwaˈθjon]

die Hausaufgabe
los **deberes**
[deˈβeres]

das Sportfest
el **evento deportivo**
[eˈβen̪to deporˈtiβo]

zeichnen	**dibujar** [diβuˈxar]
zählen	**contar** [kon̪ˈtar]
die Übung	el **ejercicio** [exerˈθiθjo]
der Elternabend	la **reunión de padres** [rreuˈnjon de ˈpaðres]
das Zeugnis	las **notas** [ˈnotas]
der Schüleraustausch	el **intercambio** [in̪terˈkambjo]
der Lehrplan	el **plan de estudios** [plan de esˈtuðjos]
das Schulfach	la **asignatura** [asiɣnaˈtura]

die Ferien
las **vacaciones**
[bakaˈθjones]

DIE SCHULE – COLEGIO E INSTITUTO

Im Labor – En el laboratorio

der Versuch
el **experimento**
[esperiˈmen̪to]

die Schutzbrille
las **gafas protectoras**
[ˈgafas protekˈtoras]

der Kittel
la **bata**
[ˈbata]

das Reagenzglas
el **tubo de ensayo**
[ˈtuβo de enˈsaɟo]

der Chemikalienhandschuh
el **guante protector**
[ˈgwan̪te protekˈtor]

die Laborausrüstung
el **equipo para el laboratorio**
[eˈkipo ˈpara el laβoraˈtorjo]

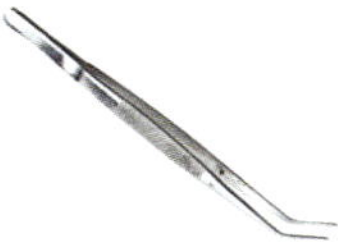

die Pinzette
las **pinzas**
[ˈpin̪θas]

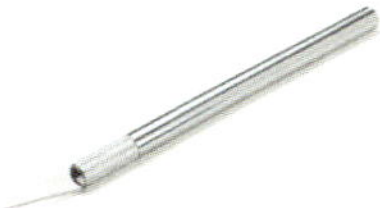

das Skalpell
el **bisturí**
[bistuˈri]

die Lupe
la **lupa**
[ˈlupa]

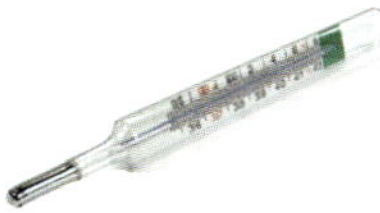

das Thermometer
el **termómetro**
[terˈmometro]

die Laborwaage
la **báscula**
[ˈbaskula]

die Stoppuhr
el **cronómetro**
[kroˈnometro]

der Magnet
el **imán**
[iˈman]

die Batterie
la **pila**
[ˈpila]

DIE SCHULE – COLEGIO E INSTITUTO

Im Labor – En el laboratorio

das Mikroskop
el **microscopio**
[mikrosˈkopjo]

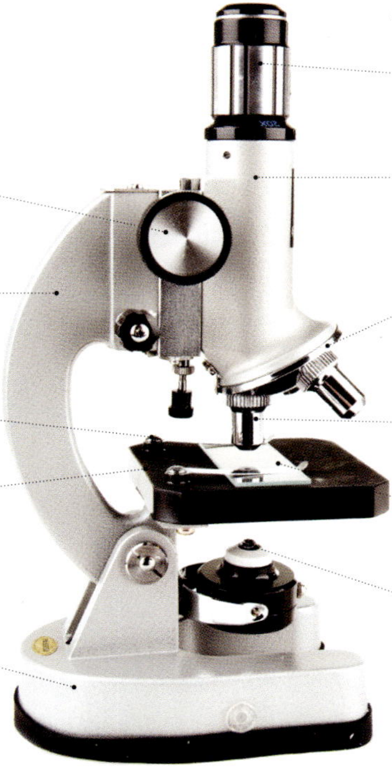

das Einstellrad
el **tornillo de enfoque**
[torˈniʎo de eɱˈfoke]

das Stativ
el **brazo**
[ˈbraθo]

die Objektklemme
la **pinza**
[ˈpin̪θa]

der Objekttisch
la **platina**
[plaˈtina]

der Fuß
el **pie**
[pje]

das Okular
el **ocular**
[okuˈlar]

der Tubus
el **tubo portaocular**
[ˈtuβo ˈportaokuˈlar]

der Objektivrevolver
el **revólver portaobjetivos**
[rreˈβolβer portaoβxeˈtiβos]

das Objektiv
el **objetivo**
[oβxeˈtiβo]

der Objektträger
el **portaobjetos**
[portaoβˈxetos]

die Lampe
la **lámpara**
[ˈlampara]

die Pipette
la **pipeta**
[piˈpeta]

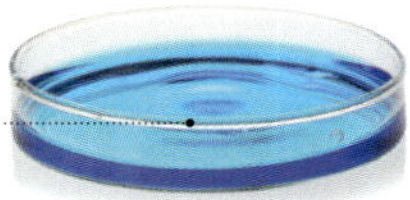

die Petrischale
la **placa de Petri**
[ˈplaka de ˈpetri]

das Drahtnetz
la **malla metálica**
[ˈmaʎa meˈtalika]

der Dreifuß
el **trípode**
[ˈtripoðe]

der Bunsenbrenner
el **mechero Bunsen**
[meˈʧero ˈbunsen]

DIE SCHULE – COLEGIO E INSTITUTO

In der Pause – En el recreo

die Mittagspause
la **hora de comer**
[ˈora de koˈmer]

das Tablett
la **bandeja**
[baṇˈdexa]

die Butterbrotdose
el **táper del bocadillo**
[ˈtaper del bokaˈðiʎo]

das Pausenbrot
el **bocadillo**
[bokaˈðiʎo]

die Schulglocke
la **campana**
[kamˈpana]

der Spind
la **taquilla**
[taˈkiʎa]

die Pause
el **recreo**
[rreˈkreo]

der Schulhof
el **patio**
[ˈpatjo]

Himmel und Hölle spielen
jugar a la rayuela
[xuˈɣar a la rraˈɟwela]

der Speisesaal
el **comedor**
[komeˈðor]

das Lunchpaket
el **almuerzo**
[alˈmwerθo]

die Essensausgabe
el **mostrador de la comida**
[mostraˈðor de la koˈmiða]

DIE SCHULE – COLEGIO E INSTITUTO

Die Sporthalle – El gimnasio

der Volleyball
la **pelota de voleibol**
[peˈlota de boleiˈβol]

der Basketball
la **pelota de baloncesto**
[peˈlota de balonˈθesto]

der Handball
la **pelota de balonmano**
[peˈlota de balonˈmano]

der Fußball
el **balón de fútbol**
[baˈlon de ˈfuðβol]

der Baseball
la **pelota de béisbol**
[peˈlota de ˈbeisβol]

der Federball
la **pelota de bádminton**
[peˈlota de ˈbaðminton]

der Tennisball
la **pelota de tenis**
[peˈlota de ˈtenis]

der Football
el **balón de fútbol americano**
[baˈlon de ˈfuðβol ameriˈkano]

der Puck
el **disco**
[ˈdisko]

der Basketballkorb
la **cesta de baloncesto**
[ˈθesta de balonˈθesto]

die Sprossenwand
la **espaldera**
[espalˈdera]

das Korbbrett
el **tablero**
[taˈβlero]

die Strickleiter
la **escala de cuerda**
[esˈkala de ˈkwerða]

das Trampolin
el **trampolín**
[trampoˈlin]

die Ringe
los **aros**
[ˈaros]

das Springseil
la **cuerda de saltar**
[ˈkwerða de salˈtar]

DIE UNIVERSITÄT – LA UNIVERSIDAD

der Campus
el **campus**
[ˈkampus]

der Hörsaal
el **aula**
[ˈau̯la]

die Politikwissenschaft
las **ciencias políticas**
[ˈθjen̩θjas poˈlitikas]

die Kunstgeschichte
la **historia del arte**
[isˈtorja del ˈarte]

die Rechtswissenschaft
el **derecho**
[deˈretʃo]

die Betriebswirtschaftslehre
las **ciencias empresariales**
[ˈθjen̩θjas empresaˈrjales]

die Geisteswissenschaften
las **humanidades**
[umaniˈðaðes]

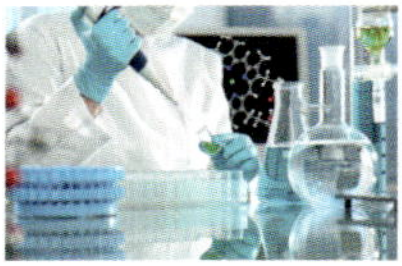

die Naturwissenschaften
las **ciencias naturales**
[ˈθjen̩θjas natuˈrales]

das Ingenieurwesen
la **ingeniería**
[iŋxenjeˈria]

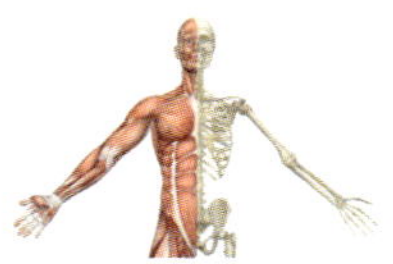

die Medizin
la **medicina**
[meðiˈθina]

die Pädagogik
la **pedagogía**
[peðaɣoˈxia]

der Professor
el **catedrático**
[kateˈðratiko]

die Dozentin
la **docente**
[doˈθen̩te]

das Diplom	el **diploma** [diˈploma]
der Bachelor	el **título de grado** [ˈtitulo de ˈgraðo]
der Master	el **máster** [ˈmaster]
die Dissertation	la **tesis doctoral** [ˈtesis doktoˈral]
die Promotion	el **doctorado** [doktoˈraðo]
die Habilitation	la **habilitación a cátedra** [aβilitaˈθjon a ˈkateðra]
die Forschung	la **investigación** [imbestiɣaˈθjon]
das Forschungsinstitut	el **instituto de investigación** [instiˈtuto de imbestiɣaˈθjon]

DIE UNIVERSITÄT – LA UNIVERSIDAD

ein Referat halten
hacer una exposición
[aˈθer ˈuna esposiˈθjon]

das Seminar
el **seminario**
[semiˈnarjo]

die Vorlesung
la **clase magistral**
[ˈklase maxisˈtral]

die Klausur
el **examen**
[eɣˈsamen]

der Lesesaal
la **sala de lectura**
[ˈsala de lekˈtura]

die Ausleihe
el **préstamo**
[ˈprestamo]

das Bücherregal
la **estantería**
[estaņteˈria]

die mündliche Prüfung
el **examen oral**
[eɣˈsamen oˈral]

sein Studium abschließen
concluir los estudios
[koŋkluˈir los estuˈðjos]

das Studentenwohnheim
la **residencia de estudiantes**
[rresiˈðeņθja de estuˈðjaņtes]

die Mensa
el **comedor de estudiantes**
[komeˈðor de estuˈðjaņtes]

die Bibliothek
la **biblioteca**
[biβljoˈteka]

der Student
el **estudiante**
[estuˈðjaņte]

der Bibliothekar	el **bibliotecario** [biβljoteˈkarjo]
die Bibliothekarin	la **bibliotecaria** [biβljoteˈkarja]
der Bibliotheksausweis	el **carné de la biblioteca** [karˈne de la biβljoˈteka]
ausleihen	**tomar prestado** [toˈmar presˈtaðo]
verlängern	**prolongar el préstamo** [proloŋˈgar el ˈprestamo]
vorbestellen	**reservar** [rreserˈβar]
das Rückgabedatum	la **fecha de entrega** [ˈfetʃa de eņˈtreɣa]
das Periodikum	la **publicación periódica** [puβlikaˈθjon peˈrjoðika]

DIE UNIVERSITÄT – LA UNIVERSIDAD

die Lerngruppe
el **grupo de trabajo**
[ˈgrupo de traˈβaxo]

lernen
estudiar
[estuˈðjar]

das Praxissemester
el **semestre de prácticas**
[seˈmestre de ˈpraktikas]

das Praktikum
las **prácticas**
[ˈpraktikas]

das Volontariat
el **voluntariado**
[boluṇtaˈrjaðo]

das freie Jahr
el **año libre**
[ˈaɲo ˈliβre]

jobben
trabajar de
[traβaˈxar de]

das schwarze Brett
el **tablón de anuncios**
[taˈβlon de aˈnuṇθjos]

die Ausbildung
la **formación (profesional)**
[formaˈθjon (profesjoˈnal)]

die Berufsfachschule
el **instituto de formación (profesional)**
[instiˈtuto de formaˈθjon (profesjoˈnal)]

die Kunsthochschule
la **escuela superior de bellas artes**
[esˈkwela supeˈrjor de ˈbeʎas ˈartes]

die Musikhochschule
el **conservatorio superior de música**
[konserβaˈtorjo supeˈrjor de ˈmusika]

die Akademie für darstellende Künste
la **escuela de artes escénicas**
[esˈkwela de ˈartes esˈθenikas]

der Studentenausweis	el **carné de estudiante** [karˈne de estuˈðjaṇte]
der Kurs	el **curso** [ˈkurso]
das Semester	el **semestre** [seˈmestre]
die Semesterferien	las **vacaciones semestrales** [bakaˈθjones semesˈtrales]
der Fachbereich	la **especialidad** [espeθjaliˈðað]
die Hausarbeit	el **trabajo escrito** [traˈβaxo esˈkrito]
der Hochschulabschluss	el **título universitario** [ˈtitulo uniβersiˈtarjo]
das Stipendium	la **beca** [ˈbeka]

DIE ARBEITSWELT – EL MUNDO LABORAL

Die Bewerbung – La solicitud de empleo

das Bewerbungs-gespräch
la **entrevista personal**
[en̪treˈβista persoˈnal]

die Personalreferentin
la **responsable de recursos humanos**
[rresponˈsaβle de rreˈkursos uˈmanos]

der Lebenslauf
el **currículo**
[kuˈrrikulo]

die Bewerbungsunterlagen
los **documentos para la solicitud de empleo**
[dokuˈmen̪tos ˈpara la soliθiˈtuð de emˈpleo]

die Bewerberin
la **solicitante**
[soliθiˈtan̪te]

die Stellenanzeige
la **oferta de empleo**
[oˈferta de emˈpleo]

die Zeitarbeit
el **trabajo temporal**
[traˈβaxo tempoˈral]

die Festanstellung
el **empleo fijo**
[emˈpleo ˈfixo]

die Karriere
la **carrera profesional**
[kaˈrrera profesjoˈnal]

sich um eine Stelle bewerben	**solicitar un puesto de trabajo** [soliθiˈtar un ˈpwesto de traˈβaxo]
die Arbeitsbedingungen	las **condiciones laborales** [kon̪diˈθjones laβoˈrales]
die Schichtarbeit	el **trabajo por turnos** [traˈβaxo por ˈturnos]
die Teilzeit	**a tiempo parcial** [a ˈtjempo parˈθjal]
die Vollzeit	**a tiempo completo** [a ˈtjempo komˈpleto]
die Qualifikation	la **cualificación** [kwalifikaˈθjon]
die Berufserfahrung	la **experiencia laboral** [espeˈrjen̪θja laβoˈral]

jemanden einstellen
contratar a alguien
[kon̪traˈtar a ˈalɣjen]

DIE ARBEITSWELT – EL MUNDO LABORAL

Berufe – Profesiones

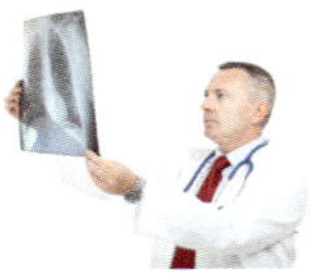

der Arzt
el **médico**
[ˈmeðiko]

der Chirurg
el **cirujano**
[θiruˈxano]

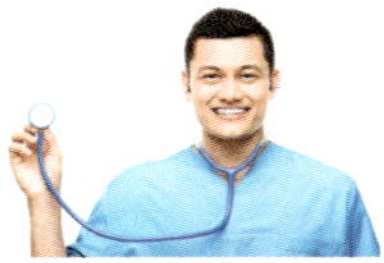

der Krankenpfleger
el **enfermero**
[eɱferˈmero]

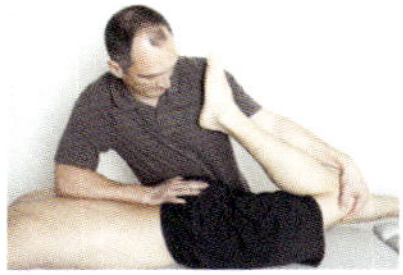

der Physiotherapeut
el **fisioterapeuta**
[fisjoteraˈpeu̯ta]

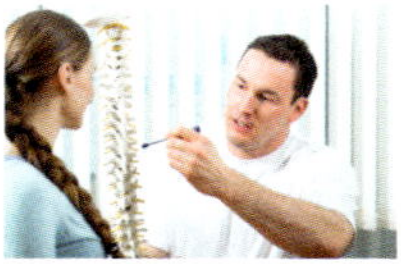

der Orthopäde
el **traumatólogo**
[trau̯maˈtoloɣo]

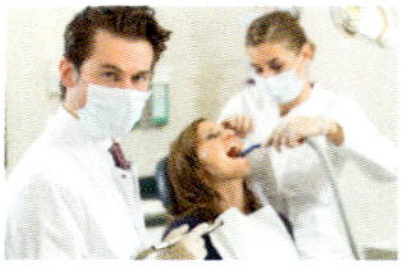

der Zahnarzt
el **dentista**
[den̪ˈtista]

die Psychologin
la **psicóloga**
[siˈkoloɣa]

die Apothekerin
la **farmacéutica**
[farmaˈθeu̯tika]

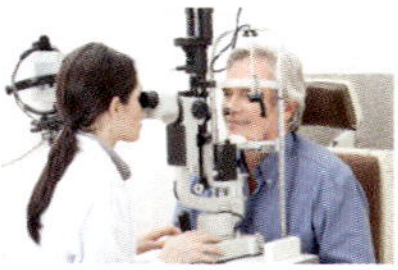

die Optikerin
la **óptica**
[ˈoptika]

der Tierarzt
el **veterinario**
[beteriˈnarjo]

die Empfangsdame
la **recepcionista**
[rreθeβθjoˈnista]

der Rechtsanwalt
el **abogado**
[aβoˈɣaðo]

die Richterin
la **juez(a)**
[ˈxweθ(a)]

der Wirtschaftsprüfer
el **auditor**
[au̯ðiˈtor]

die Unternehmens-beraterin
la **asesora de empresas**
[aseˈsora de emˈpresas]

der Informatiker
el **informático**
[iɱforˈmatiko]

DIE ARBEITSWELT – EL MUNDO LABORAL

Berufe – Profesiones

der Architekt
el **arquitecto**
[arkiˈtekto]

die Ingenieurin
la **ingeniera**
[iŋxeˈnjera]

der Schreiner
el **carpintero**
[karpin̪ˈtero]

der Elektriker
el **electricista**
[elektriˈθista]

der Klempner
el **fontanero**
[fon̪taˈnero]

der Dachdecker
el **techador**
[tetʃaˈðor]

der Maler
el **pintor**
[pin̪ˈtor]

der Müllmann
el **basurero**
[basuˈrero]

die Kfz-Mechanikerin
la **mecánico**
[meˈkaniko]

der Landwirt
el **agricultor**
[aɣrikul̪ˈtor]

die Soldatin
la **soldado**
[sol̪ˈdaðo]

die Briefträgerin
la **cartera**
[karˈtera]

der Bauarbeiter
el **obrero de la construcción**
[oˈβrero de la konstruɣˈθjon]

der Gebäudereiniger
el **empleado de la limpieza**
[empleˈaðo de la limˈpjeθa]

der Landschafts-gärtner
el **jardinero paisajista**
[xarðiˈnero pai̯saˈxista]

der Fischer
el **pescador**
[peskaˈðor]

DIE ARBEITSWELT – EL MUNDO LABORAL

Berufe – Profesiones

der Pilot
el **piloto**
[piˈloto]

die Flugbegleiterin
la **auxiliar de vuelo**
[au̯ɣsiˈljar de ˈbwelo]

der Koch
el **cocinero**
[koθiˈnero]

der Kellner
el **camarero**
[kamaˈrero]

der Bäcker
el **panadero**
[panaˈðero]

die Metzgerin
la **carnicera**
[karniˈθera]

der Verkäufer
el **vendedor**
[beṇdeˈðor]

die Friseurin
la **peluquera**
[peluˈkera]

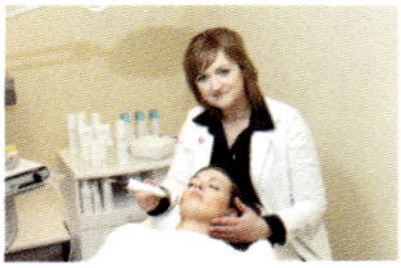

die Kosmetikerin
la **esteticista**
[estetiˈθista]

der Gärtner
el **jardinero**
[xarðiˈnero]

die Immobilien-maklerin
la **agente inmobiliaria**
[aˈxeṇte inmoβiˈljarja]

die Bürokauffrau
la **administrativa**
[aðministraˈtiβa]

der Sanitäter
el **camillero**
[kamiˈʎero]

der Busfahrer
el **conductor de autobús**
[koṇdukˈtor de au̯toˈβus]

der Taxifahrer
el **taxista**
[taɣˈsista]

der Paketzusteller
el **mensajero**
[mensaˈxero]

DIE ARBEITSWELT - EL MUNDO LABORAL

Berufe - Profesiones

die Journalistin
la **periodista**
[perjoˈðista]

der Wissenschaftler
el **científico**
[θjeṇˈtifiko]

die Grafikerin
la **diseñadora gráfica**
[diseɲaˈðora ˈgrafika]

der Profisportler
el **deportista profesional**
[deporˈtista profesjoˈnal]

die Moderatorin
la **presentadora**
[presenṭaˈðora]

die Schauspielerin
la **actriz**
[akˈtriθ]

die Sängerin
la **cantante**
[kaṇˈtaṇte]

der Tänzer
el **bailarín**
[bai̯laˈrin]

die Kunstmalerin
la **pintora**
[piṇˈtora]

der Fotograf
el **fotógrafo**
[foˈtoɣrafo]

die Musikerin
la **música**
[ˈmusika]

die Schneiderin
la **sastra**
[ˈsastra]

der Bildhauer
el **escultor**
[eskuḷˈtor]

die Bankkauffrau
la **empleada titulada de banca**
[empleˈaða tituˈlaða de ˈbaŋka]

der Bibliothekar
el **bibliotecario**
[biβljoteˈkarjo]

der Lehrer
el **profesor**
[profeˈsor]

DIE ARBEITSWELT – EL MUNDO LABORAL

Das Organigramm – El organigrama

das Sekretariat
el **secretariado**
[sekreta'rjaðo]

der kaufmännische Bereich
el **sector comercial**
[sek'tor (komer'θjal)]

die kaufmännische Leitung
la **dirección comercial**
[direɣ'θjon komer'θjal]

die IT-Leitung
la **dirección del departamento informático**
[direɣ'θjon del departa'meṇto iɱfor'matiko]

die Buchhaltung
la **contabilidad** [koṇtaβili'ðað]

das Controlling
el **control de gestión** [koṇ'trol de xes'tjon]

das sekundäre Geschäftsfeld
el **negocio secundario**
[ne'ɣoθjo sekuṇ'darjo]

die Geschäftsführung
la **gerencia**
[xe'reṇθja]

das primäre Geschäftsfeld
el **negocio principal**
[ne'ɣoθjo priṇθi'pal]

die Geschäftsführung
la **gerencia**
[xe'reṇθja]

das Team
el **equipo** [e'kipo]

die Teamleitung
la **dirección del equipo**
[direɣ'θjon del e'kipo]

der Angestellte
el **empleado** [emple'aðo]

die Zweigstelle
la **sucursal/dependencia**
[sukur'sal/depeṇ'deṇθja]

der Manager
el **directivo**
[direk'tiβo]

die Aktiengesellschaft (AG)	la **sociedad anónima (S.A.)** [soθje'ðað a'nonima]
der Aktionär/die Aktionärin	el **accionista** [aɣθjo'nista]
die Gesellschaft mit beschränkter Haftung (GmbH)	la **sociedad (de responsabilidad) limitada (S.L.)** [soθje'ðað (de rresponsaβili'ðað) limi'taða]
die GmbH & Co. KG	la **sociedad limitada combinada con una comandita** [soθje'ðað limi'taða kombi'naða kon 'una komaṇ'dita]
die Kommanditgesellschaft (KG)	la **sociedad comanditaria** [soθje'ðað komaṇdi'tarja]
die offene Handelsgesellschaft (OHG)	la **sociedad colectiva (regular)** [soθje'ðað kolek'tiβa (rreɣu'lar)]
der Konzern	el **consorcio** [kon'sorθjo]

der Vorstand
el **consejo de dirección**
[kon'sexo de direɣ'θjon]

der Gesellschafter
el **socio**
['soθjo]

die Geschäftsführung
la **gerencia**
[xe'reṇθja]

die stellvertretende Geschäftsführung
la **subdirección (gerente)**
[suβðireɣ'θjon (xe'reṇte)]

der Prokurist
el **apoderado (general)**
[apoðe'raðo (xene'ral)]

die Personalabteilung
el **departamento de recursos humanos**
[departa'meṇto de rre'kursos u'manos]

die Personalleitung
la **dirección de recursos humanos**
[direɣ'θjon de rre'kursos u'manos]

die Rechtsabteilung
el **departamento jurídico**
[departa'meṇto xu'riðiko]

die Marketingabteilung
el **departamento de marketing**
[departa'meṇto de 'marketiŋ]

die Marketingleitung
la **dirección de marketing**
[direɣ'θjon de 'marketiŋ]

die PR-Abteilung
el **departamento de relaciones públicas**
[departa'meṇto de rrela'θjones'puβlikas]

die Produktion
la **producción**
[proðuɣ'θjon]

die Produktionsleitung
la **dirección de producción**
[direɣ'θjon de proðuɣ'θjon]

der Betriebsrat
el **consejo de empresa**
[kon'sexo de em'presa]

der Vertrieb
el **departamento de ventas**
[departa'meṇto de 'beṇtas]

die Vertriebsleitung
la **dirección de ventas**
[direɣ'θjon de 'beṇtas]

das Key-Account-Management
la **gestión de cuentas clave**
[xes'tjon de 'kweṇtas 'klaβe]

der Außendienst
el **servicio externo**
[ser'βiθjo es'terno]

der Innendienst
el **servicio interno**
[ser'βiθjo iṇ'terno]

der Kundendienst
la **atención al cliente**
[ateṇ'θjon al 'kljeṇte]

die Kundenakquise
la **adquisición de (nuevos) clientes**
[aðkisi'θjon de ('nweβos) 'kljeṇtes]

DAS BÜRO – LA OFICINA

Büromöbel – Muebles de oficina

der Arbeitsplatz
el **lugar de trabajo**
[luˈɣar de traˈβaxo]

die Ablage
la **bandeja**
[ban̪ˈdexa]

die Schublade
el **cajón**
[kaˈxon]

die Büromöbel
los **muebles de oficina**
[ˈmweβles de ofiˈθina]

der Schreibtisch
el **escritorio**
[eskriˈtorjo]

die Schreibunterlage
el **protector para escritorio**
[protekˈtor ˈpara eskriˈtorjo]

der Bürostuhl
la **silla de oficina**
[ˈsiʎa de ofiˈθina]

der Safe
la **caja fuerte**
[ˈkaxa ˈfwerte]

der Aktenschrank
el **archivador**
[arʧiβaˈðor]

der Wasserspender
el **dispensador de agua**
[dispensaˈðor de ˈaɣwa]

die Schreibtischlampe
la **lámpara de escritorio**
[ˈlampara de eskriˈtorjo]

die Pinnwand
el **tablón de anuncios**
[taˈβlon de aˈnun̪θjos]

der Papierkorb
la **papelera**
[papeˈlera]

der Terminkalender	la **agenda** [aˈxen̪da]
die Akte	el **expediente** [espeˈðjen̪te]
der Aktenvernichter	la **destructora de documentos** [destrukˈtora de dokuˈmen̪tos]
das Postfach	el **apartado de correos** [aparˈtaðo de koˈrreos]
der Termin	la **cita** [ˈθita]
die Hauspost	el **correo interno** [koˈrreo in̪ˈterno]
die Ablage für Eingänge	la **bandeja para entradas** [ban̪ˈdexa ˈpara en̪ˈtraðas]
die Teeküche	la **cocina** [koˈθina]

DAS BÜRO – LA OFICINA

Der Bürobedarf – El material de oficina

die Schere
las **tijeras**
[tiˈxeras]

der Textmarker
el **marcador**
[markaˈðor]

der Stiftehalter
el **portalápices**
[portaˈlapiθes]

das Notizbuch
el **bloc de notas**
[blok de ˈnotas]

die Haftnotiz
la **nota adhesiva**
[ˈnota aðeˈsiβa]

der Bleistift
el **lápiz**
[ˈlapiθ]

der Haftstreifen
la **banderita adhesiva**
[baṇdeˈrita aðeˈsiβa]

der Bleistiftspitzer
el **sacapuntas**
[sakaˈpuṇtas]

der Radiergummi
la **goma de borrar**
[ˈgoma de boˈrrar]

der Kugelschreiber
el **bolígrafo**
[boˈliɣrafo]

die Büroklammer
el **clip**
[klip]

die Reißzwecke
la **chincheta**
[ʧinˈʧeta]

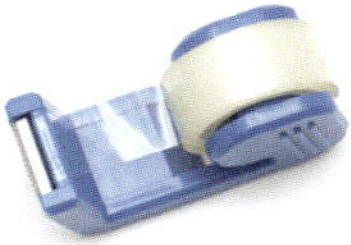

der Tesafilm®
el **celo**
[ˈθelo]

der Tacker
la **grapadora**
[grapaˈðora]

der Locher
la **perforadora**
[perforaˈðora]

das Hängeregister
el **archivo colgante**
[arˈʧiβo]

der Briefumschlag
el **sobre**
[ˈsoβre]

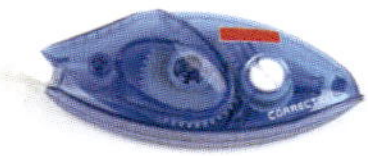

das Tipp-Ex®
el **corrector**
[korrekˈtor]

der Ordner
el **archivador**
[arʧiβaˈðor]

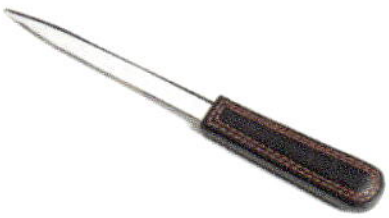

der Brieföffner
el **abrecartas**
[aβreˈkartas]

DAS BÜRO – LA OFICINA

Der Besprechungsraum – Sala de juntas

die Sitzung
la **reunión**
[rreuˈnjon]

der Teamleiter
el **jefe de equipo**
[ˈxefe de eˈkipo]

der Teilnehmer
el **asistente**
[asisˈten̪te]

die Tagesordnung
el **orden del día**
[ˈorðen del ˈdia]

protokollieren
protocolar
[protokoˈlar]

der Besprechungstisch
la **mesa de la sala de reuniones**
[ˈmesa de la ˈsala de rreuˈnjones]

die Präsentation
la **presentación**
[presen̪taˈθjon]

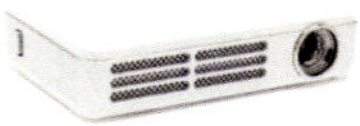

der Beamer
el **proyector**
[proɟekˈtor]

das Balkendiagramm
el **diagrama de barras**
[djaˈɣrama de ˈbarras]

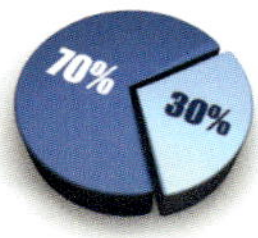

das Tortendiagramm
el **diagrama de pastel**
[djaˈɣrama de pasˈtel]

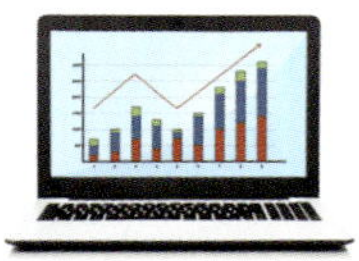

die Folie
la **lámina**
[ˈlamina]

organisieren	**organizar** [orɣaniˈθar]
die Besprechung	la **reunión** [rreuˈnjon]
der Bericht	el **informe** [iɱˈforme]
das Protokoll	el **acta** [ˈakta]
der Vertrag	el **contrato** [kon̪ˈtrato]
der Geschäftsmann	el **hombre de negocios** [ˈombre de neˈɣoθjos]
die Geschäftsfrau	la **mujer de negocios** [muˈxer de neˈɣoθjos]
die Geschäftsreise	el **viaje de negocios** [biˈaxe de neˈɣoθjos]

DAS BÜRO – LA OFICINA

Der Büroalltag – En la oficina

der Arbeitgeber
el **empresario**
[empre'sarjo]

① *die Assistentin*
la **asistente**
[asis'tente]

② *der Kollege*
el **colega**
[ko'leɣa]

③ *der Arbeitnehmer*
el **empleado**
[emple'aðo]

④ *die Kollegin*
la **colega**
[ko'leɣa]

⑤ *die Managerin*
la **directora (gerente)**
[direk'tora (xe'rente)]

⑥ *der Chef*
el **jefe**
['xefe]

die Visitenkarte
la **tarjeta de visita**
[tar'xeta de bi'sita]

entlassen werden
ser despedido (-a)
[ser despe'diðo (-a)]

das Personal
el **personal**
[perso'nal]

die Elternzeit
la **excedencia por paternidad/maternidad**
[esθe'ðenθja por paterni'ðað/materni'ðað]

die Vertretung	la **suplencia** [su'plenθja]
der Jahresurlaub	las **vacaciones anuales** [baka'θjones anu'ales]
das Gehalt	el **sueldo** ['sweldo]
die Beförderung	el **ascenso** [as'θenso]
jemandem kündigen	**despedir a alguien** [despe'ðir a 'alɣjen]
seine Stelle kündigen	**presentar la dimisión** [presen'tar la dimi'sjon]
verdienen	**ganar** [ga'nar]
in Rente gehen	**jubilarse** [xuβi'larse]

der Mutterschaftsurlaub
la **baja por maternidad**
['baxa por materni'ðað]

KOMMUNI-KATION

COMUNI-CACIÓN

DER COMPUTER – EL ORDENADOR

Der Desktop-Computer – El ordenador personal

der Desktop-Computer
el **ordenador personal**
[orðena'ðor perso'nal]

der Ein/Aus-Schalter
el **botón de encendido/apagado**
[bo'ton de en̪θen̪'diðo/apa'ɣaðo]

die USB-Schnittstelle
el **puerto USB**
['pwerto u'esebe]

das CD/DVD-Laufwerk
la **unidad de CD/DVD**
[uni'ðað de θe'ðe/deuβe'ðe]

das Computergehäuse
la **carcasa del ordenador**
[kar'kasa del orðena'ðor]

das Scrollrad
la **rueda (de desplazamiento)**
['rrweða (de desplaθa'mjen̪to)]

die Tastatur
el **teclado**
[te'klaðo]

der Bildschirm
la **pantalla**
[pan̪'taʎa]

die Maus
el **ratón**
[rra'ton]

die Tastatur
el **teclado**
[te'klaðo]

die Escapetaste
la **tecla de escape**
['tekla de es'kape]

die Tabulatortaste
la **tecla de tabulación**
['tekla de taβula'θjon]

die Feststelltaste
la **tecla de bloqueo de mayúsculas**
['tekla de blo'keo de ma'ɟuskulas]

die Rücklöschtaste
la **tecla suprimir en retroceso**
['tekla supri'mir en rretro'θeso]

die Eingabetaste
la **tecla de enter**
['tekla de 'en̪ter]

die Umschalttaste
la **tecla de mayúsculas**
['tekla de ma'ɟuskulas]

die Steuerungstaste
la **tecla de control**
['tekla de kon̪'trol]

die Leertaste
la **barra espaciadora**
['barra espaθja'ðora]

DER COMPUTER - EL ORDENADOR

Hardware und Zubehör - Hardware y componentes

der Lautsprecher
el **altavoz**
[al̪ta'βoθ]

der/das Laptop
el **(ordenador) portátil**
[(orðena'ðor) por'tatil]

das Stromkabel
el **cable de alimentación**
['kaβle de alimen̪ta'θjon]

die Laptoptasche
el **maletín para portátil**
[male'tin 'para por'tatil]

der Prozessor
el **procesador**
[proθesa'ðor]

die (externe) Festplatte
el **disco duro (externo)**
['disko 'duro (es'terno)]

der Arbeitsspeicher
la **memoria**
[me'morja]

die Webcam
la **cámara web**
['kamara ueb]

die CD-ROM
el **CD-ROM**
[θeðe'rrom]

der USB-Stick
la **memoria USB**
[me'morja u 'ese be]

der Scanner
el **escáner**
[es'kaner]

der Tintenstrahldrucker
la **impresora de chorro de tinta**
[impre'sora de 'ʧorro de 'tin̪ta]

der Laserdrucker
la **impresora láser**
[impre'sora 'laser]

die Tintenpatrone
el **cartucho de tinta**
[kar'tuʧo de 'tin̪ta]

die Tonerkartusche
el **cartucho de tóner**
[kar'tuʧo de 'toner]

das Mauspad
la **alfombrilla**
[alfom'briʎa]

DER COMPUTER – EL ORDENADOR

Am Computer arbeiten – Trabajar con el ordenador

tippen
escribir con el teclado
[eskriˈβir kon el teˈklaðo]

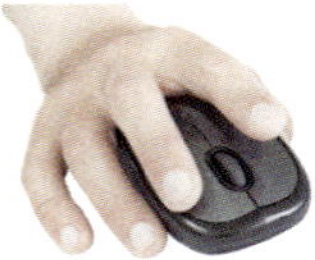

klicken
hacer clic
[aˈθer klik]

scrollen
desplazar
[desplaˈθar]

ausschneiden
cortar
[korˈtar]

kopieren
copiar
[koˈpjar]

einfügen
pegar
[peˈɣar]

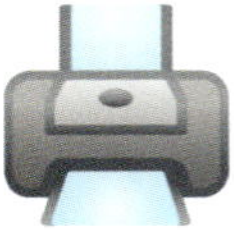

eine Datei ausdrucken
imprimir un archivo
[impriˈmir un arˈʧiβo]

speichern
guardar
[gwarˈðar]

eine Datei öffnen
abrir un archivo
[aˈβrir un arˈʧiβo]

löschen
eliminar
[elimiˈnar]

der Ordner
la **carpeta**
[karˈpeta]

der Papierkorb
la **papelera**
[papeˈlera]

suchen
buscar
[busˈkar]

eingeben	**introducir** [in̪troðuˈθir]
eine Datei verschieben	**mover un archivo** [moˈβer un arˈʧiβo]
eine Sicherungskopie erstellen	**hacer una copia de seguridad** [aˈθer ˈuna ˈkopja de seɣuriˈðað]
markieren	**seleccionar** [seleɣθjoˈnar]
sich einloggen	**conectarse** [konekˈtarse]
sich ausloggen	**desconectarse** [deskonekˈtarse]
der Neustart	el **reinicio** [rreiˈniθjo]
(die) Bytes	los **bytes** [bai̯ts]

DER COMPUTER – EL ORDENADOR

Am Computer arbeiten – Trabajar con el ordenador

rückgängig machen
deshacer
[desaˈθer]

wiederherstellen
restaurar
[rrestau̯ˈrar]

die Einstellungen
los **ajustes**
[aˈxustes]

die Schriftart
el **tipo de letra**
[ˈtipo de ˈletra]

die Fehlermeldung
el **mensaje de error**
[menˈsaxe de eˈrror]

der Mauszeiger
el **cursor**
[kurˈsor]

die Sanduhr
el **reloj (de arena)**
[rreˈlox (de aˈrena)]

der Lautstärkeregler
el **control del volumen**
[kon̪ˈtrol del boˈlumen]

ein Fenster minimieren
minimizar la ventana
[minimiˈθar la ben̪ˈtana]

eine CD/DVD auswerfen
expulsar el CD/DVD
[espulˈsar el θeˈðe/deuβeˈðe]

den Rechner hochfahren
encender el equipo
[en̪θen̪ˈder el eˈkipo]

den Rechner herunterfahren
apagar el equipo
[apaˈɣar el eˈkipo]

die Datei	el **fichero** [fiˈʧero]
das Programm	el **programa (informático)** [proˈɣrama (im̪forˈmatiko)]
der Scrollbalken	la **barra de desplazamiento** [ˈbarra de desplaθaˈmjen̪to]
ein Programm installieren	**instalar un programa** [instaˈlar un proˈɣrama]
ein Programm deinstallieren	**desinstalar un programa** [desinstaˈlar un proˈɣrama]
das Betriebssystem	el **sistema operativo** [sisˈtema operaˈtiβo]
die Taskleiste	la **barra de tareas** [ˈbarra de taˈreas]
der Fortschrittsbalken	la **barra de progreso** [ˈbarra de proˈɣreso]

das Fenster
la **ventana**
[ben̪ˈtana]

DER COMPUTER – EL ORDENADOR

Das Internet – Internet

das WLAN
el **wifi**
[ˈwifi]

der Router
el **router**
[ˈrruter]

das LAN-Kabel
el **cable LAN**
[ˈkaβle lan]

der Browser
el **navegador**
[naβeɣaˈðor]

das Lesezeichen
el **marcador**
[markaˈðor]

der Download
la **descarga**
[desˈkarɣa]

die Nachricht
el **mensaje**
[menˈsaxe]

die Social Media
los **medios (de comunicación) sociales**
[ˈmeðjos (de komunikaˈθjon) soˈθjales]

der Online-Einkauf
la **compra en internet**
[ˈkompra en iṇterˈnet]

die Verschlüsselung
la **codificación**
[koðifikaˈθjon]

die E-Mail-Adresse
la **dirección electrónica**
[direɣˈθjon elekˈtronika]

der Anhang
el **(archivo) adjunto**
[(arˈʧiβo) aðˈxuṇto]

eine Mail weiterleiten
reenviar un e-mail
[rre(e)mbiˈar un iˈmei̯l]

senden	**enviar** [embiˈar]
empfangen	**recibir** [rreθiˈβir]
das Benutzerkonto	la **cuenta de usuario** [ˈkweṇta de usuˈarjo]
der Posteingang	la **entrada de correos** [eṇˈtraða de koˈrreos]
der Postausgang	la **salida de correos** [saˈliða de koˈrreos]
die Abwesenheitsnotiz	el **mensaje de ausencia** [menˈsaxe de au̯ˈseṇθja]
die Spammail	el **correo spam** [koˈrreo esˈpam]
im Internet surfen	**navegar en internet** [naβeˈɣar en iṇterˈnet]

DER COMPUTER – EL ORDENADOR

Mobile Endgeräte – Dispositivos electrónicos móviles

der Tablet-Computer
la **tableta**
[taˈβleta]

der E-Book-Reader
el **lector de libros electrónicos**
[lekˈtor de ˈliβros elekˈtronikos]

der MP3-Player
el **reproductor de MP3**
[rreproðukˈtor de ˈeme pe tres]

das Bluetooth®-Headset
el **auricular bluetooth®**
[au̯rikuˈlar bluˈtuθ]

die App
la **aplicación**
[aplikaˈθjon]

die SIM-Karte
la **tarjeta SIM**
[tarˈxeta sim]

die Handytasche
la **funda para el móvil**
[ˈfun̪da ˈpara el ˈmoβil]

das Handy
el **móvil**
[ˈmoβil]

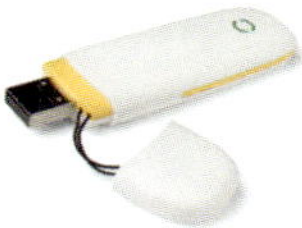

der Surfstick
el **módem USB**
[ˈmoðen u ˈese be]

wischen
desplazar
[desplaˈθar]

die SMS
el **(mensaje) SMS**
[(menˈsaxe) ˈese ˈeme ˈese]

das Smartphone
el **teléfono inteligente**
[teˈlefono in̪teliˈxen̪te]

der Touchscreen
la **pantalla táctil**
[pan̪ˈtaʎa ˈtaktil]

der Datenspeicher	la **memoria** [meˈmorja]
die Software	el **software** [ˈsoftwer]
das Funkloch	la **zona sin cobertura** [ˈθona sin koβerˈtura]
die Flatrate	la **tarifa plana** [taˈrifa ˈplana]
die Prepaidkarte	la **tarjeta prepago** [tarˈxeta preˈpaɣo]
das Guthaben	el **crédito** [ˈkreðito]
der Klingelton	el **tono** [ˈtono]
der Akku	la **batería** [bateˈria]

DAS TELEFON – EL TELÉFONO

das Display
la **pantalla**
[pan̪ˈtaʎa]

das Telefonbuch
el **listín (de teléfonos)**
[lisˈtin (de teˈlefonos)]

der Anrufbeantworter
el **contestador automático**
[kon̪testaˈðor au̯toˈmatiko]

das Tastenfeld
el **teclado**
[teˈklaðo]

der Telefonhörer
el **auricular**
[au̯rikuˈlar]

das Kabel
el **cable**
[ˈkaβle]

das schnurlose Telefon
el **teléfono inalámbrico**
[teˈlefono inaˈlambriko]

der Hörer
el **auricular**
[au̯rikuˈlar]

abheben
descolgar
[deskolˈɣar]

auflegen
colgar
[kolˈɣar]

die Basisstation
la **base**
[ˈbase]

der Kopfhörer
el **auricular**
[au̯rikuˈlar]

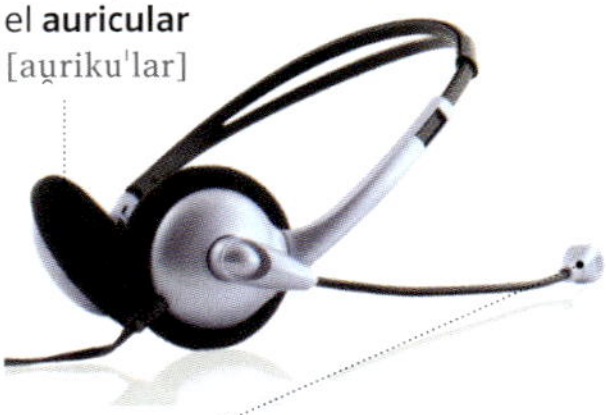

das Mikrofon
el **micrófono**
[miˈkrofono]

das Faxgerät
el **fax**
[faɣs]

jemanden anrufen	**llamar a alguien (por teléfono)** [ʎaˈmar a ˈalɣjen (por teˈlefono)]
wählen	**marcar (el número)** [marˈkar (el ˈnumero)]
klingeln	**sonar** [soˈnar]
Ich möchte bitte … sprechen.	**Querría hablar con…** [keˈrria aˈβlar kon]
Entschuldigung, ich habe mich verwählt.	**Lo siento, me he equivocado de número.** [lo ˈsjen̪to me e ekiβoˈkaðo de ˈnumero]
Ich stelle Sie durch.	**Ahora le paso.** [aˈora le ˈpaso]
Bitte hinterlassen Sie eine Nachricht nach dem Signalton.	**Deje un mensaje después de oír la señal.** [ˈdexe un menˈsaxe desˈpwes de oˈir la seˈɲal]
Können Sie mich bitte zurückrufen?	**¿Podría llamarme más tarde?** [poˈðria ʎaˈmarme mas ˈtarðe]

DIE MEDIEN – LOS MEDIOS DE COMUNICACIÓN

Das Fernsehen – La televisión

die Fernbedienung
el **mando a distancia**
[ˈmand̪o a disˈtan̪θja]

die Lautstärke
el **volumen**
[boˈlumen]

stumm schalten
quitar el sonido
[kiˈtar el soˈniðo]

zurückspulen
rebobinar
[rreβoβiˈnar]

abspielen
darle al play
[ˈdarle al plei̯]

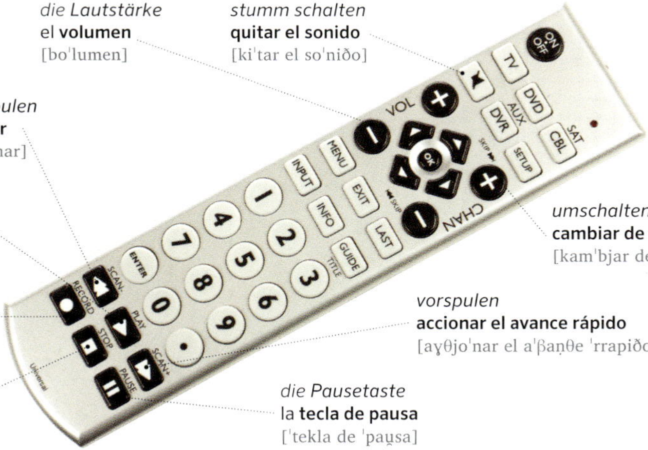

umschalten
cambiar de canal
[kamˈbjar de kaˈnal]

aufnehmen
grabar
[graˈβar]

vorspulen
accionar el avance rápido
[aɣθjoˈnar el aˈβan̪θe ˈrrapiðo]

die Stopptaste
la **tecla de stop**
[ˈtekla de esˈtop]

die Pausetaste
la **tecla de pausa**
[ˈtekla de ˈpau̯sa]

das Videospiel
el **videojuego**
[biðeoˈxweɣo]

der Fernseher
el **televisor**
[teleβiˈsor]

der Digitalempfänger
el **receptor digital**
[rreθepˈtor dixiˈtal]

der DVD-Player
el **(reproductor de) DVD**
[(rreproðukˈtor de) deuβeˈðe]

die DVD
el **(disco) DVD**
[(ˈdisko) deuβeˈðe]

das Kabelfernsehen	la **televisión por cable** [teleβiˈsjon por ˈkaβle]
das Free-TV	la **televisión en abierto** [teleβiˈsjon en aˈβjerto]
das Bezahlfernsehen	la **televisión de pago** [teleβiˈsjon de ˈpaɣo]
fernsehen	**ver la tele(visión)** [ber la ˈtele(βiˈsjon)]
die Fernsehserie	la **serie de televisión** [ˈserje de teleβiˈsjon]
zappen	**zapear** [θapeˈar]
die Folge	el **capítulo** [kaˈpitulo]
der Raumklang	el **sonido estereofónico** [soˈniðo estereoˈfoniko]

die Satellitenschüssel
la **antena parabólica**
[an̪ˈtena paraˈβolika]

DIE MEDIEN – LOS MEDIOS DE COMUNICACIÓN

Das Fernsehen – La televisión

das Set
el **set**
[set]

der Teleprompter®
el **teleprompter®**
[teleˈpromter]

die Nachrichtensprecherin
la **locutora**
[lokuˈtora]

die Nachrichten
las **noticias**
[noˈtiθjas]

das Interview
la **entrevista**
[en̪treˈβista]

der Interviewpartner
el **entrevistado**
[en̪treβisˈtaðo]

die Reporterin
la **reportera**
[rreporˈtera]

das Mikrofon
el **micrófono**
[miˈkrofono]

die Szene
la **escena**
[esˈθena]

der Schauspieler
el **actor**
[akˈtor]

die Klappe
la **claqueta**
[klaˈketa]

die Livesendung
la **retransmisión en directo**
[rretransmiˈsjon en diˈrekto]

das Publikum
el **público**
[ˈpuβliko]

der Dokumentarfilm	el **documental** [dokumen̪ˈtal]
die Talkshow	el **programa de entrevistas** [proˈɣrama de en̪treˈβistas]
die Reportage	el **reportaje** [rreporˈtaxe]
die Quizshow	el **concurso** [koŋˈkurso]
der Moderator	el **presentador** [presen̪taˈðor]
die Moderatorin	la **presentadora** [presen̪taˈðora]
der Teilnehmer	el **participante** [partiθiˈpan̪te]
die Teilnehmerin	la **participante** [partiθiˈpan̪te]

DIE MEDIEN – LOS MEDIOS DE COMUNICACIÓN

Das Radio – La radio

der DJ
el **disyóquey**
[dis'ɟokei̯]

die Tonaufnahme
la **grabación**
[graβa'θjon]

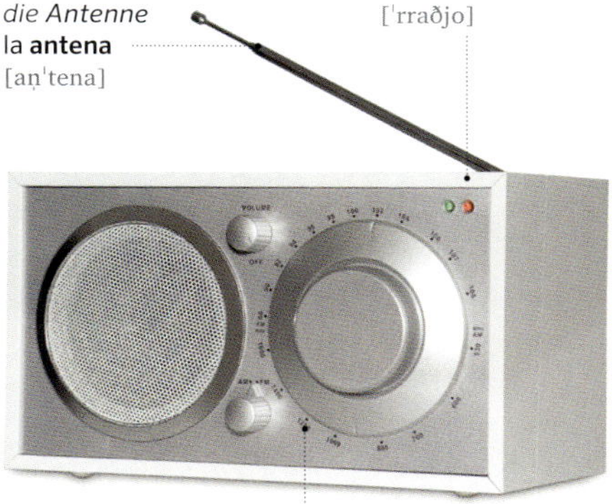

das Radio
la **radio**
['rraðjo]

die Antenne
la **antena**
[an̪'tena]

die Frequenz
la **frecuencia**
[fre'kwen̟θja]

der Radiosender
la **emisora de radio**
[emi'sora de 'rraðjo]

der Wetterbericht
el **parte meteorológico**
['parte metereo'loxiko]

die Verkehrsnachrichten
las **noticias de tráfico**
[no'tiθjas de 'trafiko]

die Hitparade
el **programa de éxitos musicales**
[pro'ɣrama de 'eɣsitos musi'kales]

das Hörspiel
la **radionovela**
[rraðjono'βela]

die Liveaufzeichnung
la **grabación en directo**
[graβa'θjon en di'rekto]

die Sendung	el **programa** [pro'ɣrama]
der Berichterstatter	el **reportero** [rrepor'tero]
die Berichterstatterin	la **reportera** [rrepor'tera]
die Erkennungsmelodie	la **música publicitaria** ['musika puβliθi'tarja]
der Werbespot	la **cuña publicitaria** ['kuɲa puβliθi'tarja]
senden	**emitir** [emi'tir]
die Langwelle	la **onda larga** ['on̪da 'larɣa]
die Kurzwelle	la **onda corta** ['on̪da 'korta]

DIE MEDIEN – LOS MEDIOS DE COMUNICACIÓN

Die Printmedien – Publicaciones impresas

die Zeitung
el **periódico**
[pe'rjoðiko]

das Tabloidformat
el **formato tabloide**
[for'mato ta'βloi̯ðe]

das Bild
la **imagen**
[i'maxen]

der Artikel
el **artículo**
[ar'tikulo]

die Titelseite
la **portada**
[por'taða]

die Schlagzeile
el **titular**
[titu'lar]

der Vorspann
el **avance**
[a'βan̦θe]

die Zeitungsspalte
la **columna**
[ko'lumna]

die großformatige Zeitung
el **periódico de gran formato**
[pe'rjoðiko de gran for'mato]

der Stellenmarkt
la **bolsa de trabajo**
['bolsa de tra'βaxo]

der Werbeprospekt
el **folleto publicitario**
[fo'ʎeto puβliθi'tarjo]

die Anzeige
el **anuncio**
[a'nun̦θjo]

das Abonnement
la **suscripción**
[suskriβ'θjon]

der Leitartikel	el **editorial (del periódico)**	[eðito'rjal (del pe'rjoðiko)]
die Todesanzeige	la **nota necrológica**	['nota nekro'loxika]
die Qualitätszeitung	el **periódico serio**	[pe'rjoðiko 'serjo]
die Boulevardzeitung	el **periódico sensacionalista**	[pe'rjoðiko sensaθjona'lista]
die Wochenzeitung	el **semanario**	[sema'narjo]
die Tageszeitung	el **diario**	[di'arjo]
die Kolumne	la **columna**	[ko'lumna]
die Beilage	el **suplemento**	[suple'men̦to]

DIE MEDIEN – LOS MEDIOS DE COMUNICACIÓN

Die Printmedien – Publicaciones impresas

das gebundene Buch
el **libro de tapa dura**
[ˈliβro de ˈtapa ˈdura]

das Taschenbuch
el **libro de bolsillo**
[ˈliβro de bolˈsiʎo]

der Einband
la **encuadernación**
[eŋkwaðernaˈθjon]

der Buchdeckel
la **tapa**
[ˈtapa]

der Buchrücken
el **lomo**
[ˈlomo]

der Schutzumschlag
la **sobrecubierta**
[soβrekuˈβjerta]

die Seite
el **página**
[ˈpaxina]

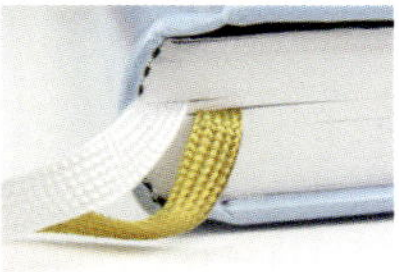

das Lesebändchen
el **marcador de cinta**
[markaˈðor de ˈθiṇta]

in einem Buch blättern
hojear un libro
[oxeˈar un ˈliβro]

das Sachbuch
el **libro de divulgación**
[ˈliβro de diβulɣaˈθjon]

der Roman
la **novela**
[noˈβela]

die Seitenzahl	el **número de página** [ˈnumero de ˈpaxina]
der Index	el **índice** [ˈiṇdiθe]
eine Seite überfliegen	**ojear una página** [oxeˈar ˈuna ˈpaxina]
das Kinderbuch	el **libro infantil** [ˈliβro iɱfaṇˈtil]
die Erzählliteratur	la **literatura narrativa** [literaˈtura narraˈtiβa]
die Sachliteratur	la **literatura de no ficción** [literaˈtura de no fiɣˈθjon]
das Inhaltsverzeichnis	el **índice** [ˈiṇdiθe]
das Kapitel	el **capítulo** [kaˈpitulo]

der Bildband
la **monografía de fotografía**
[monoɣraˈfia de fotoɣraˈfia]

DIE POST - CORREOS

der Briefumschlag
el **sobre**
[ˈsoβre]

die Briefmarke
el **sello**
[ˈseʎo]

der Empfänger
el **destinatario**
[destinaˈtarjo]

die Adresse
la **dirección**
[direɣˈθjon]

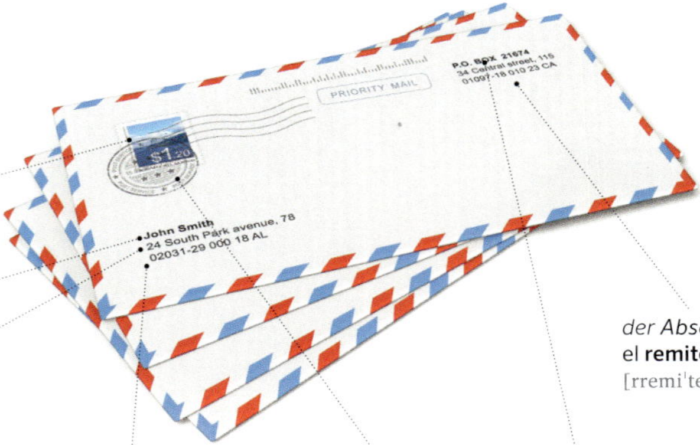

der Absender
el **remitente**
[rremiˈteṇte]

die Postleitzahl
el **código postal**
[ˈkoðiɣo posˈtal]

der Poststempel
el **sello de correos**
[ˈseʎo de koˈrreos]

das Postfach
el **apartado de correos**
[aparˈtaðo de koˈrreos]

die Postkarte
la **tarjeta postal**
[tarˈxeta posˈtal]

die Empfangsbestätigung unterschreiben
firmar el acuse de recibo
[firˈmar el aˈkuse de rreˈθiβo]

der Briefkasten
el **buzón**
[buˈθon]

einen Brief einwerfen
tirar una carta al buzón
[tiˈrar ˈuna ˈkarta al buˈθon]

das Paket
el **paquete**
[paˈkete]

der Brief	la **carta** [ˈkarta]
der Eilbrief	el **correo urgente** [koˈrreo urˈxeṇte]
portofrei	**sin gastos de envío** [sin ˈgastos de emˈbio]
einen Brief erhalten	**recibir una carta** [rreθiˈβir ˈuna ˈkarta]
einen Brief beantworten	**contestar una carta** [koṇtesˈtar ˈuna ˈkarta]
jemandem einen Brief schicken	**enviarle a alguien una carta** [embiˈarle a ˈalɣjen ˈuna ˈkarta]
das Einschreiben	el **correo certificado** [koˈrreo θertifiˈkaðo]
die Schneckenpost	el **correo ordinario** [koˈrreo orðiˈnarjo]

DIE POST – CORREOS

das Klebeband
la **cinta adhesiva**
[ˈθiṇta aðeˈsiβa]

die Styroporflocken
los **pedacillos de poliestireno**
[peðaˈθiʎos de poljestiˈreno]

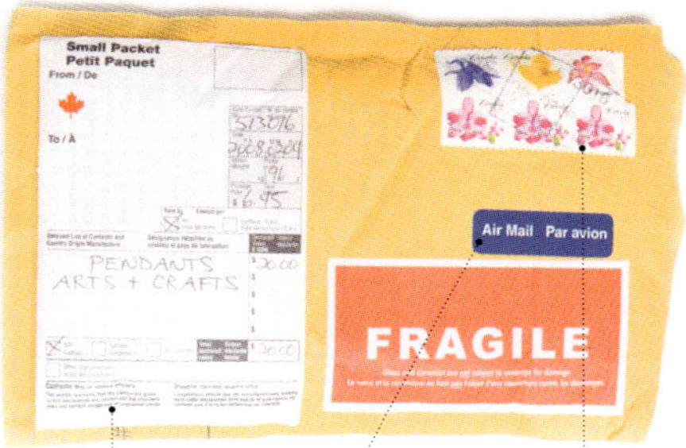

das Päckchen
el **paquete**
[paˈkete]

per Luftpost
por correo aéreo
[por koˈrreo aˈereo]

das Porto
el **franqueo**
[franˈkeo]

zerbrechlich
frágil
[ˈfraxil]

vor Nässe schützen
proteger de la humedad
[proteˈxer de la umeˈðað]

oben
arriba
[aˈrriβa]

die Zustellung
la **entrega**
[eṇˈtreɣa]

liefern	**entregar** [eṇtreˈɣar]
die Leerungszeiten	el **horario de recogida** [ˈorarjo de rrekoˈxiða]
versandkostenfrei	**envío gratuito** [emˈbio graˈtwito]
das Gewicht	el **peso** [ˈpeso]
die Waage	la **balanza** [baˈlaṇθa]
der Hausbriefkasten	el **buzón de casa** [buˈθon de ˈkasa]
die Postanweisung	el **giro postal** [ˈxiro posˈtal]
Nicht knicken!	**¡no doblar!** [no doˈβlar]

der Kurierdienst
el **servicio de mensajería**
[serˈβiθjo de mensaxeˈria]

SPORT UND FITNESS

DEPORTE Y FITNESS

BALLSPORTARTEN – DEPORTES DE PELOTA

Der Fußball – El fútbol

das Spielfed
el **terreno de juego**
[teˈrreno de ˈxweɣo]

der Mittelkreis
el **círculo central**
[ˈθirkulo θen̪ˈtral]

der Anstoßpunkt
el **punto de saque de centro**
[ˈpun̪to de ˈsake de ˈθen̪tro]

der Strafraum
el **área de penalti**
[ˈarea de peˈnal̪ti]

der Eckbogen
la **línea de córner**
[ˈlinea de ˈkorner]

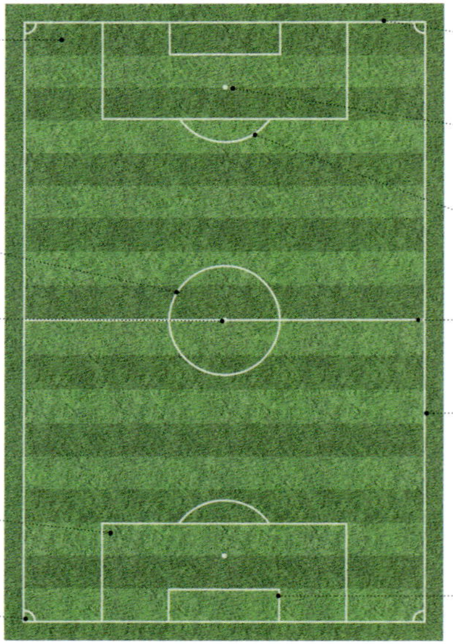

die Torlinie
la **línea de meta**
[ˈlinea de ˈmeta]

der Elfmeterpunkt
el **punto de penalti**
[ˈpun̪to de peˈnal̪ti]

der Teilkreis am Strafraum
el **semicírculo del área**
[semiˈθirkulo del ˈarea]

die Mittellinie
la **línea de centro**
[ˈlinea de ˈθen̪tro]

die Seitenlinie
la **línea de banda**
[ˈlinea de ˈban̪da]

der Torraum
el **área (pequeña)**
[ˈarea (peˈkeɲa)]

das Stadion
el **estadio**
[esˈtaðjo]

die Zuschauertribüne
la **tribuna**
[triˈβuna]

die Zuschauer
los **aficionados**
[afiθjoˈnaðos]

der Platzverweis
la **expulsión**
[espulˈsjon]

die rote Karte
la **tarjeta roja**
[tarˈxeta ˈrroxa]

der Schiedsrichter
el **árbitro**
[ˈarβitro]

BALLSPORTARTEN – DEPORTES DE PELOTA

Der Fußball – El fútbol

die Mannschaftsaufstellung
la **alineación del equipo**
[alinea'θjon del e'kipo]

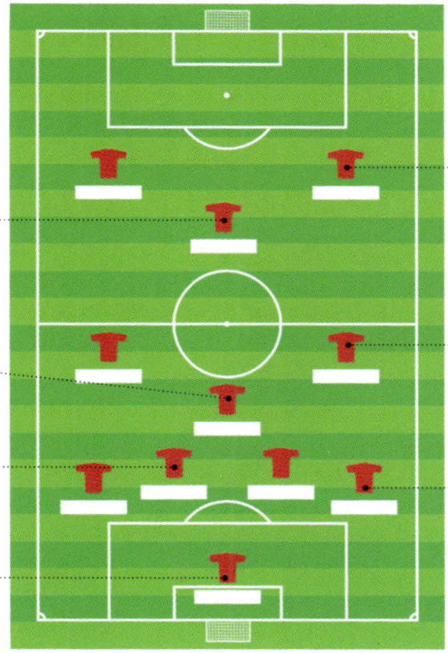

der Außenstürmer
el **extremo delantero**
[es'tremo delaņ'tero]

der Mittelstürmer
el **delantero centro**
[delaņ'tero 'θeņtro]

der Libero
el **líbero**
['liβero]

der Mittelfeldspieler
el **mediocampista**
[meðjokam'pista]

der Innenverteidiger
el **defensa central**
[de'fensa θeņ'tral]

der Außenverteidiger
el **defensa lateral**
[de'fensa late'ral]

der Torwart
el **portero**
[por'tero]

angreifen
atacar
[ata'kar]

der Eckstoß
el **saque de córner**
['sake de 'korner]

der Freistoß
el **lanzamiento de falta**
[laņθa'mjeņto de 'faļta]

der Einwurf
el **saque de banda**
['sake de 'baņda]

die Liga	la **liga** ['liɣa]
die erste Liga	la **primera liga** [pri'mera 'liɣa]
die Meisterschaft	el **campeonato** [kampeo'nato]
der Pokal	la **copa** ['kopa]
die gelbe Karte	la **tarjeta amarilla** [tar'xeta ama'riʎa]
einen Spieler sperren	**suspender a un jugador** [suspeņ'der a un xuɣa'ðor]
das Foul	la **falta** ['faļta]
die Verteidigung	la **defensa** [de'fensa]

das Tor
el **gol**
[gol]

BALLSPORTARTEN – DEPORTES DE PELOTA

Der Fußball – El fútbol

der Fußball
el **fútbol**
['fuðβol]

der Fußballschuh
la **bota de fútbol**
['bota de 'fuðβol]

der Stollen
el **taco**
['tako]

das Trikot
la **camiseta**
[kami'seta]

die Hose
el **pantalón**
[paṇta'lon]

der Schienbeinschoner
la **espinillera**
[espini'ʎera]

der Stutzen
la **media**
['meðja]

den Ball halten
parar la pelota
['parar la pe'lota]

das Tornetz
la **red de la portería**
[rreð de la porte'ria]

der Torpfosten
el **poste**
['poste]

der Torwarthandschuh
el **guante de portero**
['gwaṇte de por'tero]

schießen
lanzar
[laṇ'θar]

die Querlatte	el **larguero** [lar'ɣero]
die Halbzeit	el **(medio) tiempo** [('meðjo) 'tjempo]
das Unentschieden	el **empate** [em'pate]
die Verlängerung	la **prórroga** ['prorroɣa]
der Elfmeter	el **penalti** [pe'naḷti]
das Abseits	el **fuera de juego** ['fwera de 'xweɣo]
köpfen	**rematar de cabeza** [rrema'tar de ka'βeθa]
kicken	**chutar** [ʧu'tar]

BALLSPORTARTEN – DEPORTES DE PELOTA

Der Handball – El balonmano

der Ersatzspieler
el **jugador suplente**
[xuɣaˈðor suˈpleṇte]

die Auswechselbank
el **banquillo de jugadores**
[baŋˈkiʎo de xuɣaˈðores]

der Torraum
el **área de gol**
[ˈarea de gol]

die Torraumlinie
la **línea del área de gol**
[ˈlinea del ˈarea de gol]

der Zeitnehmer
el **cronometrador**
[kronometraˈðor]

die Auswechsellinie
la **línea de cambios**
[ˈlinea de ˈkambjos]

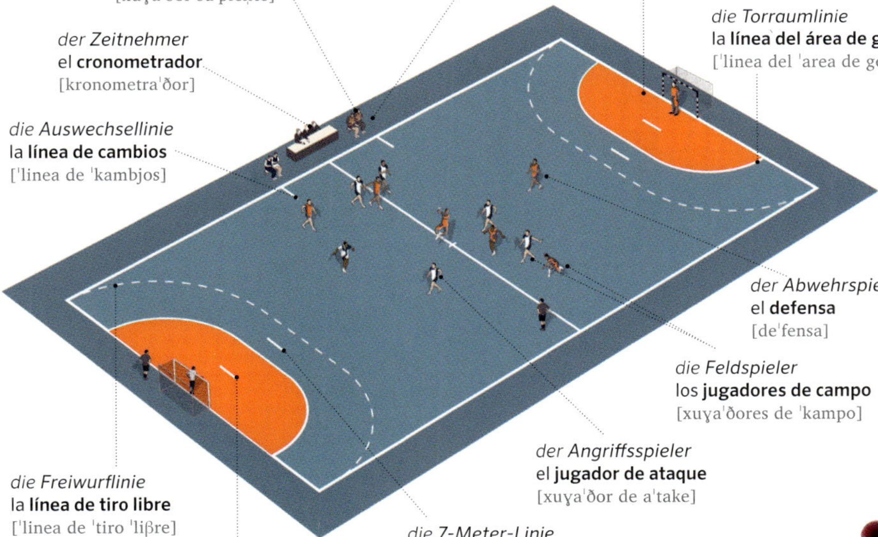

der Abwehrspieler
el **defensa**
[deˈfensa]

die Feldspieler
los **jugadores de campo**
[xuɣaˈðores de ˈkampo]

der Angriffsspieler
el **jugador de ataque**
[xuɣaˈðor de aˈtake]

die Freiwurflinie
la **línea de tiro libre**
[ˈlinea de ˈtiro ˈliβre]

die 7-Meter-Linie
la **línea de penalti**
[ˈlinea de peˈnaḷti]

die Torwartgrenzlinie
la **línea del guardameta**
[ˈlinea del gwarðaˈmeta]

der linke Flügel	el **ala izquierda** [ˈala iθˈkjerða]
der rechte Flügel	el **ala derecha** [ˈala deˈreʧa]
der Schlagwurf	el **lanzamiento en apoyo** [laṇθaˈmjeṇto en aˈpoʝo]
die Zeitstrafe	la **penalización de tiempo** [penaliθaˈθjon de ˈtjempo]
die Disqualifikation	la **descalificación** [deskalifikaˈθjon]
die Auszeit	el **tiempo muerto** [ˈtjempo ˈmwerto]
die Verwarnung	la **amonestación** [amonestaˈθjon]
der Siebenmeter	el **penalti** [peˈnaḷti]

der Sprungwurf
el **lanzamiento en suspensión**
[laṇθaˈmjeṇto en suspenˈsjon]

BALLSPORTARTEN – DEPORTES DE PELOTA

Der Volleyball – El voleibol

die Angriffszone
la **zona de ataque**
[ˈθona de aˈtake]

der Außenangreifer
el **extremo delantero**
[esˈtremo delanˈtero]

der Mittelangreifer
el **delantero centro**
[delanˈtero ˈθentro]

die Verteidigungszone
la **zona de defensa**
[ˈθona de deˈfensa]

die Netzkante
la **banda blanca**
[ˈbanda ˈblaŋka]

das Netz
la **red**
[rreð]

die Angriffslinie
la **línea de ataque**
[ˈlinea de aˈtake]

der Freiraum
la **zona libre**
[ˈθona ˈliβre]

der Libero
el **líbero**
[ˈliβero]

die Grundlinie
la **línea de ataque**
[ˈlinea de aˈtake]

der Abwehrspieler
el **defensa**
[deˈfensa]

die Seitenlinie
la **línea de fondo**
[ˈlinea de ˈfondo]

der Linienrichter
el **juez de línea**
[xweθ de ˈlinea]

die Reservebank
el **banquillo**
[baŋˈkiʎo]

der Beachvolleyball
el **vóley-playa**
[ˈboleį-ˈplaɟa]

schmettern
rematar
[rremaˈtar]

blocken
bloquear
[blokeˈar]

der Aufschlag
el **saque**
[ˈsake]

baggern
recibir en rebote
[rreθiˈβir en rreˈβote]

pritschen
recibir en toque
[rreθiˈβir en ˈtoke]

die Hechtabwehr
la **plancha**
[ˈplantʃa]

BALLSPORTARTEN – DEPORTES DE PELOTA

Der Basketball – El baloncesto

die Seitenlinie
la **banda**
[ˈbaṇda]

die Drei-Punkte-Linie
la **línea de tres puntos**
[ˈlinea de tres ˈpuṇtos]

die begrenzte Zone
la **zona de tres segundos**
[ˈθona de tres seˈɣuṇdos]

die Grundlinie
la **línea de fondo**
[ˈlinea de ˈfoṇdo]

im Aus sein
estar (en) fuera de banda
[esˈtar (en) ˈfwera de ˈbaṇda]

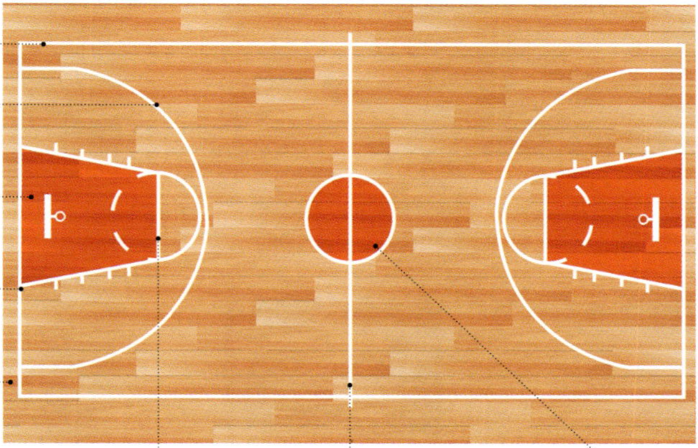

die Freiwurflinie
la **línea de tiro libre**
[ˈlinea de ˈtiro ˈliβre]

die Mittellinie
la **línea media**
[ˈlinea ˈmeðja]

der Mittelkreis
el **círculo central**
[ˈθirkulo θeṇˈtral]

der Dunk
el **mate**
[ˈmate]

das Korbbrett
el **tablero (de canasta)**
[taˈβlero (de kaˈnasta)]

der Korbring
el **anillo**
[aˈniʎo]

das Netz
la **red**
[rreð]

der Korb
la **canasta**
[kaˈnasta]

der Korbleger	la **bandeja** [baṇˈdexa]
das Doppeldribbling	el **doble dribbling** [ˈdoβle ˈdribliŋ]
der Rebound	el **rebote** [rreˈβote]
der Sprungball	el **salto** [ˈsal̥to]
fangen	**recibir** [rreθiˈβir]
werfen	**tirar** [tiˈrar]
zielen	**lanzar a canasta** [laṇˈθar a kaˈnasta]
decken	**marcar** [marˈkar]

WEITERE BALLSPORTARTEN – OTROS DEPORTES DE PELOTA

das Hockey
el **hockey**
[ˈxokei̯]

das Eishockey
el **hockey sobre hielo**
[ˈxokei̯ ˈsoβre ˈɟelo]

der Hockeyschläger
el **stick**
[esˈtik]

der Puck
el **disco**
[ˈdisko]

der Softball
el **sóftbol**
[ˈsoftβol]

der Baseball
el **béisbol**
[ˈbei̯sβol]

der Baseballschläger
el **bate**
[ˈbate]

der Baseballhandschuh
el **guante**
[ˈgwan̪te]

der American Football
el **fútbol americano**
[ˈfuðβol ameriˈkano]

das Rugby
el **rugby**
[ˈrruɣβi]

das Kricket
el **críquet**
[ˈkriket]

das Schlagholz
el **bate**
[ˈbate]

die Trillerpfeife
el **silbato**
[silˈβato]

die Mannschaft	el **equipo** [eˈkipo]
der Sieger	el **vencedor** [ben̪θeˈðor]
der Verlierer	el **perdedor** [perðeˈðor]
der Weltmeister	el **campeón del mundo** [kampeˈon del ˈmun̪do]
das Turnier	la **competición** [kompetiˈθjon]
der Spielstand	el **tanteo** [tan̪ˈteo]
der Trainer	el **entrenador** [en̪trenaˈðor]
die Trainerin	la **entrenadora** [en̪trenaˈðora]
die Anzeigetafel	el **marcador** [markaˈðor]

BALLSPORTARTEN MIT SCHLÄGERN – DEPORTES DE PELOTA CON RAQUETAS | *Das Badminton* – El bádminton

der Badmintonplatz
la **cancha de bádminton**
[ˈkanʧa de ˈbaðminṭon]

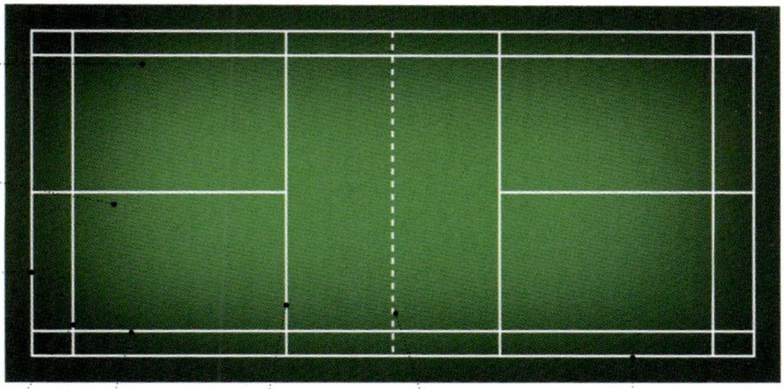

das linke Aufschlagfeld
el **cuadro de servicio izquierdo**
[ˈkwaðro de serˈβiθjo iθˈkjerðo]

das rechte Aufschlagfeld
el **cuadro de servicio derecho**
[ˈkwaðro de serˈβiθjo deˈreʧo]

die hintere Aufschlaglinie Einzel
la **línea de servicio largo de individuales**
[ˈlinea de serˈβiθjo ˈlarɣo de iṇdiβiðuˈales]

die hintere Aufschlaglinie Doppel
la **línea de servicio largo de dobles**
[ˈlinea de serˈβiθjo ˈlarɣo de ˈdoβles]

die vordere Aufschlaglinie
la **línea de servicio corto**
[ˈlinea de serˈβiθjo ˈkorto]

die Seitenlinie Doppel
la **línea lateral de dobles**
[ˈlinea lateˈral de ˈdoβles]

die Seitenlinie Einzel
la **línea lateral de individuales**
[ˈlinea lateˈral de iṇdiβiðuˈales]

die Mittellinie
la **línea (divisoria) central**
[ˈlinea (diβiˈsorja) θeṇˈtral]

das Squash
el **squash**
[esˈkwaʃ]

der Racquetball
el **raquetbol**
[rraketˈβol]

der Badmintonschläger
la **raqueta de bádminton**
[rraˈketa de ˈbaðmiṇton]

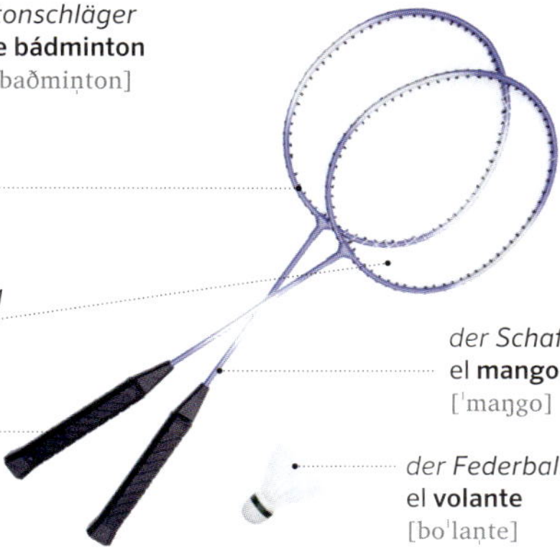

der Rahmen
el **bastidor**
[bastiˈðor]

die Bespannung
el **cordaje**
[korˈðaxe]

der Schaft
el **mango**
[ˈmaŋgo]

der Griff
la **empuñadura**
[empuɲaˈðura]

der Federball
el **volante**
[boˈlaṇte]

BALLSPORTARTEN MIT SCHLÄGERN – DEPORTES DE PELOTA CON RAQUETAS | *Das Tennis* – El tenis

der Balljunge
el **recogepelotas**
[rrekoxepeˈlotas]

die Grundlinie
la **línea de fondo**
[ˈlinea de ˈfon̪do]

die Aufschlaglinie
la **línea de servicio**
[ˈlinea de serˈβiθjo]

das Halbfeld
el **medio campo**
[ˈmeðjo ˈkampo]

die Seitenlinie für das Einzelspiel
la **línea lateral de individuales**
[ˈlinea lateˈral de in̪diβiðuˈales]

die Seitenlinie für das Doppelspiel
la **línea lateral de dobles**
[ˈlinea lateˈral de ˈdoβles]

die Aufschlagmittellinie
la **línea central de servicio**
[ˈlinea θen̪ˈtral de serˈβiθjo]

das Netz
la **red**
[rreð]

der Tennisball
la **pelota de tenis**
[peˈlota de ˈtenis]

der Tennisschläger
la **raqueta de tenis**
[rraˈketa de ˈtenis]

die Vorhand
la **ventaja**
[ben̪ˈtaxa]

die Rückhand	el **revés** [rreˈβes]
das Einzel	el **individual** [in̪diβiˈðwal]
das Doppel	los **dobles** [ˈdoβles]
der/das Tiebreak	el **tie-break** [ˈtai̯-ˈbrei̯k]
der Einstand	los **cuarenta iguales** [kwaˈren̪ta iˈɣwales]
der Fehler	la **falta** [ˈfal̪ta]
das Ass	el **saque directo** [ˈsake diˈrekto]
der Satz	el **set** [set]
der Schiedsrichter	el **juez** [xweθ]
die Schiedsrichterin	la **juez** [xweθ]
der Linienrichter	el **juez de línea** [xweθ de ˈlinea]
die Linienrichterin	la **juez de línea** [xweθ de ˈlinea]

BALLSPORTARTEN MIT SCHLÄGERN – DEPORTES DE PELOTA CON RAQUETAS | *Das Tischtennis* – El tenis de mesa

der Tischtennistisch
la **mesa de ping-pong**
[ˈmesa de piŋˈpoŋ]

die Netzoberkante
la **cinta de la red**
[ˈθiṇta de la rreð]

der Netzhalter
el **soporte de la red**
[soˈporte de la rreð]

die Seitenlinie
la **línea de banda**
[ˈlinea de ˈbaṇda]

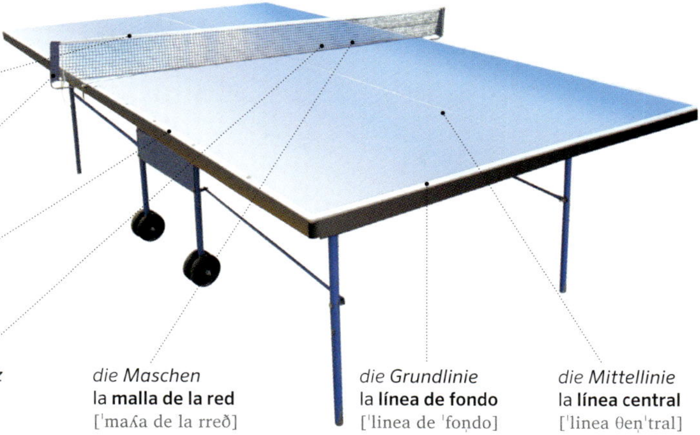

das Netz
la **red**
[rreð]

die Maschen
la **malla de la red**
[ˈmaʎa de la rreð]

die Grundlinie
la **línea de fondo**
[ˈlinea de ˈfoṇdo]

die Mittellinie
la **línea central**
[ˈlinea θeṇˈtral]

der Tischtennisschläger
la **pala (de ping-pong)**
[ˈpala (de piŋˈpoŋ)]

die Schlagfläche
la **cara**
[ˈkara]

der Belag
el **revestimiento**
[rreβestiˈmjeṇto]

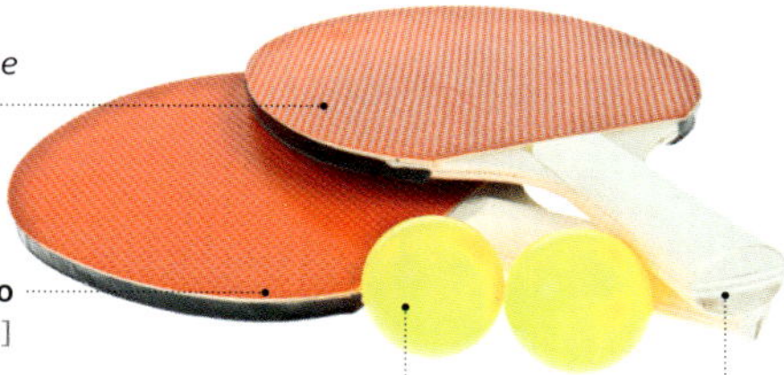

der Tischtennisball
la **pelota (de ping-pong)**
[peˈlota (de piŋˈpoŋ)]

der Griff
el **mango**
[ˈmaŋgo]

der Penholdergriff
la **presa asiática**
[ˈpresa aˈsjatika]

der Shakehandgriff
la **presa europea**
[ˈpresa euroˈpea]

DAS GOLF – EL GOLF

der Golfplatz
el **campo de golf**
[ˈkampo de golf]

das Wasserhindernis
el **obstáculo de agua**
[o(ß)sˈtakulo de ˈaɣwa]

der Bunker
el **obstáculo de arena**
[o(ß)sˈtakulo de aˈrena]

das Fairway
la **pista**
[ˈpista]

das Rough
el **rough**
[rruf]

der Abschlag
la **salida**
[saˈliða]

die Haltung
la **postura**
[posˈtura]

einlochen
meter en el hoyo
[meˈter en el ˈoɟo]

die Fahne
el **banderín**
[baṇdeˈrin]

das Tee
el **tee**
[ti]

der Golfball
la **pelota de golf**
[peˈlota de golf]

das Loch
el **hoyo**
[ˈoɟo]

das Grün
el **green**
[griŋ]

DAS GOLF – EL GOLF

die Golfschläger
los **palos de golf**
[ˈpalos de golf]

das Holz
la **madera**
[maˈðera]

das Eisen
el **hierro**
[ˈɟerro]

der Wedge
el **wedge**
[ˈgwetʃ]

der Putter
el **putter**
[ˈputer]

die Golftasche
la **bolsa de golf**
[ˈbolsa de golf]

driven
hacer un drive
[aˈθer un ˈdrai̯f]

der Golfspieler
el **jugador de golf**
[xuɣaˈðor de golf]

der Caddie
el **caddie**
[ˈkaði]

der Golftrolley
el **carrito de golf**
[kaˈrrito de golf]

der Durchschwung
el **backswing**
[bakˈswiŋ]

schwingen	**hacer un swing** [aˈθer un ˈswiŋ]
chippen	**hacer un chip** [aˈθer un ʧip]
den Ball vom Abschlag spielen	**salir** [saˈlir]
das Par	el **par** [par]
das Birdie	el **birdie** [ˈbirði]
das Bogey	el **uno sobre par** [ˈuno ˈsoβre par]
das Handicap	el **hándicap** [ˈxaṇdikap]
das Hole-in-one	el **hoyo en uno** [ˈoɟo en ˈuno]

das Golfcart
el **buggy**
[ˈbuɣi]

DIE LEICHTATHLETIK – EL ATLETISMO

die Sprunggrube
el **área de caída**
[ˈarea de kaˈiða]

der Weit- und Dreisprung
el **salto de longitud y triple salto**
[ˈsaḷto de loŋxiˈtuð i ˈtriple ˈsaḷto]

die Anlaufbahn
la **pista de salto**
[ˈpista de ˈsaḷto]

das Schutznetz
la **red protectora**
[rreð protekˈtora]

die Bahn
la **calle**
[ˈkaʎe]

die Aschenbahn
la **pista**
[ˈpista]

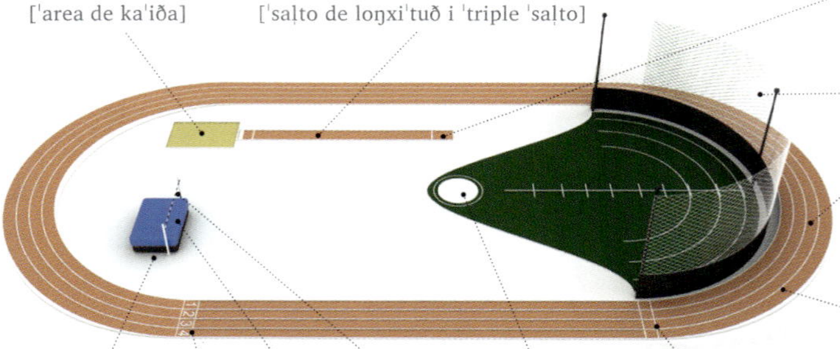

der Hochsprung
el **salto de altura**
[ˈsaḷto de aḷˈtura]

die Latte
el **listón**
[lisˈton]

die Ziellinie
la **llegada**
[ʎeˈɣaða]

der Diskus- und Hammerwurf
el **lanzamiento de disco y martillo**
[lanθaˈmjento de ˈdisko i marˈtiʎo]

die Startlinie
la **línea de salida**
[ˈlinea de saˈliða]

die Matte
la **colchoneta**
[koltʃoˈneta]

der Wurfkreis
el **círculo de lanzamiento**
[ˈθirkulo de lanθaˈmjento]

der Sprint
el **esprín**
[esˈpriŋ]

der Startblock
el **taco de salida**
[ˈtako de saˈliða]

der Hürdenlauf
la **carrera de obstáculos**
[kaˈrrera de o(ß)sˈtakulos]

die Hürde
la **valla**
[ˈbaʎa]

der Stabhochsprung
el **salto con pértiga**
[ˈsaḷto kon ˈpertiɣa]

der Staffellauf	la **carrera de relevos** [kaˈrrera de rreˈleβos]
der Stab	el **testigo** [tesˈtiɣo]
einen Rekord brechen	**batir un récord** [baˈtir un ˈrrekor(ð)]
der Marathon	el/la **maratón** [maraˈton]
der Speerwurf	el **lanzamiento de jabalina** [lanθaˈmjento de xaβaˈlina]
die persönliche Bestleistung	**la mejor marca personal** [la meˈxor ˈmarka persoˈnal]
die Stoppuhr	el **cronómetro** [kroˈnometro]
die Startpistole	la **pistola de salida** [pisˈtola de saˈliða]

DAS TURNEN – LA GIMNASIA ARTÍSTICA

der Sprungtisch
el **potro**
[ˈpotro]

der Handstand
el **pino**
[ˈpino]

der/das Spagat
el **split**
[esˈplit]

das Reck
la **barra fija**
[ˈbarra ˈfixa]

der Barren
las **barras**
[ˈbarras]

das Pauschenpferd
el **caballo con arcos**
[kaˈβaʎo kon ˈarkos]

die Ringe
las **anillas**
[aniˈʎas]

der Schwebebalken
la **barra de equilibrio**
[ˈbarra de ekiˈliβrjo]

das Bodenturnen
la **gimnasia de suelo**
[ximˈnasja de ˈswelo]

der Stufenbarren
la **barras asimétricas**
[ˈbarras asiˈmetrikas]

der Turnanzug
el **maillot de gimnasia**
[maˈʎot de ximˈnasja]

die Turnhalle
el **gimnasio**
[ximˈnasjo]

die Turnerin
la **gimnasta**
[ximˈnasta]

die Magnesia
el **magnesio**
[maɣˈnesjo]

das Gold	el **oro** [ˈoro]
das Silber	la **plata** [ˈplata]
die Bronze	el **bronce** [ˈbroṇθe]
die Medaille	la **medalla** [meˈðaʎa]
der Wettkampf	la **competición** [kompetiˈθjon]
der Salto	la **voltereta** [boḷteˈreta]
der Aufgang	la **entrada** [eṇˈtraða]
der Abgang	la **salida** [saˈliða]

DER WASSERSPORT – DEPORTES ACUÁTICOS

Das Schwimmen – La natación

das Wettkampfbecken
la **piscina de competición**
[pisˈθina de kompetiˈθjon]

① *der Wendehinweis für Rückenschwimmer*
el **indicador de viraje**
[iṇdikaˈðor de biˈraxe]

② *die Bahn*
la **calle**
[ˈkaʎe]

③ *das Ziel*
el **muro de llegada**
[ˈmuro de ʎeˈɣaða]

④ *die Linie*
la **línea**
[ˈlinea]

⑤ *das Wasser*
el **agua**
[ˈaɣwa]

⑥ *der Startblock*
el **podio de salida**
[ˈpoðjo de saˈliða]

⑦ *die Schwimmleine*
la **corchera**
[korˈʧera]

die Wende
el **viraje**
[biˈraxe]

der Armzug
la **brazada**
[braˈθaða]

das Rückenschwimmen
el **estilo de espalda**
[esˈtilo de esˈpaḷda]

das Brustschwimmen
el **estilo de braza**
[esˈtilo de braθa]

kraulen
nadar estilo crol
[naˈðar esˈtilo krol]

das Schmetterlings-schwimmen
el **estilo mariposa**
[esˈtilo mariˈposa]

der Startsprung
el **salto de salida**
[ˈsaḷto de saˈliða]

der Fehlstart
la **salida nula**
[saˈliða ˈnula]

DER WASSERSPORT – DEPORTES ACUÁTICOS

Das Schwimmen – La natación

der Wasserball
el **waterpolo**
[waterˈpolo]

springen
saltar
[sal̪ˈtar]

das Kunstspringen
el **salto de trampolín**
[ˈsal̪to de trampoˈlin]

das Synchronschwimmen
la **natación sincronizada**
[nataˈθjon siŋkroniˈθaða]

der Schwimmflügel
el **manguito**
[maŋˈgito]

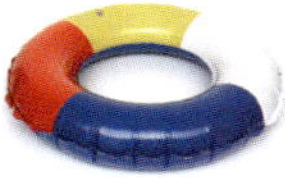

der Schwimmring
el **flotador**
[flotaˈðor]

das Schwimmerbecken
la **piscina para nadadores**
[pisˈθina ˈpara naðaˈðores]

das Nichtschwimmer-becken
la **piscina para no nadadores**
[pisˈθina ˈpara no naðaˈðores]

die Schwimmweste
el **chaleco salvavidas**
[ʧaˈleko salβaˈβiðas]

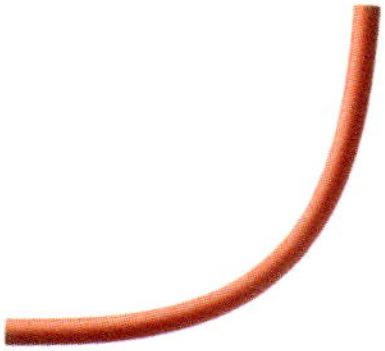

die Schwimmnudel
el **churro de piscina**
[ˈʧurro de pisˈθina]

die Schwimmerin
la **nadadora**
[naðaˈðora]

die Badekappe
el **gorro**
[ˈgorro]

der Schwimmanzug
el **bañador**
[baɲaˈðor]

die Schwimmbrille
las **gafas**
[ˈgafas]

schwimmen	**nadar** [naˈðar]
das Sprungbrett	el **trampolín** [trampoˈlin]
der Sprungturm	la **torre de saltos** [ˈtorre de ˈsal̪tos]
das Schwimmbrett	la **tabla de natación** [ˈtaβla nataˈθjon]
plantschen	**chapotear** [ʧapoteˈar]
der Bademeister	el **socorrista** [sokoˈrrista]
die Bademeisterin	la **socorrista** [sokoˈrrista]
der Wasserpark	el **parque acuático** [ˈparke aˈkwatiko]

DER WASSERSPORT – DEPORTES ACUÁTICOS

Das Segeln – La navegación

der Mast
el **mástil**
[ˈmastil]

die Takelage
el **aparejo**
[apaˈrexo]

das Großsegel
la **vela mayor**
[ˈbela maˈɟor]

die Fock
el **foque**
[ˈfoke]

der Bug
la **proa**
[ˈproa]

der Rumpf
el **casco**
[ˈkasko]

das Heck
la **popa**
[ˈpopa]

der Rettungsring
el **salvavidas**
[salβaˈβiðas]

die Leuchtrakete
la **bengala**
[beŋˈgala]

der Segler
el **navegante**
[naβeˈɣan̪te]

der Baum
el **botalón**
[botaˈlon]

das Cockpit
la **bañera**
[baˈɲera]

die Pinne
la **caña de timón**
[ˈkaɲa de tiˈmon]

der Seegang	la **marejada**	[mareˈxaða]
der Wind	el **viento**	[ˈbjen̪to]
die Meeresströmung	la **corriente marina**	[koˈrrjen̪te maˈrina]
der Anker	el **ancla**	[ˈaŋkla]
die Crew	la **tripulación**	[tripulaˈθjon]
das Ruder	el **remo**	[ˈrremo]
kentern	**volcar**	[bolˈkar]
kreuzen	**cruzar**	[kruˈθar]
der Jachthafen	el **puerto deportivo**	[ˈpwerto deporˈtiβo]
das Rettungsboot	el **bote salvavidas**	[ˈbote salβaˈβiðas]
der Katamaran	el **catamarán**	[katamaˈran]

DER WASSERSPORT – DEPORTES ACUÁTICOS

Das Tauchen – El buceo

der Tauchanzug
el **traje de submarinista**
[ˈtraxe de suβmariˈnista]

die Druckluftflasche
la **botella (de aire comprimido)**
[boˈteʎa (de ˈai̯re kompriˈmiðo)]

der Lungenautomat
el **regulador**
[rreɣulaˈðor]

die Taschenlampe
la **linterna**
[lin̪ˈterna]

der Tiefenmesser
el **batímetro**
[baˈtimetro]

die Schwimmflosse
la **aleta**
[aˈleta]

der Tauchstiefel
la **bota**
[ˈbota]

der Schnorchel
el **tubo**
[ˈtuβo]

die Tauchmaske
las **gafas**
[ˈgafas]

das Finimeter
el **manómetro**
[maˈnometro]

der/das Kajak
el **kayak**
[ˈkaɟak]

das Doppelpaddel
el **remo de dos palas**
[ˈrremo de dos ˈpalas]

der Kanadier
la **canoa**
[kaˈnoa]

das Stechpaddel
el **remo de una pala**
[ˈrremo de ˈuna ˈpala]

der Sitz
el **asiento**
[aˈsjen̪to]

der Vordersteven
la **roda de proa**
[ˈrroða de ˈproa]

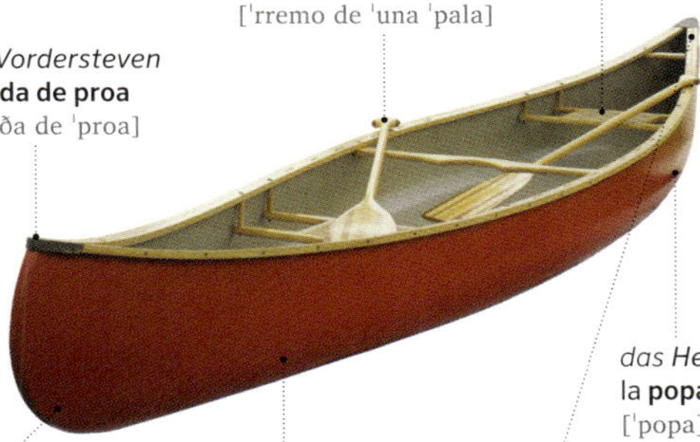

das Heck
la **popa**
[ˈpopa]

der Bug
la **proa**
[ˈproa]

der Bootsrumpf
el **casco**
[ˈkasko]

der Achtersteven
la **roda de popa**
[ˈrroða de ˈpopa]

DER WASSERSPORT – DEPORTES ACUÁTICOS

Das Surfen – El surf

surfen
hacer surf
[aˈθer surf]

das Surfbrett
la **tabla de surf**
[ˈtaβla de surf]

der Surfer
el **surfista**
[surˈfista]

die Welle
la **ola**
[ˈola]

das Windsurfen
el **windsurf**
[ˈwin̩dsurf]

das Schothorn
el **pajarín**
[paxaˈrin]

der Mast
el **mástil**
[ˈmastil]

das Segel
la **vela**
[ˈbela]

der Windsurfer
el **windsurfista**
[win̩dsurˈfista]

das Paddelbrett
la **tabla de paddle surf**
[ˈtaβla de ˈpaðel surf]

das Kitesurfen
el **kitesurf**
[ˈkai̯tsurf]

das Bodyboarden
el **bodyboarding**
[boðiˈboarðiŋ]

das Wakeboarden
el **wakeboarding**
[ɣwei̯kˈboarðiŋ]

der Jetski®
la **moto de agua**
[ˈmoto de ˈaɣwa]

das Wasserski
el **esquí acuático**
[esˈki aˈkwatiko]

das Rudern
el **remo**
[ˈrremo]

das Rafting
el **rafting**
[ˈrraftiŋ]

DER KAMPFSPORT – LA LUCHA DEPORTIVA

das Karate
el **kárate**
[ˈkarate]

das Aikido
el **aikido**
[ai̯ˈkiðo]

das Kendo
el **kendo**
[ˈken̪do]

das Taekwondo
el **taekwondo**
[tai̯ˈkwon̪do]

der schwarze Gürtel
el **cinturón negro**
[θin̪tuˈron ˈneɣro]

das Judo
el **yudo**
[ˈɟuðo]

das Kung-Fu
el **kung-fu**
[kuŋˈfu]

das Kickboxen
el **kick boxing**
[ˈkik ˈboɣsiŋ]

das Ringen
la **lucha**
[ˈluʧa]

das Boxen
el **boxeo**
[boɣˈseo]

der Sandsack
el **saco de arena**
[ˈsako de aˈrena]

der Boxball
la **pera de boxeo**
[ˈpera de boɣˈseo]

der Kopfschutz
el **casco**
[ˈkasko]

der Boxhandschuh
el **guante de boxeo**
[ˈgwan̪te de boɣˈseo]

der Mundschutz	el **protector (bucal)** [protekˈtor (buˈkal)]
das Sparring	el **esparrin** [esˈparriŋ]
der Knock-out	el **nocaut** [noˈkau̯t]
die Selbstverteidigung	la **defensa personal** [deˈfensa persoˈnal]
das Tai-Chi	el **tai-chi** [taiˈʧi]
das Jiu-Jitsu	el **jiu-jitsu** [ʎju ˈʎiðsu]
die Capoeira	la **capoeira** [kapoˈei̯ra]
das Wing Chun	el **wing-chun** [wiŋˈʧuŋ]

DER REITSPORT – LA HÍPICA

der Reithelm
el **casco**
['kasko]

die Reiterin
la **amazona**
[ama'θona]

der Sattel
la **silla**
['siʎa]

die Reithose
los **pantalones de montar**
[panta'lones de mon'tar]

die Mähne
la **melena**
[me'lena]

das Pferd
el **caballo**
[ka'βaʎo]

der Stirnriemen
la **frontalera**
[fronta'lera]

das Zaumzeug
la **brida**
[bri'ða]

der Nasenriemen
la **muserola**
[muse'rola]

die Kandare
el **bocado con barbada**
[bo'kaðo kon bar'βaða]

der Zügel
la **rienda**
['rrjenda]

der Steigbügel
el **estribo**
[es'triβo]

der Sattelgurt
la **cincha**
['θintʃa]

der Huf
el **casco**
['kasko]

der Sprung
el **salto**
['salto]

der Hinterzwiesel
el **borrén trasero**
[bo'rren tra'sero]

der Reitstiefel
la **bota de montar**
['bota de mon'tar]

der Vorderzwiesel
el **borrén**
[bo'rren]

DER REITSPORT – LA HÍPICA

das Pferderennen
la **carrera de caballos**
[kaˈrrera de kaˈβaʎos]

das Rennpferd
el **caballo de carreras**
[kaˈβaʎo de kaˈrreras]

der Jockey
el **yóquey**
[ˈɟokei̯]

das Dressurreiten
la **doma**
[ˈdoma]

der Ausritt
la **salida a caballo**
[saˈliða a kaˈβaʎo]

der Trabrennsport
las **carreras de trotones**
[kaˈrrera de troˈtones]

das Jagdrennen
la **carrera con saltos**
[kaˈrrera kon ˈsal̩tos]

ohne Sattel reiten
montar sin silla
[mon̪ˈtar sin ˈsiʎa]

der Stall
el **establo**
[esˈtaβlo]

der/das Rodeo
el **rodeo**
[rroˈðeo]

das Polo
el **polo**
[ˈpolo]

das Springreiten
el **salto ecuestre**
[ˈsal̩to eˈkwestre]

das Hufeisen	la **herradura** [erraˈðura]
die Reitgerte	la **fusta** [ˈfusta]
die Koppel	la **dehesa** [deˈesa]
der Kanter	el **galope corto** [gaˈlope ˈkorto]
der Galopp	el **galope** [gaˈlope]
der Schritt	el **paso de andadura** [ˈpaso de an̪daˈðura]
das Trabrennen	la **carrera de trotones** [kaˈrrera de troˈtones]
das Flachrennen	el **turf** [turf]

der Pferdepfleger
el **cuidador**
[kwiðaˈðor]

DAS ANGELN – LA PESCA

der Angler
el **pescador**
[peskaˈðor]

die Angel
la **caña**
[ˈkaɲa]

die Angelrute
la **caña de pescar**
[ˈkaɲa de pesˈkar]

die Anglerweste
el **chaleco**
[ʧaˈleko]

einen Fisch fangen
pescar un pez
[pesˈkar un peθ]

der Unterfangkescher
la **red para recoger**
[rreð ˈpara rrekoˈxer]

der Watstiefel
las **botas altas de goma**
[ˈbotas ˈal̪tas de ˈgoma]

die Angelausrüstung
el **equipamiento de pesca**
[ekipaˈmjen̪to de ˈpeska]

die Angelschnur
el **sedal**
[seˈðal]

die Kunstfliege
la **mosca**
[ˈmoska]

die Pose
el **flotador**
[flotaˈðor]

der Angelhaken
el **anzuelo**
[an̪ˈθwelo]

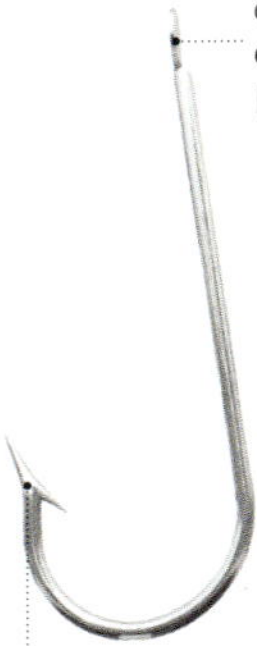

die Öse
el **ojo**
[ˈoxo]

der Widerhaken
la **lengüeta**
[leŋˈgweta]

die Spule
la **bobina**
[boˈβina]

die Angelrolle
el **carrete**
[kaˈrrete]

die Kurbel
la **manivela**
[maniˈβela]

DAS ANGELN – LA PESCA

das Brandungsangeln
la **pesca de orilla**
[ˈpeska de oˈriʎa]

mit dem Netz fangen
pescar con red
[pesˈkar kon rreð]

das Hochseeangeln
la **pesca de altura**
[ˈpeska de al̩ˈtura]

das Süßwasserangeln
la **pesca de agua dulce**
[ˈpeska de ˈaɣwa ˈdul̩θe]

das Speerfischen
la **pesca con arpón**
[ˈpeska kon arˈpon]

einholen
recoger
[rrekoˈxer]

das Fliegenfischen
la **pesca con mosca**
[ˈpeska kon ˈmoska]

fangen
pescar
[pesˈkar]

freilassen
soltar
[sol̩ˈtar]

der Köder
el **cebo**
[ˈθeβo]

der Fang
la **pesca**
[ˈpeska]

die Hummerfalle
la **trampa para langostas**
[ˈtrampa ˈpara laŋˈgostas]

der Angelschein	la **licencia de pesca** [liˈθen̩θja de ˈpeska]
anbeißen	**picar** [piˈkar]
der Fischkorb	la **cesta de la pesca** [ˈθesta de la ˈpeska]
der Erdspeer	el **portacañas** [portaˈkaɲas]
der Wobbler	el **señuelo** [seˈɲwelo]
die Harpune	el **arpón** [arˈpon]
die Angel auswerfen	**lanzar la caña** [lan̩ˈθar la ˈkaɲa]
einen Fisch einholen	**recoger la caña con el pez** [rrekoˈxer la ˈkaɲa kon el peθ]

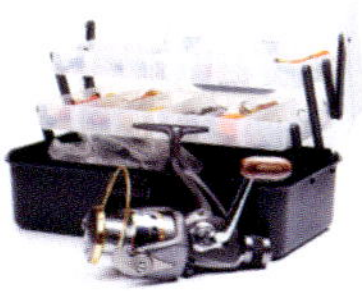

der Spinnerkasten
la **caja de aparejos**
[ˈkaxa de apaˈrexos]

DER WINTERSPORT – EL DEPORTE DE INVIERNO

der Sturzhelm
el **casco**
[ˈkasko]

der Pulverschnee
la **nieve en polvo**
[ˈnjeβe en ˈpolβo]

der Stockteller
la **arandela**
[aran̪ˈdela]

der Skistock
el **bastón de esquí**
[basˈton de esˈki]

die Seilbahn
el **teleférico**
[teleˈferiko]

die Spitze
la **punta**
[ˈpun̪ta]

der Ski
el **esquí**
[esˈki]

der Skistiefel
la **bota de esquí**
[ˈbota de esˈki]

der Skianzug
el **traje de esquí**
[ˈtraxe de esˈki]

die Skipiste
la **pista de esquí**
[ˈpista de esˈki]

die Kante
el **canto**
[ˈkan̪to]

der Skiläufer
el **esquiador**
[eskjaˈðor]

der Slalom
el **eslalon**
[esˈlalon]

der Abfahrtslauf
el **descenso**
[desˈθenso]

das Skispringen
el **salto de esquí**
[ˈsal̪to de esˈki]

abseits der Piste
fuera de la pista
[ˈfwera de la ˈpista]

der Skihang
la **pista de esquí**
[ˈpista de esˈki]

das Biathlon
el **biatlón**
[biaðˈlon]

der Langlauf
el **esquí de fondo**
[esˈki de ˈfon̪do]

die Langlaufloipe
la **pista de esquí de fondo**
[ˈpista de esˈki de ˈfon̪do]

DER WINTERSPORT – EL DEPORTE DE INVIERNO

die Skibrille
las **gafas de esquí**
[ˈgafas de esˈki]

der Snowboardfahrer
el **snowboarder**
[esnouˈβoarðer]

das Snowboard
la **tabla de snowboard**
[ˈtaβla de esnouˈβoarð]

die Bindung
la **fijación**
[fixaˈθjon]

die Halfpipe
la **halfpipe**
[halfˈpai̯p]

das Rail
el **rail esquí**
[rrai̯l esˈki]

Schlitten fahren
ir en trineo
[ir en triˈneo]

das Rennrodeln
el **luge**
[luʤ]

der Bobsport
el **bobsled**
[boβsˈleð]

das Curling
el **curlin**
[ˈkurlin]

Schlittschuh laufen
patinar sobre hielo
[patiˈnar ˈsoβre ˈɟelo]

der Eisschnelllauf
el **patinaje de velocidad**
[patiˈnaxe de beloθiˈðað]

das Skifahren	el **esquí** [esˈki]
das Snowboarding	el **snowboard** [esˈnouβoarˈð]
der Winter-Fünfkampf	el **pentatlón de invierno** [pen̪taˈtlon de imˈbjerno]
der Freistil	el **estilo libre** [esˈtilo ˈliβre]
das Schneeschuhwandern	la **excursión con raquetas de nieve** [eskurˈsjon kon rraˈketas de ˈnjeβe]
das Hundeschlittenfahren	la **excursión de trineos con perros** [eskurˈsjon de triˈneos kon ˈperros]
das Après-Ski	**después de esquiar** [desˈpwes de eskiˈar]
die Skihütte	la **cabaña en la nieve** [kaˈβaɲa en la ˈnjeβe]

der Eiskunstlauf
el **patinaje artístico**
[patiˈnaxe arˈtistiko]

SONSTIGE SPORTARTEN – OTROS DEPORTES

das Klettern
la **escalada**
[eskaˈlaða]

das Wandern
el **excursionismo**
[eskursjoˈnismo]

der Radsport
el **ciclismo**
[θiˈklismo]

das Mountainbiken
el **ciclismo de montaña**
[θiˈklismo de mon̪ˈtaɲa]

das Abseilen
el **descenso en rapel**
[desˈθenso en rraˈpel]

das Bungeespringen
el **puenting**
[ˈpwen̪tiŋ]

das Drachenfliegen
el **ala delta**
[ˈala ˈdel̪ta]

das Fallschirmspringen
el **paracaidismo**
[parakai̯ˈðismo]

das Rallyefahren
el **rally**
[ˈrrali]

die Formel 1®
la **Fórmula 1®**
[ˈformula ˈuno]

das Motocross
el **motocrós**
[motoˈcros]

das Motorradrennen
la **carrera de motos**
[kaˈrrera de ˈmotos]

das Skateboardfahren
el **skateboarding**
[eskei̯tˈβoarðiŋ]

das Longboardfahren
el **skate en tabla larga**
[eskei̯t en ˈtaβla ˈlarɣa]

das Inlineskaten
el **patinaje en línea**
[patiˈnaxe en ˈlinea]

das Offroadfahren
ir en todoterreno
[ir en toðoteˈrreno]

SONSTIGE SPORTARTEN – OTROS DEPORTES

das Fechten
el **esgrima**
[esˈɣrima]

das Bowling
los **bolos**
[ˈbolos]

das Bogenschießen
el **tiro con arco**
[ˈtiro kon ˈarko]

die Jagd
la **caza**
[ˈkaθa]

das Darts
los **dardos**
[ˈdarðos]

das Poolbillard
el **billar**
[biˈʎar]

das Snooker
el **snooker**
[esˈnuker]

das Lacrosse
el **lacrosse**
[laˈkros]

die rhythmische Sportgymnastik
la **gimnasia rítmica**
[ximˈnasja ˈrriðmika]

das Frisbee®
el **frisbee®**
[ˈfrisβi]

das Triathlon
el **triatlón**
[triaðˈlon]

der Australian Football
el **fútbol australiano**
[ˈfuðβol au̯straˈljano]

die/das Boule
la **petanca**
[peˈtaŋka]

das Ballett
el **ballet**
[baˈlet]

das Krocket
el **croquet**
[ˈkroket]

der/das Parkour
el **parkour**
[parˈkur]

DIE FITNESS – EL FITNESS

das Fitnessstudio
el **gimnasio**
[xim'nasjo]

die Langhantel
la **barra de pesas**
['barra de 'pesas]

die Gewichtsscheibe
el **peso**
['peso]

die Bank
el **banco**
['baŋko]

das Krafttraining
el **entrenamiento con pesas**
[en̯trena'mjen̯to kon 'pesas]

die Bizepsübung
el **ejercicios para bíceps**
[exer'θiθjos 'para 'biθeβs]

die Kurzhantel
la **mancuerna**
[maŋ'kwerna]

das Bankdrücken
la **fuerza en banco**
['fwerθa en 'baŋko]

trainieren
entrenar
[en̯tre'nar]

das Ergometer
el **ergómetro**
[er'ɣometro]

der Crosstrainer
el **crosstrainer**
[kros'trai̯ner]

der Fitnessball
la **pelota de fitness**
[pe'lota de 'fitnes]

die Matte
la **colchoneta**
[kolʧo'neta]

das Laufband
la **cinta para correr**
['θin̯ta 'para ko'rrer]

das Rudergerät
la **máquina de remo**
['makina de 'rremo]

DIE FITNESS – EL FITNESS

der Ausfallschritt
la **estocada**
[estoˈkaða]

die Rumpfbeuge
la **flexión hacia delante**
[fleɣˈsjon ˈaθja deˈlan̪te]

der Liegestütz
la **plancha**
[ˈplanʧa]

der Sit-up
el **abdominal**
[aβðomiˈnal]

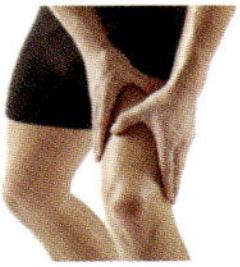

der Muskelkater
las **agujetas**
[aɣuˈxetas]

der Klimmzug
la **dominada**
[domiˈnaða]

die Kniebeuge
la **sentadilla**
[sen̪taˈðiʎa]

das Pilates
el **pilates**
[piˈlates]

das Spinning®
el **spinning®**
[esˈpiniŋ]

die Pulsuhr
el **pulsímetro**
[pulˈsimetro]

das Aerobic
el **aeróbic**
[aeˈroβiɣ]

das Steppbrett
el **estep**
[esˈtep]

der Turnschuh
la **zapatilla de deporte**
[θapaˈtiʎa de deˈporte]

sich aufwärmen	**calentar** [kalen̪ˈtar]
sich abkühlen	**refrescarse** [rrefresˈkarse]
das Zirkeltraining	el **entrenamiento en circuito** [en̪trenaˈmjen̪to en θirˈkuito]
das Bodypump	el **bodypump** [boðiˈpump]
die Sauna	la **sauna** [ˈsau̯na]
die Umkleidekabine	el **vestidor** [bestiˈðor]
die Dehnung	el **estiramiento** [estiraˈmjen̪to]
Kalorien verbrennen	**quemar calorías** [keˈmar kaloˈrias]

FREIZEIT
TIEMPO LIBRE

DAS THEATER – EL TEATRO

① *der Balkon*
el **balcón**
[balˈkon]

② *der zweite Rang*
el **anfiteatro**
[aɱfiteˈatro]

③ *die Loge*
el **palco**
[ˈpalko]

④ *der erste Rang*
el **primer balcón**
[priˈmer balˈkon]

⑤ *die Sitzreihe*
la **fila**
[ˈfila]

⑥
die Kulisse
los **bastidores**
[bastiˈðores]

⑦
die Bühne
el **escenario**
[esθeˈnarjo]

⑧
das Foyer
el **vestíbulo**
[besˈtiβulo]

⑨
das Parkett
la/el **platea**
[plaˈtea]

⑩
der Sitzplatz
la **butaca**
[buˈtaka]

⑪
der Vorhang
el **telón**
[teˈlon]

das Varieté
las **variedades**
[barjeˈðaðes]

das Freilufttheater
el **teatro al aire libre**
[teˈatro al ˈai̯re ˈliβre]

das Ballett
el **ballet**
[baˈlet]

die Aufführung
la **representación**
[rrepresen̪taˈθjon]

der Zauberkünstler
el **prestidigitador**
[prestiðixitaˈðor]

der Komiker
el **cómico**
[ˈkomiko]

die Tragödie
la **tragedia**
[traˈxeðja]

die Komödie
la **comedia**
[koˈmeðja]

DAS THEATER – EL TEATRO

das Theaterstück
la **obra de teatro**
[ˈoβra de teˈatro]

① *das Bühnenbild*
el **decorado**
[dekoˈraðo]

② *die Besetzung*
el **reparto**
[rreˈparto]

③ *das Theaterkostüm*
el **vestuario**
[besˈtwarjo]

④ *der Applaus*
el **aplauso** [aˈplau̯so]

⑤ *das Publikum*
el **público** [ˈpuβliko]

die Probe
el **ensayo**
[enˈsaɟo]

⑥ *der Schauspieler*
el **actor**
[akˈtor]

⑦ *die Schauspielerin*
la **actriz**
[akˈtriθ]

⑧ *der Regisseur*
el **director**
[direkˈtor]

die Premiere	el **estreno** [esˈtreno]
die Pause	el **descanso** [desˈkanso]
das Programm	el **programa** [proˈɣrama]
die Generalprobe	el **ensayo general** [enˈsaɟo xeneˈral]
der Platzanweiser	el **acomodador** [akomoðaˈðor]
die Platzanweiserin	la **acomodadora** [akomoðaˈðora]
die Theaterkasse	la **taquilla** [taˈkiʎa]
die Eintrittskarte	la **entrada** [eṇˈtraða]

die Künstlergarderobe
el **camerino**
[kameˈrino]

DIE MUSIK – LA MÚSICA

Das Orchester – La orquesta

das Sinfonieorchester
la **orquesta sinfónica**
[orˈkesta siɱˈfonika]

der Gong
el **gong**
[goŋ]

die kleine Trommel
la **caja clara**
[ˈkaxa ˈklara]

die große Trommel
el **bombo**
[ˈbombo]

die Pauke
el **timbal**
[timˈbal]

das Xylophon
el **xilófono**
[siˈlofono]

die Röhrenglocken
las **campanas tubulares**
[kamˈpanas tuβuˈlares]

das Dirigentenpult
el **podio**
[ˈpoðjo]

der Notenständer
el **atril**
[aˈtril]

der Dirigent
el **director de orquesta**
[direkˈtor de orˈkesta]

der Taktstock
la **batuta**
[baˈtuta]

die Solistin
la **solista**
[soˈlista]

die Opernsängerin
la **cantante de ópera**
[kan̪ˈtan̪te de ˈopera]

die Noten
las **notas**
[ˈnotas]

die Ouvertüre	la **obertura** [oβerˈtura]
das Quartett	el **cuarteto** [kwarˈteto]
die Sonate	la **sonata** [soˈnata]
die Tonhöhe	el **tono** [ˈtono]
ein Instrument stimmen	**afinar un instrumento** [afiˈnar un instruˈmen̪to]
der Orchestergraben	el **foso de la orquesta** [ˈfoso de la orˈkesta]
der Chor	el **coro** [ˈkoro]
die Oper	la **ópera** [ˈopera]

DIE MUSIK – LA MÚSICA

Die Musikinstrumente – Los instrumentos musicales

das Cello
el **violoncelo**
[bjolon̪ˈθelo]

der Bogen
el **arco**
[ˈarko]

die Geige
el **violín**
[bjoˈlin]

die akustische Gitarre
la **guitarra acústica**
[giˈtarra aˈkustika]

die Harfe
el **arpa**
[ˈarpa]

die elektrische Gitarre
la **guitarra eléctrica**
[giˈtarra eˈlektrika]

die Bassgitarre
el **bajo**
[ˈbaxo]

die Tuba
la **tuba**
[ˈtuβa]

die Posaune
el **trombón**
[tromˈbon]

das Fagott
el **fagot**
[faˈɣot]

die Oboe
el **oboe**
[oˈβoe]

das Horn
la **trompa**
[ˈtrompa]

die Trompete
la **trompeta**
[tromˈpeta]

die Pikkoloflöte
el **flautín**
[flau̯ˈtin]

das Saxofon
el **saxofón**
[saɣsoˈfon]

die Klarinette
el **clarinete**
[klariˈnete]

die Querflöte
la **flauta travesera**
[ˈflau̯ta traβeˈsera]

DIE MUSIK – LA MÚSICA

Die Musikinstrumente – Los instrumentos musicales

das Tamburin
el **tamborín**
[tamboˈrin]

das Becken
los **platillos**
[plaˈtiʎos]

die/das Hi-Hat
el **hi hat**
[iˈxat]

das Schlagzeug
la **batería**
[bateˈria]

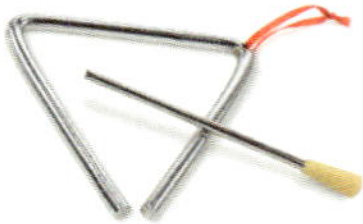

die/der/das Triangel
el **triángulo**
[triˈaŋɣulo]

die Rassel
la **maraca**
[maˈraka]

die Bongos
los **bongos**
[ˈboŋgos]

die Kesselpauke
el **timbal**
[timˈbal]

die Kastagnetten
las **castañuelas**
[kastaˈɲwelas]

die Schellenrassel
el **sistro**
[ˈsistro]

die Panflöte
la **zampoña**
[θamˈpoɲa]

der Schlagzeugstock
la **baqueta**
[baˈketa]

die Mundharmonika
la **harmónica**
[arˈmonika]

der Dudelsack
la **gaita**
[ˈgai̯ta]

das Akkordeon
el **acordeón**
[akorðeˈon]

der Flügel
el **piano de cola**
[piˈano de ˈkola]

DIE MUSIK – LA MÚSICA

die Notation
la **notación**
[notaˈθjon]

der Violinschlüssel
la **clave de sol**
[ˈklaβe de sol]

die Notenlinie
la **línea**
[ˈlinea]

der Bassschlüssel
la **clave de fa**
[ˈklaβe de fa]

das Vorzeichen
el **accidente**
[aɣθiˈðente]

die Taktangabe
el **compás**
[komˈpas]

die Note
la **notación**
[notaˈθjon]

das Kreuz
el **sostenido**
[sosteˈniðo]

der Taktstrich
la **barra de compás**
[ˈbarra de komˈpas]

die klassische Musik
la **música clásica**
[ˈmusika ˈklasika]

das Heavy Metal
el **heavy metal**
[ˈxeβi ˈmetal]

der Rap
el **rap**
[rrap]

der Hip-Hop
el **hip hop**
[xip xop]

der Reggae	el **reggae**	[ˈrreɣe]
die Popmusik	la **música pop**	[ˈmusika pop]
die Countrymusik	la **música country**	[ˈmusika ˈkau̯ntri]
die Indie-Musik	la **música indie**	[ˈmusika ˈindi]
der Blues	el **blues**	[blus]
der/das Techno	el **tecno**	[ˈteɣno]
der Soul	el **soul**	[sou̯l]
die Disko	la **música disco**	[ˈmusika ˈdisko]

der Jazz
el **jazz**
[ʤas]

der Rock
el **rock**
[rrok]

DIE MUSIK – LA MÚSICA

Das Konzert – El concierto

das Rockkonzert
el **concierto de rock**
[kon̪ˈθjerto de rrok]

① *der Scheinwerfer*
el **foco**
[ˈfoko]

② *das Mikrofon*
el **micrófono**
[miˈkrofono]

③ *die Band*
el **grupo de música**
[ˈgrupo de ˈmusika]

④ *der Bassist*
el **bajista**
[baˈxista]

⑤ *der Verstärker*
el **amplificador**
[amplifikaˈðor]

⑥ *der Gitarrist*
el **guitarrista**
[gitaˈrrista]

⑦ *der Schlagzeuger*
el **batería**
[bateˈria]

⑧ *der Frontmann*
el **cantante**
[kan̪ˈtan̪te]

die Konzerthalle
la **sala de conciertos**
[ˈsala de kon̪ˈθjertos]

die Fans
los **fans**
[fans]

das Musikfestival
el **festival de música**
[festiˈβal de ˈmusika]

der DJ
el **disyóquey**
[disˈɟokei̯]

das Mischpult
la **mesa de mezclas**
[ˈmesa de ˈmeθklas]

singen	**cantar** [kan̪ˈtar]
mitsingen	**cantar (a la par)** [kan̪ˈtar (a la par)]
pfeifen	**silbar** [silˈβar]
die Zugabe	el **bis** [bis]
das Crowdsurfing	el **crowd surfing** [krowð ˈsurfiŋ]
der/das Rave	el **rave** [ˈrrei̯f]
das Lied	la **canción** [kan̪ˈθjon]
der Liedtext	el **texto de la canción** [ˈtesto de la kan̪ˈθjon]

DIE MUSIK – LA MÚSICA

Musik hören – Escuchar música

die Stereoanlage
el **equipo de música estéreo**
[e'kipo de 'musika es'tereo]

der MP3-Player
el **MP3**
['eme pe tres]

der CD-Spieler
el **reproductor de CD**
[rreproðuk'tor de θe'ðe]

der Lautstärkeregler
el **control de volumen**
[kon̪'trol de bo'lumen]

die Lautsprecherbox
el **bafle**
['bafle]

die Schallplatte
el **disco**
['disko]

der Plattenspieler
el **tocadiscos**
[toka'ðiskos]

die USB-Schnittstelle
la **entrada de USB**
[en̪'traða de u 'ese be]

das Radio
la **radio**
['rraðjo]

das Gesangstück	la **pieza vocal** ['pjeθa bo'kal]
die Komposition	la **composición** [komposi'θjon]
das Instrumentalstück	la **pieza instrumental** ['pjeθa instrumen̪'tal]
akustisch	**acústico (-a)** [a'kustiko, -a]
der Refrain	el **estribillo** [estri'βiʎo]
die Melodie	la **melodía** [melo'ðia]
der Beat	el **ritmo** ['rriðmo]
die Kassette	el/la **casete** [ka'sete]

der Kopfhörer
el **auricular**
[au̯riku'lar]

HOBBYS – AFICIONES

gravieren
grabar
[graˈβar]

schnitzen
tallar
[taˈʎar]

Briefmarken sammeln
coleccionar sellos
[koleɣθjoˈnar ˈseʎos]

die Modelleisenbahn
el **modelismo ferroviario**
[moðeˈlismo ferroˈβjarjo]

modellieren
modelar
[moðeˈlar]

die Bildhauerei
la **escultura**
[eskul̪ˈtura]

töpfern
hacer alfarería
[aˈθer alfareˈria]

Mosaik legen
construir mosaicos
[konstruˈir moˈsai̯kos]

der Modellbau
el **modelismo**
[moðeˈlismo]

Schmuck herstellen
hacer bisutería
[aˈθer bisuteˈria]

lesen
leer
[leˈer]

kochen
cocinar
[koθiˈnar]

gärtnern
trabajar en el jardín
[traβaˈxar en el xarˈðin]

das Origami	la **papiroflexia** [papiroˈfleɣsja]
das Pappmaschee	el **cartón piedra** [karˈton ˈpjeðra]
das Scrapbooking	el **scrapbooking** [eskrapˈbukiŋ]
Möbel restaurieren	**restaurar muebles** [rrestau̯ˈrar ˈmweβles]
im Chor singen	**cantar en un coro** [kan̪ˈtar en un ˈkoro]
Filme drehen	**rodar películas** [rroˈðar peˈlikulas]
Vögel beobachten	**observar los pájaros** [oβserˈβar los ˈpaxaros]
das kreative Schreiben	la **escritura creativa** [eskriˈtura kreaˈtiβa]

HOBBYS – AFICIONES

Kunst und Basteln – Arte y manualidades

der Buntstift
el **lápiz de color**
[ˈlapiθ de koˈlor]

die Wasserfarbe
la **acuarela**
[akwaˈrela]

der Wachsmalstift
el **crayón**
[kraˈɟon]

die Lackfarbe
la **pintura**
[pin̪ˈtura]

die Ölkreide
la **cera**
[ˈθera]

die Kreide
la **tiza**
[ˈtiθa]

die Ölfarbe
la **pintura al óleo**
[pin̪ˈtura al ˈoleo]

die Acrylfarbe
la **pintura acrílica**
[pin̪ˈtura aˈkrilika]

die Pastellkreide
el **crayón pastel**
[kraˈɟon pasˈtel]

der Filzstift
el **rotulador**
[rrotulaˈðor]

die Tusche
la **tinta china**
[ˈtin̪ta ˈʧina]

die Zeichenkohle
el **carboncillo**
[karβon̪ˈθiʎo]

die Gouache
el **gouache**
[ˈgwaʧ]

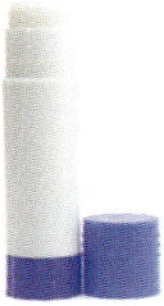

der Klebstoff
el **pegamento**
[peɣaˈmen̪to]

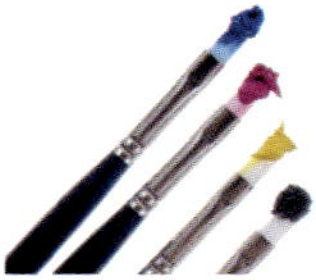

der Pinsel
el **pincel**
[pin̪ˈθel]

die Palette
la **paleta**
[paˈleta]

HOBBYS – AFICIONES

Kunst und Basteln – Arte y manualidades

die Aquarellmalerei
la **(pintura a la) acuarela**
[(pin̩ˈtura a la) akwaˈrela]

die Ölmalerei
la **pintura al óleo**
[pin̩ˈtura al ˈoleo]

die Collage
el **colaje**
[koˈlaxe]

die Wandmalerei
el **muralismo**
[muraˈlismo]

die Tuschezeichnung
el **dibujo a tinta**
[diˈβuxo a ˈtin̩ta]

die abstrakte Malerei
la **pintura abstracta**
[pin̩ˈtura aβsˈtrakta]

die Landschaftsmalerei
el **paisajismo**
[pai̯saˈxismo]

die Porträtmalerei
la **pintura de retratos**
[pin̩ˈtura de rreˈtratos]

die Bleistiftzeichnung
el **dibujo a lápiz**
[diˈβuxo a ˈlapiθ]

das Stillleben
la **naturaleza muerta**
[naturaˈleθa ˈmwerta]

das Graffiti
el **grafiti**
[graˈfiti]

der Siebdruck
la **serigrafía**
[seriɣraˈfia]

die Skizze
el **boceto**
[boˈθeto]

die Aktmalerei
el **desnudo**
[desˈnuðo]

die Leinwand
el **lienzo**
[ˈljen̩θo]

der Karton
el **cartón**
[karˈton]

die Farbe
el **color** [koˈlor]

HOBBYS **– AFICIONES**

Kunst und Basteln – Arte y manualidades

das Schwarz
el **negro** [ˈneɣro]

das Grau
el **gris** [gris]

das Schwarzbraun
el **marrón oscuro** [maˈrron osˈkuro]

das Braun
el **marrón** [maˈrron]

das Hellbraun
el **marrón claro** [maˈrron ˈklaro]

das Olivgrün
el **verde oliva** [ˈberðe oˈliβa]

das Smaragdgrün
el **verde esmeralda** [ˈberðe esmeˈral̥da]

das Grün
el **verde** [ˈberðe]

das Gelbgrün
el **verde claro** [ˈberðe ˈklaro]

das Cyan
el **azul cian** [aˈθul θjan]

das Blau
el **azul** [aˈθul]

das Dunkelblau
el **azul marino** [aˈθul maˈrino]

das Violett
el **violeta** [bjoˈleta]

das Lila
el **lila** [ˈlila]

das Blutrot
el **bermellón** [bermeˈʎon]

das Pink
el **fucsia** [ˈfuɣsja]

das Rosa
el **rosa** [ˈrrosa]

das Rot
el **rojo** [ˈrroxo]

das Gelborange
el **color mostaza** [koˈlor mosˈtaθa]

das Ocker
el **ocre** [ˈokre]

das Orange
el **naranja** [naˈraŋxa]

das Gelb
el **amarillo** [amaˈriʎo]

das Hellgelb
el **amarillo claro** [amaˈriʎo ˈklaro]

das Weiß
el **blanco** [ˈblaŋko]

HOBBYS – AFICIONES

Nähen und Stricken – Coser y hacer punto

der Kopf
la **cabeza**
[kaˈβeθa]

der Fadenhebel
la **palanca tensora**
[paˈlaŋka tenˈsora]

die Fadenführung
la **guía del hilo**
[ˈgia del ˈilo]

der Garnrollenstift
el **portabobinas**
[portaβoˈβinas]

die Nähmaschine
la **máquina de coser**
[ˈmakina de koˈser]

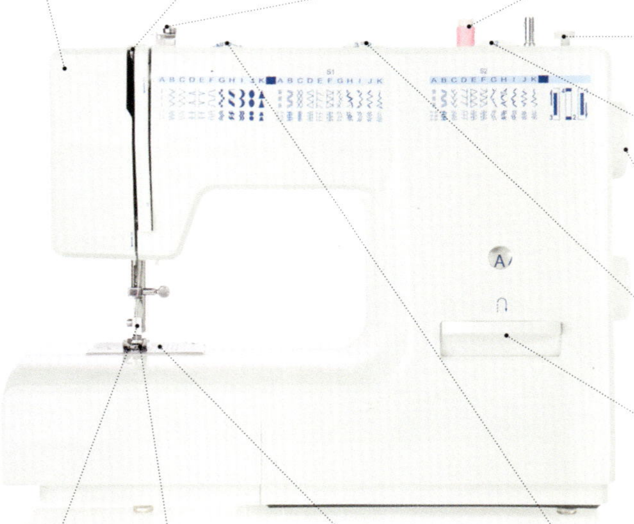

der Spuler
el **rebobinador**
[rreβoβinaˈðor]

der Stichbreitenwähler
el **regulador de puntada**
[rreɣulaˈðor de puṇˈtaða]

das Handrad
el **volante**
[boˈlaṇte]

der Stichwähler
el **selector de puntadas**
[selekˈtor de puṇˈtaðas]

die Rückwärtsnähtaste
la **tecla de retroceso**
[ˈtekla de rretroˈθeso]

die Nadel
la **aguja**
[aˈɣuxa]

der Nähfuß
el **prensatelas**
[prensaˈtelas]

die Stichplatte
la **placa de la aguja**
[ˈplaka de la aˈɣuxa]

der Nähfußdruckregler
el **regulador del prensatelas**
[rreɣulaˈðor del prensaˈtelas]

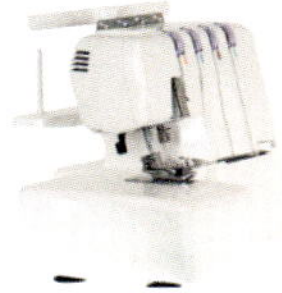

die Overlock
la **máquina overlock**
[ˈmakina oβerˈlok]

das Maßband
la **cinta métrica**
[ˈθiṇta ˈmetrika]

die Spule
la **canilla**
[kaˈniʎa]

das Nähgarn
el **hilo**
[ˈilo]

HOBBYS – AFICIONES

Nähen und Stricken – Coser y hacer punto

die Schneiderpuppe
el **maniquí**
[maniˈki]

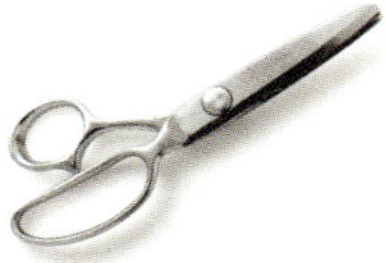

die Schere
las **tijeras**
[tiˈxeras]

das Nähkästchen
el **costurero**
[kostuˈrero]

das Nadelkissen
el **acerico**
[aθeˈriko]

das Schnittmuster
el **patrón**
[paˈtron]

die Nähnadel
la **aguja**
[aˈɣuxa]

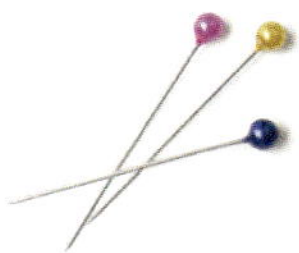

die Stecknadel
el **alfiler**
[alfiˈler]

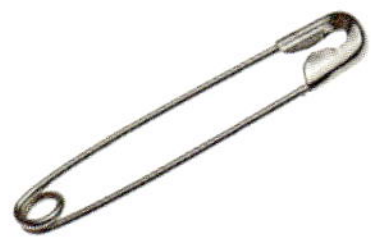

die Sicherheitsnadel
el **imperdible**
[imperˈðiβle]

der Stoff
la **tela**
[ˈtela]

der Knopf
el **botón**
[boˈton]

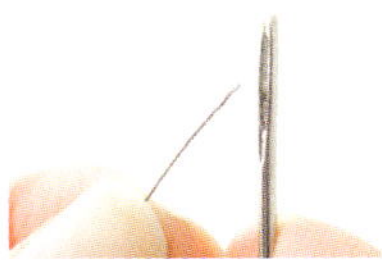

einen Faden einfädeln
enhebrar un hilo
[eneˈβrar un ˈilo]

der Einfädler
el **enhebrador**
[eneβraˈðor]

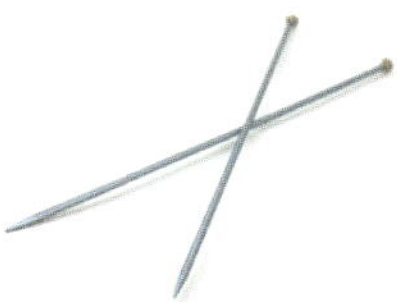

die Stricknadel
la **aguja para hacer punto**
[aˈɣuxa ˈpara aˈθer ˈpun̪to]

die Wolle
la **lana**
[ˈlana]

der Fingerhut
el **dedal**
[deˈðal]

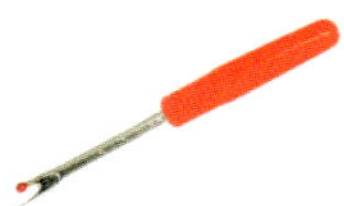

der Nahtauftrenner
el **abrecosturas**
[aβrekosˈturas]

HOBBYS - AFICIONES

Nähen und Stricken - Coser y hacer punto

nähen
coser
[koˈser]

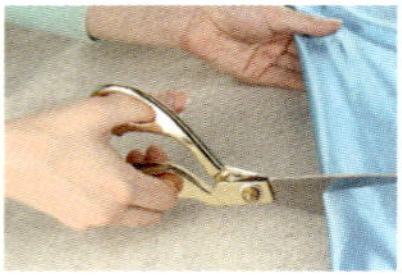

schneiden
cortar
[korˈtar]

das Patchwork
el **patchwork**
[ˈpatʃworɣ]

häkeln
hacer ganchillo
[aˈθer ganˈtʃiʎo]

der Kreuzstich
el **punto de cruz**
[ˈpun̪to de kruθ]

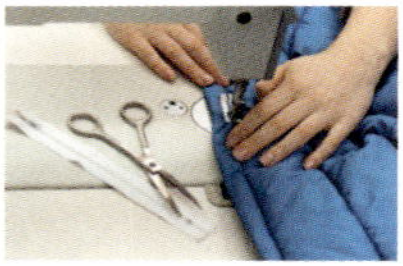

wattieren
enguatar
[eŋgwaˈtar]

stricken
hacer punto
[aˈθer ˈpun̪to]

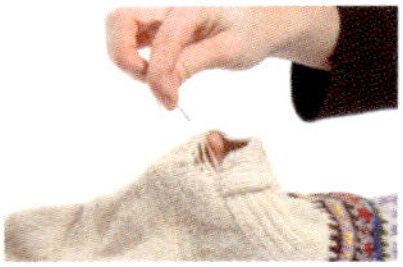

stopfen
remendar
[rremen̪ˈdar]

weben
tejer
[teˈxer]

Spitze klöppeln
hacer encaje de bolillos
[aˈθer eŋˈkaxe de boˈliʎos]

einen Teppich knüpfen
hacer una alfombra de nudos
[aˈθer ˈuna alˈfombra de ˈnuðos]

der Reißverschluss
cremallera
[kremaˈʎera]

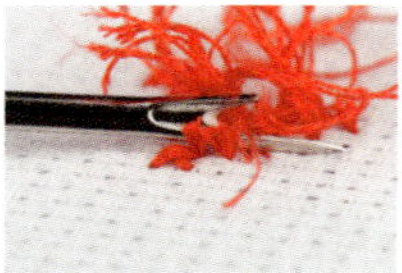

auftrennen
descoser
[deskoˈser]

sticken	**bordar** [borˈðar]
das Leinen	el **lino** [ˈlino]
die Seide	la **seda** [ˈseða]
das Nylon®	el **nailon** [ˈnai̯lon]
die Baumwolle	el **algodón** [alɣoˈðon]
der Polyester	el **poliéster** [poˈljester]
der Stich	la **puntada** [pun̪ˈtaða]
heften	**hilvanar** [ilβaˈnar]

HOBBYS - AFICIONES

Das Kino - El cine

der Kinosaal
la **sala de cine**
[ˈsala de ˈθine]

① *die Kinoleinwand*
la **pantalla de cine**
[pan̪ˈtaʎa de ˈθine]

② *die Sitzreihe*
la **fila**
[ˈfila]

die Snackbar
el **bar**
[bar]

das Getränk
la **bebida**
[beˈβiða]

das Popcorn
las **palomitas**
[paloˈmitas]

die Kinokasse
la **taquilla**
[taˈkiʎa]

die Komödie
la **comedia**
[koˈmeðja]

der Horrorfilm
la **película de terror**
[peˈlikula de teˈrror]

der Liebesfilm
la **película romántica**
[peˈlikula rroˈman̪tika]

der Zeichentrickfilm	la **película de dibujos animados** [peˈlikula de diˈβuxos aniˈmaðos]
der Western	la **película del Oeste** [peˈlikula del oˈeste]
die Voraufführung	el **preestreno** [pre(e)sˈtreno]
das Filmplakat	el **cartel** [karˈtel]
die Premiere	el **estreno** [esˈtreno]
der Thriller	la **película de suspense** [peˈlikula de susˈpense]
der Sciencefictionfilm	la **película de ciencia ficción** [peˈlikula de ˈθjen̪θja fiɣˈθjon]
jugendfrei	**para todos los públicos** [ˈpara ˈtoðos los ˈpuβlikos]

der 3D-Film
la **película en 3D**
[peˈlikula en tres de]

HOBBYS – AFICIONES

Fotografieren – Fotografía

die Programmwählscheibe
el **selector de programas**
[selekˈtor de proˈɣramas]

die Spiegelreflexkamera
la **cámara réflex**
[ˈkamara ˈrrefleɣs]

der Blitzschuh
el **soporte del flash**
[soˈporte del flaʃ]

der (ausklappbare) Blitz
el **flash (emergente)**
[flaʃ (emerˈxen̩te)]

der/das Zoom
el **zoom**
[θum]

das Objektiv
el **objetivo**
[oβxeˈtiβo]

der Auslöser
el **disparador**
[disparaˈðor]

das Kameragehäuse
el **cuerpo de la cámara**
[ˈkwerpo de la ˈkamara]

der Blendenregler
el **regulador del diafragma**
[rreɣulaˈðor del djaˈfraɣma]

das Selbstauslöser-Lichtsignal
la **luz del disparador automático**
[luθ del disparaˈðor au̯toˈmatiko]

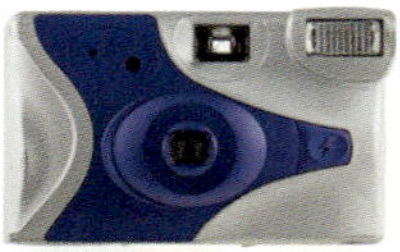

die Einwegkamera
la **cámara de usar y tirar**
[ˈkamara de uˈsar i tiˈrar]

die Sofortbildkamera
la **cámara Polaroid®**
[ˈkamara polaˈroi̯ð]

die Analogkamera
la **cámara analógica**
[ˈkamara anaˈloxika]

die Digitalkamera
la **cámara digital**
[ˈkamara dixiˈtal]

das Stativ
el **trípode**
[ˈtripoðe]

der Aufsteckblitz
el **flash desmontable**
[flaʃ desmon̩ˈtaβle]

der Filter
el **filtro**
[ˈfil̩tro]

der Objektivdeckel
la **tapa del objetivo**
[ˈtapa del oβxeˈtiβo]

HOBBYS – AFICIONES

Fotografieren – Fotografía

der Film
el **carrete**
[ka'rrete]

das Fotostudio
el **estudio fotográfico**
[es'tuðjo foto'ɣrafiko]

ein Foto machen
hacer una foto
[a'θer 'una 'foto]

die Bildbearbeitung
la **edición de imágenes**
[eði'θjon de i'maxenes]

die Compact-Flash-Karte
la **tarjeta flash compacta**
[tar'xeta flaʃ kom'pakta]

sich fotografieren lassen
dejarse fotografiar
[de'xarse fotoɣrafi'ar]

die Kameratasche
el **estuche para la cámara**
[es'tuʧe 'para la 'kamara]

die Dunkelkammer
el **cuarto oscuro**
['kwarto os'kuro]

die Speicherkarte
la **tarjeta de memoria**
[tar'xeta de me'morja]

unscharf
desenfocado (-a)
[desemfo'kaðo, -a]

überbelichtet
sobreexpuesto (-a)
[soβre(e)s'pwesto, -a]

unterbelichtet
subexpuesto (-a)
[suβes'pwesto, -a]

das Hochformat	el **formato vertical** [for'mato berti'kal]
das Querformat	el **formato horizontal** [for'mato oriθon̩'tal]
die Vergrößerung	la **ampliación** [amplja'θjon]
der Rote-Augen-Effekt	el **efecto ojos rojos** [e'fekto 'oxos 'rroxos]
matt	**mate** ['mate]
glänzend	**brillo** ['briʎo]
das Fotoalbum	el **álbum de fotos** ['alβum de 'fotos]
das Negativ	el **negativo** [neɣa'tiβo]

der digitale Bilderrahmen
el **marco digital**
['marko dixi'tal]

HOBBYS – AFICIONES

Spiele – Juegos

die Spielkarte
el **naipe**
[ˈnai̯pe]

das Karo
el **diamante**
[djaˈmaṇte]

das Pik
la **pica**
[ˈpika]

das Herz
el **corazón**
[koraˈθon]

das Kreuz
el **trébol**
[ˈtreβol]

das Ass
el **as**
[as]

der Joker
el **comodín**
[komoˈðin]

der König
el **rey**
[rrei̯]

die Dame
la **dama**
[ˈdama]

der Bube
la **sota**
[ˈsota]

die Karten mischen
mezclar las cartas
[meθˈklar las ˈkartas]

geben
dar
[dar]

das Blatt
la **mano**
[ˈmano]

Poker spielen
jugar al póquer
[xuˈɣar al ˈpoker]

der Dominostein
la **ficha de dominó**
[ˈfiʧa de domiˈno]

das Backgammon
el **backgammon**
[bakˈgamoŋ]

das Damespiel
la **damas**
[ˈdamas]

das Puzzle
el **puzle**
[ˈpuθle]

HOBBYS – AFICIONES

Spiele – Juegos

das Schach
el **ajedrez**
[axeˈðreθ]

der König
el **rey**
[rrei̯]

die Dame
la **dama**
[ˈdama]

der Läufer
el **alfil**
[alˈfil]

der Springer
el **caballo**
[kaˈβaʎo]

der Turm
la **torre**
[ˈtorre]

der Bauer
el **peón**
[peˈon]

das weiße Feld
la **casilla blanca**
[kaˈsiʎa ˈblaŋka]

das Schachbrett
el **tablero de ajedrez**
[taˈβlero de axeˈðreθ]

das schwarze Feld
la **casilla negra**
[kaˈsiʎa ˈneɣra]

der Zug
el **movimiento**
[moβiˈmjen̩to]

das Brettspiel
el **juego de mesa**
[ˈxweɣo de ˈmesa]

das Monopoly®
el **Monopoly®**
[monoˈpoli]

das Mensch ärgere dich nicht®
el **parchís**
[parˈʧis]

würfeln	**lanzar los dados** [lan̩ˈθar los ˈdaðos]
mogeln	**hacer trampas** [aˈθer ˈtrampas]
das Glück	la **suerte** [ˈswerte]
das Pech	la **mala suerte** [ˈmala ˈswerte]
Wer ist dran?	**¿A quién le toca?** [a kjen le ˈtoka]
Du bist dran.	**Te toca a ti.** [te ˈtoka a ti]
gewinnen	**ganar** [gaˈnar]
verlieren	**perder** [perˈðer]

das Jenga®
la **Jenga®**
[ˈɟeŋga]

der Würfel
el **dado**
[ˈdaðo]

FERIEN – VACACIONES

Am Strand – En la playa

der Strand
la **playa**
[ˈplaɟa]

die Stranddüne
la **duna**
[ˈduna]

der Sonnenuntergang
la **puesta del sol**
[ˈpwesta del sol]

das Meer
el **mar**
[mar]

der Strandkorb
el **sillón de playa**
[siˈʎon de ˈplaɟa]

der Sand
la **arena**
[aˈrena]

die Küste
la **costa**
[ˈkosta]

die Strandpromenade
el **paseo marítimo**
[paˈseo maˈritimo]

der Liegestuhl
la **tumbona**
[tumˈbona]

der Wasserball
la **pelota de playa**
[peˈlota de ˈplaɟa]

das Strandtuch
la **toalla de playa**
[toˈaʎa de ˈplaɟa]

die Kinderschaufel
la **pala**
[ˈpala]

der Flip-Flop®
la **chancleta**
[ʧaŋˈkleta]

der Eimer
el **cubo**
[ˈkuβo]

FERIEN – VACACIONES

Am Strand – En la playa

der Sonnenschirm
la **sombrilla**
[somˈbriʎa]

der Steinstrand
la **playa de piedras**
[ˈplaɟa de ˈpjeðras]

die Strandmuschel
el **paravientos**
[paraˈβjentos]

die Sandburg
el **castillo de arena**
[kasˈtiʎo de aˈrena]

der Seetang
las **algas marinas**
[ˈalɣas maˈrinas]

die Sonnencreme
la **crema solar**
[ˈkrema soˈlar]

das Strandresort
el **complejo de playa**
[komˈplexo de ˈplaɟa]

der Steg
el **embarcadero**
[embarkaˈðero]

das Kreuzworträtsel
el **crucigrama**
[kruθiˈɣrama]

das Sudoku
el **sudoku**
[suˈðoku]

das Strandhäuschen
la **caseta de playa**
[kaˈseta de ˈplaɟa]

die Strandbar
el **chiringuito de playa**
[ʧiriŋˈgito de ˈplaɟa]

die Ebbe	la **marea baja** [maˈrea ˈbaxa]
die Flut	la **marea alta** [maˈrea ˈalta]
die Strömung	la **corriente** [koˈrrjente]
der FKK-Strand	la **playa nudista** [ˈplaɟa nuˈðista]
das Strandgut	el **despojo del mar** [desˈpoxo del mar]
schnorcheln	**practicar snorkeling** [praktiˈkar esˈnorkeliŋ]
der Sonnenbrand	la **quemadura de sol** [kemaˈðura de sol]
die Brandung	el **oleaje** [oleˈaxe]

sich sonnen
tomar el sol
[toˈmar el sol]

FERIEN – VACACIONES

Das Zelten – La acampada

das Wohnmobil
el **coche caravana**
[ˈkoʧe karaˈβana]

der Wohnwagen
la **caravana**
[karaˈβana]

der Campingbus
la **furgoneta**
[furɣoˈneta]

das Indianerzelt
la **tienda india**
[ˈtjen̪da ˈin̪dja]

der Campingstuhl
la **silla de camping**
[ˈsiʎa de ˈkampiŋ]

der Gasbrenner
el **hornillo de camping**
[orˈniʎo de ˈkampiŋ]

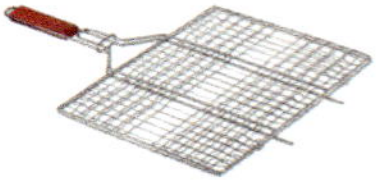

der Grillrost
la **parrilla**
[paˈrriʎa]

die Lagerfeuerstelle
la **parte para las fogatas**
[ˈparte ˈpara las foˈɣatas]

der Campingplatz
el **camping**
[ˈkampiŋ]

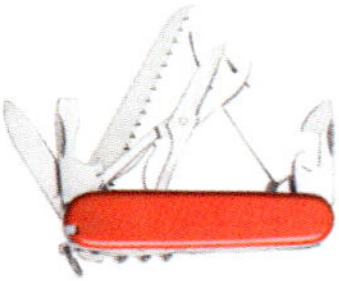

das Taschenmesser
la **navaja**
[naˈβaxa]

die Hängematte
la **hamaca**
[aˈmaka]

das Zelt
la **tienda (de campaña)**
[ˈtjen̪da (de kamˈpaɲa)]

der Zeltplatz
la **parcela**
[parˈθela]

die Gasflasche	la **bombona de gas** [bomˈbona de gas]
das Propangas	el **gas propano** [gas proˈpano]
die Stirnlampe	la **linterna frontal** [lin̪ˈterna fron̪ˈtal]
der Stromanschluss	la **toma eléctrica** [toma eˈlektrika]
die Duschen und Toiletten	las **duchas y los sanitarios** [ˈduʧas i los saniˈtarjos]
der Feueranzünder	el **encendedor** [en̪θen̪deˈðor]
die Holzkohle	el **carbón de leña** [karˈβon de ˈleɲa]
der/das Insektenspray	el **insecticida** [insektiˈθiða]

FERIEN – VACACIONES

Das Zelten – La acampada

der Schlafsack
el **saco de dormir**
[ˈsako de dorˈmir]

das Außenzelt
la **parte exterior de la tienda**
[ˈparte esteˈrjor de la ˈtjeṇda]

das Innenzelt
la **parte interior de la tienda**
[ˈparte iṇteˈrjor de la ˈtjeṇda]

der Zelteingang
la **puerta de la tienda**
[ˈpwerta de la ˈtjeṇda]

die Zeltstange
el **palo de la tienda**
[ˈpalo de la ˈtjeṇda]

der Zeltboden
el **suelo aislante**
[ˈswelo ai̯sˈlaṇte]

der Reißverschluss
la **cremallera**
[kremaˈʎera]

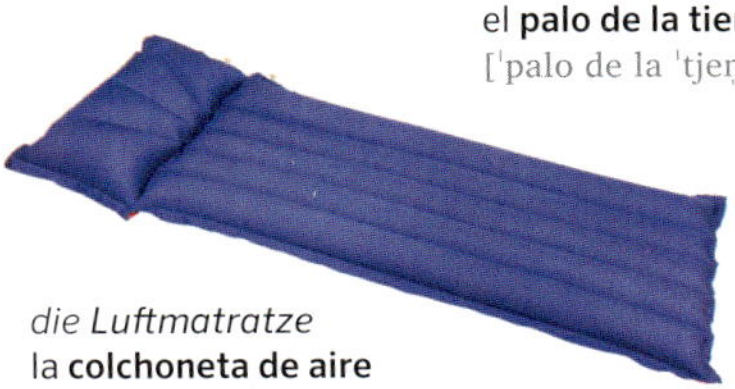

die Luftmatratze
la **colchoneta de aire**
[kolʧoˈneta de ˈai̯re]

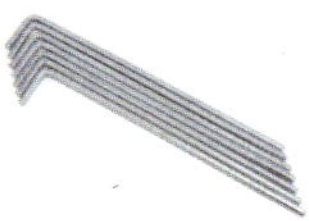

der Hering
la **piqueta**
[piˈketa]

die Taschenlampe
la **linterna**
[liṇˈterna]

der Rucksack
la **mochila**
[moˈʧila]

die Isomatte
la **colchoneta aislante**
[kolʧoˈneta ai̯sˈlaṇte]

der Trekkingstock
el **palo de trekking**
[ˈpalo de ˈtrekiŋ]

der Wanderschuh
la **bota de montaña**
[ˈbota de moṇˈtaɲa]

die Petroleumlampe	la **lámpara de petróleo** [ˈlampara de peˈtroleo]
die Luftpumpe	el **inflador** [iɱflaˈðor]
die Campingtoilette	el **inodoro para camping** [inoˈðoro ˈpara ˈkampiŋ]
die Entsorgungsstation	la **zona de vaciado de inodoros** [ˈθona de baθiˈaðo de inoˈðoros]
die Regenhaut®	el **chubasquero** [ʧuβasˈkero]
die Thermowäsche	la **ropa térmica** [ˈrropa ˈtermika]
das Moskitonetz	la **mosquitera** [moskiˈtera]
ein Zelt aufschlagen	**montar la tienda** [moṇˈtar la ˈtjeṇda]
Kann ich hier mein Zelt aufschlagen?	**¿Podría montar mi tienda aquí?** [poˈðria moṇˈtar mi ˈtjeṇda aˈki]

der Wasserkanister
la **garrafa de agua**
[gaˈrrafa de ˈaɣwa]

KÖRPER UND GESUNDHEIT

EL CUERPO Y LA SALUD

DER KÖRPER – EL CUERPO

der Mann
el **hombre**
[ˈombre]

die Frau
la **mujer**
[muˈxer]

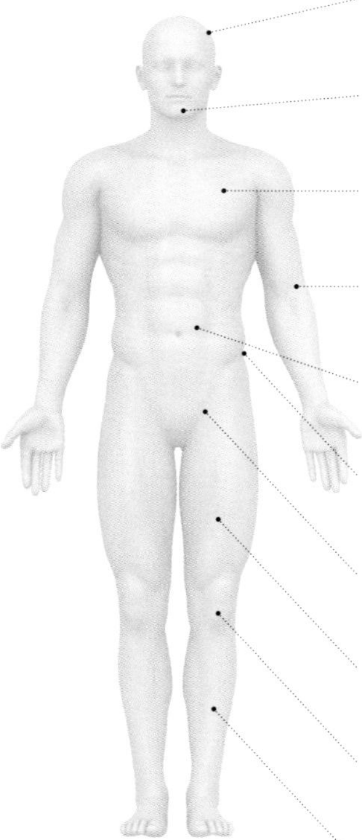

der Kopf
la **cabeza**
[kaˈβeθa]

das Kinn
la **barbilla**
[barˈβiʎa]

der Brustkorb
el **tórax**
[ˈtoraɣs]

der Arm
el **brazo**
[ˈbraθo]

der Bauch
el **vientre**
[ˈbjeṇtre]

die Hüfte
la **cadera**
[kaˈðera]

die Leiste
la **ingle**
[ˈiŋgle]

der Oberschenkel
el **muslo**
[ˈmuslo]

das Knie
la **rodilla**
[rroˈðiʎa]

das Schienbein
la **espinilla**
[espiˈniʎa]

der Hals
el **cuello**
[ˈkweʎo]

die Schulter
el **hombro**
[ˈombro]

die Achselhöhle
la **axila**
[aɣˈsila]

die Brust
el **pecho**
[ˈpeʧo]

die Brustwarze
el **pezón**
[peˈθon]

der Bauchnabel
el **ombligo**
[omˈbliɣo]

die Schamgegend
la **zona púbica**
[ˈθona ˈpuβika]

das Bein
la **pierna**
[ˈpjerna]

der Unterschenkel
la **espinilla**
[espiˈniʎa]

der Fuß
el **pie**
[pje]

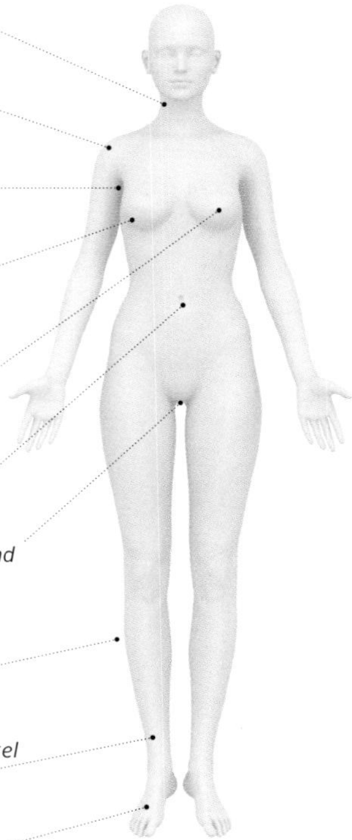

DER KÖRPER – EL CUERPO

die Frau
la **mujer**
[muˈxer]

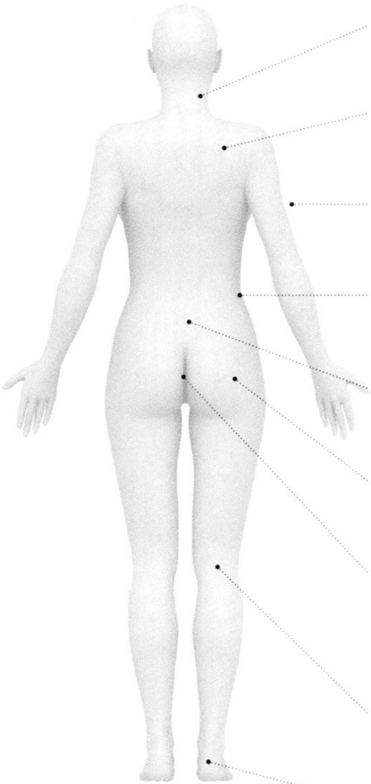

der Mann
el **hombre**
[ˈombre]

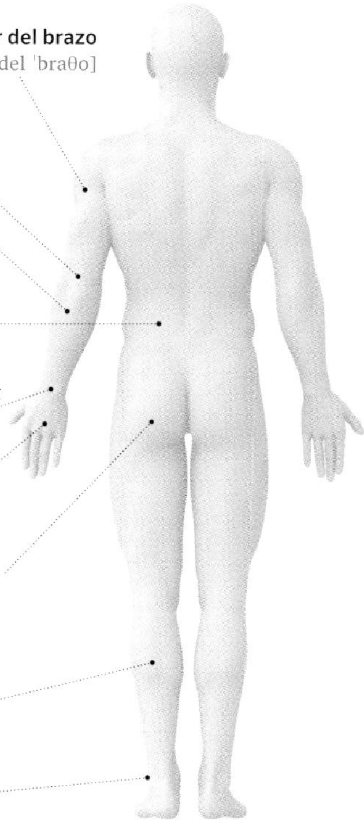

der Nacken
la **nuca**
[ˈnuka]

das Schulterblatt
el **omoplato**
[omoˈplato]

der Arm
el **brazo**
[ˈbraθo]

die Taille
la **cintura**
[θiṇˈtura]

die Lende
la **región lumbar**
[rreˈxjon lumˈbar]

das Gesäß
el **trasero**
[traˈsero]

die Gesäßspalte
la **separación entre nalgas**
[separaˈθjon ˈeṇtre ˈnalɣas]

die Kniekehle
la **corva**
[ˈkorβa]

die Ferse
el **talón**
[taˈlon]

der Oberarm
la **parte superior del brazo**
[ˈparte supeˈrjor del ˈbraθo]

der Ellbogen
el **codo**
[ˈkoðo]

der Unterarm
el **antebrazo**
[aṇteˈβraθo]

der Rücken
la **espalda**
[esˈpaḷda]

das Handgelenk
la **muñeca**
[muˈɲeka]

die Hand
la **mano**
[ˈmano]

die Gesäßbacke
la **nalga**
[ˈnalɣa]

die Wade
la **pantorrilla**
[paṇtoˈrriʎa]

der Knöchel
el **tobillo**
[toˈβiʎo]

DER KÖRPER – EL CUERPO

Die Hand und der Fuß – La mano y el pie

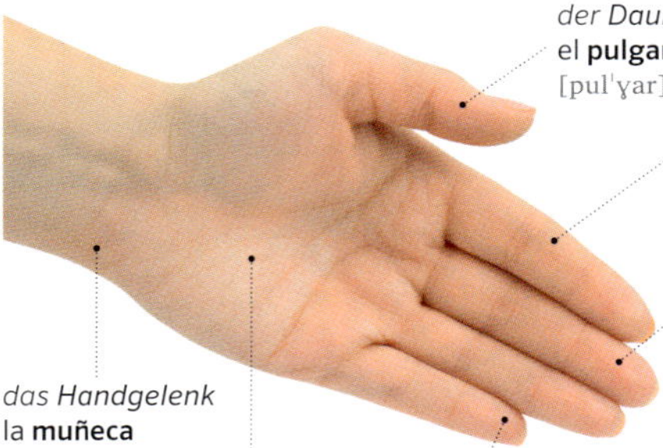

der Daumen
el **pulgar**
[pulˈɣar]

der Zeigefinger
el **índice**
[ˈiṇdiθe]

der Mittelfinger
el **dedo corazón**
[ˈdeðo koraˈθon]

der Fingernagel
la **uña**
[ˈuɲa]

die Nagelhaut
la **cutícula**
[kuˈtikula]

das Handgelenk
la **muñeca**
[muˈɲeka]

die Handfläche
la **palma de la mano**
[ˈpalma de la ˈmano]

die Fingerkuppe
la **yema (del dedo)**
[ˈɟema (del ˈdeðo)]

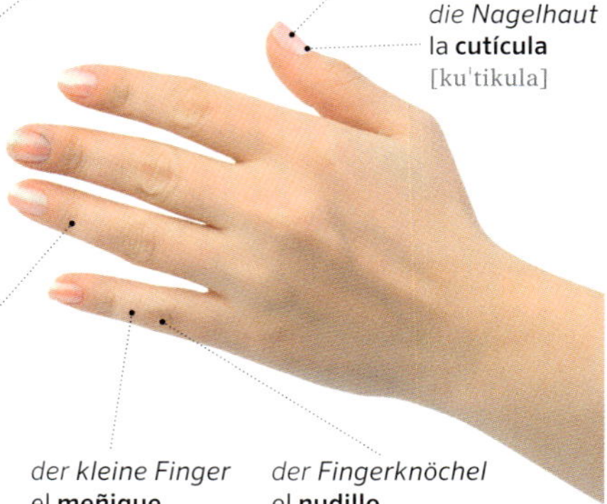

der Ringfinger
el **anular**
[anuˈlar]

der kleine Finger
el **meñique**
[meˈɲike]

der Fingerknöchel
el **nudillo**
[nuˈðiʎo]

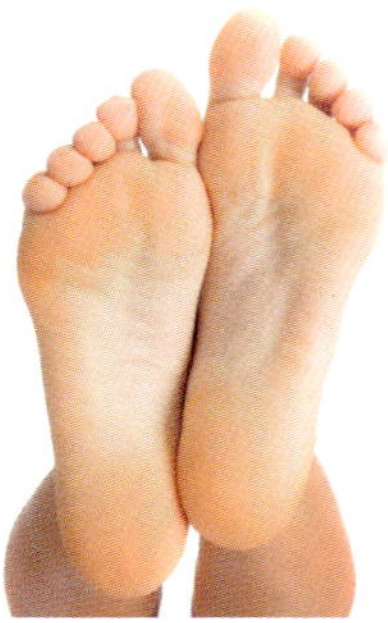

die Fußsohle
la **planta**
[ˈplaṇta]

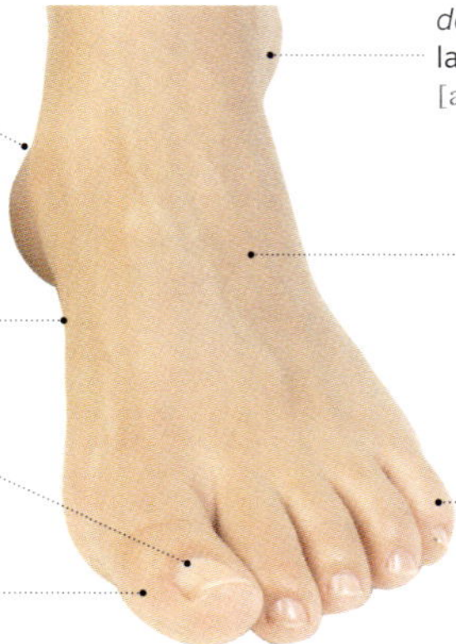

die Ferse
el **talón**
[taˈlon]

das Fußgelenk
la **articulación del pie**
[artikulaˈθjon del pje]

der Fußrücken
el **empeine**
[emˈpei̯ne]

das Fußgewölbe
el **arco del pie**
[ˈarko del pje]

der Zehennagel
la **uña (del pie)**
[ˈuɲa (del pje)]

der kleine Zeh
el **dedo pequeño**
[ˈdeðo peˈkeɲo]

der große Zeh
el **dedo gordo**
[ˈdeðo ˈgorðo]

DER KÖRPER – EL CUERPO

Der Kopf – La cabeza

das Gehirn
el **encéfalo**
[eṇˈθefalo]

das Großhirn
el **cerebro**
[θeˈreβro]

das Kleinhirn
el **cerebelo**
[θereˈβelo]

der Hirnstamm
el **tronco cerebral**
[ˈtroŋko θereˈβral]

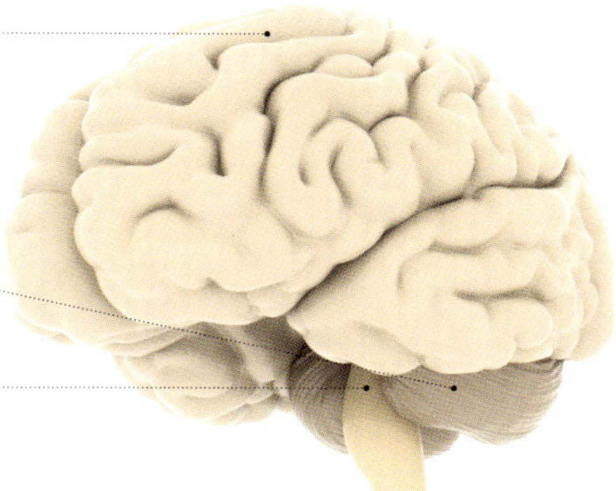

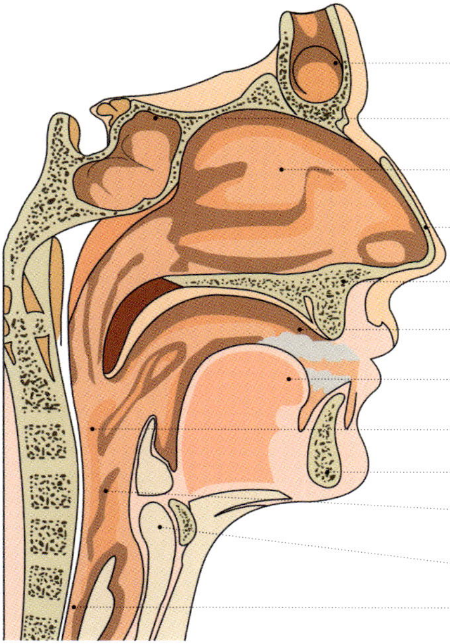

die Stirnhöhle
el **seno frontal**
[ˈseno froṇˈtal]

die Keilbeinhöhle
le **sinus sphénoïdal**
[sinyssfenɔidal]

die Nasenhöhle
la **fosa nasal**
[ˈfosa naˈsal]

das Nasenbein
el **hueso nasal**
[ˈweso naˈsal]

der Oberkiefer
el **maxilar superior**
[maɣsiˈlar supeˈrjor]

der Gaumen
el **paladar**
[palaˈðar]

die Zunge
la **lengua**
[ˈleŋgwa]

der Rachen
la **faringe**
[faˈriŋxe]

der Unterkiefer
el **maxilar inferior**
[maɣsiˈlar iɱfeˈrjor]

die Kehle
la **garganta**
[garˈɣaṇta]

der Kehlkopf
la **laringe**
[laˈriŋxe]

die Speiseröhre
el **esófago**
[eˈsofaɣo]

DER KÖRPER – EL CUERPO

Die Muskeln – Los músculos

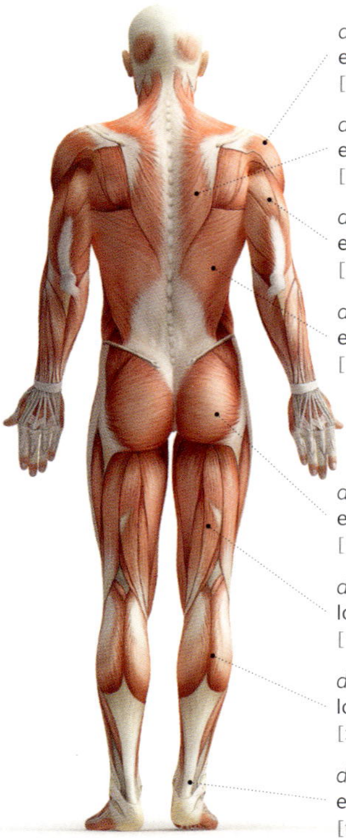

der Deltamuskel
el **deltoides**
[del̪ˈtoi̯ðes]

der Kapuzenmuskel
el **músculo trapecio**
[ˈmuskulo traˈpeθjo]

der Trizeps
el **tríceps**
[ˈtriθeβs]

der Rückenmuskel
el **músculo dorsal**
[ˈmuskulo dorˈsal]

der Gesäßmuskel
el **glúteo**
[ˈgluteo]

die ischiocruralen Muskeln
los **músculos isquiotibiales**
[ˈmuskulos iskjotiˈβjales]

der Wadenmuskel
los **gemelos**
[xeˈmelos]

die Achillessehne
el **tendón de Aquiles**
[ten̪ˈdon de aˈkiles]

der Stirnmuskel
el **músculo frontal**
[ˈmuskulo fron̪ˈtal]

der Brustmuskel
el **músculo pectoral**
[ˈmuskulo pektoˈral]

der Bizeps
el **bíceps**
[ˈbiθeβs]

der Bauchmuskel
el **músculo abdominal**
[ˈmuskulo aβðomiˈnal]

der Oberschenkelmuskel
el **cuádriceps**
[ˈkwaðriθeβs]

der vordere Schienbeinmuskel
el **músculo tibial anterior**
[ˈmuskulo tiˈβjal an̪teˈrjor]

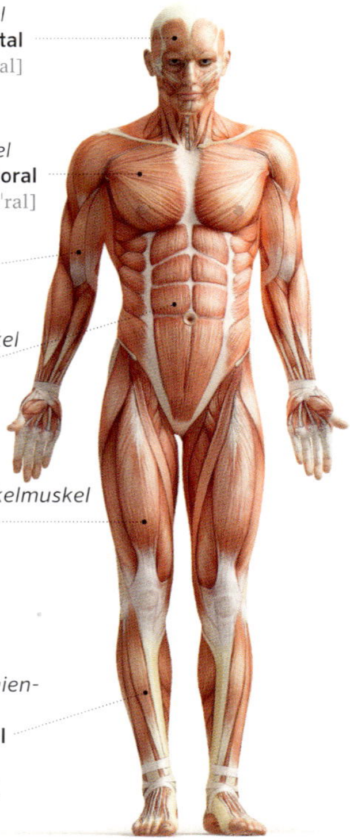

DER KÖRPER – EL CUERPO

Das Skelett – El esqueleto

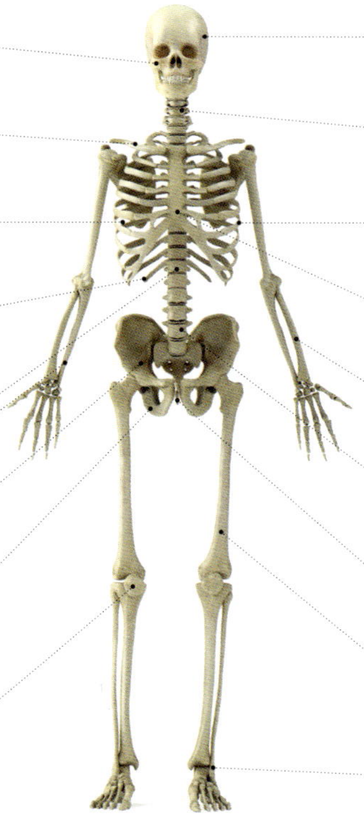

das Jochbein
el **pómulo**
[ˈpomulo]

das Schlüsselbein
la **clavícula**
[klaˈβikula]

der Brustkorb
el **tórax**
[ˈtoraɣs]

die freie Rippe
la **costilla flotante**
[kosˈtiʎa floˈtan̩te]

die Wirbelsäule
la **columna vertebral**
[koˈlumna berteˈβral]

die Elle
el **cúbito**
[ˈkuβito]

das Becken
la **pelvis**
[ˈpelβis]

das Sitzbein
el **isquion**
[isˈkion]

die Kniescheibe
la **rótula**
[ˈrrotula]

der Schädel
el **cráneo**
[ˈkraneo]

der Halswirbel
la **vértebra cervical**
[ˈberteβra θerβiˈkal]

die Rippe
la **costilla**
[kosˈtiʎa]

das Brustbein
el **esternón**
[esterˈnon]

die Speiche
el **radio**
[ˈrraðjo]

der Lendenwirbel
la **vértebra lumbar**
[ˈberteβra lumˈbar]

das Steißbein
el **coxis**
[ˈkoɣsis]

der Oberschenkelknochen
el **fémur**
[ˈfemur]

das Fersenbein
el **calcáneo**
[kalˈkaneo]

DER KÖRPER – EL CUERPO

Die inneren Organe – Los órganos internos

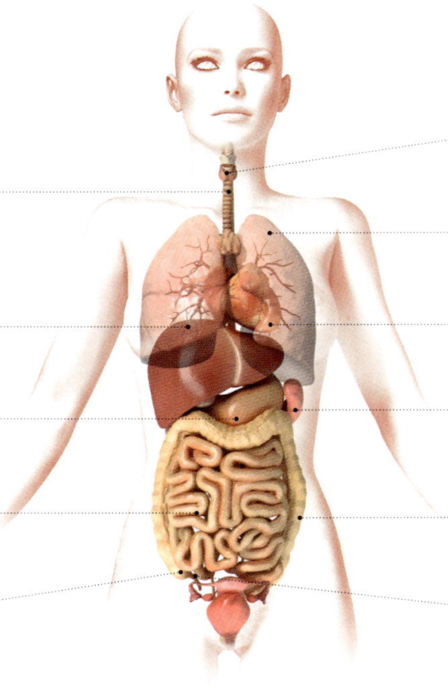

die Niere	el **riñón** [rriˈɲon]
die Bauchspeicheldrüse	el **páncreas** [ˈpaŋkreas]
der Zwölffingerdarm	el **duodeno** [duoˈðeno]
die Gallenblase	la **vesícula biliar** [beˈsikula biˈljar]
das Zwerchfell	el **diafragma** [djaˈfraɣma]
das Gewebe	el **tejido** [teˈxiðo]
die Sehne	el **tendón** [ten̩ˈdon]
die Drüse	la **glándula** [ˈglan̩dula]
der Knorpel	el **cartílago** [karˈtilaɣo]

DER KÖRPER – EL CUERPO

Die Körpersysteme – Los sistemas y aparatos del cuerpo

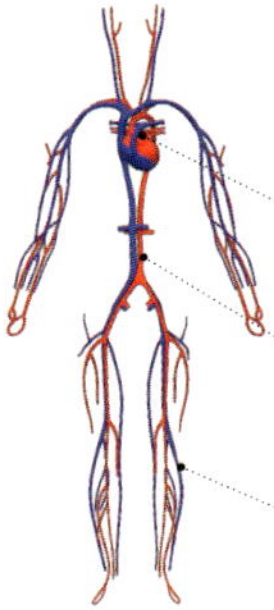

das Herz-Kreislauf-System
el **sistema circulatorio**
[sis'tema θirkula'torjo]

das Herz
el **corazón**
[kora'θon]

die Arterie
la **arteria**
[ar'terja]

die Vene
la **vena**
['bena]

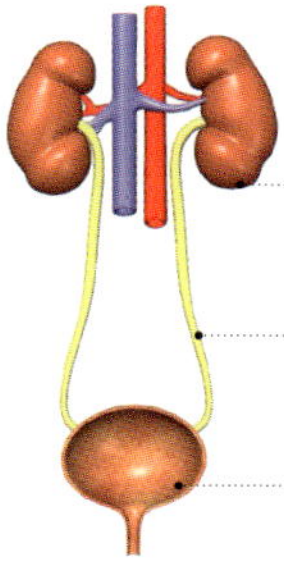

das Harnsystem
el **sistema urinario**
[sis'tema uri'narjo]

die Niere
el **riñón**
[rri'ɲon]

der Harnleiter
el **uréter**
[u'reter]

die Harnblase
la **vejiga**
[be'xiɣa]

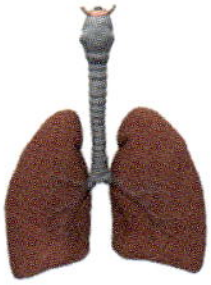

das Atmungssystem
el **sistema respiratorio**
[sis'tema rrespira'torjo]

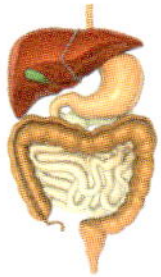

das Verdauungssystem
el **aparato digestivo**
[apa'rato dixes'tiβo]

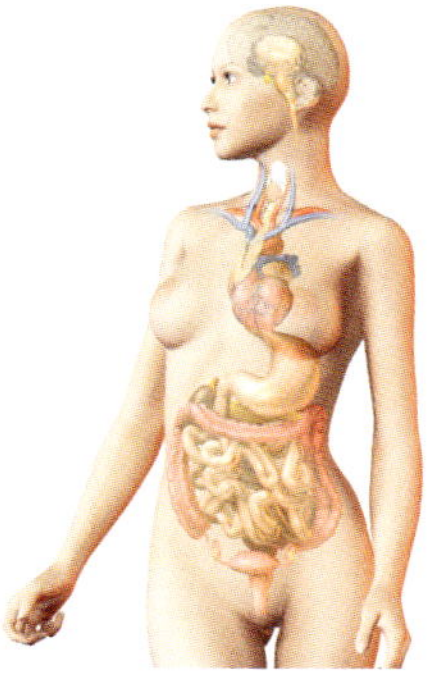

das endokrine System
el **sistema endocrino**
[sis'tema eṇdo'krino]

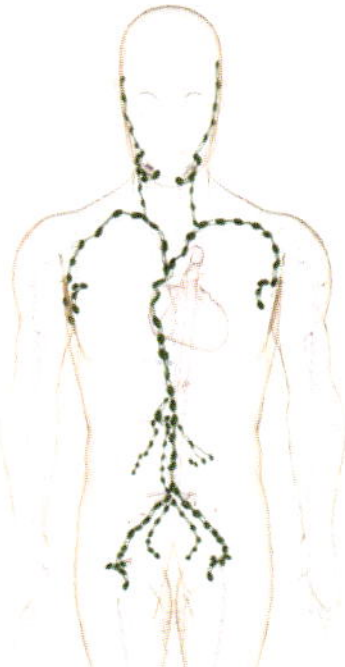

das lymphatische System
el **sistema linfático**
[sis'tema liɱ'fatiko]

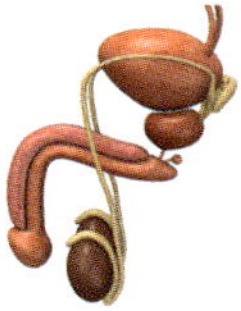

das männliche Fortpflanzungssystem
el **aparato reproductivo masculino**
[apa'rato rreproðuk'tiβo masku'lino]

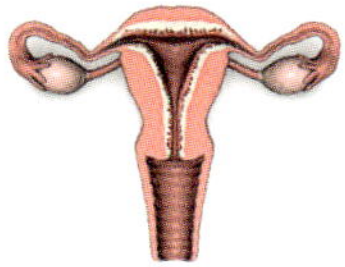

das weibliche Fortpflanzungssystem
el **aparato reproductivo femenino**
[apa'rato rreproðuk'tiβo feme'nino]

das Nervensystem	el **sistema nervioso** [sis'tema ner'βjoso]
der Blutkreislauf	la **circulación sanguínea** [θirkula'θjon saŋ'ginea]
der Tastsinn	el **sentido del tacto** [seṇ'tiðo del 'takto]
der Sehsinn	el **sentido de la vista** [seṇ'tiðo de la 'bista]
der Hörsinn	el **sentido del oído** [seṇ'tiðo del o'iðo]
der Geruchssinn	el **sentido del olfato** [seṇ'tiðo del ol'fato]
der Geschmackssinn	el **sentido del gusto** [seṇ'tiðo del 'gusto]
der Gleichgewichtssinn	el **sentido del equilibrio** [seṇ'tiðo del eki'liβrjo]

DER KÖRPER – EL CUERPO

Die Geschlechtsorgane – Los órganos sexuales

die männlichen Geschlechtsorgane
los **órganos sexuales masculinos**
[ˈorɣanos seɣsuˈales maskuˈlinos]

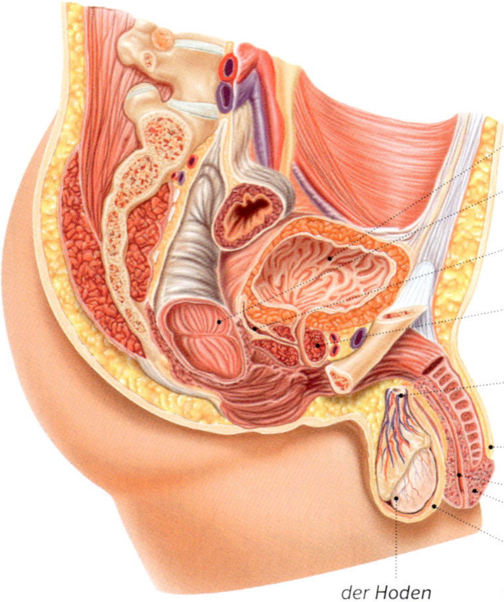

die Erektion	la **erección** [ereɣˈθjon]
die Vorhaut	el **prepucio** [preˈpuθjo]
die Beschneidung	la **circuncisión** [θirkuṇθiˈsjon]
der Samenerguss	la **eyaculación** [eʝakulaˈθjon]
potent/impotent	**potente/impotente** [poˈteṇte/impoˈteṇte]
das Hormon	la **hormona** [orˈmona]
der Geschlechtsverkehr	las **relaciones sexuales** [rrelaˈθjones seɣsuˈales]
die Geschlechtskrankheit	la **enfermedad venérea** [eɱfermeˈðað beˈnerea]

DER KÖRPER – EL CUERPO

Die Geschlechtsorgane – Los órganos sexuales

die weiblichen Geschlechtsorgane
los **órganos sexuales femeninos**
['orɣanos seɣsu'ales feme'ninos]

der Eileiter
la **trompa de Falopio**
['trompa de fa'lopjo]

der Eierstock
el **ovario**
[o'βarjo]

die Gebärmutter
el **útero**
['utero]

die Harnblase
la **vejiga**
[be'xiɣa]

der Gebärmutterhals
el **cuello uterino**
['kweʎo ute'rino]

die Harnröhre
la **uretra**
[u'retra]

die Schamlippe
el **labio (vaginal)**
['laβjo (baxi'nal)]

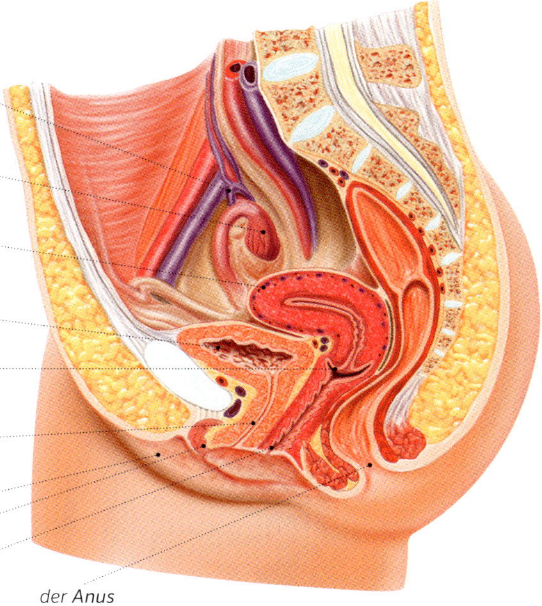

die Klitoris
el **clítoris**
['klitoris]

die Scheide
la **vagina**
[ba'xina]

der Anus
el **ano**
['ano]

das Kondom
el **condón**
[kon̥'don]

die Pille
la **píldora anticonceptiva**
['pil̥dora an̥tikon̥θep'tiβa]

die Spirale	el **DIU** ['diu]
das Pessar	el **pesario** [pe'sarjo]
das Diaphragma	el **diafragma** [dja'fraɣma]
die Empfängnisverhütung	la **anticoncepción** [an̥tikon̥θeβ'θjon]
der Eisprung	la **ovulación** [oβula'θjon]
die Menstruation	la **menstruación** [menstrwa'θjon]
steril/fruchtbar	**estéril/fértil** [es'teril/'fertil]
der Schwangerschaftsabbruch	la **interrupción del embarazo** [in̥terruβ'θjon del emba'raθo]

SCHWANGERSCHAFT UND GEBURT – EMBARAZO Y NACIMIENTO

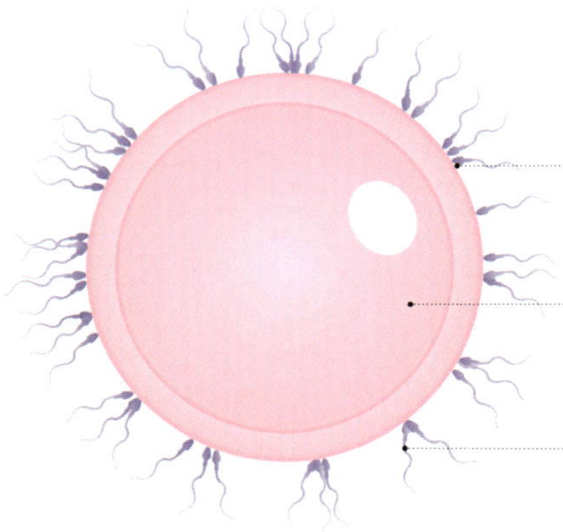

die Empfängnis
la **concepción**
[kon̪θeβˈθjon]

die Befruchtung
la **fecundación**
[fekun̪daˈθjon]

die Eizelle
el **óvulo**
[ˈoβulo]

das Spermium
el **espermatozoide**
[espermatoˈθoi̯ðe]

die Ultraschall-aufnahme
la **ecografía**
[ekoɣraˈfia]

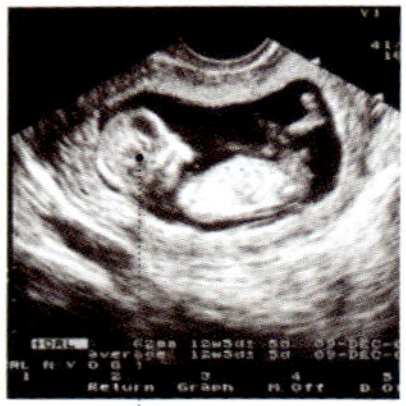

der/das Embryo
el **embrión**
[embriˈon]

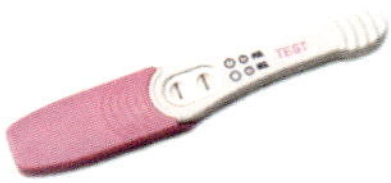

der Schwangerschafts-test
la **prueba de embarazo**
[ˈprweβa de embaˈraθo]

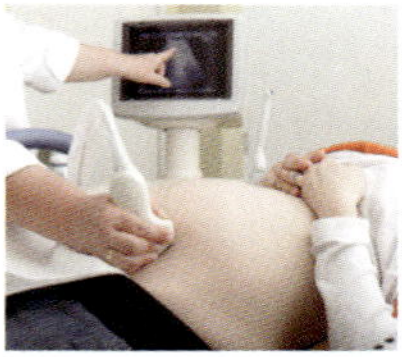

die Ultraschall-untersuchung
la **ecografía**
[ekoɣraˈfia]

die Hebamme
la **comadrona**
[komaˈðrona]

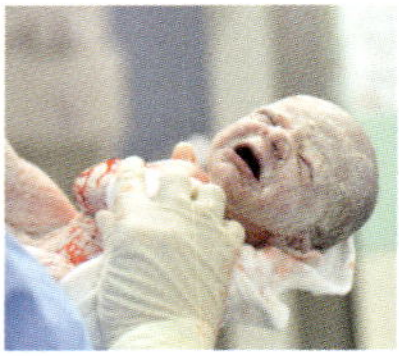

die Geburt
el **nacimiento**
[naθiˈmjen̪to]

schwanger	**embarazada** [embaraˈθaða]
die Wehen	las **contracciones** [kon̪traɣˈθjones]
die Geburt einleiten	**provocar el parto** [proβoˈkar el ˈparto]
pressen	**empujar** [empuˈxar]
die Nabelschnur	el **cordón umbilical** [korˈðon umbiliˈkal]
die Plazenta	la **placenta** [plaˈθen̪ta]
das Fruchtwasser	el **líquido amniótico** [ˈlikiðo amˈnjotiko]
die Fruchtblase	la **bolsa amniótica** [ˈbolsa amˈnjotika]

SCHWANGERSCHAFT UND GEBURT – EMBARAZO Y NACIMIENTO

das Fläschchen
el **biberón**
[biβeˈron]

der Messlöffel
la **cuchara dosificadora**
[kuˈʧara dosifikaˈðora]

das Milchpulver
la **leche en polvo**
[ˈleʧe en ˈpolβo]

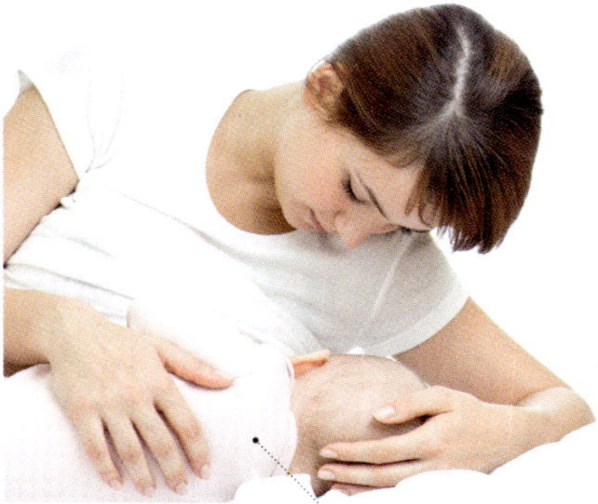

stillen
dar el pecho
[dar el ˈpeʧo]

der Säugling
el **bebé**
[beˈβe]

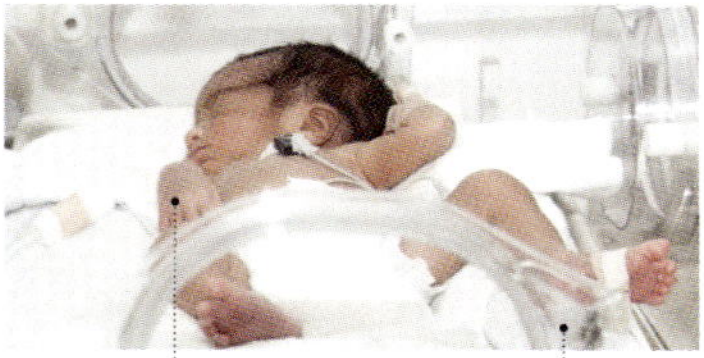

das Frühchen
el **bebé prematuro**
[beˈβe premaˈturo]

der Brutkasten
la **incubadora**
[iŋkuβaˈðora]

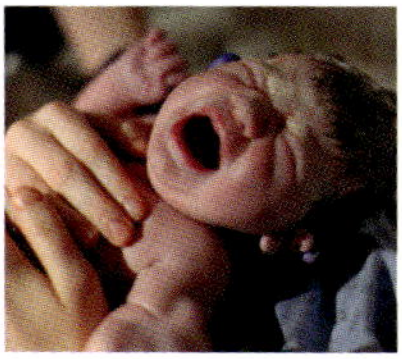

das Neugeborene
el **recién nacido**
[rreˈθjen naˈθiðo]

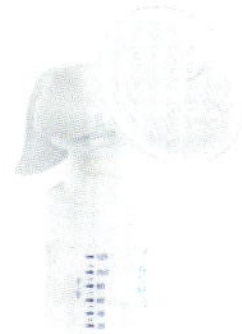

die Milchpumpe
el **sacaleches**
[sakaˈleʧes]

der Kreißsaal	la **sala de partos** [ˈsala de ˈpartos]
der Kaiserschnitt	la **cesárea** [θeˈsarea]
die Frühgeburt	el **parto prematuro** [ˈparto premaˈturo]
die Fehlgeburt	el **aborto (involuntario)** [aˈβorto (imboluṇˈtarjo)]
die eineiigen Zwillinge	los **gemelos (univitelinos)** [xeˈmelos (uniβiteˈlinos)]
die zweieiigen Zwillinge	los **mellizos (bivitelinos)** [meˈʎiθos (biβiteˈlinos)]
das Geburtsgewicht	el **peso al nacer** [ˈpeso al naˈθer]
die Impfung	la **vacuna** [baˈkuna]

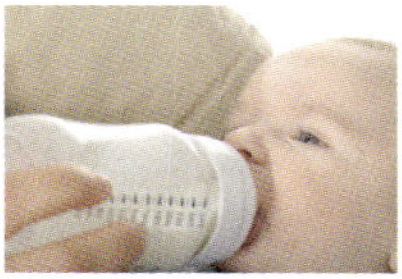

mit der Flasche füttern
darle el biberón
[ˈdarle el biβeˈron]

DER ARZTBESUCH – IR AL MÉDICO

den Blutdruck messen
medir la tensión arterial
[meˈðir la tenˈsjon arteˈrjal]

das Wartezimmer
la **sala de espera**
[ˈsala de esˈpera]

das Rezept
la **receta**
[rreˈθeta]

die Ärztin
la **médica**
[ˈmeðika]

die Patientin
la **paciente**
[paˈθjen̪te]

die Manschette
el **manguito**
[maŋˈgito]

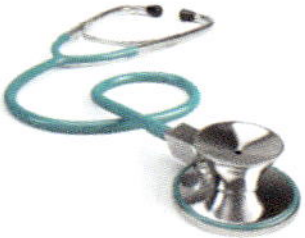

das Stethoskop
el **estetoscopio**
[estetosˈkopjo]

das Sprechzimmer
el **consultorio**
[konsul̪ˈtorjo]

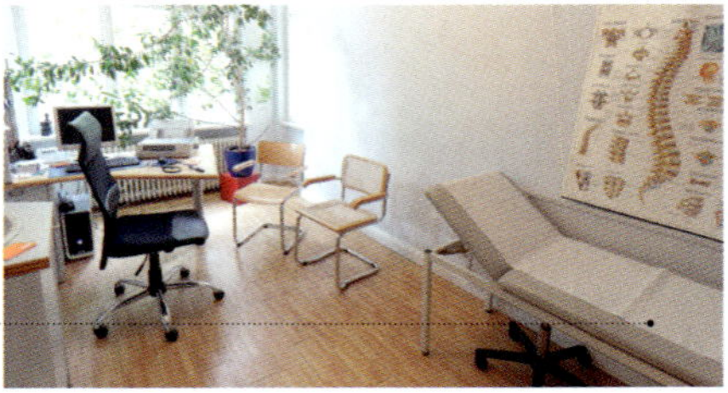

die Untersuchungsliege
la **camilla de examen**
[kaˈmiʎa de eɣˈsamen]

das Blutdruckmessgerät
el **tensiómetro**
[tenˈsjometro]

die Sprechstunde	la **consulta** [konˈsul̪ta]
jemandem Blut abnehmen	**extraerle sangre a alguien** [estraˈerle ˈsaŋgre a ˈalɣjen]
der Termin	la **cita** [ˈθita]
die Behandlung	el **tratamiento** [trataˈmjen̪to]
die Diagnose	el **diagnóstico** [djaɣˈnostiko]
die Überweisung	la **derivación (médica)** [deriβaˈθjon (ˈmeðika)]
die Ergebnisse	los **resultados** [rresul̪ˈtaðos]
die Krankenkasse	la **caja de seguro médico** [ˈkaxa de seˈɣuro ˈmeðiko]

SYMPTOME UND KRANKHEITEN – SÍNTOMAS Y ENFERMEDADES

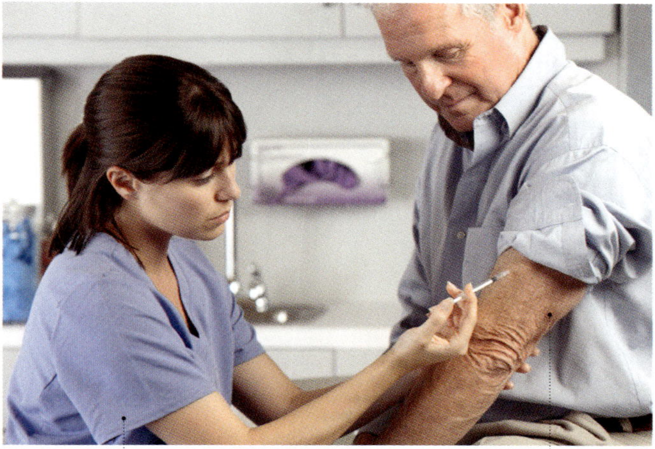

jemandem eine Spritze geben
poner una inyección
[poˈner ˈuna inɟeɣˈθjon]

eine Spritze bekommen
recibir una inyección
[rreθiˈβir ˈuna inɟeɣˈθjon]

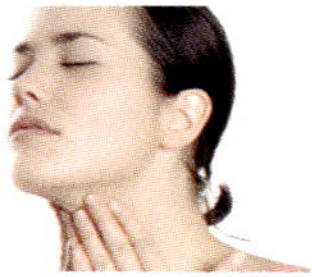

die Halsschmerzen
el **dolor de garganta**
[doˈlor de garˈɣan̪ta]

die Kopfschmerzen
el **dolor de cabeza**
[doˈlor de kaˈβeθa]

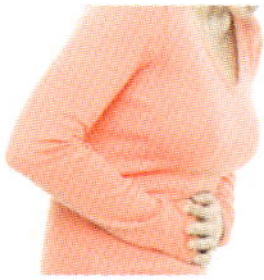

die Magenschmerzen
el **dolor de estómago**
[doˈlor de esˈtomaɣo]

die Zahnschmerzen
el **dolor de muelas**
[doˈlor de ˈmwelas]

das Virus	el **virus** [ˈbirus]
der Infekt	la **infección** [iɱfeɣˈθjon]
die Allergie	la **alergia** [aˈlerxia]
der Hautausschlag	la **erupción cutánea** [eruβˈθjon kuˈtanea]
das Ekzem	el **eccema** [eɣˈθema]
die Migräne	la **migraña** [miˈɣraɲa]
das Nasenbluten	la **hemorragia nasal** [emoˈrraxia naˈsal]
die Bindehautentzündung	la **conjuntivitis** [koŋxun̪tiˈβitis]
die Mittelohrentzündung	la **otitis (media)** [oˈtitis (ˈmeðja)]
der Durchfall	la **diarrea** [djaˈrrea]
die Darmgrippe	la **gastroenteritis** [gastroen̪teˈritis]
der Schwindel	el **mareo** [maˈreo]
die Übelkeit	las **náuseas** [ˈnau̯seas]
der Krampf	el **calambre** [kaˈlambre]
die Bronchitis	la **bronquitis** [broŋˈkitis]
die Blasenentzündung	la **cistitis** [θisˈtitis]

SYMPTOME UND KRANKHEITEN – SÍNTOMAS Y ENFERMEDADES

krank
enfermo (-a)
[eɱˈfermo, -a]

der Schnupfen
el **constipado**
[konstiˈpaðo]

der Husten
la **tos**
[tos]

gesund
sano (-a)
[ˈsano, -a]

die Erkältung
el **resfriado**
[rresfriˈaðo]

die Grippe
la **gripe**
[ˈgripe]

das Niesen
el **estornudo**
[estorˈnuðo]

das Fieber
la **fiebre**
[ˈfjeβre]

der Heuschnupfen
la **fiebre del heno**
[ˈfjeβre del ˈeno]

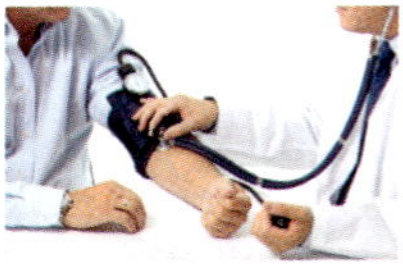

der hohe/niedrige Blutdruck
la **tensión arterial alta/baja**
[tenˈsjon arteˈrjal ˈal̦ta/ˈbaxa]

die Entzündung	la **inflamación** [iɱflamaˈθjon]
die Gürtelrose	la **culebrilla** [kuleˈβriʎa]
die Mangelerscheinung	el **síntoma de deficiencia** [ˈsin̦toma de defiˈθjen̦θja]
die Blutvergiftung	la **septicemia** [septiˈθemja]
die Schuppenflechte	la **(p)soriasis** [(p)soˈrjasis]
die Kinderkrankheit	la **enfermedad infantil** [eɱfermeˈðað iɱfan̦ˈtil]
die Röteln	la **rubeola** [rruβeˈola]
der/das Scharlach	la **escarlatina** [eskarlaˈtina]
die Windpocken	la **varicela** [bariˈθela]
der Mumps	las **paperas** [paˈperas]
der Keuchhusten	la **tos ferina** [tos feˈrina]
die Masern	el **sarampión** [saramˈpjon]
die Kinderlähmung	la **poliomielitis** [poljomjeˈlitis]
der Wundstarrkrampf	**el tétano(s)** [ˈtetano(s)]
die Tuberkulose	**la tuberculosis** [tuβerkuˈlosis]
die Rachitis	**el raquitismo** [rrakiˈtismo]
die Hirnhautentzündung	**la meningitis** [meniŋˈxitis]
die Diphtherie	**la difteria** [difˈterja]
die Tollwut	**la rabia** [ˈrraβja]

SYMPTOME UND KRANKHEITEN – SÍNTOMAS Y ENFERMEDADES

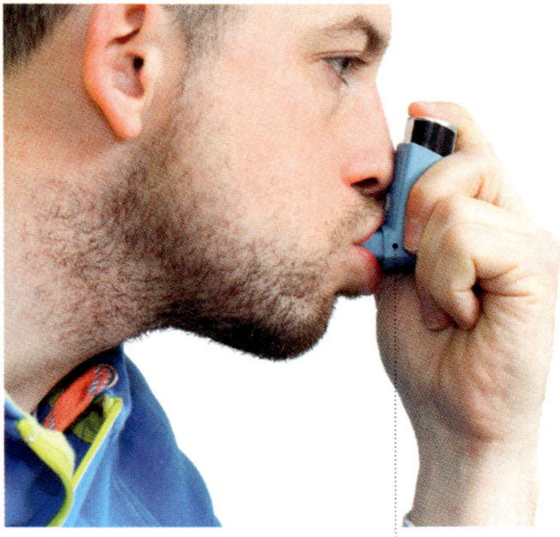

das Asthma
el **asma**
[ˈasma]

der Inhalator
el **inhalador**
[inalaˈðor]

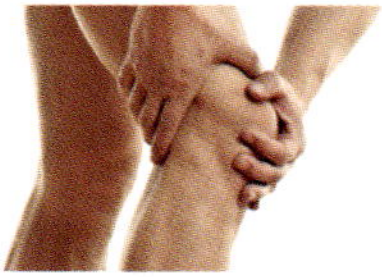

das Rheuma
el **reúma**
[rreˈuma]

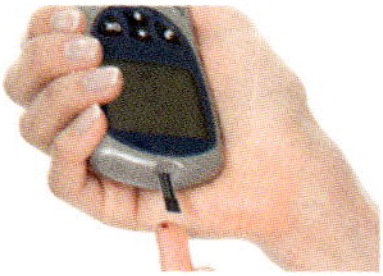

der Diabetes
la **diabetes**
[djaˈβetes]

die Schlafstörung
el **insomnio**
[inˈsomnjo]

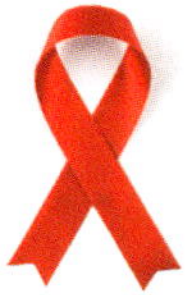

das Aids
el **SIDA**
[ˈsiða]

die Atemnot	la **disnea** [disˈnea]
der Alzheimer	el **alzheimer** [al̩ˈθei̯mer]
die Demenz	la **demencia** [deˈmen̩θja]
die Parkinsonkrankheit	el **párkinson** [ˈparkinson]
der Krebs	el **cáncer** [ˈkan̩θer]
das Geschwür	la **úlcera** [ˈul̩θera]
die Schilddrüsenkrankheit	la **enfermedad de las tiroides** [eɱfermeˈðað de las tiˈroi̯ðes]
der Herzinfarkt	el **infarto de miocardio** [iɱˈfarto de mjoˈkarðjo]
der Schlaganfall	el **ataque de apoplejía** [aˈtake de apopleˈxia]
HIV-positiv/negativ	**seropositivo,-a/seronegativo, -a** [seroposiˈtiβo, -a/roneɣaˈtiβo, -a]
die multiple Sklerose	la **esclerosis múltiple** [eskleˈrosis ˈmul̩tiple]
die Epilepsie	la **epilepsia** [epiˈleβsja]
die Depression	la **depresión** [depreˈsjon]
die Essstörung	el **trastorno de la conducta alimentaria** [trasˈtorno de la kon̩ˈdukta alimen̩ˈtiθja]
die Sucht	la **adicción** [aðiɣˈθjon]

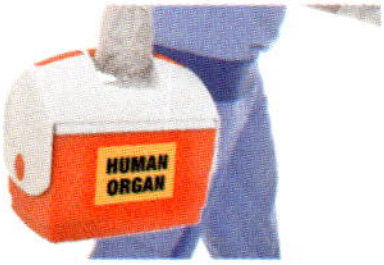

die Transplantation
el **trasplante**
[trasˈplan̩te]

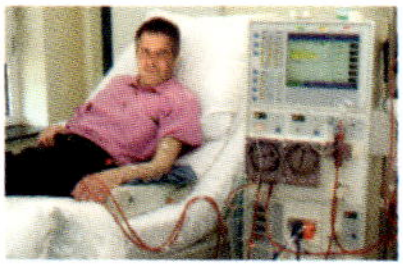

die Dialyse
la **diálisis**
[diˈalisis]

BEHINDERUNGEN – DISCAPACIDADES

der Blindenhund
el **(perro) lazarillo**
[(ˈperro) laθaˈriʎo]

der Blindenstock
el **tiento**
[ˈtjen̪to]

der Rollstuhl
la **silla de ruedas**
[ˈsiʎa de ˈrrweðas]

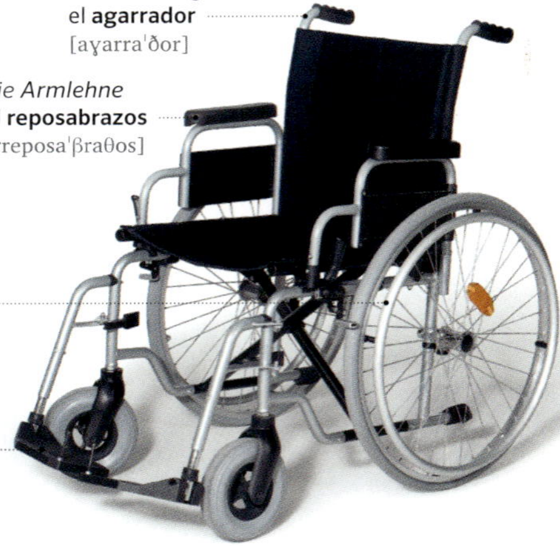

der Schiebegriff
el **agarrador**
[aɣarraˈðor]

die Armlehne
el **reposabrazos**
[rreposaˈβraθos]

der Greifreifen
la **rueda de empuje**
[ˈrrweða de emˈpuxe]

die Fußstütze
el **reposapiés**
[rreposaˈpjes]

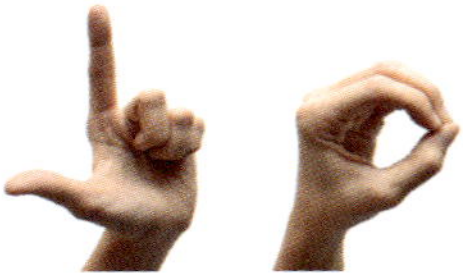

die Gebärdensprache
el **lenguaje de señas**
[leŋˈgwaxe de ˈseɲas]

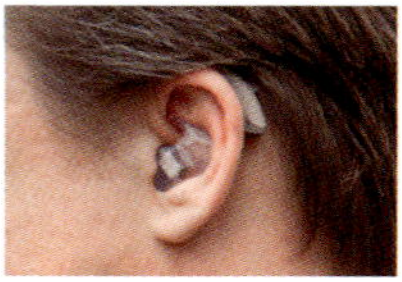

das Hörgerät
el **audífono**
[au̯ˈðifono]

der Rollator
el **andador**
[an̪daˈðor]

die Krücke
la **muleta**
[muˈleta]

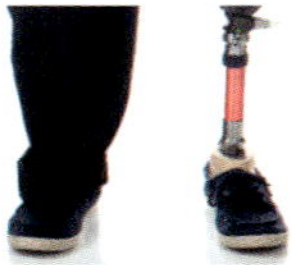

die Prothese
la **prótesis**
[ˈprotesis]

gelähmt	**paralítico, -a** [paraˈlitiko, -a]
die spastische Lähmung	la **parálisis espasmódica** [paˈralisis espasˈmoðika]
hinken	**cojear** [koxeˈar]
blind	**ciego, -a** [ˈθjeɣo, -a]
schwerhörig	**con problemas de audición** [kon proˈβlemas de au̯ðiˈθjon]
gehörlos	**sordo, -a** [ˈsorðo, -a]
behindert	**discapacitado, -a** [diskapaθiˈtaðo, -a]
schwerbehindert	**con discapacidad grave** [kon diskapaθiˈðað ˈgraβe]

VERLETZUNGEN – LESIONES

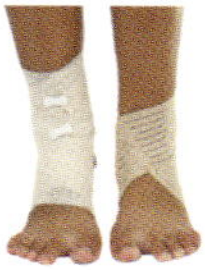

die Verstauchung
el **esguince**
[esˈɣin̯θe]

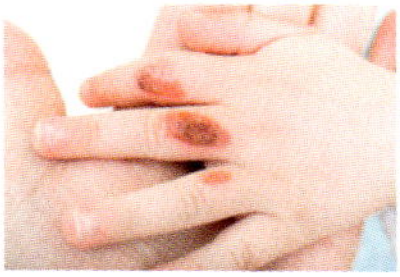

die Verbrennung
la **quemadura**
[kemaˈðura]

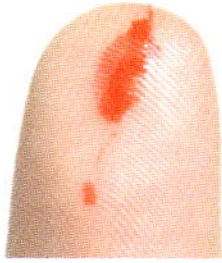

die Schnittwunde
el **corte**
[ˈkorte]

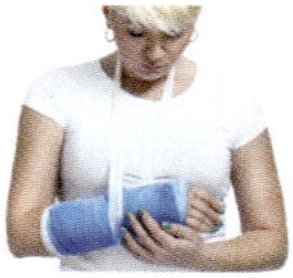

der Knochenbruch
la **fractura**
[frakˈtura]

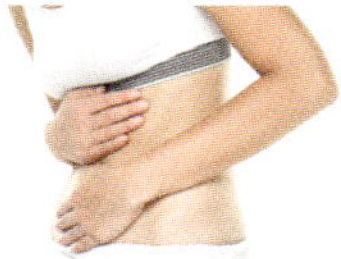

die Vergiftung
la **intoxicación**
[in̯toɣsikaˈθjon]

der Insektenstich
la **picadura de insecto**
[pikaˈðura de inˈsekto]

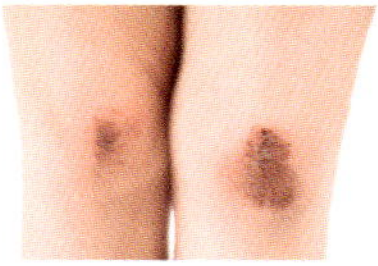

die Schürfwunde
la **rozadura**
[rroθaˈðura]

in Ohnmacht fallen
desmayarse
[desmaˈɟarse]

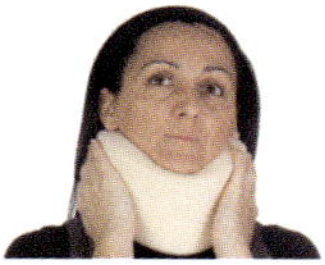

das Schleudertrauma
el **traumatismo cervical**
[trau̯maˈtismo θerβiˈkal]

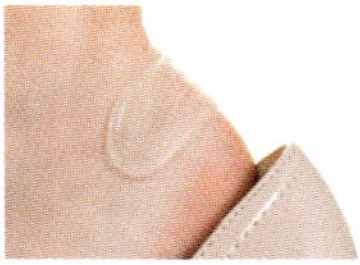

die Blase
la **ampolla**
[amˈpoʎa]

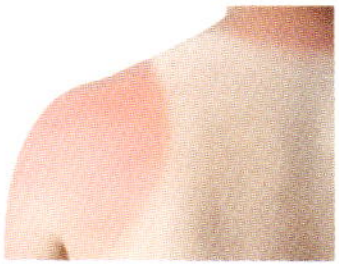

der Sonnenbrand
la **quemadura de sol**
[kemaˈðura de sol]

der Bandscheiben-vorfall
la **hernia discal**
[ˈernja disˈkal]

die Wunde	la **herida** [eˈriða]
die Brandwunde	la **quemadura** [kemaˈðura]
das Blut	la **sangre** [ˈsaŋgre]
bluten	**sangrar** [saŋˈgrar]
die Blutung	la **hemorragia** [emoˈrraxia]
die Gehirnerschütterung	la **conmoción cerebral** [konmoˈθjon θereˈβral]
sich den Arm/einen Wirbel ausrenken	**dislocarse un brazo/una vértebra** [dísloˈkarse un ˈbraθo/ˈuna ˈberteβra]
sich den Fuß verstauchen/brechen	**torcerse/quebrarse un pie** [torˈθerse/keˈβrarse un pje]

der elektrische Schlag
la **descarga eléctrica**
[desˈkarɣa eˈlektrika]

BEIM ZAHNARZT – EN EL DENTISTA

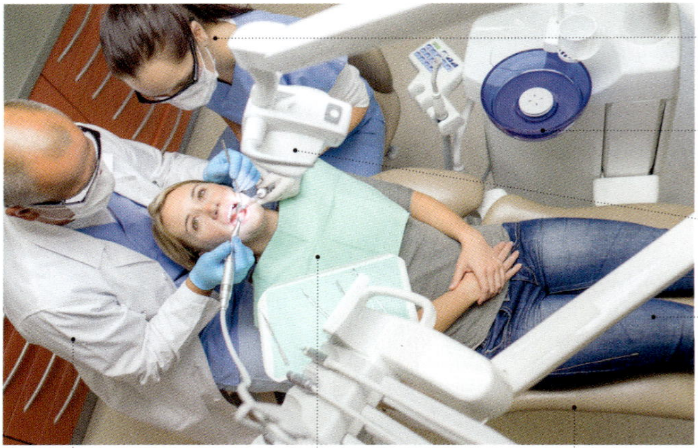

die Zahnarzthelferin
la **auxiliar dental**
[au̯ɣsiˈljar den̪ˈtal]

das Mundspülbecken
la **escupidera**
[eskupiˈðera]

die Behandlungslampe
la **lámpara de dentista**
[ˈlampara de den̪ˈtista]

die Patientin
la **paciente**
[paˈθjen̪te]

der Zahnarzt
el **dentista**
[den̪ˈtista]

der Patientenumhang
el **babero dental**
[baˈβero den̪ˈtal]

der Zahnarztstuhl
el **sillón odontológico**
[siˈʎon oðon̪toˈloxiko]

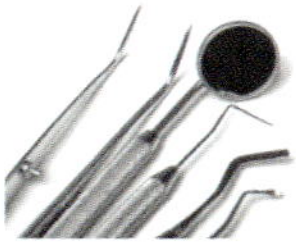

das Zahnarztbesteck
los **instrumentos de dentista**
[instruˈmen̪tos de den̪ˈtista]

der Mundschutz
la **mascarilla**
[maskaˈriʎa]

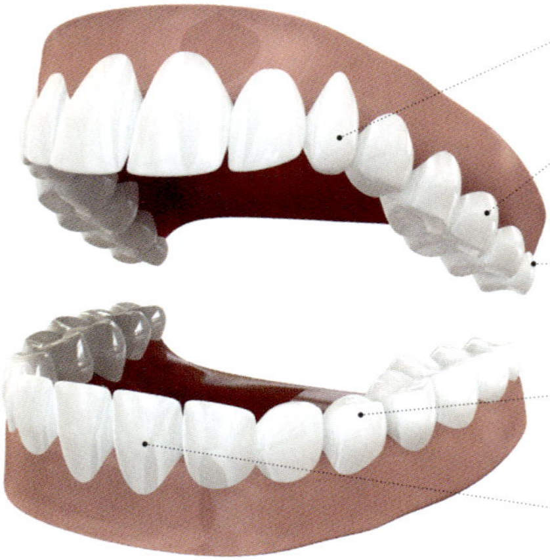

der Eckzahn
el **colmillo**
[kolˈmiʎo]

der hintere Backenzahn
el **molar**
[moˈlar]

der Weisheitszahn
la **muela del juicio**
[ˈmwela del ˈxwiθjo]

der vordere Backenzahn
el **premolar**
[premoˈlar]

der Schneidezahn
el **(diente) incisivo**
[(ˈdjen̪te) in̪θiˈsiβo]

BEIM ZAHNARZT – EN EL DENTISTA

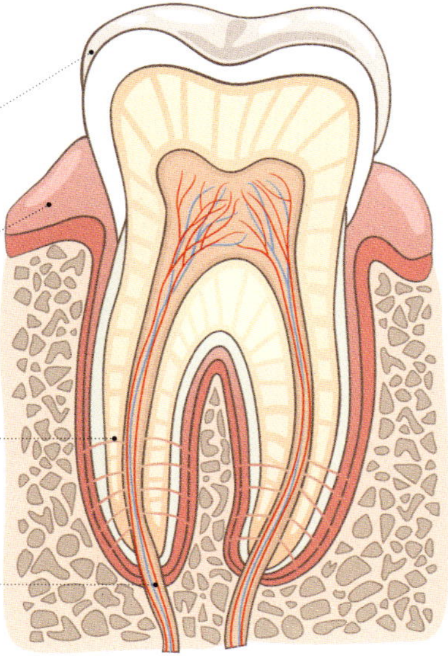

der Zahn
el **diente**
[ˈdjeṇte]

der Zahnschmelz
el **esmalte dental**
[esˈmaḷte deṇˈtal]

das Zahnfleisch
la **encía**
[eṇˈθia]

die Zahnwurzel
la **raíz**
[rraˈiθ]

der Nerv
el **nervio**
[ˈnerβjo]

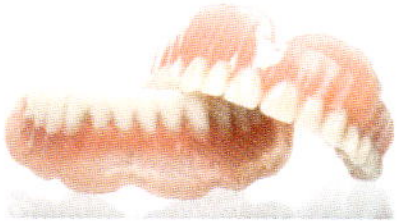

die Zahnprothese
la **prótesis dental**
[ˈprotesis deṇˈtal]

die Knirscherschiene
la **férula oclusal**
[ˈferula okluˈsal]

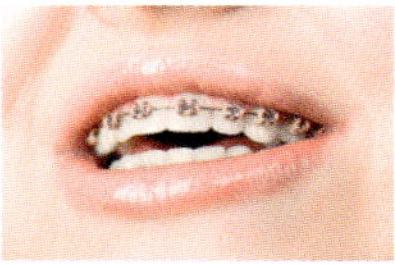

die Zahnspange
la **ortodoncia**
[ortoˈðoṇθja]

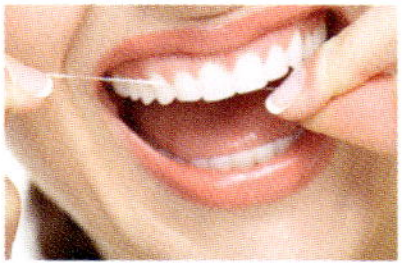

mit Zahnseide reinigen
limpiar con seda dental
[limˈpjar kon ˈseða deṇˈtal]

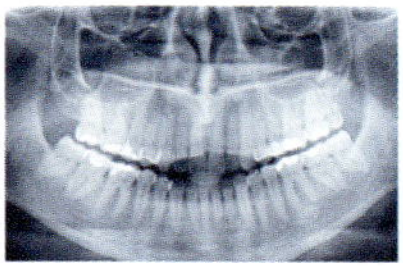

die Röntgenaufnahme
la **radiografía**
[rraðjoɣraˈfia]

die Krone
la **funda**
[ˈfuṇda]

das Implantat	el **implante** [imˈplaṇte]
einen Zahn ziehen	**sacar un diente** [saˈkar un ˈdjeṇte]
die örtliche Betäubung	la **anestesia local** [anesˈtesja loˈkal]
die Mundhygiene	la **higiene bucal** [iˈxjene buˈkal]
der Zahnbelag	la **placa dental** [ˈplaka deṇˈtal]
die Karies	la **caries** [ˈkarjes]
die Zahnfüllung	el **empaste** [emˈpaste]
die Wurzelbehandlung	el **tratamiento de la raíz** [trataˈmjeṇto de la rraˈiθ]

das Mundwasser
el **enjuague bucal**
[eŋˈxwaɣe buˈkal]

BEIM AUGENOPTIKER – EN LA ÓPTICA

das Auge
el **ojo**
[ˈoxo]

die Pupille
la **pupila**
[puˈpila]

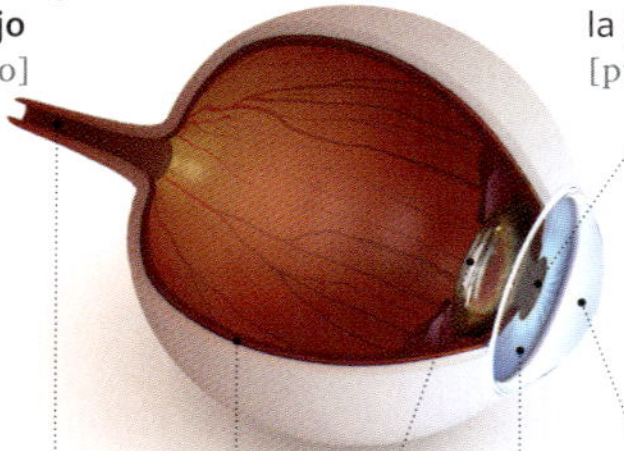

der Sehnerv
el **nervio óptico**
[ˈnerβjo ˈoptiko]

die Linse
el **cristalino**
[kristaˈlino]

die Hornhaut
la **córnea**
[ˈkornea]

die Netzhaut
la **retina**
[rreˈtina]

die Iris
el **iris**
[ˈiris]

die Brille
la(s) **gafa(s)**
[ˈgafa(s)]

das Brillengestell
la **montura**
[moṇˈtura]

das Brillenglas
el **cristal**
[krisˈtal]

der Kontaktlinsenbehälter
el **recipiente**
[rreθiˈpjeṇte]

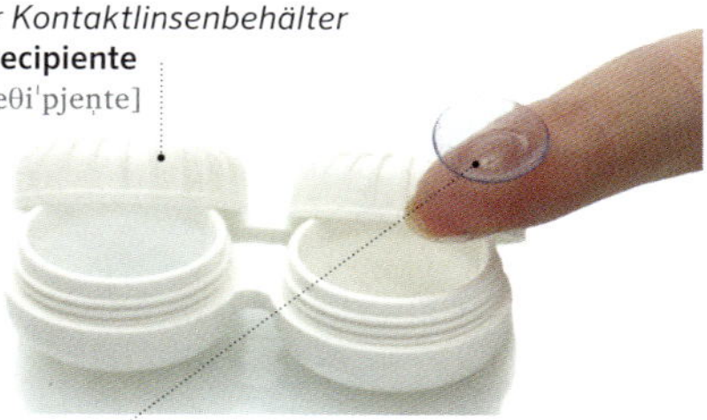

die Kontaktlinse
la **lente de contacto**
[ˈleṇte de koṇˈtakto]

die Optikerin
la **óptica**
[ˈoptika]

der Sehtest
el **examen de la vista**
[eɣˈsamen de la ˈbista]

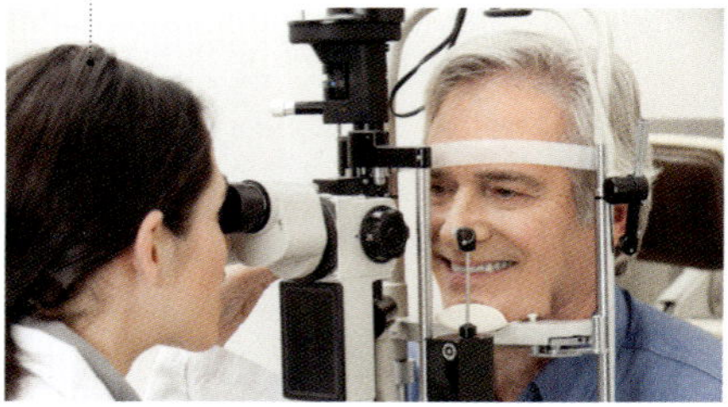

das Brillenputztuch	el **paño de las gafas** [ˈpaɲo de las ˈgafas]
die Augentropfen	las **gotas para los ojos** [ˈgotas ˈpara los ˈoxos]
die Lesebrille	las **gafas para leer** [ˈgafas ˈpara leˈer]
weitsichtig	**hipermétrope** [iperˈmetrope]
kurzsichtig	**miope** [miˈope]
die Gleitsichtbrille	las **gafas progresivas** [ˈgafas proɣreˈsiβas]
der graue Star	la **catarata** [kataˈrata]
der grüne Star	el **glaucoma** [glau̯ˈkoma]

IM KRANKENHAUS – EN EL HOSPITAL

das Krankenzimmer
la **habitación**
[aβitaˈθjon]

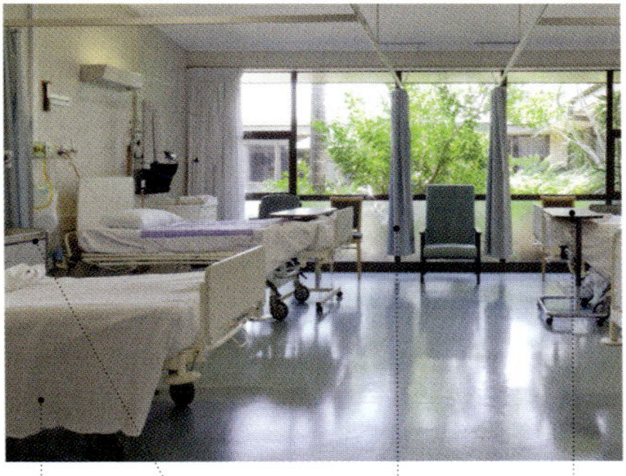

der Nachttisch
la **mesita**
[meˈsita]

der Krankentisch
el **atril**
[aˈtril]

das Krankenhausbett
la **cama**
[ˈkama]

der Trennvorhang
la **cortina**
[korˈtina]

das Einzelzimmer
la **habitación individual**
[aβitaˈθjon iṇdiβiˈðwal]

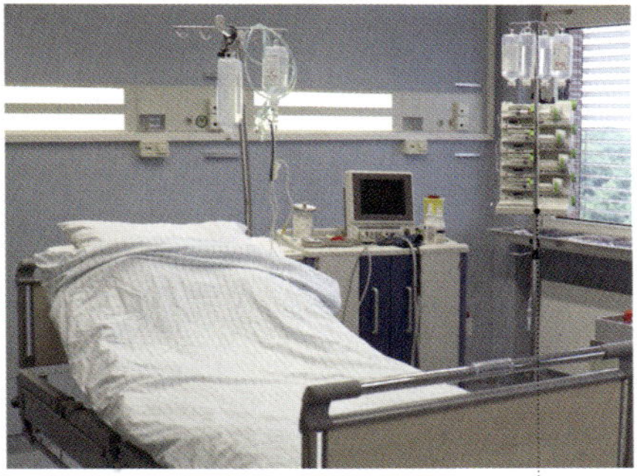

der Infusionsständer
el **atril**
[aˈtril]

aufgenommen werden	**hacer el ingreso** [aˈθer el iŋˈgreso]
entlassen werden	**recibir el alta** [rreθiˈβir el ˈal̦ta]
der ambulante Patient	el **paciente ambulante** [paˈθjeṇte ambuˈlaṇte]
der stationäre Patient	el **paciente hospitalizado** [paˈθjeṇte ospitaliˈθaðo]
die Besuchszeiten	las **horas de visita** [ˈoras de biˈsita]
die Kinderstation	la **planta infantil** [ˈplaṇta iɱfaṇˈtil]
die Neurologie	la **neurología** [neu̯roloˈxia]
die Onkologie	la **oncología** [oŋkoloˈxia]
die Orthopädie	la **traumatología y ortopedia** [trau̯matoloˈxia i ortoˈpeðja]
die Kardiologie	la **cardiología** [karðjoloˈxia]
die Gastroenterologie	la **gastroenterología** [gastroeṇteroloˈxia]
die Gynäkologie	la **ginecología** [xinekoloˈxia]
die Abteilung für Hals-Nasen-Ohrenheilkunde	la **unidad de otorrinolaringología** [uniˈðað de otorrinolariŋgoloˈxia]
die Quarantäne	la **cuarentena** [kwareṇˈtena]

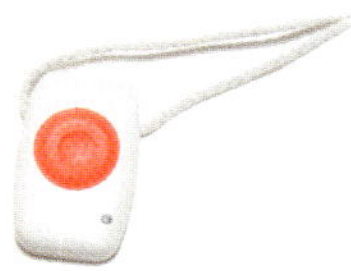

der Notrufknopf
el **botón de alarma**
[boˈton de aˈlarma]

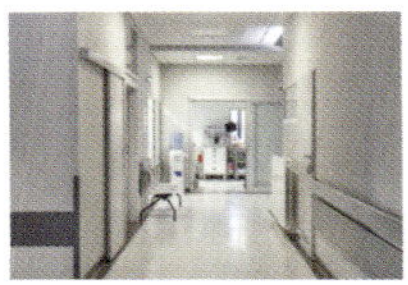

die Station
la **planta**
[ˈplaṇta]

IM KRANKENHAUS – EN EL HOSPITAL

Die Chirurgie – La cirugía

die Operation
la **operación**
[opera'θjon]

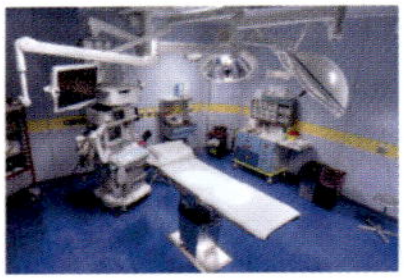

der Operationssaal
el **quirófano**
[ki'rofano]

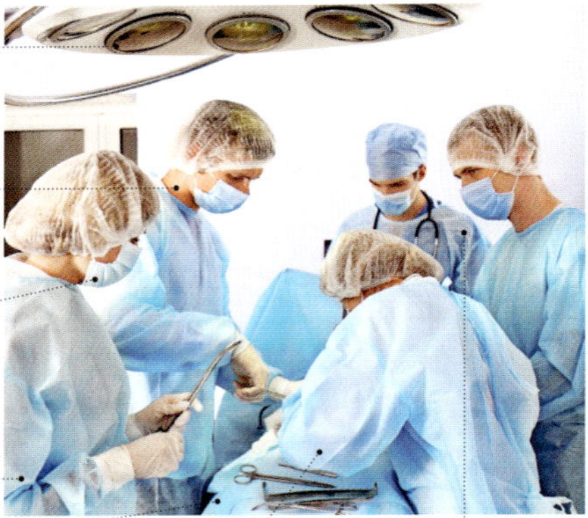

die Operationsleuchte
la **lámpara quirúrgica**
['lampara ki'rurxika]

der Chirurg
el **cirujano**
[θiru'xano]

der Mundschutz
la **mascarilla**
[maska'riʎa]

die OP-Schwester
la **auxiliar de quirófano**
[au̯ɣsi'ljar de ki'rofano]

der Operationstisch
la **mesa de operaciones**
['mesa de opera'θjones]

der OP-Mantel
la **bata quirúrgica**
['bata ki'rurxika]

der Anästhesist
el **anestesista**
[aneste'sista]

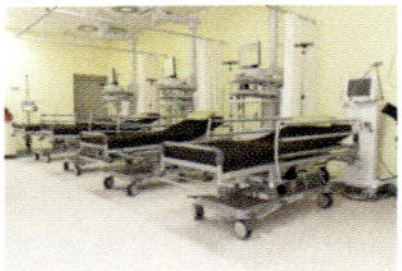

der Aufwachraum
la **sala de reanimación**
['sala de rreanima'θjon]

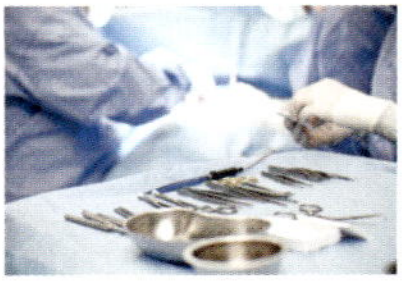

das Operationsbesteck
los **instrumentos para operar**
[instru'mentos 'para ope'rar]

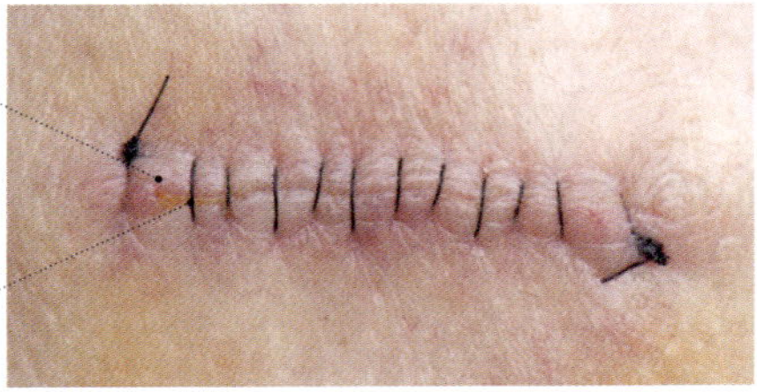

die Narbe
la **cicatriz**
[θika'triθ]

die Fäden
los **puntos**
['puntos]

die Lokalanästhesie	la **anestesia local** [anes'tesja lo'kal]
die Vollnarkose	la **anestesia total** [anes'tesja to'tal]
die Rehabilitation	la **rehabilitación** [rreaβilita'θjon]
die medizinische Nachversorgung	la **atención médica de seguimiento** [aten'θjon 'meðika de seɣi'mjento]
die Bettruhe	el **reposo en cama** [rre'poso en 'kama]
die Genesung	la **convalecencia** [kombale'θenθja]
tot	**muerto, -a** ['mwerto, -a]
der Tod	la **muerte** ['mwerte]

IM KRANKENHAUS – EN EL HOSPITAL

Die Unfallstation – Unidad de emergencia

die Intensivstation
la **unidad de cuidados intensivos**
[uniˈðað de kwiˈðaðos inṭenˈsiβos]

die Notaufnahme
las **urgencias**
[urˈxeṇθjas]

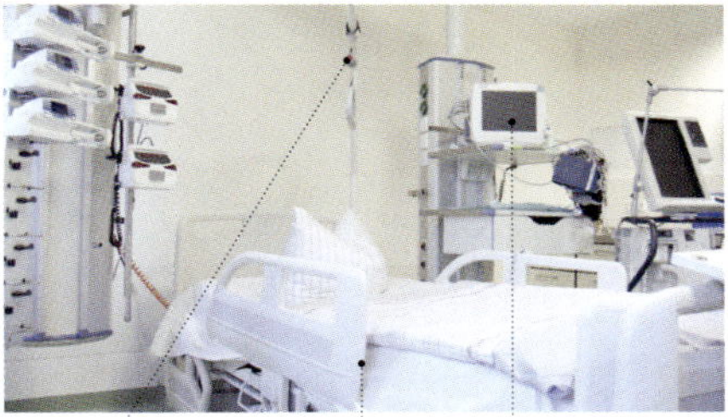

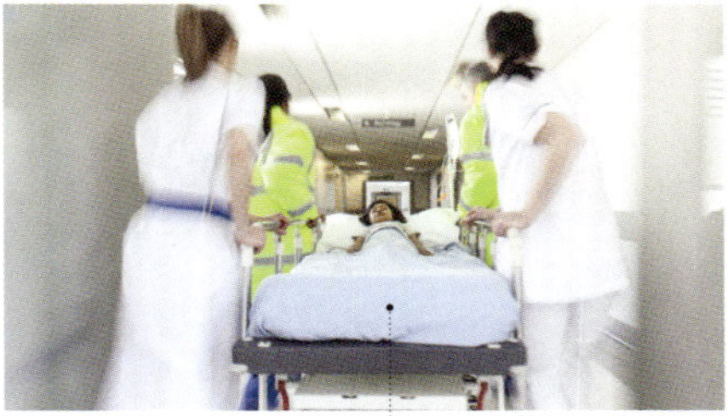

der Rufknopf
el **botón de llamada**
[boˈton de ʎaˈmaða]

der Herzmonitor
el **monitor cardíaco**
[moniˈtor karˈðiako]

die Fahrtrage
la **camilla**
[kaˈmiʎa]

das Krankenhausbett
la **cama**
[ˈkama]

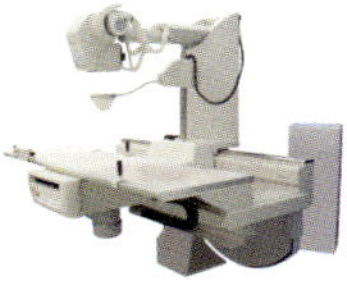

das Röntgengerät
la **máquina de rayos X**
[ˈmakina de ˈrraɟos ˈekis]

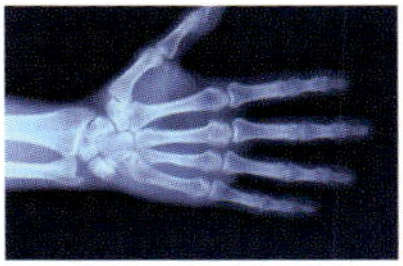

das Röntgenbild
la **radiografía**
[rraðjoɣraˈfia]

der Warteraum
la **sala de espera**
[ˈsala de esˈpera]

die Oberärztin
la **médico/-a jefe**
[ˈmeðiko/-a ˈxefe]

die Computertomografie	la **tomografía axial computarizada** [tomoɣraˈfia aɣˈsjal komputariˈθaða]
die Strahlung	la **radiación** [rraðjaˈθjon]
eine Diagnose stellen	**hacer un diagnóstico** [aˈθer un djaɣˈnostiko]
das Koma	el **coma** [ˈkoma]
bewusstlos	**inconsciente** [iŋkonsˈθjeṇte]
die Beatmung	la **respiración (asistida)** [rrespiraˈθjon (asisˈtiða)]
wieder zu Bewusstsein kommen	**recuperar la consciencia** [rrekupeˈrar la konsˈθjeṇθja]
wieder gesund werden	**recobrar la salud** [rrekoˈβrar la saˈluð]

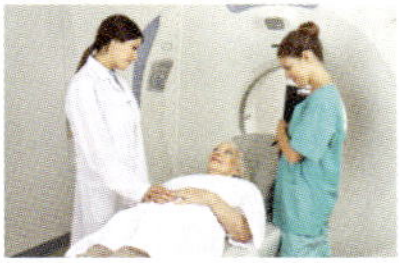

die Kernspintomografie
la **(tomografía por) resonancia magnética**
[(tomoɣraˈfia por) rresoˈnaṇθja maɣˈnetika]

DIE APOTHEKE – LA FARMACIA

das Medikament
el **medicamento**
[meðikaˈmeṇto]

die Kapsel
la **cápsula**
[ˈkaβsula]

der Hustensaft
el **jarabe para la tos**
[xaˈraβe ˈpara la tos]

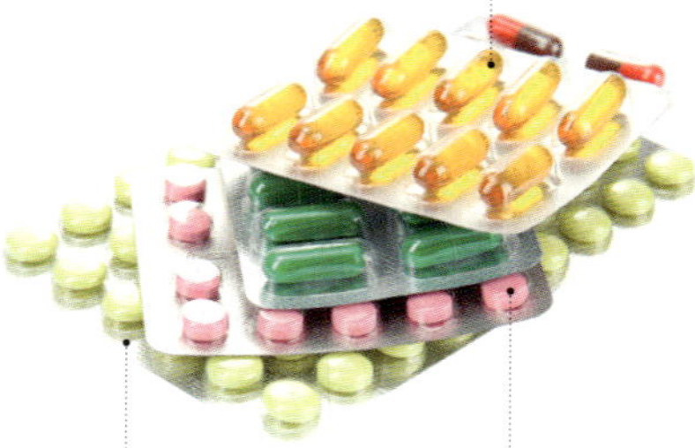

die Sichtverpackung
el **blíster**
[ˈblister]

die Tablette
la **pastilla**
[pasˈtiʎa]

die Dosierung
la **dosis**
[ˈdosis]

der Messbecher
el **vaso medidor**
[ˈbaso meðiˈðor]

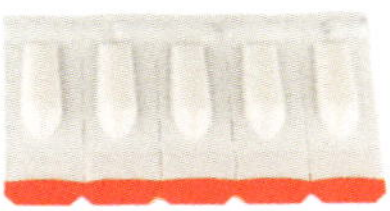

das Zäpfchen
el **supositorio**
[suposiˈtorjo]

die Salbe
la **pomada**
[poˈmaða]

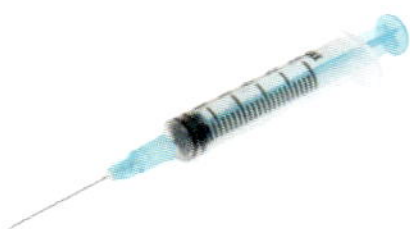

die Spritze
la **jeringa**
[xeˈriŋga]

die Apothekerin
la **farmacéutica**
[farmaˈθeu̯tika]

die Tropfen
las **gotas**
[ˈgotas]

der/das Spray
el **espray**
[esˈprai̯]

die Vitamintablette
la **pastilla de vitaminas**
[pasˈtiʎa de bitaˈminas]

die Brausetablette
la **pastilla efervescente**
[pasˈtiʎa eferβesˈθeṇte]

DIE APOTHEKE – LA FARMACIA

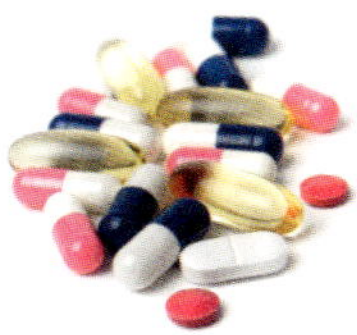

das Nahrungsergänzungsmittel
el **complemento alimenticio**
[kompleˈmen̪to alimen̪ˈtiθjo]

das Sonnenschutzmittel
la **protección solar**
[proteɣˈθjon soˈlar]

der/das Mückenspray
el **espray insecticida**
[esˈprai̯ insektiˈθiða]

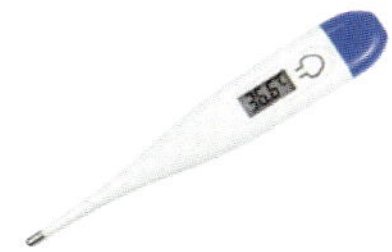

das/der Fieberthermometer
el **termómetro**
[terˈmometro]

die Nagelfeile
la **lima de uñas**
[ˈlima de ˈuɲas]

der Tampon
el **tampón**
[tamˈpon]

die Slipeinlage
el **protegeslip**
[protexesˈlip]

das Feuchttuch
la **toallita húmeda**
[toaˈʎita ˈumeða]

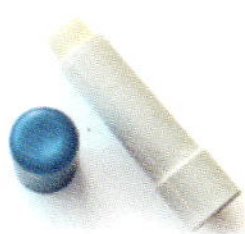

der Lippenpflegestift
el **bálsamo labial**
[ˈbalsamo laˈβjal]

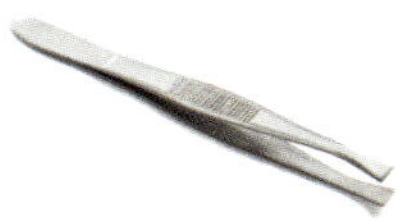

die Pinzette
la(s) **pinza(s)**
[ˈpin̪θa(s)]

das Deodorant
el **desodorante**
[desoðoˈran̪te]

das/der Hustenbonbon
la **pastilla para la tos**
[pasˈtiʎa ˈpara la tos]

das Symptom	el **síntoma** [ˈsin̪toma]
die Nebenwirkung	el **efecto secundario** [eˈfekto sekun̪ˈdarjo]
der Beipackzettel	el **prospecto** [prosˈpekto]
die Hautpflege	el **cuidado de la piel** [kwiˈðaðo de la pjel]
das Schmerzmittel	el **analgésico** [analˈxesiko]
das Beruhigungsmittel	el **tranquilizante** [traŋkiliˈθan̪te]
die Schlaftablette	el **somnífero** [somˈnifero]
das Verfallsdatum	la **fecha de caducidad** [ˈfetʃa de kaðuθiˈðað]

der Ohrstöpsel
el **tapón para los oídos**
[taˈpon ˈpara los oˈiðos]

DIE ALTERNATIVMEDIZIN – LA MEDICINA ALTERNATIVA

die Meditation
la **meditación**
[meðita'θjon]

das Yoga
el **yoga**
['ɟoɣa]

das Tai-Chi
el **tai-chi**
[tai'-ʧi]

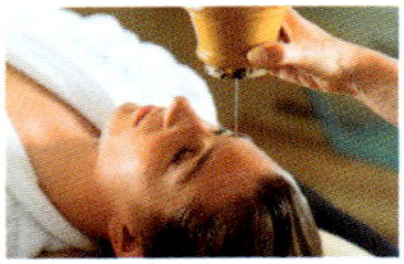

das Ayurveda
el **ayurveda**
[aɟur'βeða]

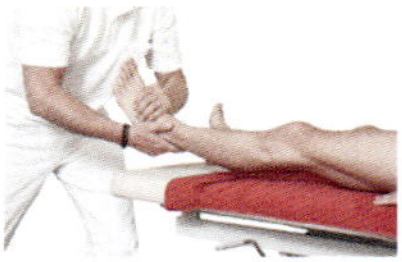

die Osteopathie
la **osteopatía**
[osteopa'tia]

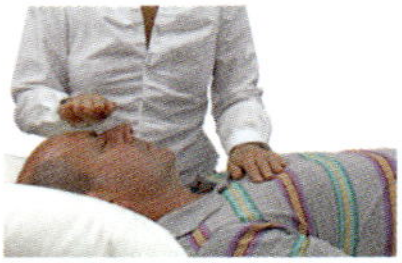

das Reiki
el **reiki**
['rreiki]

die Massage
el **masaje**
[ma'saxe]

die Hypnose
la **hipnosis**
[iβ'nosis]

die traditionelle chinesische Medizin
la **medicina tradicional china**
[meði'θina traðiθjo'nal 'ʧina]

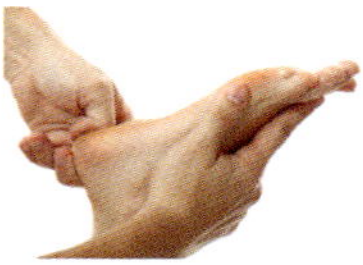

die Fußreflexzonen-massage
el **masaje de reflexología podal**
[ma'saxe de rrefleɣsolo'xia po'ðal]

das homöopathische Heilmittel
el **remedio homeopático**
[re'meðjo omeo'patiko]

die Kräuterheilkunde
la **herbología**
[erβolo'xia]

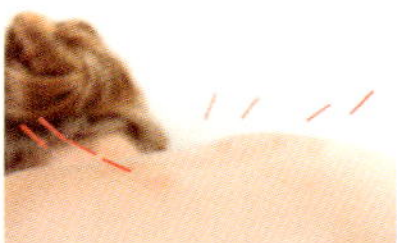

die Akupunktur
la **acupuntura**
[akupuṇ'tura]

die Kur	la **cura** ['kura]
die Palliativmedizin	la **medicina paliativa** [meði'θina palja'tiβa]
die Entspannung	la **relajación** [rrelaxa'θjon]
die Entgiftung	la **detoxificación** [detoɣsifika'θjon]
die Entziehungskur	la **cura de desintoxicación** ['kura de desiṇtoɣsika'θjon]
einen Entzug machen	**estar desintoxicándose** [es'tar desiṇtoɣsikaṇ'ðose]
die Therapie	la **terapia** [te'rapja]
die Lichttherapie	la **fototerapia** [fotote'rapja]

WELLNESS – WELLNESS

die Gesichtsbehandlung
el **tratamiento facial**
[trataˈmjento faˈθjal]

die Kosmetikerin
la **esteticista**
[estetiˈθista]

die Gesichtsmaske
la **mascarilla facial**
[maskaˈriʎa faˈθjal]

die Sauna
la **sauna**
[ˈsau̯na]

der Ofen
la **estufa**
[esˈtufa]

die Bank
el **banco**
[ˈbaŋko]

der Kopfkeil
el **cabezal**
[kaβeˈθal]

der Aufgusskübel
el **balde**
[ˈbal̪de]

der Ruheraum
la **sala de relax**
[ˈsala de rreˈlaɣs]

das Mineralbad
el **baño mineral**
[ˈbaɲo mineˈral]

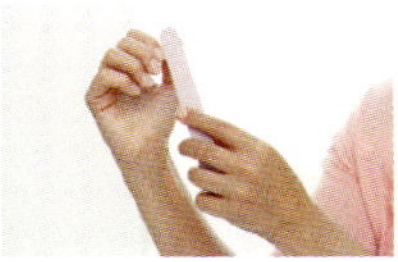

die Maniküre
la **manicura**
[maniˈkura]

die Pediküre
la **pedicura**
[peðiˈkura]

die Wachsenthaarung	la **depilación a la cera** [depilaˈθjon a la ˈθera]
das Dampfbad	el **baño turco** [ˈbaɲo ˈturko]
der Aufguss	la **humidificación** [umiðifikaˈθjon]
das Peeling	la **exfoliación** [esfoljaˈθjon]
der Teint	la **tez** [teθ]
reinigen	**limpiar** [limˈpjar]
Ich habe empfindliche/ trockene Haut.	**Tengo la piel sensible/seca.** [ˈteŋgo la pjel senˈsiβle/ˈseka]
Ich habe fettige/normale Haut.	**Tengo la piel grasa/normal.** [ˈteŋgo la pjel ˈgrasa/norˈmal]

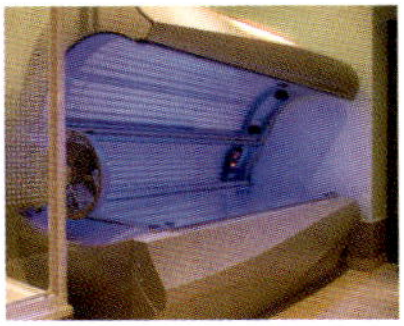

das Solarium
el **solárium**
[soˈlarium]

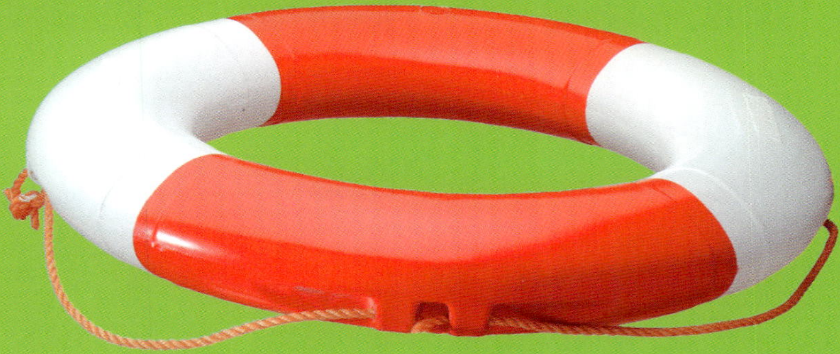

NOTFÄLLE

EMERGENCIAS

ERSTE HILFE – PRIMEROS AUXILIOS

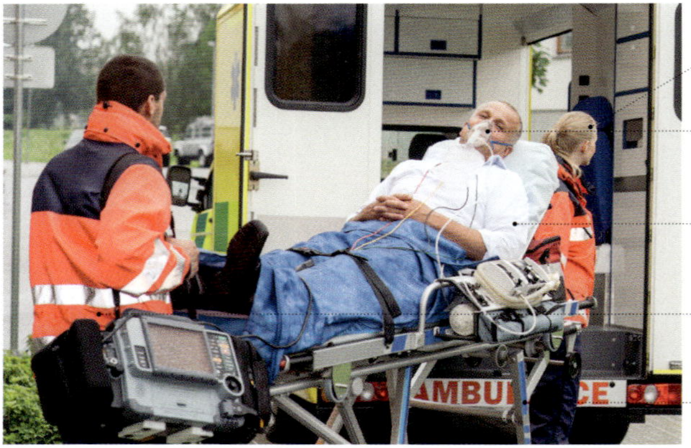

der Rettungswagen
la **ambulancia**
[ambuˈlaṇθja]

die Sanitäterin
la **sanitaria**
[saniˈtarja]

die Sauerstoffmaske
la **mascarilla de oxígeno**
[maskaˈriʎa de oɣˈsixeno]

das Unfallopfer
la **víctima (del accidente)**
[ˈbiktima (del aɣθiˈðeṇte)]

der Sanitäter
el **sanitario**
[saniˈtarjo]

die Trage
la **camilla**
[kaˈmiʎa]

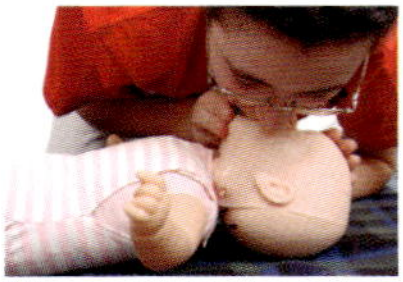

die Mund-zu-Mund-Beatmung
la **respiración boca a boca**
[rrespiraˈθjon ˈboka a ˈboka]

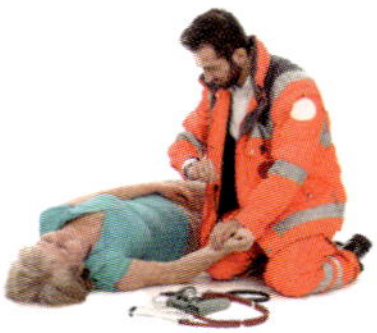

die Pulsmessung
tomar el pulso
[toˈmar el ˈpulso]

die stabile Seitenlage
la **posición lateral de seguridad**
[posiˈθjon lateˈral de seɣuriˈðað]

der Unfallort
el **lugar del accidente**
[luˈɣar del aɣθiˈðeṇte]

der Rettungsdienst
el **servicio de emergencia**
[serˈβiθjo de emerˈxeṇθja]

der Defibrillator
el **desfibrilador**
[desfiβrilaˈðor]

der Unfall	el **accidente** [aɣθiˈðeṇte]
die Wiederbelebung	la **reanimación** [rreanimaˈθjon]
die Herzdruckmassage	el **masaje cardíaco** [maˈsaxe karˈðiako]
der Puls	el **pulso** [ˈpulso]
bewusstlos	**inconsciente** [iŋkonsˈθjeṇte]
erste Hilfe leisten	**prestar primeros auxilios** [presˈtar priˈmeros auɣˈsiljos]
der Notarzt	el **médico de urgencia** [ˈmeðiko de urˈxeṇθja]
die Notärztin	la **médico/-a de urgencia** [ˈmeðiko/-a de urˈxeṇθja]

ERSTE HILFE – PRIMEROS AUXILIOS

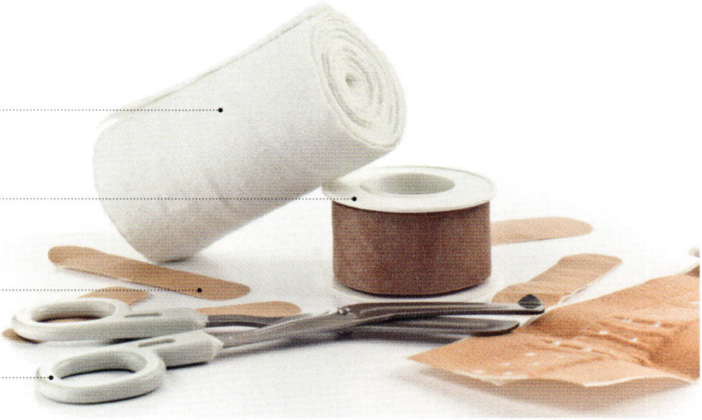

das Verbandszeug
los **vendajes y apósitos**
[beṇˈdaxes i aˈpositos]

der Verband
la **venda**
[ˈbeṇda]

das Leukoplast®
el **esparadrapo**
[esparaˈðrapo]

das Pflaster
el **apósito adhesivo**
[aˈposito aðeˈsiβo]

die Verbandschere
la(s) **tijera(s)**
[tiˈxera(s)]

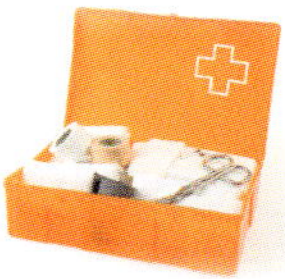

der Erste-Hilfe-Kasten
el **botiquín de primeros auxilios**
[botiˈkin de priˈmeros au̯ɣˈsiljos]

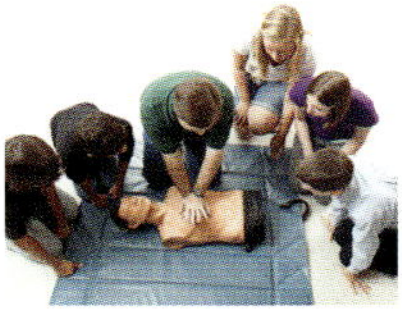

der Erste-Hilfe-Kurs
el **cursillo de primeros auxilios**
[kurˈsiʎo de priˈmeros au̯ɣˈsiljos]

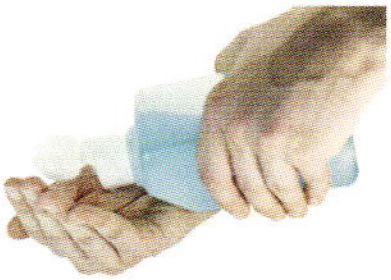

das Desinfektions-mittel
el **desinfectante**
[desiɱfekˈtaṇte]

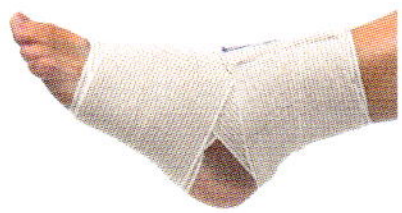

die Bandage
el **vendaje**
[beṇˈdaxe]

steril	**aséptico, -a** [aˈseptiko, -a]
überleben	**sobrevivir** [soβreβiˈβir]
traumatisiert	**traumatizado, -a** [trau̯matiˈθaðo, -a]
unter Schock stehen	**estar en estado de choque** [esˈtar en esˈtaðo de ˈʧoke]
der Schock	el **shock** [ʃok]
die Blutspende	la **donación de sangre** [donaˈθjon de ˈsaŋgre]
die Organspende	la **donación de órganos** [donaˈθjon de ˈorɣanos]
das Adrenalin	la **adrenalina** [aðrenaˈlina]

die Mullbinde
la **gasa**
[ˈgasa]

DIE POLIZEI – LA POLICÍA

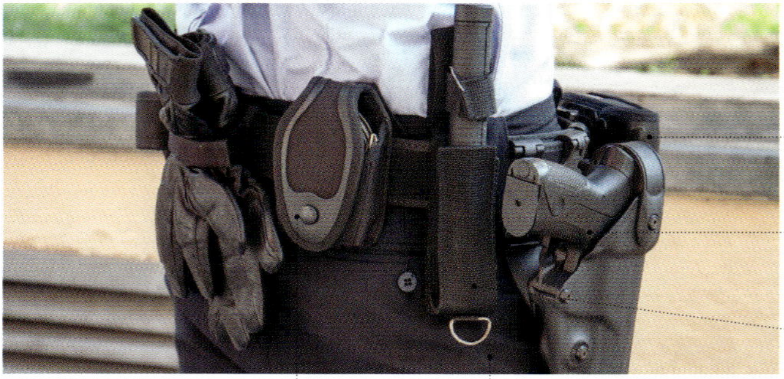

der Dienstgürtel
el **cinturón de servicio**
[θiṇtuˈron de serˈβiθjo]

das Handfunkgerät
el **walkie-talkie**
[ˈwalki-ˈtalki]

die Pistole
la **pistola**
[pisˈtola]

der Schlagstock
la **porra**
[ˈporra]

die Handschellen
las **esposas**
[esˈposas]

die Uniform
el **uniforme**
[uniˈforme]

der Fingerabdruck
la **huella dactilar**
[ˈweʎa daktiˈlar]

der Tatort
el **lugar de los hechos**
[luˈɣar de los ˈeʧos]

die Polizistin
la **(agente de) policía**
[(aˈxeṇte de) poliˈθia]

der Polizist
el **(agente de) policía**
[(aˈxeṇte de) poliˈθia]

das Polizeiabzeichen
la **placa de policía**
[ˈplaka de poliˈθia]

der Zeuge	el **testigo** [tesˈtiɣo]
die Zeugin	la **testigo** [tesˈtiɣo]
der Verbrecher	el **delincuente** [deliŋˈkweṇte]
die Verbrecherin	la **delincuente** [deliŋˈkweṇte]
der Kriminalbeamte	el **agente de la policía judicial** [aˈxeṇte de la poliˈθia xuðiˈθjal]
die Kriminalbeamtin	**la agente de la policía judicial** [inspekˈtor]
der/die Verdächtige	**el, la sospechoso, -a** [sospeˈʧoso, -a]
die Ermittlung	**la investigación** [imbestiɣaˈθjon]

DIE POLIZEI – LA POLICÍA

das Polizeiauto
el **coche de policía**
[ˈkotʃe de poliˈθia]

die Lichtleiste
el **puente de luces**
[ˈpweṇte ˈluθes]

das Martinshorn
la **sirena**
[siˈrena]

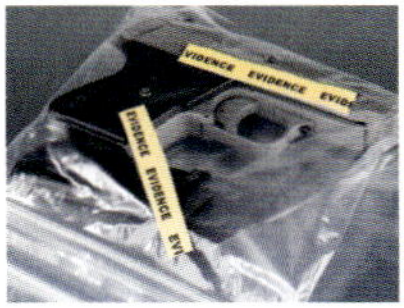

das Beweisstück
el **objeto probatorio**
[oβˈxeto proβaˈtorjo]

das Gefängnis
la **cárcel**
[ˈkarθel]

der Einbruch
el **asalto con allanamiento**
[aˈsaḷto kon aʎanaˈmjeṇto]

der Diebstahl
el **robo**
[ˈrroβo]

die Festnahme
la **detención**
[deteṇˈθjon]

die Gewalt
la **violencia**
[bjoˈleṇθja]

der Raubüberfall
el **atraco**
[aˈtrako]

der Taschendiebstahl
el **hurto de cartera**
[ˈurto de karˈtera]

die Entführung
el **secuestro**
[seˈkwestro]

die Straftat	el **delito** [deˈlito]
die Körperverletzung	la **agresión con lesiones** [aɣreˈsjon kon leˈsjones]
die Vergewaltigung	la **violación** [bjolaˈθjon]
der Mord	el **asesinato** [asesiˈnato]
der Überfall	el **asalto** [aˈsaḷto]
fliehen	**escapar** [eskaˈpar]
belästigen	**molestar, acosar** [molesˈtar, akoˈsar]
die Schuld	la **culpabilidad** [kulpaβiliˈðað]

die Polizeiabsperrung
el **acordonamiento policial**
[akorðonaˈmjeṇto poliˈθjal]

DIE FEUERWEHR – LOS BOMBEROS

der Feuerlöscher
el **extintor**
[estiṇˈtor]

der Hydrant
la **boca de incendio**
[ˈboka de iṇˈθeṇdjo]

der Feuerwehrmann
el **bombero**
[bomˈbero]

das Visier
la **visera**
[biˈsera]

der Feuerwehrhelm
el **casco de bombero**
[ˈkasko de bomˈbero]

die Feuerwehrschutzjacke
la **parka de intervención**
[ˈparka de iṇterβeṇˈθjon]

der Reflexstreifen
la **tira reflectante**
[ˈtira rreflekˈtaṇte]

der Feuerwehrschlauch
la **manguera**
[maŋˈgera]

die Brandbekämpfung
la **lucha contra incendios**
[ˈlutʃa ˈkoṇtra iṇˈθeṇdjos]

der Notausgang
la **salida de emergencia**
[saˈliða de emerˈxeṇθja]

die Feuerwache
la **estación de bomberos**
[estaˈθjon de bomˈberos]

das Löschfahrzeug
el **camión bomba**
[kaˈmjon ˈbomba]

die Axt
el **hacha**
[ˈatʃa]

der Rauchmelder
el **detector de humo**
[detekˈtor de ˈumo]

IN DEN BERGEN – EN LA MONTAÑA

der Helm
el **casco**
[ˈkasko]

der Karabiner
el **mosquetón**
[moskeˈton]

das Seil
la **cuerda**
[ˈkwerða]

die Bergwacht
el **rescate y la intervención en montaña**
[rresˈkate i la interβeṇˈθjon en moṇˈtaɲa]

der Rettungseinsatz
la **operación de rescate**
[operaˈθjon de rresˈkate]

die Einsatzkraft
el **miembro de la unidad de rescate**
[ˈmjembro de la uniˈðað de rresˈkate]

der Rettungsschlitten
el **trineo de rescate**
[triˈneo de rresˈkate]

das Schneemobil
la **oruga de nieve**
[oˈruɣa de ˈnjeβe]

das Fangnetz
la **red de protección**
[rreð de proteˠˈθjon]

die Lawine
el **alud**
[aˈluð]

das LVS-Gerät
el **detector LVS**
[detekˈtor ˈele ˈuβe ˈese]

der Rettungshund
el **perro de búsqueda y rescate**
[ˈperro de ˈbuskeða i rresˈkate]

der Rettungshub-schrauber
el **helicóptero de rescate**
[eliˈkoptero de rresˈkate]

der Lawinenschutz
la **protección contra aludes**
[proteˠˈθjon ˈkoṇtra aˈluðes]

das Lawinenwarn-schild
la **señal de advertencia de aludes**
[seˈɲal de aðβerˈteṇθja de aˈluðes]

DAS MEER – EN EL MAR

die Schwimmweste
el **chaleco salvavidas**
[tʃa'leko salβa'βiðas]

der Rettungsring
el **(flotador) salvavidas**
[(flota'ðor) salβa'βiðas]

der Sammelpunkt
el **punto de encuentro**
['pun̪to de eŋ'kwen̪tro]

der Sturm
la **tormenta**
[tor'men̪ta]

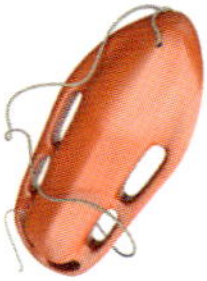

die Rettungsboje
la **boya salvavidas**
['boɟa salβa'βiðas]

der Rettungsschwimmer
el **socorrista**
[soko'rrista]

der Wachturm
la **torre de vigilancia**
['torre de bixi'lan̪θja]

der Tsunami
el **(t)sunami**
[(t)su'nami]

das Küstenwachboot
la **lancha de la guardia costera**
['lantʃa de 'gwarðja kos'tera]

das Rettungsboot
el **bote salvavidas**
['bote salβa'βiðas]

kentern
zozobrar
[θoθo'brar]

der Schiffbruch
el **naufragio**
[nau̯'fraxjo]

der/die Vermisste	el, la **desaparecido, -a** [desapare'θiðo, -a]
das Rettungstau	la **cuerda de rescate** ['kwerða de rres'kate]
die Wetterbedingungen	las **condiciones climáticas** [kon̪di'θjones kli'matikas]
der Seewetterbericht	la **predicción marítima** [preðiɣ'θjon ma'ritima]
die Suche	la **búsqueda** ['buskeða]
ertrinken	**ahogarse** [ao'ɣarse]
die Havarie	la **avería (náutica)** [aβe'ria ('nau̯tika)]
in Seenot geraten	**encontrarse en emergencia marítima** [eŋkon̪'trarse en emer'xen̪θja ma'ritima]

WEITERE NOTSITUATIONEN – OTRAS SITUACIONES DE EMERGENCIA

die Explosion
la **explosión**
[esploˈsjon]

die Epidemie
la **epidemia**
[epiˈðemja]

die Evakuierung
la **evacuación**
[eβakwaˈθjon]

der Bombenalarm
la **alarma de bomba**
[aˈlarma de ˈbomba]

die nukleare Katastrophe
la **catástrofe nuclear**
[kaˈtastrofe nukleˈar]

die Notlandung
el **aterrizaje forzoso**
[aterriˈθaxe forˈθoso]

der Terrorangriff
el **atentado terrorista**
[ateṇˈtaðo terroˈrista]

retten
salvar
[salˈβar]

die Notrufnummer
el **número (de teléfono) de emergencia**
[ˈnumero (de teˈlefono) de emerˈxeṇθja]

die Überwachungskamera
la **cámara de vigilancia**
[ˈkamara de bixiˈlaṇθja]

der Verletzte
el **herido**
[eˈriðo]

die Verletzung
la **herida**
[eˈriða]

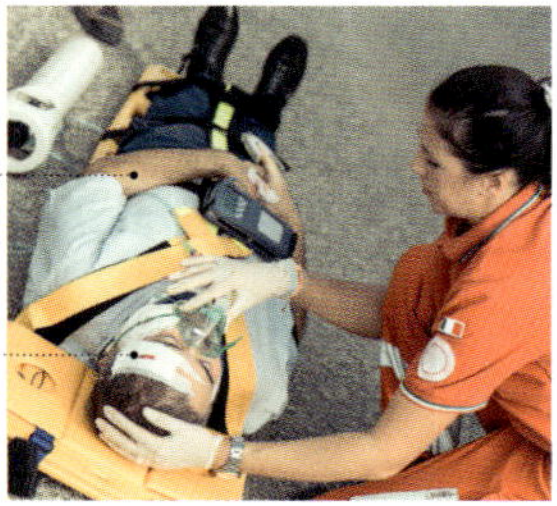

der/die Vermisste	el, la **desaparecido, -a** [desapareˈθiðo, -a]
die Suchmannschaft	el **equipo de rastreo** [eˈkipo de rrasˈtreo]
die Gefahr	el **peligro** [peˈliɣro]
Hilfe!	**¡Socorro!** [soˈkorro]
Es ist ein Unfall passiert!	**¡Ha ocurrido un accidente!** [a okuˈrriðo un aɣθiˈðeṇte]
Rufen Sie einen Rettungswagen!	**¡Llame una ambulancia!** [ˈʎame ˈuna ambuˈlaṇθja]
Rufen Sie die Polizei!	**¡Llame a la policía!** [ˈʎame a la poliˈθia]
Rufen Sie die Feuerwehr!	**¡Llame a los bomberos!** [ˈʎame a los bomˈberos]

Achtung, Gefahr!
¡Atención!
[ateṇˈθjon]

ERDE UND NATUR

TIERRA Y NATURALEZA

DER WELTRAUM – EL COSMOS

das Sonnensystem
el **sistema solar**
[sisˈtema soˈlar]

① *die Sonne*
el **Sol**
[sol]

② *der Merkur*
(el) **Mercurio**
[merˈkurjo]

③ *die Venus*
(el) **Venus**
[ˈbenus]

④ *die Erde*
la **Tierra**
[ˈtjerra]

⑤ *der Mars*
(el) **Marte**
[ˈmarte]

die Mondphasen
las **fases lunares**
[ˈfases luˈnares]

⑤ *die Mondsichel*
la **media luna**
[ˈmeðja ˈluna]

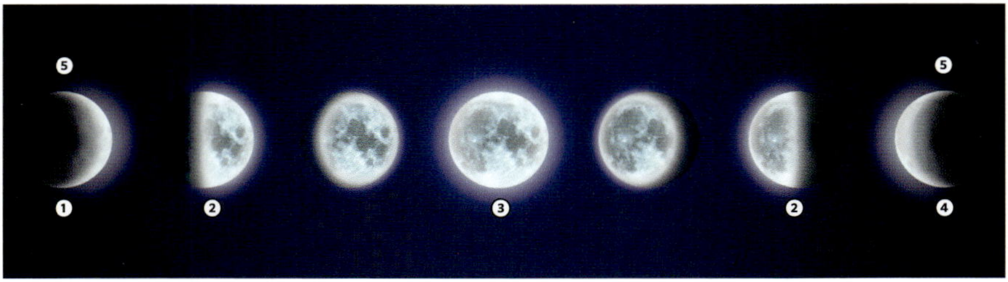

① *der zunehmende Mond*
la **luna creciente**
[ˈluna kreˈθjen̩te]

② *der Halbmond*
la **media luna**
[ˈmeðja ˈluna]

③ *der Vollmond*
la **luna llena**
[ˈluna ˈʎena]

④ *der abnehmende Mond*
la **luna menguante**
[ˈluna meŋˈgwan̩te]

DER WELTRAUM – EL COSMOS

⑥ *der Jupiter*
(el) **Júpiter**
[ˈxuːpiter]

⑦ *der Saturn*
(el) **Saturno**
[saˈturno]

⑧ *der Uranus*
(el) **Urano**
[uˈrano]

⑨ *der Neptun*
(el) **Neptuno**
[nepˈtuno]

das Raumschiff
la **nave espacial**
[ˈnaβe espaˈθjal]

① *der Außentank*
el **tanque exterior**
[ˈtaŋke esteˈrjor]

② *der Booster*
el **motor principal**
[moˈtor prinθiˈpal]

③ *der Orbiter*
el **orbitador**
[orβitaˈðor]

DER WELTRAUM – EL COSMOS

die Sonnenfinsternis
el **eclipse de sol**
[eˈkliβse de sol]

die Galaxie
la **galaxia**
[gaˈlaɣsja]

die Milchstraße
la **Vía Láctea**
[ˈbia ˈlaktea]

der Komet
el **cometa**
[koˈmeta]

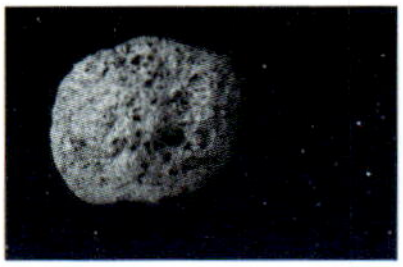

der Asteroid
el **asteroide**
[asteˈroi̯ðe]

der Planet
el **planeta**
[plaˈneta]

der Meteor
el **meteoro**
[meteˈoro]

das Universum
el **universo**
[uniˈβerso]

der Astronaut
el **astronauta**
[astroˈnau̯ta]

der Satellit
el **satélite**
[saˈtelite]

die Sternwarte
el **observatorio astronómico**
[oβserβaˈtorjo astroˈnomiko]

das Radioteleskop
el **radiotelescopio**
[rraðjotelesˈkopjo]

der Nebel
la **nebulosa**
[neβuˈlosa]

das schwarze Loch	el **agujero negro** [aɣuˈxero ˈneɣro]
die Schwerkraft	la **fuerza de la gravedad** [ˈfwerθa de la graβeˈðað]
die Umlaufbahn	la **órbita** [ˈorβita]
das Lichtjahr	el **año luz** [ˈaɲo luθ]
der Urknall	el **big bang** [biˠ βaŋ]
der Stern	la **estrella** [esˈtreʎa]
die Raumstation	la **estación espacial** [estaˈθjon espaˈθjal]
die Astronomie	la **astronomía** [astronoˈmia]

DIE ERDE – LA TIERRA

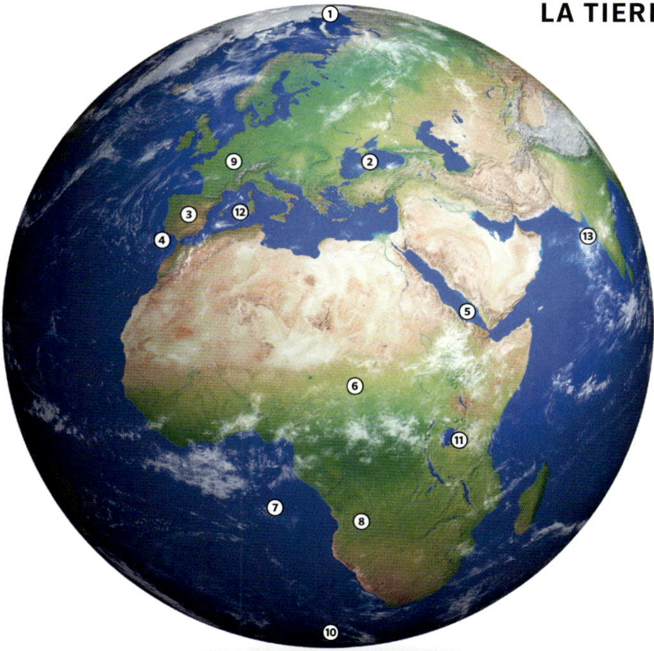

① *der Nordpol*
el **Polo Norte**
[ˈpolo ˈnorte]

② *das Binnenmeer*
el **mar interior**
[mar iṇteˈrjor]

③ *die Halbinsel*
la **península**
[peˈninsula]

④ *die Meerenge*
el **estrecho**
[esˈtreʧo]

⑤ *der Golf*
el **golfo**
[ˈgolfo]

⑥ *der Kontinent*
el **continente**
[koṇtiˈneṇte]

⑦ *das Meer*
el **mar**
[mar]

⑧ *das Land*
la **tierra**
[ˈtjerra]

⑨ *die Gebirgskette*
la **cordillera**
[korðiˈʎera]

⑩ *der Südpol*
el **Polo Sur**
[ˈpolo sur]

⑪ *der See*
el **lago**
[ˈlaɣo]

⑫ *die Insel*
la **isla**
[ˈisla]

⑬ *die Bucht*
la **bahía**
[baˈia]

die Atmosphäre	la **atmósfera** [aðmosˈfera]
der Erdmantel	el **manto terrestre** [ˈmaṇto teˈrrestre]
die Erdkruste	la **corteza terrestre** [korˈteθa teˈrrestre]
der innere Erdkern	el **núcleo terrestre interno** [ˈnukleo teˈrrestre iṇˈterno]
der äußere Erdkern	el **núcleo terrestre externo** [ˈnukleo teˈrrestre esˈterno]
die Platte	la **placa** [ˈplaka]
das Grundgestein	la **roca primitiva** [ˈrroka primiˈtiβa]
die Erde	la **Tierra** [ˈtjerra]

DIE WELTKARTE – EL MAPAMUNDI

① *das Nordpolarmeer*
el **océano Ártico**
[oˈθeano ˈartiko]

⑥ *der Pazifische Ozean*
el **océano Pacífico**
[oˈθeano paˈθifiko]

⑦ *der Atlantische Ozean*
el **océano Atlántico**
[oˈθeano aðˈlan̪tiko]

⑧ *der Indische Ozean*
el **océano Índico**
[oˈθeano ˈin̪diko]

⑨ *das Arabische Meer*
el **mar Arábigo**
[mar aˈraβiɣo]

⑩ *das Karibische Meer*
el **mar Caribe**
[mar kaˈriβe]

⑪ *das Mittelmeer*
el **mar Mediterráneo**
[mar meðiteˈrraneo]

⑫ *die Nordsee*
el **mar del Norte**
[mar del ˈnorte]

⑬ *die Ostsee*
el **mar Báltico**
[mar ˈbal̪tiko]

⑭ *das Kaspische Meer*
el **mar Caspio**
[mar ˈkaspjo]

⑮ *das Schwarze Meer*
el **mar Negro**
[mar ˈneɣro]

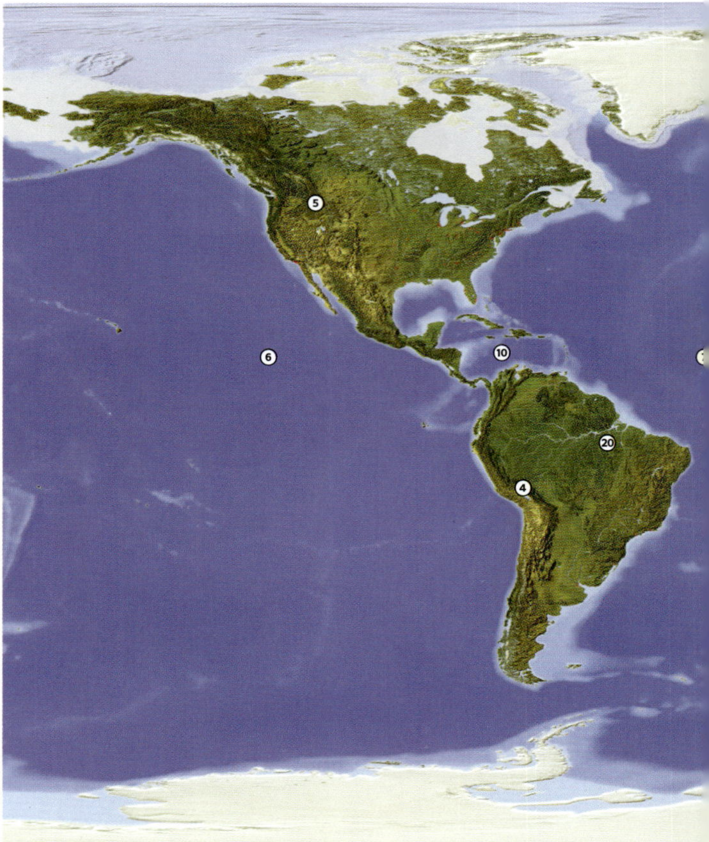

⑯ *der Ärmelkanal*
el **canal de la Mancha**
[kaˈnal de la ˈmantʃa]

⑰ *das Rote Meer*
el **mar Rojo**
[mar ˈrroxo]

⑱ *das Südpolarmeer*
el **océano glacial Antártico**
[oˈθeano glaˈθjal an̪ˈtartiko]

② *der Himalaja*
el **Himalaya**
[imaˈlaɟa]

③ *die Alpen*
los **Alpes**
[ˈalpes]

④ *die Anden*
los **Andes**
[ˈan̪des]

⑤ *die Rocky Mountains*
las **Montañas Rocosas**
[mon̪ˈtaɲas rroˈkosas]

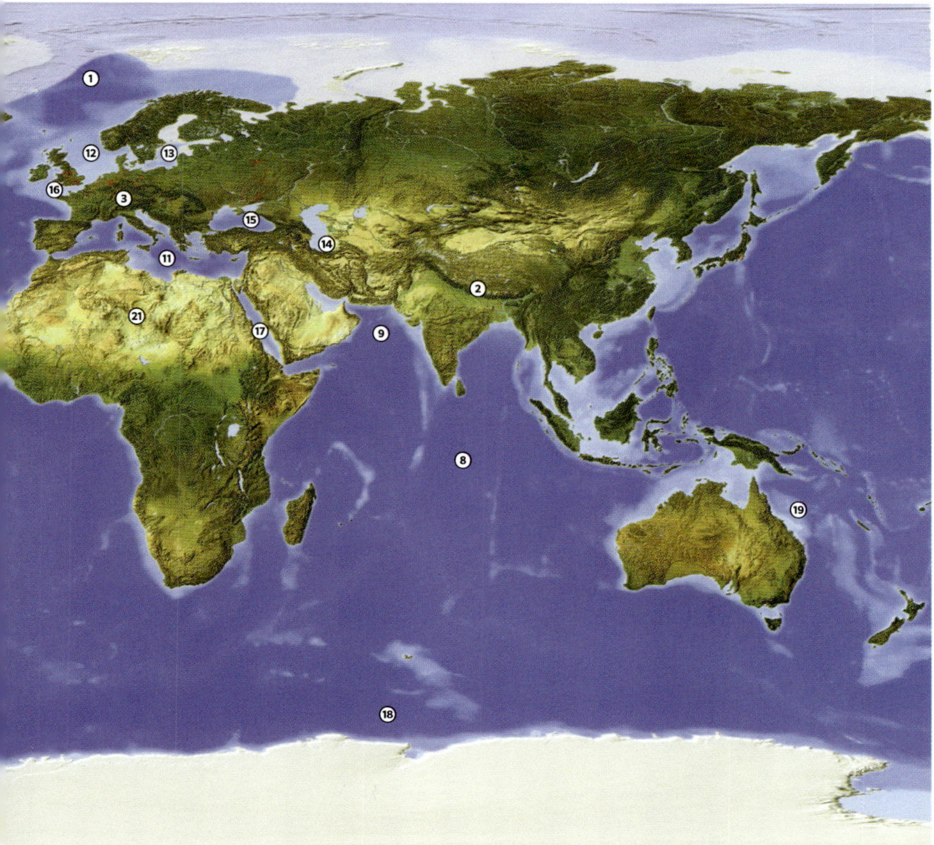

⑲ *das Great Barrier Reef*
la **Gran Barrera de Coral**
[gran baˈrrera de koˈral]

⑳ *Amazonien*
la **Amazonia**
[amaˈθonia]

㉑ *die Sahara*
el **Sahara**
[saˈara]

DIE WELTKARTE – EL MAPAMUNDI

die Nordhalbkugel
el **hemisferio norte**
[emis'ferjo 'norte]

die Arktis
el **(polo) Ártico**
[('polo) 'artiko]

der nördliche Wendekreis
el **trópico de Cáncer**
['tropiko de 'kaṇθer]

die westliche Hemisphäre
el **hemisferio occidental**
[emis'ferjo oɣθiðeṇ'tal]

die östliche Hemisphäre
el **hemisferio oriental**
[emis'ferjo orjeṇ'tal]

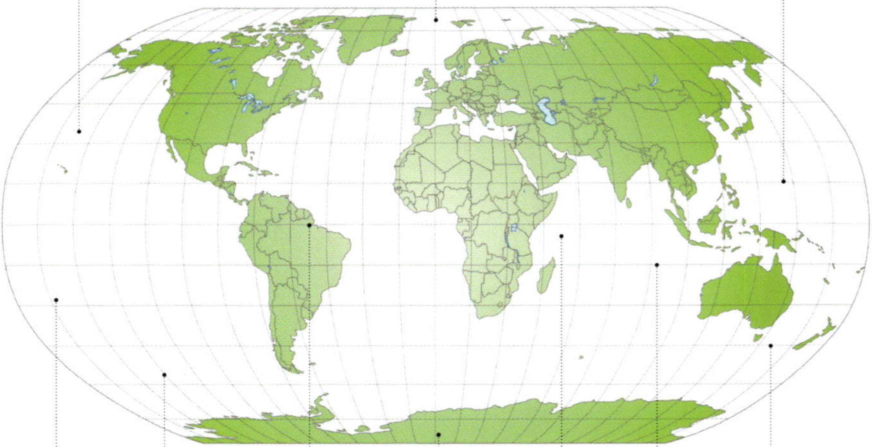

die geografische Länge
la longitud geográfica
[loŋxi'tuð xeo'ɣrafika]

die Antarktis
el **(polo) Antártico**
[('polo) aṇ'tartiko]

die geografische Breite
la **latitud geográfica**
[lati'tuð xeo'ɣrafika]

die Südhalbkugel
el **hemisferio sur**
[emis'ferjo sur]

der Äquator
el **ecuador (terrestre)**
[ekwa'ðor (te'rrestre)]

die Tropen
los **trópicos**
['tropikos]

der südliche Wendekreis
el **trópico de Capricornio**
['tropiko de kapri'kornjo]

der nördliche Polarkreis	el **círculo polar ártico** ['θirkulo po'lar 'artiko]
der südliche Polarkreis	el **círculo polar antártico** ['θirkulo po'lar aṇ'tartiko]
das Land	el **país** [pa'is]
der Staat	el **Estado** [es'taðo]
die Nation	la **nación** [na'θjon]
das Territorium	el **territorio** [terri'torjo]

das Fürstentum	el **principado** [priṇθi'paðo]
das Königreich	el **reino** ['rreino]
die Republik	la **república** [rre'puβlika]
die Kolonie	la **colonia** [ko'lonja]
die Provinz	la **provincia** [pro'βiṇθja]
die Zone	la **zona** ['θona]
die Region	la **región** [rre'xjon]
die Hauptstadt	la **capital** [kapi'tal]

UN-MITGLIEDSSTAATEN – ESTADOS MIEMBROS DE LAS NU

Europa – Europa

Albanien
Albania
[alˈβanja]

Andorra
Andorra
[aṇˈdorra]

Belgien
Bélgica
[ˈbelxika]

Bosnien und Herzegowina
Bosnia-Herzegovina
[ˈbosnja-(x)erθeɣoˈβina]

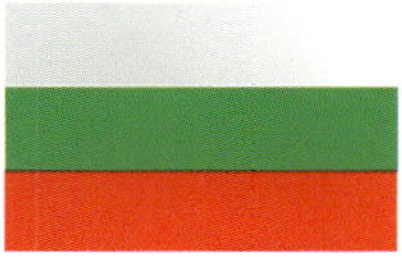

Bulgarien
Bulgaria
[bulˈɣarja]

Dänemark
Dinamarca
[dinaˈmarka]

Deutschland
Alemania
[aleˈmanja]

die ehemalige jugoslawische Republik Mazedonien
Antigua República Yugoslava de Macedonia
[aṇˈtiɣwa rreˈpuβlika ɟuɣosˈlaβa de maθeˈðonja]

Estland
Estonia
[esˈtonja]

Finnland
Finlandia
[finˈlaṇdja]

Frankreich
Francia
[ˈfraṇθja]

Griechenland
Grecia
[ˈgreθja]

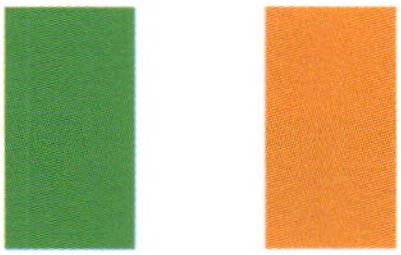

Irland
Irlanda
[irˈlaṇda]

Island
Islandia
[isˈlaṇdja]

Italien
Italia
[iˈtalja]

Kroatien
Croacia
[kroˈaθja]

UN-MITGLIEDSSTAATEN – ESTADOS MIEMBROS DE LAS NU

Europa – Europa

Lettland
Letonia
[leˈtonja]

Liechtenstein
Liechtenstein
[ˈliʧtensteiŋ̯]

Litauen
Lituania
[liˈtwanja]

Luxemburg
Luxemburgo
[luˠsemˈburɣo]

Malta
Malta
[ˈmal̩ta]

Moldawien
Moldavia
[mol̩ˈdaβja]

Monaco
Mónaco
[ˈmonako]

Montenegro
Montenegro
[mon̪teˈneɣro]

die Niederlande
los **Países Bajos**
[paˈises ˈβaxos]

Norwegen
Noruega
[noˈrweɣa]

Österreich
Austria
[ˈau̯strja]

Polen
Polonia
[poˈlonja]

Portugal
Portugal
[portuˈɣal]

Rumänien
Rumanía
[rrumaˈnia]

Russland
Rusia
[ˈrrusja]

San Marino
San Marino
[san maˈrino]

UN-MITGLIEDSSTAATEN – ESTADOS MIEMBROS DE LAS NU

Europa – Europa

Schweden
Suecia
[ˈsweθja]

die Schweiz
Suiza
[ˈswiθa]

Serbien
Serbia
[ˈserβja]

die Slowakei
Eslovaquia
[esloˈβakja]

Slowenien
Eslovenia
[esloˈβenja]

Spanien
España
[esˈpaɲa]

Tschechien
República Checa
[rreˈpuβlika ˈʧeka]

die Ukraine
Ucrania
[uˈkranja]

Ungarn
Hungría
[uŋˈgria]

das Vereinigte Königreich
el **Reino Unido**
[ˈrrei̯no uˈniðo]

Weißrussland
Bielorusia
[bjeloˈrrusja]

Zypern
Chipre
[ˈʧipre]

Nord- und Mittelamerika – América Central y del Norte

Antigua und Barbuda
Antigua y Barbuda
[an̦ˈtiɣwa i barˈβuða]

die Bahamas
las **Bahamas**
[baˈamas]

Barbados
Barbados
[barˈβaðos]

Belize
Belice
[beˈliθe]

UN-MITGLIEDSSTAATEN – ESTADOS MIEMBROS DE LAS NU

Nord- und Mittelamerika – América Central y del Norte

Costa Rica
Costa Rica
[ˈkosta ˈrrika]

Dominica
Dominica
[domiˈnika]

die Dominikanische Republik
la **República Dominicana**
[rreˈpuβlika dominiˈkana]

El Salvador
El Salvador
[el salβaˈðor]

Grenada
Granada
[graˈnaða]

Guatemala
Guatemala
[gwateˈmala]

Haiti
Haití
[ai̯ˈti]

Honduras
Honduras
[on̪ˈduras]

Jamaika
Jamaica
[xaˈmai̯ka]

Kanada
Canadá
[kanaˈða]

Kuba
Cuba
[ˈkuβa]

Mexiko
México
[ˈmexiko]

Nicaragua
Nicaragua
[nikaˈraɣwa]

Panama
Panamá
[panaˈma]

St. Kitts und Nevis
San Cristóbal y Nieves
[san krisˈtoβal i ˈnjeβes]

St. Lucia
Santa Lucía
[ˈsan̪ta luˈθia]

UN-MITGLIEDSSTAATEN – ESTADOS MIEMBROS DE LAS NU

Nord- und Mittelamerika – América Central y del Norte

St. Vincent und die Grenadinen
San Vicente y las Granadinas
[san biˈθeṇte i las granaˈðinas]

Trinidad und Tobago
Trinidad y Tobago
[triniˈðað i toˈβaɣo]

die Vereinigten Staaten
Estados Unidos
[esˈtaðos uˈniðos]

Südamerika – América del Sur

Argentinien
Argentina
[arxeṇˈtina]

Bolivien
Bolivia
[boˈliβja]

Brasilien
Brasil
[braˈsil]

Chile
Chile
[ˈʧile]

Ecuador
Ecuador
[ekwaˈðor]

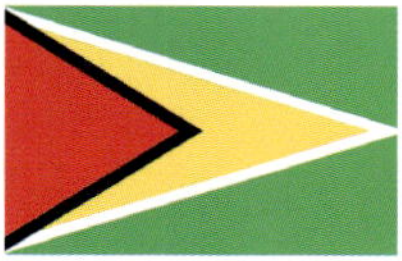

Guyana
Guayana
[gwaˈɟana]

Kolumbien
Colombia
[koˈlombja]

Paraguay
Paraguay
[paraˈɣwai̯]

Peru
Perú
[peˈru]

Suriname
Surinam
[suriˈnam]

Uruguay
Uruguay
[uruˈɣwai̯]

Venezuela
Venezuela
[beneˈθwela]

UN-MITGLIEDSSTAATEN – ESTADOS MIEMBROS DE LAS NU

Afrika – África

Ägypten
Egipto
[eˈxipto]

Algerien
Argelia
[arˈxelja]

Angola
Angola
[aŋˈgola]

Äquatorialguinea
Guinea Ecuatorial
[giˈnea ekwatoˈrjal]

Äthiopien
Etiopía
[etjoˈpia]

Benin
Benín
[beˈnin]

Botswana
Botsuana
[botˈswana]

Burkina Faso
Burkina Faso
[burˈkina ˈfaso]

Burundi
Burundi
[buruṇˈdi]

die Demokratische Republik Kongo
República Democrática del Congo
[rreˈpuβlika demoˈkratika del ˈkoŋgo]

Dschibuti
Yibuti
[ɟiˈbuti]

die Elfenbeinküste
la **Costa de Marfil**
[ˈkosta de marˈfil]

Eritrea
Eritrea
[eriˈtrea]

Gabun
Gabón
[gaˈβon]

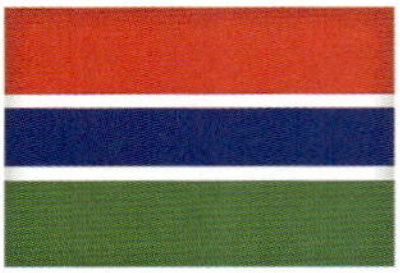

Gambia
Gambia
[ˈgambia]

Ghana
Ghana
[ˈgana]

UN-MITGLIEDSSTAATEN – ESTADOS MIEMBROS DE LAS NU

Afrika – África

Guinea
Guinea
[giˈnea]

Guinea-Bissau
Guinea-Bissau
[giˈnea-biˈsau]

Kamerun
Camerún
[kameˈrun]

Kap Verde
Cabo Verde
[ˈkaβo ˈberðe]

Kenia
Kenia
[ˈkenja]

die Komoren
las **Comoras**
[koˈmoras]

Lesotho
Lesoto
[leˈsoto]

Liberia
Liberia
[liˈberja]

Libyen
Libia
[ˈliβja]

Madagaskar
Madagascar
[maðaɣasˈkar]

Malawi
Malaui
[maˈlawi]

Mali
Mali
[ˈmali]

Mauretanien
Mauritania
[mau̯riˈtanja]

Mauritius
Mauricio
[mau̯ˈriθjo]

Marokko
Marruecos
[maˈrrwekos]

Mosambik
Mozambique
[moθamˈbike]

UN-MITGLIEDSSTAATEN – ESTADOS MIEMBROS DE LAS NU

Afrika – África

Namibia
Namibia
[naˈmiβja]

(der) Niger
Níger
[ˈnixer]

Nigeria
Nigeria
[niˈxerja]

die Republik Kongo
República del Congo
[rreˈpuβlika del ˈkoŋgo]

Ruanda
Ruanda
[ruˈanda]

Sambia
Zambia
[ˈθambja]

São Tomé und Príncipe
Santo Tomé y Príncipe
[ˈsaṇto toˈme i ˈpriṇθipe]

(der) Senegal
(el) **Senegal**
[seneˈɣal]

die Seychellen
las **Seychelles**
[sei̯ˈʧeles]

Sierra Leone
Sierra Leona
[ˈsjerra leˈona]

Simbabwe
Zimbabue
[θimˈbaβwe]

Somalia
Somalia
[soˈmalja]

Südafrika
Sudáfrica
[suˈðafrika]

der Sudan
(el) **Sudán**
[suˈðan]

der Südsudan
Sudán del Sur
[suˈðan del sur]

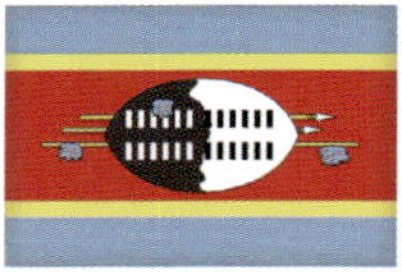

Swasiland
Suazilandia
[swaθiˈlaṇdja]

UN-MITGLIEDSSTAATEN – ESTADOS MIEMBROS DE LAS NU

Afrika – África

Tansania
Tanzania
[taṇˈθanja]

Togo
Togo
[ˈtoɣo]

der Tschad
el **Chad**
[ʧað]

Tunesien
Túnez
[ˈtuneθ]

Uganda
Uganda
[uˈɣaṇda]

die Zentralafrikanische Republik
(la) **República Centroafricana**
[rreˈpuβlika θeṇtroafriˈkana]

Asien – Asia

Afghanistan
Afganistán
[afɣanisˈtan]

Armenien
Armenia
[arˈmenja]

Aserbaidschan
Azerbaiyán
[aθerβaˈɟan]

Bahrain
Baréin
[baˈrejn]

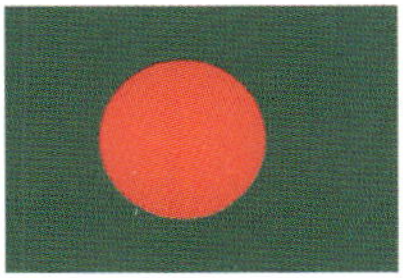

Bangladesch
Bangladés
[baŋglaˈdes]

Bhutan
Bután
[buˈtan]

Brunei
Brunéi
[bruˈnej]

China
China
[ˈʧina]

UN-MITGLIEDSSTAATEN – ESTADOS MIEMBROS DE LAS NU

Asien – Asia

Georgien
Georgia
[xeˈorxja]

Indien
India
[ˈin̪dja]

Indonesien
Indonesia
[in̪doˈnesja]

(der) Irak
(el) **Irak**
[iˈrak]

(der) Iran
(el) **Irán**
[iˈran]

Israel
Israel
[isrraˈel]

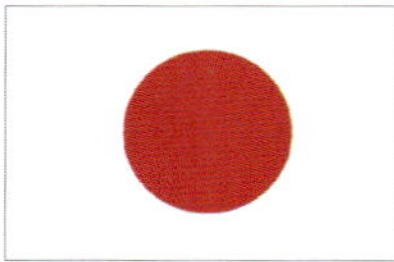

Japan
Japón
[xaˈpon]

(der) Jemen
el **Yemen**
[ˈɟemen]

Jordanien
Jordania
[xorˈðanja]

Kambodscha
Camboya
[kamˈboɟa]

Kasachstan
Kazajistán
[kaθaxisˈtan]

Kirgisistan
Kirguistán
[kirɣisˈtan]

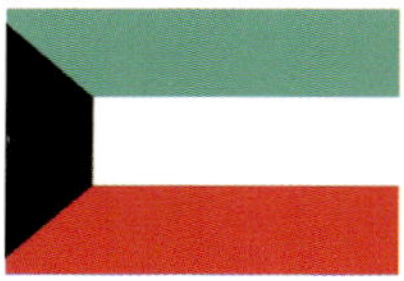

Kuwait
Kuwait
[kuˈβait]

Laos
Laos
[ˈlaos]

(der) Libanon
(el) **Líbano**
[ˈliβano]

Katar
Catar
[kaˈtar]

UN-MITGLIEDSSTAATEN – ESTADOS MIEMBROS DE LAS NU

Asien – Asia

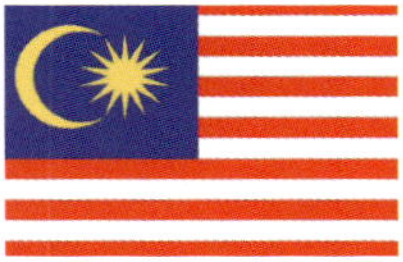

Malaysia
Malasia
[maˈlasja]

die Malediven
las **Maldivas**
[mal̪ˈdiβas]

die Mongolei
Mongolia
[moŋˈgolja]

Myanmar
Myanmar
[mjanˈmar]

Nepal
Nepal
[neˈpal]

Nordkorea
Corea del Norte
[koˈrea del ˈnorte]

Oman
Omán
[oˈman]

Osttimor
Timor Oriental
[tiˈmor orjen̪ˈtal]

Pakistan
Pakistán
[pakisˈtan]

die Philippinen
las **Filipinas**
[filiˈpinas]

Saudi-Arabien
Arabia Saudí
[aˈraβja sau̯ˈði]

Singapur
Singapur
[siŋgaˈpur]

Sri Lanka
Sri Lanka
[esˈrri ˈlaŋka]

Südkorea
Corea del Sur
[koˈrea del sur]

Syrien
Siria
[ˈsirja]

Tadschikistan
Tayikistán
[taʝikisˈtan]

UN-MITGLIEDSSTAATEN – ESTADOS MIEMBROS DE LAS NU

Asien – Asia

Thailand
Tailandia
[tai̯ˈlaṇdja]

die Türkei
Turquía
[turˈkia]

Turkmenistan
Turkmenistán
[turkmenisˈtan]

Usbekistan
Uzbekistán
[uθβekisˈtan]

die Vereinigten Arabischen Emirate
los **Emiratos Árabes Unidos**
[emiˈratos ˈaraβes uˈniðos]

Vietnam
Vietnam
[bjeðˈnam]

Ozeanien – Oceanía

Australien
Australia
[au̯sˈtralja]

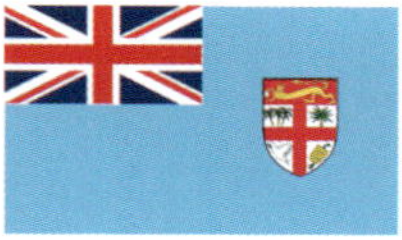

Fidschi
Fiyi
[ˈfiɟi]

Kiribati
Kiribati
[kiriˈbati]

die Marshallinseln
las **Islas Marshall**
[ˈislas ˈmarʃal]

Mikronesien
la **Micronesia**
[mikroˈnesja]

Nauru
Nauru
[naˈuru]

Neuseeland
Nueva Zelanda
[ˈnweβa θeˈlaṇda]

Palau
Palaos
[paˈlaos]

UN-MITGLIEDSSTAATEN – ESTADOS MIEMBROS DE LAS NU

Ozeanien – Oceanía

Papua-Neuguinea
Papúa Nueva Guinea
[paˈpua ˈnweβa giˈnea]

die Salomonen
las **Islas Salomón**
[ˈislas saloˈmon]

Samoa
Samoa
[saˈmoa]

Tonga
Tonga
[ˈtoŋga]

Tuvalu
Tuvalu
[tuˈβalu]

Vanuatu
Vanuatu
[baˈnwatu]

Internationale Organisationen – Organizaciones internacionales

die Europäische Union (EU)
la **Unión Europea (UE)**
[uˈnjon eu̯roˈpea]

die Vereinten Nationen (UN)
Naciones Unidas (ONU)
[naˈθjones uˈniðas]

die Organisation des Nordatlantikvertrags (NATO)
la **Organización del Tratado del Atlántico Norte (OTAN)**
[orɣaniθaˈθjon del traˈtaðo del aðˈlan̦tiko ˈnorte]

die Afrikanische Union
la **Unión Africana**
[uˈnjon afriˈkana]

die Arabische Liga
la **Liga Árabe**
[ˈliɣa ˈaraβe]

die UNESCO
la **Unesco**
[uˈnesko]

das Commonwealth
la **Commonwealth**
[komoŋˈgwelθ]

DAS WETTER – LA METEOROLOGÍA

sonnig
soleado, -a
[soleˈaðo, -a]

wolkig
nublado, -a
[nuˈβlaðo, -a]

neblig
nebuloso, -a
[neβuˈloso, -a]

windig
ventoso, -a
[ben̦ˈtoso, -a]

heiß
caluroso, -a
[kaluˈroso, -a]

warm
cálido, -a
[ˈkaliðo, -a]

kalt
frío, -a
[ˈfrio, -a]

bedeckt
encapotado, -a
[eŋkapoˈtaðo, -a]

vereist
helado, -a
[eˈlaðo, -a]

verschneit
nevado, -a
[neˈβaðo, -a]

regnerisch
lluvioso, -a
[ʎuˈβjoso, -a]

stürmisch
tormentoso, -a
[tormen̦ˈtoso, -a]

feucht
húmedo, -a
[ˈumeðo, -a]

die Temperatur	la **temperatura** [temperaˈtura]
der Grad	el **grado** [ˈgraðo]
Celsius	**centígrado(s)** [θen̦ˈtiɣraðo(s)]
Fahrenheit	**Fahrenheit** [ˈfarenxei̯t]
die Wettervorhersage	la **previsión del tiempo** [preβiˈsjon del ˈtjempo]
Wie ist das Wetter?	**¿Qué tiempo hace?** [ke ˈtjempo ˈaθe]
Es ist schön/trüb/nasskalt.	**Hace bueno./Está nublado/húmedo y frío.** [ˈaθe bweno/esˈta nuˈβlaðo/ˈumeðo i ˈfrio]
Es regnet/schneit.	**Llueve./Nieva.** [ˈʎweβe/ˈnieβa]

DAS WETTER – LA METEOROLOGÍA

der Regen
la **lluvia**
[ˈʎuβja]

der Regenbogen
el **arcoíris**
[arkoˈiris]

der Sonnenschein
la **luz del sol**
[luθ del sol]

der Wind
el **viento**
[ˈbjen̪to]

das Gewitter
la **tormenta**
[torˈmen̪ta]

der Donner
el **trueno**
[ˈtrweno]

der Blitz
el **rayo**
[ˈrraɟo]

der Hagel
el **granizo**
[graˈniθo]

der Raureif
la **escarcha**
[esˈkarʧa]

der Schnee
la **nieve**
[ˈnjeβe]

der Frost
la **helada**
[eˈlaða]

das Eis
el **hielo**
[ˈɟelo]

die Brise	la **brisa** [ˈbrisa]
die Windgeschwindigkeit	la **velocidad del viento** [beloθiˈðað del ˈbjen̪to]
der Pollenflug	la **concentración de polen en el aire** [kon̪θen̪traˈθjon de ˈpolen en el ˈai̯re]
die UV-Strahlen	las **radiaciones ultravioleta** [rraðjaˈθjones ul̪traβjoˈleta]
der Ozon	el **ozono** [oˈθono]
die Ozonschicht	la **capa de ozono** [ˈkapa de oˈθono]
die Stratosphäre	la **estratosfera** [estratosˈfera]
die Troposphäre	la **troposfera** [troposˈfera]

der Smog
el **esmog**
[esˈmoɣ]

DAS WETTER – LA METEOROLOGÍA

Naturkatastrophen – Catástrofes naturales

die Dürre
la **sequía**
[se'kia]

der Hurrikan
el **huracán**
[ura'kan]

der Tornado
el **tornado**
[tor'naðo]

der Monsun
el **monzón**
[moṇ'θon]

die Überschwemmung
la **inundación**
[inuṇda'θjon]

das Erdbeben
el **terremoto**
[terre'moto]

der Vulkanausbruch
la **erupción volcánica**
[eruβ'θjon bol'kanika]

der Tsunami
el **(t)sunami**
[(t)su'nami]

der Erdrutsch
el **desprendimiento de tierras**
[despreṇdi'mjeṇto de 'tjerras]

der Waldbrand
el **incendio en el bosque**
[iṇ'θeṇdjo en el 'boske]

die Hitzewelle
la **ola de calor**
['ola de ka'lor]

der Sturm
la **tormenta**
[tor'meṇta]

die Lawine
el **alud**
[a'luð]

der Schneesturm
la **tormenta de nieve**
[tor'meṇta de 'njeβe]

der (tropische) Wirbelsturm
el **ciclón (tropical)**
[θi'klon (tropi'kal)]

die Pandemie
la **pandemia**
[paṇ'demja]

DIE LANDSCHAFT – EL PAISAJE

der Berg
la **montaña**
[moṇˈtaɲa]

der Gipfel
la **cima**
[ˈθima]

das Gebirge
la **sierra**
[ˈsjerra]

der Wald
el **bosque**
[ˈboske]

der Berghang
la **ladera**
[laˈðera]

der See
el **lago**
[ˈlaɣo]

der Felsen
el **peñasco**
[peˈɲasko]

das Tal
el **valle**
[ˈbaʎe]

der Fluss
el **río**
[ˈrrio]

die Flussmündung
la **desembocadura del río**
[desembokaˈðura del rio]

die Höhle
la **cueva**
[ˈkweβa]

die Klippe
el **acantilado**
[akaṇtiˈlaðo]

die Küste
la **costa**
[ˈkosta]

der Gletscher
el **glaciar**
[glaˈθjar]

der Wasserfall
la **catarata**
[kataˈrata]

DIE LANDSCHAFT – EL PAISAJE

das Plateau
el **altiplano**
[al̦tiˈplano]

der Hügel
la **colina**
[koˈlina]

die Ebene
la **llanura**
[ʎaˈnura]

die Schlucht
el **desfiladero**
[desfilaˈðero]

die Wüste
el **desierto**
[deˈsjerto]

die Wiese
el **prado**
[ˈpraðo]

das Feuchtgebiet
el **humedal**
[umeˈðal]

die Heide
el **brezal**
[breˈθal]

das Grasland
la **pradera**
[praˈðera]

der Geysir
el **géiser**
[ˈxei̯ser]

die Thermalquelle
las **aguas termales**
[ˈaɣwas terˈmales]

der Vulkan
el **volcán**
[bolˈkan]

die Bucht
la **bahía**
[baˈia]

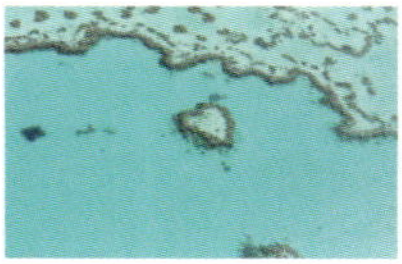

das Korallenriff
el **arrecife de coral**
[arreˈθife de koˈral]

die Insel
la **isla**
[ˈisla]

der Gebirgsbach
el **arroyo de montaña**
[aˈrroɟo de mon̦ˈtaɲa]

STEINE UND MINERALIEN – PIEDRAS Y MINERALES

das Eisenerz
la **mena**
[ˈmena]

der Sandstein
la **arenisca**
[areˈniska]

der Asphalt
el **asfalto**
[asˈfal̥to]

der Granit
el **granito**
[graˈnito]

der Kalkstein
la **piedra caliza**
[ˈpjeðra kaˈliθa]

die Kreide
la **creta**
[ˈkreta]

die Kohle
el **carbón**
[karˈβon]

der Schiefer
la **pizarra**
[piˈθarra]

der Marmor
el **mármol**
[ˈmarmol]

der Schwefel
el **azufre**
[aˈθufre]

der Grafit
el **grafito**
[graˈfito]

das Gold
el **oro**
[ˈoro]

das Silber
la **plata**
[ˈplata]

das Kupfer
el **cobre**
[ˈkoβre]

das Quecksilber
el **mercurio**
[merˈkurjo]

der Bauxit
la **bauxita**
[bau̯ɣˈsita]

STEINE UND MINERALIEN – PIEDRAS Y MINERALES

Edel- und Halbedelsteine – Piedras preciosas y semipreciosas

der Rubin
el **rubí**
[rru'βi]

der Aquamarin
la **aguamarina**
[aɣwama'rina]

der Jade
el **jade**
['xaðe]

der Smaragd
la **esmeralda**
[esme'ral̩da]

der Saphir
el **zafiro**
[θa'firo]

der Amethyst
la **amatista**
[ama'tista]

der Quarz
el **cuarzo**
['kwarθo]

der Diamant
el **diamante**
[dja'man̩te]

der Turmalin
la **turmalina**
[turma'lina]

der Topas
el **topacio**
[to'paθjo]

der Granat
el **granate**
[gra'nate]

das/der Tigerauge
el **ojo de tigre**
['oxo de 'tiɣre]

der Opal
el **ópalo**
['opalo]

der Bernstein
el **ámbar**
['ambar]

der Türkis
la **turquesa**
[tur'kesa]

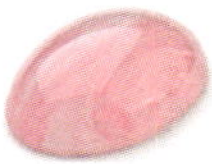

der Rosenquarz
el **cuarzo rosado**
['kwarθo rro'saðo]

der Onyx
el **ónice**
['oniθe]

die Perle
la **perla**
['perla]

der Lapislazuli
el **lapislázuli**
[lapis'laθuli]

der Citrin
el **cuarzo citrino**
['kwarθo θi'trino]

PFLANZEN – PLANTAS

Bäume – Árboles

die Weide
el **sauce**
[ˈsau̯θe]

die Esche
el **fresno**
[ˈfresno]

die Buche
la **haya**
[ˈaɟa]

die Ulme
el **olmo**
[ˈolmo]

die Birke	el **abedul** [aβeˈðul]
der Ahorn	el **arce** [ˈarθe]
die Linde	el **tilo** [ˈtilo]
die Tanne	el **abeto** [aˈβeto]
die Fichte	el **abeto rojo** [aˈβeto ˈrroxo]
der Nadelbaum	la **conífera** [koˈnifera]
der Laubbaum	el **árbol de hoja caduca** [ˈarβol de ˈoxa kaˈðuka]
der immergrüne Baum	el **árbol de hoja perenne** [ˈarβol de ˈoxa peˈre(n)ne]

der Eukalyptus
el **eucalipto**
[eu̯kaˈlipto]

PFLANZEN – PLANTAS

Wildpflanzen – Plantas silvestres

die Flechte
el **liquen**
[ˈliken]

das Moos
el **moho**
[ˈmoo]

die Distel
el **cardo**
[ˈkarðo]

der Pilz
la **seta**
[ˈseta]

die Brennnessel
la **ortiga**
[orˈtiɣa]

der Fingerhut
la **dedalera**
[deðaˈlera]

der Bärenklau
el **acanto**
[aˈkaṇto]

der Löwenzahn
el **diente de león**
[ˈdjeṇte de leˈon]

das Gänseblümchen
la **margarita silvestre**
[marɣaˈrita silˈβestre]

das Heidekraut
el **brezo**
[ˈbreθo]

das Hasenglöckchen
el **jacinto silvestre**
[xaˈθiṇto silˈβestre]

der Klee
el **trébol**
[ˈtreβol]

die Kamille
la **camomila común**
[kamoˈmila koˈmun]

das Maiglöckchen
el **lirio de los valles**
[ˈlirjo de los ˈbaʎes]

die Pusteblume
la **flor de soplar**
[flor de soˈplar]

die Butterblume
el **botón de oro**
[boˈton de ˈoro]

PFLANZEN – PLANTAS

Zierblumen – Flores para adornar

die Rose
la **rosa**
[ˈrrosa]

das Blütenblatt
el **pétalo**
[ˈpetalo]

die Blüte
la **flor**
[flor]

der Stängel
el **tallo secundario**
[ˈtaʎo sekuṇˈdarjo]

der Stiel
el **tallo**
[ˈtaʎo]

die Knospe
el **capullo**
[kaˈpuʎo]

der Dorn
la **espina**
[esˈpina]

das Blatt
la **hoja**
[ˈoxa]

das Schneeglöckchen
la **campanilla de invierno**
[kampaˈniʎa de imˈbjerno]

der Krokus
el **croco**
[ˈkroko]

die Seerose
el **nenúfar**
[neˈnufar]

der Lavendel
la **lavanda**
[laˈβaṇda]

der Flieder	la **lila** [ˈlila]
der/das Rhododendron	el **rododendro** [rroðoˈðeṇdro]
blühen	**florecer** [floreˈθer]
duften	**oler** [oˈler]
verwelken	**marchitarse** [marʧiˈtarse]
keimen	**brotar** [broˈtar]
die Frühlingsblume	la **flor primaveral** [flor primaβeˈral]
der Nachtblüher	la **flor nocturna** [flor nokˈturna]

die Petunie
la **petunia**
[peˈtunja]

PFLANZEN – PLANTAS

Zierblumen – Flores para adornar

die Nelke
el **clavel**
[klaˈβel]

die Primel
la **prímula**
[ˈprimula]

die Gerbera
la **gerbera**
[xerˈβera]

die Tulpe
el **tulipán**
[tuliˈpan]

die Narzisse
el **narciso**
[narˈθiso]

die Iris
el **iris**
[ˈiris]

die Chrysantheme
el **crisantemo**
[krisaṇˈtemo]

die Hyazinthe
el **jacinto**
[xaˈθiṇto]

die Ringelblume
la **caléndula**
[kaˈleṇdula]

das Stiefmütterchen
el **pensamiento**
[pensaˈmjeṇto]

die Orchidee
la **orquídea**
[orˈkiðea]

der Rosenstrauch
el **rosal**
[rroˈsal]

die Lilie
la **azucena**
[aθuˈθena]

die Sonnenblume
el **girasol**
[xiraˈsol]

die Geranie
el **geranio**
[xeˈranjo]

die Hortensie
la **hortensia**
[orˈtensja]

PFLANZEN – PLANTAS

Gartenpflanzen – Plantas de jardín

der/das Efeu
la **hiedra**
[ˈɟeðra]

der Obstbaum
el **árbol frutal**
[ˈarβol fruˈtal]

die Baumblüte
la **trama**
[ˈtrama]

der Trieb
el **brote**
[ˈbrote]

der Formschnitt
la **poda ornamental**
[ˈpoða ornamen̪ˈtal]

das Unkraut
la **mala hierba**
[ˈmala ˈɟerβa]

blühen
florecer
[floreˈθer]

verwelken
marchitarse
[marʧiˈtarse]

die Palme
la **palmera**
[palˈmera]

der Rasen
el **césped**
[ˈθespeð]

die Blumenwiese
el **prado de flores**
[ˈpraðo de ˈflores]

die Mohnblume
la **amapola**
[amaˈpola]

die Kletterpflanze
la **planta trepadora**
[ˈplan̪ta trepaˈðora]

einjährig
anual
[anuˈal]

zweijährig
bianual
[bjanuˈal]

mehrjährig
plurianual
[plurianuˈal]

TIERE – ANIMALES

Säugetiere – Mamíferos

die Ratte
la **rata**
[ˈrrata]

der Maulwurf
el **topo**
[ˈtopo]

die Katze
el **gato**
[ˈgato]

der Hund
el **perro**
[ˈperro]

das Kaninchen
el **conejo**
[koˈnexo]

das Meerschweinchen
el **conejillo de Indias**
[koneˈxiʎo de ˈi̯ndjas]

die Maus
el **ratón**
[rraˈton]

der Hamster
el **hámster**
[ˈxamster]

die Fledermaus
el **murciélago**
[murˈθjelaɣo]

das Eichhörnchen
la **ardilla**
[arˈðiʎa]

der Igel
el **erizo**
[eˈriθo]

das Frettchen
el **hurón**
[uˈron]

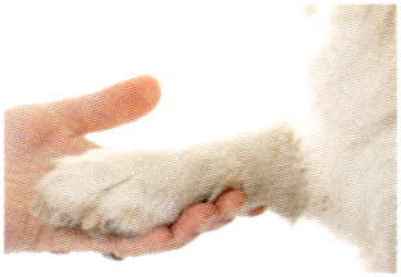

die Pfote
la **pata**
[ˈpata]

das Schnurrhaar	los **bigotes** [biˈɣotes]
das Fell	el **pelo** [ˈpelo]
das Maul	el **hocico** [oˈθiko]
der Schwanz	la **cola** [ˈkola]
das Horn	el **cuerno** [ˈkwerno]
die Kralle	la **garra** [ˈgarra]
die Tatze	la **zarpa** [ˈθarpa]
der Huf	la **pezuña** [peˈθuɲa]

TIERE – ANIMALES

Säugetiere – Mamíferos

der Gepard
el **guepardo**
[geˈparðo]

der Puma
el **puma**
[ˈpuma]

der Wolf
el **lobo**
[ˈloβo]

der Waschbär
el **mapache**
[maˈpatʃe]

das Stinktier
la **mofeta**
[moˈfeta]

das Erdmännchen
el **suricato**
[suriˈkato]

der Leopard
el **leopardo**
[leoˈparðo]

der Dachs
el **tejón**
[teˈxon]

der Fuchs
el **zorro**
[ˈθorro]

der Jaguar
el **jaguar**
[xaˈɣwar]

der Löwe
el **león**
[leˈon]

der Tiger
el **tigre**
[ˈtiɣre]

der Bär
el **oso**
[ˈoso]

der Eisbär
el **oso polar**
[ˈoso poˈlar]

der Koala
el **koala**
[koˈala]

der Pandabär
el **oso panda**
[ˈoso ˈpaṇda]

TIERE – ANIMALES

Säugetiere – Mamíferos

das Schwein
el **cerdo**
[ˈθerðo]

die Ziege
la **cabra**
[ˈkaβra]

das Pferd
el **caballo**
[kaˈβaʎo]

die Giraffe
la **jirafa**
[xiˈrafa]

das Schaf
la **oveja**
[oˈβexa]

das Lama
la **llama**
[ˈʎama]

der Esel
el **burro**
[ˈburro]

das Reh
el **corzo**
[ˈkorθo]

das Rentier
el **reno**
[ˈrreno]

das Kamel
el **camello**
[kaˈmeʎo]

die Kuh
la **vaca**
[ˈbaka]

der Stier
el **toro**
[ˈtoro]

das Nilpferd
el **hipopótamo**
[ipoˈpotamo]

das Nashorn
el **rinoceronte**
[rrinoθeˈron̪te]

der Elefant
el **elefante**
[eleˈfan̪te]

das Zebra
la **cebra**
[ˈθebra]

TIERE – ANIMALES

Säugetiere – Mamíferos

das Walross
la **morsa**
[ˈmorsa]

der Seelöwe
el **león marino**
[leˈon maˈrino]

der Seehund
la **foca**
[ˈfoka]

der Delfin
el **delfín**
[delˈfin]

der Schwertwal
la **orca**
[ˈorka]

der Otter
la **nutria**
[ˈnutrja]

die Biberratte
el **coipo**
[ˈkoi̯po]

der Gorilla
el **gorila**
[goˈrila]

der Orang-Utan
el **orangután**
[oraŋguˈtan]

der Gibbon
el **gibón**
[xiˈβon]

der Pavian
el **babuino**
[baˈβwino]

der Schimpanse
el **chimpancé**
[ʧimpaṇˈθe]

das Faultier
el **perezoso**
[pereˈθoso]

der Ameisenbär
el **oso hormiguero**
[ˈoso ormiˈɣero]

das Känguru
el **canguro**
[kaŋˈguro]

das Jungtier
el **cachorro**
[kaˈʧorro]

TIERE – ANIMALES

Vögel – Pájaros

der Specht
el **pájaro carpintero**
[ˈpaxaro karpiṇˈtero]

der Spatz
el **gorrión**
[gorriˈon]

der Kolibri
el **colibrí**
[koliˈβri]

der Tukan
el **tucán**
[tuˈkan]

das Rotkehlchen
el **petirrojo**
[petiˈrroxo]

die Schwalbe
la **golondrina**
[goloṇˈdrina]

der Habicht
el **azor**
[aˈθor]

die Taube
la **paloma**
[paˈloma]

der Rabe
el **cuervo**
[ˈkwerβo]

die Krähe
la **corneja**
[korˈnexa]

der Fink
el **pinzón**
[piṇˈθon]

die Möwe
la **gaviota**
[gaˈβjota]

der Kanarienvogel
el **canario**
[kaˈnarjo]

der Schnabel	el **pico** [ˈpiko]
das Küken	el **polluelo** [poˈʎwelo]
der Flügel	el **ala** [ˈala]
die Kralle	la **garra** [ˈgarra]
die Feder	la **pluma** [ˈpluma]
das Federkleid	el **plumaje** [pluˈmaxe]
zwitschern	**trinar** [triˈnar]
flattern	**revolotear** [rreβoloteˈar]

TIERE – ANIMALES

Vögel – Pájaros

der Storch
la **cigüeña**
[θiˈɣweɲa]

der Flamingo
el **flamenco**
[flaˈmeŋko]

der Strauß
el **avestruz**
[aβesˈtruθ]

der Adler
el **águila**
[ˈaɣila]

der Pinguin
el **pingüino**
[piŋˈgwino]

der Kakadu
la **cacatúa**
[kakaˈtua]

der Papagei
el **papagayo**
[papaˈɣaɟo]

die Eule
la **lechuza**
[leˈʧuθa]

der Truthahn
el **pavo**
[ˈpaβo]

der Schwan
el **cisne**
[ˈθisne]

die Gans
el **ganso**
[ˈganso]

die Ente
el **pato**
[ˈpato]

der Hahn
el **gallo**
[ˈgaʎo]

das Huhn
la **gallina**
[gaˈʎina]

die Wachtel
la **codorniz**
[koðorˈniθ]

der Pfau
el **pavo real**
[ˈpaβo rreˈal]

TIERE – ANIMALES

Reptilien und Amphibien – Reptiles y anfibios

die Schlange
la **serpiente**
[serˈpjen̩te]

das Krokodil
el **cocodrilo**
[kokoˈðrilo]

der Alligator
el **caimán**
[kai̯ˈman]

die Eidechse
el **lagarto**
[laˈɣarto]

das Chamäleon
el **camaleón**
[kamaleˈon]

der Leguan
la **iguana**
[iˈɣwana]

die Schildkröte
la **tortuga**
[torˈtuɣa]

die Wasserschildkröte
la **tortuga de agua**
[torˈtuɣa de ˈaɣwa]

der Frosch
la **rana**
[ˈrrana]

die Kröte
el **sapo**
[ˈsapo]

die Kaulquappe
el **renacuajo**
[rrenaˈkwaxo]

der Salamander
la **salamandra**
[salaˈman̩dra]

der Gecko
la **salamanquesa**
[salamaŋˈkesa]

der Panzer	el **caparazón** [kaparaˈθon]
die Schuppen	las **escamas** [esˈkamas]
das Gift	el **veneno** [beˈneno]
der Giftzahn	el **colmillo venenoso** [kolˈmiʎo beneˈnoso]
das wechselwarme Tier	el **animal de sangre fría** [aniˈmal de ˈsaŋgre ˈfria]
kriechen	**reptar** [rrepˈtar]
zischen	**silbar** [silˈβar]
quaken	**croar** [kroˈar]

TIERE – ANIMALES

Fische – Peces

der Kugelfisch
el **pez globo**
[peθ ˈgloβo]

der Hornhecht
el **pez aguja**
[peθ aˈɣuxa]

der Piranha
la **piraña**
[piˈraɲa]

der Fliegende Fisch
el **pez volador**
[peθ bolaˈðor]

der Fächerfisch
el **pez vela**
[peθ ˈbela]

der Rochen
la **raya**
[ˈrraɟa]

der Weiße Hai
el **tiburón blanco**
[tiβuˈron ˈblaŋko]

der Tigerhai
el **tiburón tigre**
[tiβuˈron ˈtiɣre]

der Goldfisch
el **carpín dorado**
[karˈpin doˈraðo]

der Koi
el **koi**
[koj]

der Aal
la **anguila**
[aŋˈgila]

der Wels
el **siluro**
[siˈluro]

der Fischschwarm	el **banco de peces** [ˈbaŋko de ˈpeθes]
die Flosse	la **aleta** [aˈleta]
die Kiemen	las **branquias** [ˈbraŋkjas]
das Tiefseetier	el **pez de aguas abisales** [peθ de ˈaɣwas aβiˈsales]
der Rogen	las **huevas** [ˈweβas]
der Süßwasserfisch	el **pez de agua dulce** [peθ de ˈaɣwa ˈdul̥θe]
der Seefisch	el **pez marino** [peθ maˈrino]
das Aquarium	el **acuario** [aˈkwarjo]

das Seepferdchen
el **caballito de mar**
[kaβaˈʎito de mar]

TIERE – ANIMALES

Insekten und Spinnen – Insectos y arañas

der Schmetterling
la **mariposa**
[mariˈposa]

die Raupe
la **oruga**
[oˈruɣa]

die Puppe
la **crisálida**
[kriˈsaliða]

der Nachtfalter
la **mariposa nocturna**
[mariˈposa nokˈturna]

die Biene
la **abeja**
[aˈβexa]

die Hummel
el **abejorro**
[aβeˈxorro]

die Wespe
la **avispa**
[aˈβispa]

die Hornisse
el **avispón**
[aβisˈpon]

die Fliege
la **mosca**
[ˈmoska]

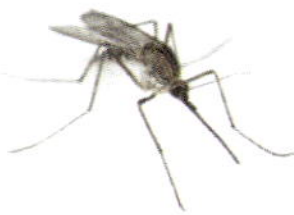

die Stechmücke
el **mosquito**
[mosˈkito]

die Zikade
la **cigarra**
[θiˈɣarra]

der Maikäfer
el **escarabajo sanjuanero**
[eskaraˈβaxo saŋxwaˈnero]

die Libelle
la **libélula**
[liˈβelula]

die Gottesanbeterin
la **mantis (religiosa)**
[ˈman̪tis (rreliˈxjosa)]

die Heuschrecke
el **saltamontes**
[sal̪taˈmon̪tes]

die Grille
el **grillo**
[ˈgriʎo]

TIERE – ANIMALES

Insekten und Spinnen – Insectos y arañas

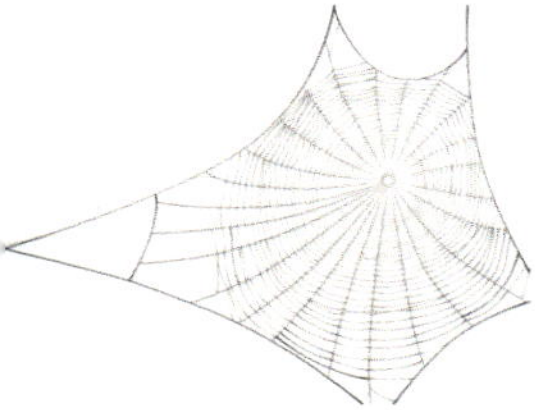

das Spinnennetz
la **tela de araña**
[ˈtela de aˈraɲa]

die Spinne
la **araña**
[aˈraɲa]

der Floh
la **pulga**
[ˈpulɣa]

die Assel
la **cochinilla**
[koʧiˈniʎa]

die Stinkwanze
la **chinche apestosa**
[ˈʧinʧe apesˈtosa]

der Marienkäfer
la **mariquita**
[mariˈkita]

die Schabe
la **cucaracha**
[kukaˈraʧa]

der Wasserläufer
el **tejedor**
[texeˈðor]

der Hundertfüßer
el **ciempiés**
[θjemˈpjes]

die Nacktschnecke
la **babosa**
[baˈβosa]

die Schnecke
el **caracol**
[karaˈkol]

der Wurm
el **gusano**
[guˈsano]

die Termite
la **termita**
[terˈmita]

die Ameise
la **hormiga**
[orˈmiɣa]

die Zecke
la **garrapata**
[garraˈpata]

der Skorpion
el **escorpión**
[eskorˈpjon]

ZAHLEN UND MASSE

NÚMEROS Y MEDIDAS

DIE ZAHLEN – LOS NÚMEROS

Die Kardinalzahlen – Los números cardinales

null
cero
[ˈθero]

eins
uno (-a)
[ˈuno, -a]

zwei
dos
[dos]

drei
tres
[tres]

vier
cuatro
[ˈkwatro]

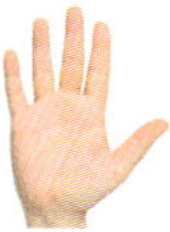

fünf
cinco
[ˈθiŋko]

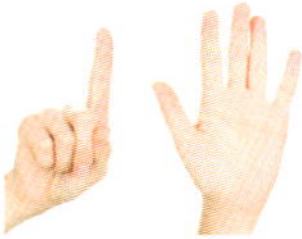

sechs
seis
[sei̯s]

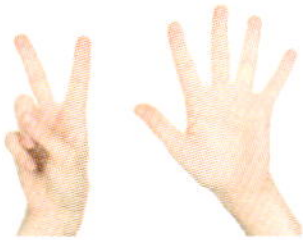

sieben
siete
[ˈsjete]

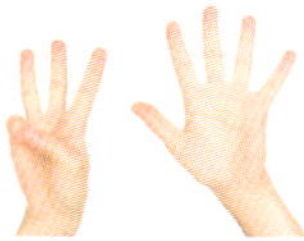

acht
ocho
[ˈoʧo]

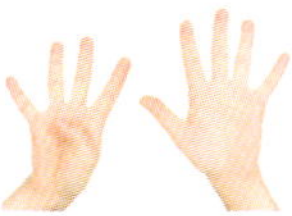

neun
nueve
[ˈnweβe]

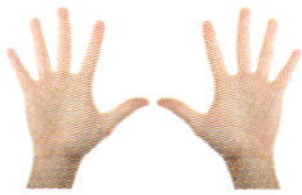

zehn
diez
[djeθ]

elf	**once** [ˈon̪θe]
zwölf	**doce** [ˈdoθe]
dreizehn	**trece** [ˈtreθe]
vierzehn	**catorce** [kaˈtorθe]
fünfzehn	**quince** [ˈkin̪θe]
sechzehn	**dieciséis** [djeθiˈsei̯s]
siebzehn	**diecisiete** [djeθiˈsjete]
achtzehn	**dieciocho** [djeθiˈoʧo]
neunzehn	**diecinueve** [djeθiˈnweβe]
zwanzig	**veinte** [ˈbei̯n̪te]
einundzwanzig	**veintiuno (-a)** [bei̯n̪ˈtjuno, -a]
zweiundzwanzig	**veintidós** [bei̯n̪tiˈðos]
dreiundzwanzig	**veintitrés** [bei̯n̪tiˈtres]
dreißig	**treinta** [ˈtrei̯n̪ta]
vierzig	**cuarenta** [kwaˈren̪ta]
fünfzig	**cincuenta** [θiŋˈkwen̪ta]
sechzig	**sesenta** [seˈsen̪ta]
siebzig	**setenta** [seˈten̪ta]
achtzig	**ochenta** [oˈʧen̪ta]
neunzig	**noventa** [noˈβen̪ta]
hundert	**cien** [θjen]

DIE ZAHLEN – LOS NÚMEROS

zweihundertzweiundzwanzig	**doscientos (-as) veintidós** [dos'θjentos, -as beinti'ðos]
tausend	**mil** [mil]
zehntausend	**diez mil** [djeθ mil]
zwanzigtausend	**veintidós mil** [beinti'ðos mil]
fünfzigtausend	**cincuenta mil** [θiŋ'kwenta mil]
fünfundfünfzigtausend	**cincuenta y cinco mil** [θiŋ'kwenta i 'θiŋko mil]
hunderttausend	**cien mil** [θjen mil]
eine Million	**un millón** [un mi'ʎon]
eine Milliarde	**mil millones** [mil mi'ʎones]
eine Billion	**un billón** [un bi'ʎon]

Die Ordinalzahlen – Los números ordinales

erste(r, s)	**primero/-a** [pri'mero, -a]
zweite(r, s)	**segundo/-a** [se'ɣundo, -a]
dritte(r, s)	**tercero/-a** [ter'θero, -a]
vierte(r, s)	**cuarto/-a** ['kwarto, -a]
fünfte(r, s)	**quinto/-a** ['kinto, -a]
sechste(r, s)	**sexto/-a** ['sesto, -a]
siebte(r, s)	**séptimo/-a** ['septimo, -a]
achte(r, s)	**octavo/-a** [ok'taβo, -a]
neunte(r, s)	**noveno/-a** [no'βeno, -a]
zehnte(r, s)	**décimo/-a** ['deθimo, -a]
elfte(r, s)	**undécimo/-a** [un'deθimo, -a]
zwölfte(r, s)	**duodécimo/-a** [duo'ðeθimo, -a]
dreizehnte(r, s)	**decimotercero/-a** [deθimoter'θero, -a]
vierzehnte(r, s)	**decimocuarto/-a** [deθimo'kwarto, -a]
fünfzehnte(r, s)	**decimoquinto/-a** [deθimo'kinto, -a]
sechzehnte(r, s)	**decimosexto/-a** [deθimo'sesto, -a]
siebzehnte(r, s)	**decimoséptimo/-a** [deθimo'septimo, -a]
achtzehnte(r, s)	**decimoctavo/-a** [deθimok'taβo, -a]
neunzehnte(r, s)	**decimonoveno/-a** [deθimono'βeno, -a]
zwanzigste(r, s)	**vigésimo/-a** [bi'xesimo, -a]
einundzwanzigste(r, s)	**vigesimoprimero/-a** [bi'xesimopri'mero, -a]
zweiundzwanzigste(r, s)	**vigesimosegundo/-a** [bi'xesimose'ɣundo, -a]

DIE ZAHLEN – LOS NÚMEROS

dreißigste(r, s)	**trigésimo/-a** [triˈxesimo, -a]
vierzigste(r, s)	**cuadragésimo/-a** [kwaðraˈxesimo, -a]
fünfzigste(r, s)	**quincuagésimo/-a** [kiŋkwaˈxesimo, -a]
sechzigste(r, s)	**sexagésimo/-a** [seˠsaˈxesimo, -a]
siebzigste(r, s)	**septuagésimo/-a** [septwaˈxesimo, -a]
achtzigste(r, s)	**octogésimo/-a** [oktoˈxesimo, -a]
neunzigste(r, s)	**nonagésimo/-a** [nonaˈxesimo, -a]
hundertste(r, s)	**centésimo/-a** [θen̪ˈtesimo, -a]
zweihunderterste(r, s)	**ducentésimo/-a** [duθen̪ˈtesimo, -a]
zweihundertfünfundzwanzigste(r, s)	**ducentésimo/-a vigésimo/-a quinto/-a** [duθen̪ˈtesimo, -a biˈxesimo, -a ˈkin̪to, -a]
dreihundertste(r, s)	**tricentésimo/-a** [triθen̪ˈtesimo, -a]
tausendste(r, s)	**milésimo/-a** [miˈlesimo, -a]
zehntausendste(r, s)	**diezmilésimo/-a** [djeθmiˈlesimo, -a]
millionste(r, s)	**millonésimo/-a** [miʎoˈnesimo, -a]
zehnmillionste(r, s)	**diezmillonésimo/-a** [djeθmiʎoˈnesimo, -a]]
vorletzte(r, s)	**penúltimo/-a** [peˈnul̪timo, -a]
letzte(r, s)	**último/-a** [ˈul̪timo, -a]

Die Bruchzahlen – Los números quebrados

ein halber/ein halbes/eine halbe	**un medio** [un ˈmeðjo]
ein Drittel	**un tercio** [un ˈterθjo]
ein Viertel	**un cuarto** [un ˈkwarto]
ein Fünftel	**un quinto** [un ˈkin̪to]
ein Achtel	**un octavo** [un okˈtaβo]
drei Viertel	**tres cuartos** [tres ˈkwartos]
zwei Fünftel	**dos quintos** [dos ˈkin̪tos]
siebeneinhalb	**siete y medio** [ˈsjete i ˈmeðjo]
zwei Siebzehntel	**dos decimoséptimas partes** [dos deθimoˈseptimas ˈpartes]
fünf und drei Achtel	**cinco y tres octavos** [ˈθiŋko i tres okˈtaβos]

DIE ZAHLEN – LOS NÚMEROS

Weitere Zahlwörter – Más numerales y de cantidad

einmal	**una vez** [ˈuna beθ]
zweimal	**dos veces** [dos ˈbeθes]
dreimal	**tres veces** [tres ˈbeθes]
viermal	**cuatro veces** [ˈkwatro ˈbeθes]
mehrmals	**repetidas veces** [rrepeˈtiðas ˈbeθes]
manchmal	**a veces** [a ˈbeθes]
niemals	**nunca/jamás** [ˈnuŋka/xaˈmas]
einfach	**sencillo/-a** [sen̪ˈθiʎo, -a]
doppelt/zweifach	**doble** [ˈdoβle]
dreifach	**triple** [ˈtriple]
vierfach	**cuádruple** [ˈkwaðruple]
fünffach	**quíntuple** ˈkin̪tuple]
sechsfach	**séxtuple** [ˈsestuple]
mehrfach/vielfach	**múltiple** [ˈmul̪tiple]

ein Paar	**un par** [un par]
ein halbes Dutzend	**media docena** [ˈmeðja doˈθena]
ein Dutzend	**una docena** [ˈuna doˈθena]
ein Gros	**la mayoría** [la maɟoˈria]
ein paar	**algunos/-as; unos/-as** [alˈɣunos, -as; ˈunos, -as]
wenige	**pocos/-as** [ˈpokos, -as]
einige	**algunos/-as** [alˈɣunos, -as]
etliche	**diversos/-as** [diˈβersos, -as]
manche	**más de uno/-a** [mas de ˈuno, -a]
viele	**muchos/-as** [ˈmuʧos, -as]
beide	**ambos/-as** [ˈambos, -as]
sämtliche	**todos/-as** [ˈtoðos, -as]
alle	**todos/-as** [ˈtoðos, -as]
jeder/jede/jedes	**cada uno/-a** [ˈkaða ˈuno, -a]

der Taschenrechner
la **calculadora**
[kalkulaˈðora]

die Quadratwurzel
la **raíz cuadrada**
[rraˈiθ kwaˈðraða]

das Prozent
el **tanto por ciento**
[ˈtan̪to por ˈθjen̪to]

die Ziffer
la **cifra**
[ˈθifra]

der Dezimalpunkt
el **separador decimal**
[separaˈðor deθiˈmal]

dividieren
dividir
[diβiˈðir]

multiplizieren
multiplicar
[mul̪tipliˈkar]

subtrahieren
restar
[rresˈtar]

addieren
sumar
[suˈmar]

ist gleich
es igual a
[es iˈɣwal a]

DIE ZEIT – EL TIEMPO

Die Uhrzeit – La hora

ein Uhr
la una
[la ˈuna]

zwei Uhr
las dos
[las dos]

drei Uhr
las tres
[las tres]

vier Uhr
las cuatro
[las ˈkwatro]

fünf Uhr
las cinco
[las ˈθiŋko]

sechs Uhr
las seis
[las sei̯s]

sieben Uhr
las siete
[las ˈsjete]

acht Uhr
las ocho
[las ˈotʃo]

neun Uhr
las nueve
[las ˈnweβe]

zehn Uhr
las diez
[las djeθ]

elf Uhr
las once
[las ˈoṇθe]

zwölf Uhr mittags
las doce del mediodía
[las ˈdoθe del meðjoˈdia]

dreizehn Uhr
la una del mediodía
[la ˈuna del meðjoˈdia]

die Stunde	la **hora** [ˈora]
die Minute	el **minuto** [miˈnuto]
eine halbe Stunde	la **media hora** [ˈmeðja ˈora]
die Sekunde	el **segundo** [seˈɣuṇdo]
Wie viel Uhr ist es?	**¿Qué hora es?** [ke ˈora es]
Es ist zwei Uhr.	**Son las dos.** [son las dos]
Um wie viel Uhr?	**¿A qué hora?** [a ke ˈora]
Um sieben Uhr.	**A las siete.** [a las ˈsjete]

DIE ZEIT – EL TIEMPO

Die Uhrzeit – La hora

vierzehn Uhr
las dos del mediodía
[las dos del meðjo'dia]

fünfzehn Uhr
las tres del mediodía/ de la tarde
[las tres del meðjo'dia/ de la 'tarðe]

sechzehn Uhr
las cuatro de la tarde
[las 'kwatro de la 'tarðe]

siebzehn Uhr
las cinco de la tarde
[las 'θiŋko de la 'tarðe]

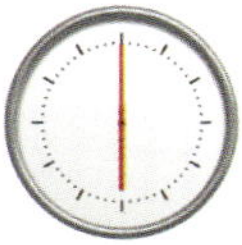

achtzehn Uhr
las seis de la tarde
[las sei̯s de la 'tarðe]

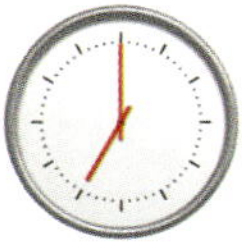

neunzehn Uhr
las siete de la tarde
[las 'sjete de la 'tarðe]

zwanzig Uhr
las ocho de la tarde
[las 'ot͡ʃo de la 'tarðe]

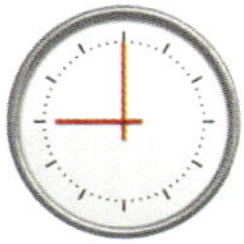

einundzwanzig Uhr
las nueve de la tarde
[las 'nweβe de la 'tarðe]

zweiundzwanzig Uhr
las diez de la noche
[las djeθ de la 'not͡ʃe]

dreiundzwanzig Uhr
las once de la noche
[las 'on̩θe de la 'not͡ʃe]

Mitternacht
medianoche
[meðja'not͡ʃe]

fünf nach zwölf
las doce y cinco
[las 'doθe i 'θiŋko]

halb elf	**las diez y media** [las djeθ i 'meðja]
zwanzig vor sieben	**las siete menos veinte** [las 'sjete 'menos 'bei̯n̩te]
Viertel vor zwölf	**las doce menos cuarto** [las 'doθe 'menos 'kwarto]
Wann?	**¿Cuándo?** ['kwan̩do]
Vor/in zehn Minuten.	**Hace/en diez minutos.** ['aθe/en djeθ mi'nutos]
Gegen Mittag.	**hacia el mediodía** ['aθja el meðjo'dia]
Seit wann?	**¿Desde cuándo?** ['desðe 'kwan̩do]
Seit gestern.	**Desde ayer.** ['desðe a'ɟer]

Viertel nach neun
las nueve y cuarto
[las 'nweβe i 'kwarto]

DIE ZEIT – EL TIEMPO

Tag und Nacht – Día y noche

die Mitternacht
la **medianoche**
[meðja'notʃe]

die Morgendämmerung
el **alba**
['alβa]

der Sonnenaufgang
el **amanecer**
[amane'θer]

der Morgen
la **mañana**
[ma'ɲana]

der Mittag
el **mediodía**
[meðjo'dia]

der Nachmittag
la **tarde**
['tarðe]

der Sonnenuntergang
la **puesta de sol**
['pwesta de sol]

die Abenddämmerung
el **atardecer**
[atarðe'θer]

der Abend
la **tarde**
['tarðe]

der Frühling
la **primavera**
[prima'βera]

der Sommer
el **verano**
[be'rano]

der Herbst
el **otoño**
[o'toɲo]

der Winter
el **invierno**
[im'bjerno]

heute	**hoy** [oi̯]
morgen	**mañana** [ma'ɲana]
übermorgen	**pasado mañana** [pa'saðo ma'ɲana]
gestern	**ayer** [a'ɟer]
vorgestern	**anteayer** [an̪tea'ɟer]
Welches Datum haben wir heute?	**¿Cuál es la fecha de hoy?** [kwal es la 'fetʃa de oi̯]
der 9. September 2017	**9 de septiembre de 2017** ['nweβe de sep'tjembre de dos mil djeθi'sjete]
der Feiertag	el **día festivo** ['dia fes'tiβo]

DIE ZEIT – EL TIEMPO

Der Kalender – El calendario

der Sonntag
el **domingo**
[do'miŋgo]

der Dienstag
el **martes**
['martes]

der Donnerstag
el **jueves**
['xweβes]

der Monat
el **mes**
[mes]

der Montag
el **lunes**
['lunes]

der Mittwoch
el **miércoles**
['mjerkoles]

der Freitag
el **viernes**
['bjernes]

der Samstag
el **sábado**
['saβaðo]

der Wochentag
el **día de la semana**
['dia de la se'mana]

die Woche
la **semana**
[se'mana]

der Tag
el **día**
['dia]

das Wochenende
el **fin de semana**
[fin de se'mana]

das Datum
la **fecha**
['fetʃa]

das Jahr
el **año**
['aɲo]

der Januar	(el) **enero** [e'nero]
der Februar	(el) **febrero** [fe'βrero]
der März	(el) **marzo** ['marθo]
der April	(el) **abril** [a'βril]
der Mai	(el) **mayo** ['maʝo]
der Juni	(el) **junio** ['xunjo]

der Juli	(el) **julio** ['xuljo]
der August	(el) **agosto** [a'ɣosto]
der September	(el) **septiembre** [sep'tjembre]
der Oktober	(el) **octubre** [ok'tuβre]
der November	(el) **noviembre** [no'βjembre]
der Dezember	(el) **diciembre** [di'θjembre]

MASSE – LAS MEDIDAS

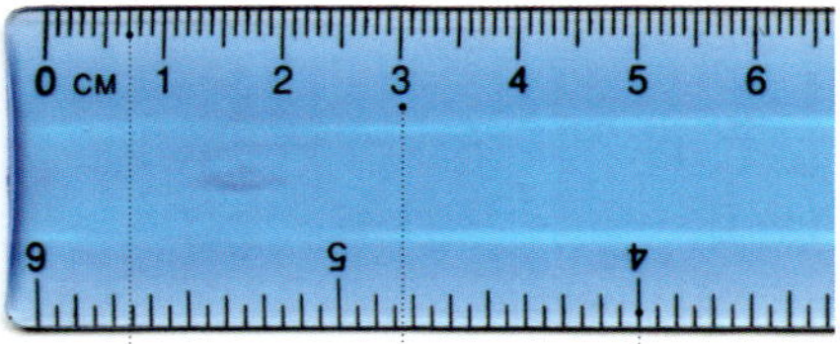

der/das Millimeter
el **milímetro**
[miˈlimetro]

der/das Zentimeter
el **centímetro**
[θeṇˈtimetro]

der Zoll
la **pulgada**
[pulˈɣaða]

der/das Liter
el **litro**
[ˈlitro]

der/das Milliliter
el **mililitro**
[miliˈlitro]

die Unze
la **onza**
[ˈoṇθa]

das Pint
la **pinta**
[ˈpiṇta]

der Kilometer
el **kilómetro**
[kiˈlometro]

die Meile
la **milla**
[ˈmiʎa]

das Yard
la **yarda**
[ˈɟarða]

der Acre/Morgen
el **acre**
[ˈakre]

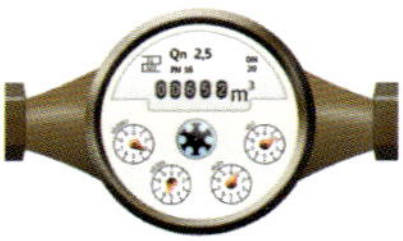

der/das Kubikmeter
el **metro cúbico**
[ˈmetro ˈkuβiko]

der Fuß	el **pie** [pje]
der/das Meter	el **metro** [ˈmetro]
der/das Quadratmeter	el **metro cuadrado** [ˈmetro kwaˈðraðo]
der Quadratfuß	el **pie cuadrado** [pje kwaˈðraðo]
der/das Hektar	la **hectárea** [ekˈtarea]
die Tasse	la **taza** [ˈtaθa]
der Esslöffel	la **cucharada** [kuʧaˈraða]
der Teelöffel	la **cucharilla** [kuʧaˈriʎa]

DAS GEWICHT – EL PESO

die Tonne
la **tonelada**
[toneˈlaða]

das Kilogramm
el **kilogramo**
[kiloˈɣramo]

das Gramm
el **gramo**
[ˈɣramo]

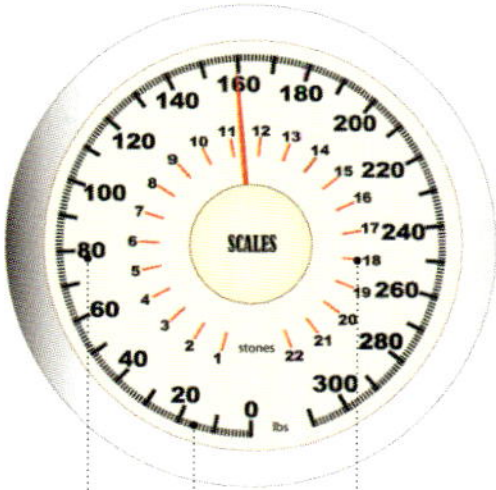

das Pfund
la **libra**
[ˈliβra]

die Unze
la **onza**
[ˈoṇθa]

das Stone (= 6,35 kg)
el **stone**
[esˈtone]

DIE WÄHRUNG – LAS MONEDAS

$

der Dollar
el **dólar**
[ˈdolar]

£

das Pfund
la **libra (esterlina)**
[ˈliβra (esterˈlina)]

€

der Euro
el **euro**
[ˈeu̯ro]

¥

der Yen
el **yen**
[ɟen]

der Baht	el **baht (tailandés)** [bat (tai̯lan̩ˈdes)]
die Rupie	la **rupia** [ˈrrupja]
der Dinar	el **dinar** [diˈnar]
der Franc	el **franco** [ˈfraŋko]
der Schweizer Franken	el **franco suizo** [ˈfraŋko ˈswiθo]
die Krone	la **corona** [koˈrona]
der Rand	el **rand (sudafricano)** [rranð suðafriˈkano]
der Peso	el **peso** [ˈpeso]
der Real	el **real** [rreˈal]
der Yuan	el **yuan** [xwan]
die Lira	la **lira** [ˈlira]
der Rubel	el **rublo** [ˈrruβlo]

DIE WICHTIGSTEN SÄTZE – LAS FRASES MÁS IMPORTANTES

DIE VERBEN – LOS VERBOS

INDEX – INDEX

DIE WICHTIGSTEN SÄTZE – LAS FRASES MÁS IMPORTANTES

Mit diesen nützlichen Wörtern und Sätzen drücken Sie sich in den wichtigsten und häufigsten Situationen mit Sicherheit aus.

IM GESPRÄCH – CONVERSANDO

BEGRÜẞEN UND VERABSCHIEDEN – SALUDAR Y DESPEDIRSE

Guten Tag!	¡Buenos días! [ˈbwenos ˈdias]
Guten Abend!	¡Buenas tardes! [ˈbwenas ˈtarðes]
Hallo!	¡Hola! [ˈola]
Auf Wiedersehen!	¡Adiós! [aˈðjos]
Tschüss!	¡Hasta luego! [ˈasta ˈlweɣo]

HÖFLICHKEIT – CORTESÍA

bitte	por favor [ˈpor faˈβor]
danke	gracias [ˈgraθjas]
bitte schön	de nada [de ˈnaða]
Ja, bitte.	Sí, claro. [si ˈklaro]
Nein, danke.	No, gracias. [no ˈgraθjas]
Keine Ursache!	¡No hay de qué! [no ˈaj de ˈke]
Entschuldigung!	Perdón! [perˈðon]
Entschuldigen Sie, …	Perdone,… [perˈðone…]
Das tut mir leid.	Lo siento. [lo ˈsjen̪to]
Wie geht's?	¿Qué tal? [ˈke tal]
Danke, gut. Und Ihnen/dir?	Bien, gracias. ¿Y tú/usted? [bjen ˈgraθjas i tu/usˈteð]

KOMMUNIKATION – COMUNICACIÓN

Wie bitte?	¿Cómo dice? [ˈkomo ˈdiˈθe]
Ich verstehe.	Entiendo. [enˈtjen̪do]
Ich verstehe nicht.	No entiendo. [no enˈtjen̪do]
Könnten Sie das bitte wiederholen?	¿Podría repetir, por favor? [poˈðria repeˈtir por faˈβor]
Könnten Sie bitte langsamer sprechen?	¿Podría hablar más despacio, por favor? [poˈðria aˈβlar mas desˈpaθjo por faˈβor]
Könnten Sie das bitte aufschreiben?	¿Podría anotarlo, por favor? [poˈðria anoˈtarlo por faˈβor]
Was bedeutet …?	¿Qué significa…? [ˈke siɣniˈfika…]

SICH VORSTELLEN – PRESENTARSE

Wie heißt du?	¿Cómo te llamas? [ˈkomo te ˈʎamas]
Wie heißen Sie?	¿Cómo se llama usted? [ˈkomo se ˈʎama usˈteð]
Ich heiße …	Me llamo… [me ˈʎamo…]
Woher kommen Sie?	¿De dónde es usted? [de ˈdon̪de es usˈteð]
Woher kommst du?	¿De dónde eres? [de ˈdon̪de ˈeres]
Ich komme aus …	Soy de… [soi̯ de…]
Das ist mein Mann.	Este es mi marido. [ˈeste es mi maˈriðo]
Das ist meine Frau.	Esta es mi mujer. [ˈesta es mi muˈxer]
Das ist mein Partner.	Esta es mi pareja. [ˈesta es mi paˈrexa]

Das ist meine Partnerin.	Esta es mi pareja. [ˈesta es mi paˈrexa]
Das ist mein Sohn.	Este es mi hijo. [ˈeste es mi ˈixo]
Das ist meine Tochter.	Esta es mi hija. [ˈesta es mi ˈixa]
Hier ist meine E-Mail-Adresse.	Esta es mi dirección electrónica. [ˈesta es mi direɣˈθjon elekˈtronika]
Hier ist meine Telefonnummer.	Este es mi número de teléfono. [ˈeste es mi ˈnumero de teˈlefono]

BEIM TELEFONIEREN – LLAMAR POR TELÉFONO

Ich hätte gern eine SIM-Karte, bitte.	Quería una tarjeta SIM, por favor. [keˈria una tarˈxeta sim por faˈβor]
Mein Akku ist leer.	Mi batería está vacía. [mi bateˈria esˈta baˈθia]
Hier spricht ...	Soy... [soi̯...]
Mit wem spreche ich bitte?	¿Con quién estoy hablando, por favor? [kon ˈkjen esˈtoi̯ aˈβlan̪do por faˈβor]
Kann ich bitte Herrn/Frau ... sprechen?	¿Puedo hablar con el señor/la señora...? [pwueðo aˈβlar kon el seˈɲor/la seˈɲora...]
Tut mir leid, er/sie ist nicht da.	Lo siento, no está. [lo ˈsjento no esˈta]
Kann er/sie Sie zurückrufen?	¿Puedo volver a llamarlo/la? [pwueðo bolˈβer a ʎaˈmarlo/ʎaˈmarla]

UNTERWEGS – DE VIAJE

TOILETTE UND BAD – ASEO Y BAÑO

Wo ist bitte die Toilette?	¿Dónde está el baño? [ˈdon̪de esˈta el ˈbaɲo]
Damen	señoras [seˈɲoras]
Herren	caballeros [kaβaˈʎeros]
die Damentoilette	baño de señoras [ˈbaɲo de seˈɲoras]
die Herrentoilette	baño de caballeros [ˈbaɲo de kaβaˈʎeros]

BAHN – TREN

Wann fährt der nächste Zug ab?	¿Cuándo sale el próximo tren? [ˈkwan̪do ˈsale el ˈproɣsimo tren]
Wo muss ich umsteigen?	¿Dónde tengo que hacer transbordo? [ˈdon̪de ˈteŋgo ke aˈθer tra(n)sˈβorðo]
Von welchem Gleis fährt der Zug nach ...?	¿De qué vía parte el tren hacia...? [de ˈke ˈbia ˈparte el tren ˈaθja...]
Ist dieser Platz noch frei?	¿Está libre? [esˈta ˈliβre]
Hält dieser Zug in ...?	¿Este tren para en...? [ˈeste tren ˈpara en...]

BUS – AUTOBÚS

Welche Linie fährt nach ...?	¿Qué línea va a...? [ˈke ˈlinea ba a...]
Welche Linie fährt zum Bahnhof?	¿Qué línea va a la estación central? [ˈke ˈlinea ba a la estaˈθjon θen̪ˈtral]
Wann fährt der nächste Bus nach ...?	¿Cuándo sale el próximo autobús a...? [ˈkwan̪do ˈsale el ˈproˠsimo au̯toˈβus a...]

Wo muss ich aussteigen?	¿Dónde tengo que bajar? [ˈdoṇde ˈteŋgo ke baˈxar]
Wie viele Haltestellen sind es?	¿Cuántas paradas son? [ˈkwaṇtas paˈraðas son]
Fährt dieser Bus nach ...?	¿Este autobús va para...? [ˈeste au̯toˈβus ba ˈpara…]

AUTO – COCHE

der Führerschein	el carné de conducir [el karˈne de koṇduˈθir]
Entschuldigen Sie bitte, wie komme ich nach ...?	Perdone, ¿cómo puedo ir a...? [perˈðone ˈkomo ˈpweðo ir a…]
Entschuldigen Sie bitte, wo ist ...?	Perdone, ¿dónde está...? [perˈðone ˈdoṇde esˈta…]
Wie weit ist es?	¿A qué distancia está? [a ˈke disˈtaṇθja esˈta]

BEIM ARZT – EN EL MÉDICO

Ich bin krankenversichert.	Tengo un seguro de enfermedad. [ˈteŋgo un seˈɣuro de eɱfermeˈðað]
Ich möchte von einer Ärztin behandelt werden, bitte.	Quiero que me trate una médica, por favor. [ˈkjero ke me ˈtrate una ˈmeðika por faˈβor]
Es tut hier weh.	Me duele aquí. [me ˈdwele aˈki]
Ich bin ohnmächtig geworden.	Me he desmayado. [me ˈe desmaˈɟaðo]
Ich habe mich erbrochen.	He vomitado. [e bomiˈtaðo]
Ich habe Herzbeschwerden.	Tengo dolores de corazón. [ˈteŋgo doˈlores de koraˈθon]
Ich habe Atembeschwerden.	Tengo problemas respiratorios. [ˈteŋgo proˈβlemas rrespiraˈtorjos]
Ich habe Zahnschmerzen.	Me duelen los dientes. [me ˈdwelen los ˈdjeṇtes]
Ich habe eine Füllung verloren.	He perdido un empaste. [e perˈðiðo un emˈpaste]
Ich bin allergisch gegen Antibiotika.	Tengo alergia a los antibióticos. [ˈteŋgo aˈlerxia a los aṇtiˈβjotikos]
Ich bin allergisch gegen Bienen.	Tengo alergia a las abejas. [ˈteŋgo aˈlerxia a las aˈβexas]
Ich bin allergisch gegen Pollen.	Tengo alergia al polen. [ˈteŋgo aˈlerxia al ˈpolen]
Ich bin Diabetiker/Diabetikerin.	Soy diabético/diabética. [soi̯ djaˈβetiko/djaˈβetika]
Ist es ansteckend?	¿Es contagioso/contagiosa? [es koṇtaˈxjoso/koṇtaˈxjosa]
Ich brauche ein Rezept für ...	Necesito una receta para... [neθeˈsito una rreˈθeta ˈpara…]
Ich nehme Medikamente gegen ...	Tomo medicamentos contra... [ˈtomo meðikaˈmeṇtos ˈkoṇtra…]

DIE VERBEN – LOS VERBOS

Wenn es darum geht, eigene Sätze zu bilden, hilft Ihnen unsere ausführliche Verbliste, wo Sie auch abstrakte Verben, die sich nicht abbilden lassen, nachschlagen und übersetzen können.

A

abbeißen	morder	[morˈðer]
abbiegen	girar	[xiˈrar]
abbringen	desviar	[desβiˈar]
abfahren	salir	[saˈlir]
abfärben	desteñir	[desteˈɲir]
abfinden	compensar	[kompenˈsar]
abfragen	preguntar	[preɣun̪ˈtar]
abführen	llevar	[ʎeˈβar]
abfüllen	embotellar	[emboteˈʎar]
abgeben	dar	[dar]
abgewöhnen	deshabituar	[desaβituˈar]
abgrenzen	delimitar	[delimiˈtar]
abhaken	marcar (con una cruz)	[marˈkar (kon ˈuna kruθ)]
abhalten	impedir	[impeˈðir]
abhärten	endurecer	[en̪dureˈθer]
abhauen	largarse	[larˈɣarse]
abheben	despegar	[despeˈɣar]
abholen	recoger	[rrekoˈxer]
abklären	aclarar	[aklaˈrar]
abklingen	decrecer	[dekreˈθer]
abkochen	hervir	[erˈβir]
abkühlen	enfriarse	[eɱfriˈarse]
abkürzen	acortar	[akorˈtar]
abladen	descargar	[deskarˈɣar]
ablaufen	caducar	[kaðuˈkar]
ablecken	lamer	[laˈmer]
ablegen	depositar	[depositˈtar]
ablehnen	rechazar	[rretʃaˈθar]
ablenken	desviar	[desβiˈar]
abmagern	adelgazar	[aðelɣaˈθar]
abmalen	pintar	[pin̪ˈtar]
abmelden	darse de baja	[ˈdarse de ˈbaxa]
abmessen	medir	[meˈðir]
abnehmen	adelgazar	[aðelɣaˈθar]
abnutzen	(des)gastar	[(des)ɣasˈtar]
abonnieren	suscribirse	[suskriˈβirse]
abprallen	rebotar	[rreβoˈtar]
abputzen	limpiar	[limˈpjar]
abraten	desaconsejar	[desakonseˈxar]
abräumen	recoger	[rrekoˈxer]
abreagieren	desfogarse	[desfoˈɣarse]
abrechnen	echar la cuenta	[eˈtʃar la ˈkwen̪ta]
abregen	calmarse	[kalˈmarse]
abreisen	salir	[saˈlir]
abreißen	arrancar	[arraŋˈkar]
abrunden	redondear	[rreðon̪deˈar]
abrutschen	resbalar(se)	[rresβaˈlar(se)]
absagen	anular	[anuˈlar]
abschaffen	abolir	[aβoˈlir]
abschalten	apagar	[apaˈɣar]
abschätzen	valorar	[baloˈrar]
abschauen	copiar	[koˈpjar]

abschicken	enviar [embiˈar]
abschleppen	remolcar [rremolˈkar]
abschließen	cerrar con llave [θeˈrrar kon ˈʎaβe]
abschminken	desmaquillar [desmakiˈʎar]
abschneiden	acortar [akorˈtar]
abschreiben	copiar [koˈpjar]
abschwächen	atenuar [atenuˈar]
abschweifen	desviarse [desβiˈarse]
abschwellen	deshincharse [desinˈʧarse]
absehen	prescindir [presθin̥ˈdir]
absenden	expedir [espeˈðir]
absetzen	quitarse [kiˈtarse]
absichern	asegurar [aseɣuˈrar]
absinken	hundirse [un̥ˈdirse]
abspeichern	almacenar [almaθeˈnar]
abspielen	ocurrir [okuˈrrir]
abspringen	saltar [sal̥ˈtar]
abspülen	limpiar [limˈpjar]
abstammen	descender [desθen̥ˈder]
abstehen	destacarse [destaˈkarse]
abstellen	poner [poˈner]
absterben	morirse [moˈrirse]
abstimmen	votar [boˈtar]
abstoßen	repugnar [rrepuɣˈnar]
abstreiten	negar [neˈɣar]
abstumpfen	embrutecer [embruteˈθer]
abstürzen	caer [kaˈer]
abstützen	apoyar [apoˈɟar]
absuchen	buscar por todas partes [busˈkar por ˈtoðas ˈpartes]

abtreiben	abortar [aβorˈtar]
abtrocknen	secar [seˈkar]
abtropfen	escurrir [eskuˈrrir]
abverlangen	exigir [eɣsiˈxir]
abwägen	ponderar [pon̥deˈrar]
abwarten	esperar [espeˈrar]
abwaschen	fregar [freˈɣar]
abwechseln	alternar(se) [al̥terˈnar(se)]
abwehren	rechazar [rreʧaˈθar]
abweichen	divergir [diβerˈxir]
abweisen	rechazar [rreʧaˈθar]
abwerten	devaluar [deβaluˈar]
abwischen	secar [seˈkar]
abzahlen	pagar [paˈɣar]
abziehen	retirar [rretiˈrar]
achten	prestar atención [presˈtar aten̥ˈθjon]
ächzen	gemir [xeˈmir]
addieren	sumar [suˈmar]
adoptieren	adoptar [aðopˈtar]
adressieren	dirigir [diriˈxir]
agieren	actuar [aktuˈar]
ähneln	parecerse [pareˈθerse]
ahnen	presentir [presen̥ˈtir]
aktivieren	activar [aktiˈβar]
aktualisieren	actualizar [aktwaliˈθar]
akzeptieren	aceptar [aθepˈtar]
alarmieren	alarmar [alarˈmar]
amputieren	amputar [ampuˈtar]
amüsieren	divertir [diβerˈtir]

analysieren	analizar [anali'θar]
anbauen	cultivar [kul̩ti'βar]
anbeten	adorar [aðo'rar]
anbiedern	congraciarse [koŋgra'θjarse]
anbieten	ofrecer [ofre'θer]
anblicken	mirar [mi'rar]
anbrüllen	gritar [gri'tar]
andauern	durar [du'rar]
ändern	cambiar [kam'bjar]
andeuten	insinuar [insinu'ar]
androhen	amenazar [amena'θar]
aneignen	apropiarse [apro'pjarse]
anekeln	repugnar [rrepuɣ'nar]
anerkennen	reconocer [rrekono'θer]
anfangen	empezar [empe'θar]
anfassen	tocar [to'kar]
anfertigen	fabricar [faβri'kar]
anfeuern	enardecer [enarðe'θer]
anflehen	implorar [implo'rar]
anfordern	pedir [pe'ðir]
anfreunden	trabar amistad [tra'βar amis'tað]
anfühlen	tener un tacto [te'ner un 'takto]
anführen	dirigir [diri'xir]
angeben	fanfarronear [faɱfarrone'ar]
angehören	pertenecer [pertene'θer]
angeln	pescar [pes'kar]
angewöhnen	acostumbrar [akostum'brar]
angleichen	adaptar [aðap'tar]
angreifen	atacar [ata'kar]
ängstigen	inquietar [iŋkje'tar]
angucken	mirar [mi'rar]
anhaben	llevar (puesto) [ʎe'βar ('pwesto)]
anhalten	parar(se) ['parar(se)]
anhängen	colgar [kol'ɣar]
anhimmeln	adorar [aðo'rar]
anhören	escuchar [esku'tʃar]
anklagen	acusar [aku'sar]
ankleben	pegar [pe'ɣar]
anklicken	hacer clic [a'θer klik]
anklopfen	llamar (a la puerta) [ʎa'mar (a la 'pwerta)]
anknüpfen	atar [a'tar]
ankommen	llegar [ʎe'ɣar]
ankreuzen	marcar con una cruz [mar'kar kon 'una kruθ]
ankündigen	anunciar [anun̩'θjar]
anlächeln	mirar sonriendo [mi'rar sonrri'en̩ðo]
anlachen	mirar riendo [mi'rar rri'en̩ðo]
anlehnen	apoyar [apo'ɟar]
anleiten	instruir [instru'ir]
anlocken	atraer [atra'er]
anlügen	mentir [men̩'tir]
anmachen	encender [en̩θen̩'der]
anmaßen	permitirse [permi'tirse]
anmelden	anunciar [anun̩'θjar]
anmerken	notar [no'tar]
annähern	acercar [aθer'kar]
annehmen	aceptar [aθep'tar]

annullieren	anular	[anuˈlar]
anordnen	ordenar	[orðeˈnar]
anpacken	abordar	[aβorˈðar]
anpassen	adaptar	[aðapˈtar]
anpflanzen	plantar	[plan̪ˈtar]
anprobieren	probar(se)	[proˈβar(se)]
anreden	dirigir la palabra	[diriˈxir la paˈlaβra]
anrufen	llamar	[ʎaˈmar]
ansagen	anunciar	[anun̟ˈθjar]
ansammeln	amontonar	[amon̪toˈnar]
anschalten	encender	[en̟θen̪ˈder]
anschauen	mirar	[miˈrar]
anschieben	empujar	[empuˈxar]
anschleichen	acercarse	[aθerˈkarse]
anschließen	sujetar	[suxeˈtar]
anschmiegen	arrimarse cariñosamente	[arriˈmarse kariˈɲosaˈmen̪te]
anschnallen	sujetar	[suxeˈtar]
anschnauzen	echar una bronca	[eˈʧar ˈuna ˈbroŋka]
anschreien	gritar	[griˈtar]
anschuldigen	acusar	[akuˈsar]
anschweigen	no hablar	[no aˈβlar]
anschwellen	hincharse	[inˈʧarse]
anschwindeln	engañar	[eŋgaˈɲar]
ansehen	mirar	[miˈrar]
anspannen	contraer	[kon̪traˈer]
anspielen	aludir	[aluˈðir]
anspitzen	afilar	[afiˈlar]
anspornen	incitar	[in̟θiˈtar]
ansprechen	dirigir la palabra	[diriˈxir la paˈlaβra]
anspringen	arrancar	[arraŋˈkar]
anspucken	escupir	[eskuˈpir]
anstarren	mirar fijamente	[miˈrar ˈfixaˈmen̪te]
anstecken	contagiar	[kon̪taˈxjar]
anstehen	hacer cola	[aˈθer ˈkola]
ansteigen	subir	[suˈβir]
anstellen	ponerse a la cola	[poˈnerse a la ˈkola]
anstimmen	entonar	[en̪toˈnar]
anstoßen	empujar	[empuˈxar]
anstrahlen	alumbrar	[alumˈbrar]
anstreben	aspirar	[aspiˈrar]
anstreichen	pintar	[pin̪ˈtar]
anstrengen	fatigar	[fatiˈɣar]
antreffen	encontrar	[eŋkon̪ˈtrar]
antreiben	propulsar	[propulˈsar]
antreten	empezar	[empeˈθar]
antun	hacer(le) algo a	[aˈθer(le) ˈalɣo a]
antworten	responder	[rrespon̪ˈder]
anvertrauen	confiar	[koɱfiˈar]
anweisen	instruir	[instruˈir]
anwenden	aplicar	[apliˈkar]
anwidern	dar asco	[dar ˈasko]
anzeigen	señalar	[seɲaˈlar]
anziehen	vestir	[besˈtir]
anzünden	encender	[en̟θen̪ˈder]
anzweifeln	dudar	[duˈðar]

applaudieren	aplaudir [aplau̯ˈðir]
arbeiten	trabajar [traβaˈxar]
ärgern	fastidiar [fastiˈðjar]
atmen	respirar [rrespiˈrar]
aufarbeiten	superar [supeˈrar]
aufatmen	respirar [rrespiˈrar]
aufbauen	construir [konstruˈir/konsˈtrwir]
aufbewahren	guardar [gwarˈðar]
aufblasen	hinchar [inˈʧar]
aufbleiben	quedarse levantado [keˈðarse leβan̪ˈtaðo]
aufbrauchen	consumir [konsuˈmir]
aufbrausen	encolerizarse [eŋkoleriˈθarse]
aufbrechen	marcharse [marˈʧarse]
aufbringen	reunir [rreuˈnir]
aufdecken	descubrir [deskuˈβrir]
aufdrängen	imponer [impoˈner]
aufdrehen	abrir [aˈβrir]
aufeinander-folgen	sucederse [suθeˈðerse]
aufessen	comer(se) todo [koˈmer(se) ˈtoðo]
auffallen	notarse [noˈtarse]
auffangen	recoger [rrekoˈxer]
auffassen	entender [en̪ten̪ˈder]
auffordern	pedir [peˈðir]
aufführen	representar [rrepresen̪ˈtar]
aufgeben	abandonar [aβan̪doˈnar]
aufgreifen	retomar [rretoˈmar]
aufhaben	estar abierto [esˈtar aˈβjerto]

aufhalten	detener [deteˈner]
aufhängen	colgar [kolˈɣar]
aufheben	recoger [rrekoˈxer]
aufhetzen	incitar [in̟θiˈtar]
aufholen	recuperar [rrekupeˈrar]
aufhören	terminar [termiˈnar]
aufkleben	pegar [peˈɣar]
aufladen	cargar [karˈɣar]
auflassen	dejar abierto [deˈxar aˈβjerto]
auflauern	acechar [aθeˈʧar]
aufleben	despabilar(se) [despaβiˈlar(se)]
auflehnen	sublevarse [suβleˈβarse]
auflockern	relajar [rrelaˈxar]
auflösen	disolver [disolˈβer]
aufmachen	abrir [aˈβrir]
aufmuntern	reconfortar [rrekoɱforˈtar]
aufnehmen	grabar [graˈβar]
aufpassen	tener cuidado [teˈner kwiˈðaðo]
aufplatzen	abrirse [aˈβrirse]
aufpumpen	inflar [iɱˈflar]
aufraffen	animarse [aniˈmarse]
aufräumen	arreglar [arreˈɣlar]
aufrechterhal-ten	mantener [man̪teˈner]
aufregen	exaltar [eɣsal̪ˈtar]
aufrunden	redondear [rreðon̪deˈar]
aufsammeln	recoger [rrekoˈxer]
aufschieben	aplazar [aplaˈθar]

aufschließen	abrir (con llave) [aˈβrir (kon ˈʎaβe)]
aufschreiben	apuntar [apuṇˈtar]
aufspringen	saltar [saḷˈtar]
aufstacheln	incitar [iṇθiˈtar]
aufstehen	levantarse [leβaṇˈtarse]
aufstellen	instalar [instaˈlar]
aufstützen	apoyar [apoˈɟar]
aufsuchen	consultar [konsuḷˈtar]
auftauchen	aparecer [apareˈθer]
aufteilen	repartir [rreparˈtir]
auftragen	darse [ˈdarse]
auftreiben	reunir [rreuˈnir]
auftreten	presentarse [presenˌˈtarse]
aufwachen	despertar(se) [desperˈtar(se)]
aufwachsen	criarse [kriˈarse]
aufwärmen	recalentar [rrekaleṇˈtar]
aufwecken	despertar [desperˈtar]
aufweichen	reblandecer [rreβlaṇdeˈθer]
aufweisen	mostrar [mosˈtrar]
aufwischen	fregar [freˈɣar]
aufwühlen	emocionar [emoθjoˈnar]
aufzählen	enumerar [enumeˈrar]
aufzeichnen	grabar [graˈβar]
aufzeigen	demostrar [demosˈtrar]
aufzwingen	imponer [impoˈner]
ausarbeiten	elaborar [elaβoˈrar]
ausatmen	espirar [espiˈrar]
ausbessern	reparar [rrepaˈrar]
ausbleiben	no haber [no aˈβer]

ausbrechen	escapar(se) [eskaˈpar(se)]
ausbreiten	extender [esteṇˈder]
ausdehnen	dilatarse [dilaˈtarse]
ausdenken	imaginar [imaxiˈnar]
auseinander-brechen	romper [rromˈper]
ausfallen	no tener lugar [no teˈner luˈɣar]
ausfragen	interrogar [iṇterroˈɣar]
ausfüllen	(re)llenar [(rre)ʎeˈnar]
ausgeben	gastar [gasˈtar]
ausgehen	salir [saˈlir]
ausgleichen	compensar [kompenˈsar]
aushaben	haber terminado [aˈβer termiˈnaðo]
aushalten	soportar [soporˈtar]
aushelfen	ayudar [aɟuˈðar]
auskennen	conocer bien [konoˈθer bjen]
auskommen	arreglarse [arreˈɣlarse]
auslachen	reírse [rreˈirse]
auslaufen	derramarse [derraˈmarse]
ausleeren	vaciar [baˈθiar]
ausleihen	prestar [presˈtar]
ausloggen	desconectarse [deskonekˈtarse]
auslösen	provocar [proβoˈkar]
ausmachen	apagar [apaˈɣar]
ausmalen	imaginarse [imaxiˈnarse]
ausmessen	medir [meˈðir]
ausnutzen	aprovechar [aproβeˈʧar]
auspacken	desembalar [desembaˈlar]

ausplaudern	divulgar [diβul'ɣar]
auspressen	extraer [estra'er]
ausprobieren	probar [pro'βar]
ausrasten	enfurecerse [eɱfure'θerse]
ausrauben	desvalijar [desβali'xar]
ausrechnen	calcular [kalku'lar]
ausreden	disuadir [diswa'ðir]
ausreichen	bastar [bas'tar]
ausreisen	salir [sa'lir]
ausrichten	dar un recado [dar un rre'kaðo]
ausruhen	descansar [deskan'sar]
ausrutschen	resbalar [rresβa'lar]
ausschalten	apagar [apa'ɣar]
ausscheiden	retirarse [rreti'rarse]
ausschimpfen	reprender [rrepren̩'der]
ausschlafen	dormir a su gusto [dor'mir a su 'gusto]
ausschließen	excluir [esklu'ir]
ausschneiden	recortar [rrekor'tar]
aussehen	parecer [pare'θer]
äußern	expresar [espre'sar]
aussetzen	cesar [θe'sar]
aussprechen	pronunciar [pronun̩'θjar]
ausstehen	soportar [sopor'tar]
aussteigen	bajar [ba'xar]
aussterben	desaparecer [desapare'θer]
ausstrecken	estirar [esti'rar]
aussuchen	escoger [escoger]
austauschen	intercambiar [in̩terkam'bjar]
austeilen	repartir [rrepar'tir]
austoben	desfogarse [desfo'ɣarse]
austreten	salir [sa'lir]
austricksen	engañar [eŋga'ɲar]
austrinken	terminar(se) de beber [termi'nar(se) de be'βer]
ausüben	ejercer [exer'θer]
auswählen	escoger [esko'xer]
auswandern	emigrar [emi'ɣrar]
auswaschen	lavar [la'βar]
auswechseln	(re)cambiar [(rre)kambi'ar]
ausweichen	evitar [eβi'tar]
auswerten	analizar [anali'θar]
auswirken	repercutir [rreperku'tir]
auszählen *Stimmen*	escrutar [eskru'tar]
auszeichnen	distinguir [distiŋ'gir]
ausziehen	quitar [ki'tar]

B

babysitten	hacer de baby-sitter [aˈθer de ˈbei̯βi-ˈsiter]
backen	hacer (en el horno) [aˈθer (en el ˈorno)]
baden	tomar un baño [toˈmar un ˈbaɲo]
baggern	excavar [eskaˈβar]
basteln	hacer trabajos manuales [aˈθer traˈβaxos manuˈales]
bauen	construir [konstruˈir/konsˈtrwir]
beabsichtigen	tener la intención [teˈner la in̪ten̪ˈθjon]
beachten	tener en cuenta [teˈner en ˈkwen̪ta]
beängstigen	atemorizar [atemoriˈθar]
beanspruchen	exigir [eɣsiˈxir]
beantragen	solicitar [soliθiˈtar]
beantworten	contestar [kon̪tesˈtar]
bearbeiten	ocuparse [okuˈparse]
beatmen	practicar la respiración artificial [praktiˈkar la rrespiraˈθjon artifiˈθjal]
beaufsichtigen	supervisar [superβiˈsar]
beauftragen	encomendar [eŋkomen̪ˈdar]
bedanken	dar las gracias [dar las ˈgraθjas]
bedauern	lamentar [lamen̪ˈtar]
bedecken	cubrir [kuˈβrir]
bedenken	considerar [konsiðeˈrar]
bedeuten	significar [siɣnifiˈkar]
bedienen	servir [serˈβir]
bedrängen	importunar [importuˈnar]
bedrohen	amenazar [amenaˈθar]
bedrücken	oprimir [opriˈmir]
beeilen	darse prisa [ˈdarse ˈprisa]
beeindrucken	impresionar [impresjoˈnar]
beeinflussen	influir [iɱfluˈir]
beeinträchtigen	perjudicar [perxuðiˈkar]
beenden	acabar [akaˈβar]
beerdigen	enterrar [en̪teˈrrar]
befassen	ocuparse [okuˈparse]
befehlen	mandar [man̪ˈdar]
befestigen	sujetar [suxeˈtar]
befeuchten	humedecer [umeðeˈθer]
befinden	estar [esˈtar]
befolgen	cumplir [kumˈplir]
befragen	interrogar [in̪terroˈɣar]
befreien	liberar [liβeˈrar]
befriedigen	satisfacer [satisfaˈθer]
befruchten	fecundar [fekun̪ˈdar]
befürchten	temer [teˈmer]
befürworten	defender [defen̪ˈder]
begegnen	encontrarse [eŋkon̪ˈtrarse]
begehen	cometer [komeˈter]
begehren	solicitar [soliθiˈtar]
begeistern	entusiasmar [en̪tusjasˈmar]
beginnen	empezar [empeˈθar]
begleiten	acompañar [akompaˈɲar]
beglückwünschen	felicitar [feliθiˈtar]
begraben	enterrar [en̪teˈrrar]

begreifen	comprender [kompreṇ'der]
begrenzen	limitar [limi'tar]
begründen	justificar [xustifi'kar]
begrüßen	saludar [salu'ðar]
begünstigen	favorecer [faβore'θer]
begutachten	emitir un dictamen [emi'tir un dik'tamen]
behalten	conservar [konser'βar]
behandeln	tratar [tra'tar]
beharren	insistir [insis'tir]
behaupten	afirmar [afir'mar]
beheben	remediar [rreme'ðjar]
behelfen	arreglárselas [arre'ɣlarselas]
beherrschen	dominar [domi'nar]
beherzigen	tomar en consideración [to'mar en konsiðera'θjon]
behindern	molestar [moles'tar]
behüten	proteger [prote'xer]
beibehalten	mantener [manṭe'ner]
beibringen	enseñar [ense'ɲar]
beichten	confesar(se) [koɱfe'sar(se)]
beifügen	incluir [iŋklu'ir]
beinhalten	incluir [iŋklu'ir]
beipflichten	apoyar [apo'ɟar]
beirren	confundir [koɱfuṇ'dir]
beißen	morder [mor'ðer]
beistehen	apoyar [apo'ɟar]
beitragen	contribuir [koṇtriβu'ir]
beitreten	adherirse [aðe'rirse]
bejahen	contestar afirmativamente [koṇtes'tar afirmatiβa'meṇte]
bejubeln	ovacionar [oβaθjo'nar]
bekämpfen	combatir [komba'tir]
bekehren	convertir [komber'tir]
bekennen	confesar [koɱfe'sar]
beklagen	lamentar [lameṇ'tar]
bekleckern	manchar [man'ʧar]
bekommen	recibir [rreθi'βir]
bekräftigen	confirmar [koɱfir'mar]
beladen	cargar [kar'ɣar]
belasten	cargar [kar'ɣar]
belästigen	molestar [moles'tar]
belauschen	espiar [espi'ar]
beleidigen	insultar [insuḷ'tar]
bellen	ladrar [la'ðrar]
belohnen	recompensar [rrekompen'sar]
belügen	engañar [eŋga'ɲar]
bemerken	darse cuenta ['darse 'kweṇta]
bemitleiden	compadecer [kompaðe'θer]
bemühen	esforzarse [esfor'θarse]
benachrichtigen	avisar [aβi'sar]
benehmen	(com)portarse [(kom)por'tarse]
beneiden	envidiar [embi'ðjar]
benennen	nombrar [nom'brar]
benoten	poner nota [po'ner 'nota]
benötigen	necesitar [neθesi'tar]
beobachten	observar [oβser'βar]
beraten	aconsejar [akonse'xar]
berechnen	calcular [kalku'lar]
bereden	hablar [a'βlar]

bereiten	causar	[kau̯ˈsar]
bereithalten	tener preparado	[teˈner prepaˈraðo]
bereitmachen	preparar(se)	[prepaˈrar(se)]
bereuen	arrepentirse	[arrepen̪ˈtirse]
berichten	reportar	[rreporˈtar]
berichtigen	corregir	[korreˈxir]
berücksichtigen	tener en cuenta	[teˈner en ˈkwen̪ta]
beruhigen	tranquilizar	[traŋkiliˈθar]
berühren	tocar	[toˈkar]
beschädigen	deteriorar	[deterjoˈrar]
beschaffen	procurar	[prokuˈrar]
beschäftigen	ocupar	[okuˈpar]
bescheinigen	certificar	[θertifiˈkar]
beschenken	regalar	[rreɣaˈlar]
beschimpfen	insultar	[insul̪ˈtar]
beschleunigen	acelerar	[aθeleˈrar]
beschließen	decidir	[deθiˈðir]
beschmutzen	ensuciar	[ensuˈθjar]
beschränken	limitar	[limiˈtar]
beschreiben	describir	[deskriˈβir]
beschuldigen	acusar	[akuˈsar]
beschützen	proteger	[proteˈxer]
beschweren	protestar	[protesˈtar]
beseitigen	eliminar	[elimiˈnar]
besetzen	ocupar	[okuˈpar]
besichtigen	visitar	[bisiˈtar]
besiegen	vencer	[ben̪ˈθer]
besitzen	poseer	[poseˈer]
besorgen	proporcionar	[proporθjoˈnar]
besprechen	discutir	[diskuˈtir]
bestätigen	confirmar	[koɱfirˈmar]
bestatten	dar sepultura	[dar sepul̪ˈtura]
bestaunen	contemplar	[kon̪temˈplar]
bestehen	aprobar	[aproˈβar]
bestellen	pedir	[peˈðir]
bestimmen	determinar	[determiˈnar]
bestrafen	castigar	[kastiˈɣar]
bestreiten	llevar	[ʎeˈβar]
besuchen	ir a ver	[ir a ber]
betätigen	accionar	[aɣθjoˈnar]
betäuben	ensordecer	[ensorðeˈθer]
beteiligen	participar	[partiθiˈpar]
beten	rezar	[rreˈθar]
beteuern	proclamar	[proklaˈmar]
betonen	subrayar	[suβrraˈɟar]
betören	embriagar	[embrjaˈɣar]
betrachten	contemplar	[kon̪temˈplar]
betreuen	cuidar	[kwiˈðar]
betrügen	engañar	[eŋgaˈɲar]
betteln	mendigar	[men̪diˈɣar]
beugen	inclinar	[iŋkliˈnar]
beunruhigen	inquietar	[iŋkjeˈtar]
beurteilen	juzgar	[xuθˈɣar]
bevorzugen	preferir	[prefeˈrir]
bewachen	vigilar	[bixiˈlar]
bewaffnen	armar	[arˈmar]
bewältigen	superar	[supeˈrar]
bewegen	mover	[moˈβer]
beweisen	probar	[proˈβar]

bewerben	solicitar [soliθiˈtar]
bewerten	evaluar [eβaluˈar]
bewirken	causar [kau̯ˈsar]
bewohnen	habitar [aβiˈtar]
bewundern	admirar [aðmiˈrar]
bezahlen	pagar [paˈɣar]
bezeichnen	designar [desiɣˈnar]
bezweifeln	dudar [duˈðar]
biegen	doblar [doˈβlar]
bieten	ofrecer [ofreˈθer]
bilden	formar [forˈmar]
bitten	pedir [peˈðir]
blamieren	poner en ridículo [poˈner en rriˈðikulo]
blasen	soplar [soˈplar]
bleiben	quedarse [keˈðarse]
blenden	cegar [θeˈɣar]
blinken *Auto*	poner el intermitente [poˈner el in̩termiˈten̩te]
blinzeln	parpadear [parpaðeˈar]
blitzen	brillar [brillar]
blockieren	bloquear [bloquear]
blühen	florecer [floreˈθer]
bluten	sangrar [saŋˈgrar]
bohren	perforar [perfoˈrar]
boxen	boxear [boɣseˈar]
boykottieren	boicotear [boi̯koteˈar]
braten	freír [freˈir]
brauchen	necesitar [neθesiˈtar]
brechen	romper [rromˈper]
bremsen	frenar [freˈnar]
brennen	quemar [keˈmar]
bringen	traer [traˈer]
bröckeln	desmigajarse [desmiɣaˈxarse]
brüllen	gritar [griˈtar]
brummen	zumbar [θumˈbar]
brüten	empollar [empoˈʎar]
buchen	reservar [rreserˈβar]
buchstabieren	deletrear [deletreˈar]
bücken	inclinar [iŋkliˈnar]
bügeln	planchar [planˈʧar]
bummeln	dar una vuelta [dar ˈuna ˈbwel̩ta]
bürsten	cepillar [θepiˈʎar]

C

campen	hacer campin(g) [aˈθer ˈkampiŋ]
charakterisie-ren	caracterizar [karakteriˈθar]
chatten	chatear [ʧateˈar]

D

dableiben	quedarse [keˈðarse]
daneben-benehmen	meter la pata [meˈter la ˈpata]
danken	agradecer [aɣraðeˈθer]
darstellen	representar [rrepresenˈtar]
dastehen	estar [esˈtar]
dauern	durar [duˈrar]
decken	cubrir [kuˈβrir]
dehnen	estirar [estiˈrar]
dementieren	desmentir [desmen̪ˈtir]
demonstrieren	manifestarse [manifesˈtarse]
demütigen	humillar [umiˈʎar]
denken	pensar [penˈsar]
deprimieren	deprimir [depriˈmir]
desinfizieren	desinfectar [desiɱfekˈtar]
deuten	interpretar [in̪terpreˈtar]
dienen	servir [serˈβir]
diskriminieren	discriminar [diskrimiˈnar]
diskutieren	discutir [diskuˈtir]
disqualifizieren	descalificar [deskalifiˈkar]
distanzieren	distanciarse [distan̪ˈθjarse]
dividieren	dividir [diβiˈðir]
donnern	tronar [troˈnar]
dosieren	dosificar [dosifiˈkar]
downloaden	descargar [deskarˈɣar]
dramatisieren	dramatizar [dramatiˈθar]
dranbleiben	mantenerse [man̪teˈnerse]
drängeln	empujar [empuˈxar]
drängen	empujar [empuˈxar]

drankommen	alcanzar	[alkaṇˈθar]
drehen	girar	[xiˈrar]
drohen	amenazar	[amenaˈθar]
drucken	imprimir	[impriˈmir]
drücken	empujar	[empuˈxar]
ducken	agacharse	[aɣaˈʧarse]
duften	oler	[oˈler]
dulden	tolerar	[toleˈrar]
durchdenken	examinar a fondo	[eɣsamiˈnar a ˈfoṇdo]
durcheinander-bringen	confundir	[koɱfuṇˈdir]
durchführen	llevar a cabo	[ʎeˈβar a ˈkaβo]
durchsagen	anunciar	[anuṇˈθjar]
durchschauen	descubrir(le)	[deskuˈβrir(le)]
durchsetzen	realizar	[rrealiˈθar]
durchsickern	filtrarse	[fil̪ˈtrarse]
durchstöbern	registrar	[rrexisˈtrar]
durchstreichen	tachar	[taˈʧar]
durchwühlen	revolver	[rreβolˈβer]
durchziehen	atravesar	[atraβeˈsar]
dürfen	poder	[poˈðer]
duschen	duchar(se)	[duˈʧar(se)]
duzen	tutear	[tuteˈar]

E

ebnen	allanar	[aʎaˈnar]
ehren	honrar	[onˈrrar]
eignen	ser apropiado	[ser aproˈpjaðo]
eilen	apresurarse	[apresuˈrarse]
einatmen	respirar	[rrespiˈrar]
einbilden	imaginarse	[imaxiˈnarse]
einbrechen	hundirse	[uṇˈdirse]
einchecken	embarcar	[embarˈkar]
eincremen	aplicar crema	[apliˈkar ˈkrema]
eindringen	penetrar	[peneˈtrar]
eindrücken	abollar	[aβoˈʎar]
einengen	limitar	[limiˈtar]
einfädeln	enhebrar	[eneˈβrar]
einfahren	entrar (en coche)	[eṇˈtrar (en ˈkoʧe)]
einfallen	ocurrir	[okuˈrrir]
einfangen	atrapar	[atraˈpar]
einfügen	añadir	[aɲaˈðir]
einfühlen	identificarse	[iðeṇtifiˈkarse]
einführen	iniciar	[iniˈθjar]
eingeben	introducir	[iṇtroðuˈθir]
eingestehen	admitir	[aðmiˈtir]
eingreifen	intervenir	[iṇterβeˈnir]
eingrenzen	delimitar	[delimiˈtar]
einholen	alcanzar	[alkaṇˈθar]
einigen	conciliar	[koṇθiˈljar]
einkaufen	comprar	[komˈprar]
einkleben	pegar	[peˈɣar]

einklemmen	pillar [piˈʎar]
einladen	invitar [imbiˈtar]
einleben	aclimatarse [aklimaˈtarse]
einlenken	ceder [θeˈðer]
einleuchten	ser obvio [ser ˈoββjo]
einliefern	ingresar [iŋgreˈsar]
einloggen	conectarse [konekˈtarse]
einlösen	cobrar [koˈβrar]
einmischen	(entro)meterse [(en̪tro)meˈterse]
einordnen	clasificar [klasifiˈkar]
einpacken	empaquetar [empakeˈtar]
einparken	aparcar [aparˈkar]
einpflanzen	plantar [plan̪ˈtar]
einplanen	tener en cuenta [teˈner en ˈkwen̪ta]
einprägen	grabarse [graˈβarse]
einräumen	admitir [aðmiˈtir]
einreden	hacer creer [aˈθer kreˈer]
einreiben	aplicar [apliˈkar]
einreisen	entrar en un país [en̪ˈtrar en un paˈis]
einrosten	oxidarse [oɣsiˈðarse]
einschalten	encender [en̪θen̪ˈder]
einschätzen	estimar [estiˈmar]
einschenken	servir [serˈβir]
einschlafen	dormirse [dorˈmirse]
einschließen	encerrar [en̪θeˈrrar]
einschränken	restringir [rrestriŋˈxir]
einschreiten	intervenir [in̪terβeˈnir]
einschüchtern	intimidar [in̪timiˈðar]
einschulen	escolarizar [eskolariˈθar]
einsehen	reconocer [rrekonoˈθer]
einsetzen	interceder a favor de [in̪terθeˈðer a faˈβor de]
einsperren	encerrar [en̪θeˈrrar]
einspringen	reemplazar [rre(e)mplaˈθar]
einstecken	meter [meˈter]
einsteigen	subir [suˈβir]
einstellen	contratar [kon̪traˈtar]
einstürzen	derrumbarse [derrumˈbarse]
eintauchen	sumergir [sumerˈxir]
einteilen	clasificar [klasifiˈkar]
eintragen	inscribir [inskriˈβir]
eintreffen	llegar [ʎeˈɣar]
eintreten	entrar [en̪ˈtrar]
einwandern	inmigrar [inmiˈɣrar/immiˈɣrar]
einwechseln	cambiar [kamˈbjar]
einweichen	ensopar [ensoˈpar]
einweihen	inaugurar [inau̯ɣuˈrar]
einweisen	instruir [instruˈir]
einwenden	objetar [oβxeˈtar]
einwilligen	consentir [konsen̪ˈtir]
einzahlen	ingresar [iŋgreˈsar]
eitern	supurar [supuˈrar]
ekeln	dar asco [dar ˈasko]
empfangen	recibir [rreθiˈβir]
empfehlen	recomendar [rrekomen̪ˈdar]
empfinden	sentir [sen̪ˈtir]
enden	terminar [termiˈnar]
entdecken	descubrir [deskuˈβrir]

entfachen	encender [eṇθeṇ'der]
entfallen	escaparse [eska'parse]
entfernen	quitar [ki'tar]
entführen	secuestrar [sekwes'trar]
entgegen-bringen	mostrar [mos'trar]
entgegnen	contestar [koṇtes'tar]
entgleisen	descarrilar [deskarri'lar]
enthalten	contener [koṇte'ner]
entkommen	escaparse [eska'parse]
entlanggehen	pasar [pa'sar]
entlassen	despedir [despe'ðir]
entlasten	descargar [deskar'ɣar]
entlaufen	escaparse [eska'parse]
entscheiden	decidir [deθi'ðir]
entschließen	decidir [deθi'ðir]
entschuldigen	disculpar [diskul'par]
entsetzen	horrorizar [orrori'θar]
entsorgen	eliminar [elimi'nar]
entspannen	relajar [rrela'xar]
entsprechen	corresponder [korrespoṇ'der]
entstehen	producirse [proðu'θirse]
entstellen	desfigurar [desfiɣu'rar]
enttäuschen	decepcionar [deθeβθjo'nar]
entwaffnen	desarmar [desar'mar]
entweichen	escapar [eska'par]
entwerfen	trazar [tra'θar]
entwickeln	desarrollar [desarro'ʎar]
erben	heredar [ere'ðar]
erbrechen	vomitar [bomi'tar]

ereignen	ocurrir [oku'rrir]
erfahren	(llegar a) saber [(ʎe'ɣar a) sa'βer]
erfinden	inventar [imbeṇ'tar]
erforschen	explorar [esplo'rar]
erfrieren	morir(se) de frío [mo'rir(se) de 'frio]
erfrischen	refrescar [rrefres'kar]
erfüllen	realizar [rreali'θar]
ergänzen	complementar [komplemeṇ'tar]
ergeben	rendirse [rreṇ'dirse]
erhalten	recibir [rreθi'βir]
erhoffen	esperar [espe'rar]
erhöhen	aumentar [au̯meṇ'tar]
erholen	restablecerse [rrestaβle'θerse]
erinnern	recordar [rrekor'ðar]
erkälten	resfriarse [rresfri'arse]
erkennen	reconocer [rrekono'θer]
erklären	explicar [espli'kar]
erkundigen	informarse [iɱfor'marse]
erlauben	permitir [permi'tir]
erläutern	explicar [espli'kar]
erleben	vivir [bi'βir]
erledigen	hacer [a'θer]
erleichtern	facilitar [faθili'tar]
erlösen	librar [li'βrar]
ermahnen	reprender [rrepreṇ'der]
ermitteln	determinar [determi'nar]
ermöglichen	posibilitar [posiβili'tar]

ermorden	asesinar [asesiˈnar]
ermuntern	animar [aniˈmar]
ermutigen	alentar [aleṇˈtar]
ernähren	alimentar [alimeṇˈtar]
ernennen	designar [desiɣˈnar]
erneuern	renovar [rrenoˈβar]
ernten	cosechar [koseˈʧar]
eröffnen	abrir [aˈβrir]
erpressen	chantajear [ʧaṇtaxeˈar]
erregen	excitar [esθiˈtar]
erreichen	alcanzar [alkaṇˈθar]
erscheinen	aparecer [apareˈθer]
erschrecken	asustar [asusˈtar]
erschüttern	hacer temblar [aˈθer temˈblar]
erschweren	dificultar [difikuḷˈtar]
ersetzen	reemplazar [rre(e)mplaˈθar]
erstaunen	sorprender [sorpreṇˈder]
ersticken	ahogar [aoˈɣar]
ertappen	sorprender (en flagrante) [sorpreṇˈder (en flaˈɣraṇte)]
ertragen	soportar [soporˈtar]
ertrinken	ahogarse [aoˈɣarse]
erwähnen	mencionar [meṇθjoˈnar]
erwarten	esperar [espeˈrar]
erwidern	replicar [rrepliˈkar]
erwürgen	estrangular [estraŋguˈlar]
erzählen	contar [koṇˈtar]
erzeugen	producir [proðuˈθir]
erziehen	educar [eduˈkar]
erzwingen	forzar [forˈθar]
essen	comer [koˈmer]
existieren	existir [eɣsisˈtir]
explodieren	explotar [esploˈtar]

F

fahren	ir (en coche) [ir (en ˈkoʧe)]
fallen	caer [kaˈer]
fälschen	falsificar [falsifiˈkar]
falten	plegar [pleˈɣar]
fangen	coger [koˈxer]
färben	teñir [teˈɲir]
fassen	tomar [toˈmar]
fasten	ayunar [aɟuˈnar]
faszinieren	fascinar [fasθiˈnar]
faulen	pudrirse [puˈðrirse]
faulenzen	holgazanear [olɣaθaneˈar]
fechten	practicar la esgrima [praktiˈkar la esˈɣrima]
fegen	barrer [baˈrrer]
fehlen	faltar [faḷˈtar]
feiern	celebrar [θeleˈβrar]
feilen	limar [liˈmar]
fernsehen	ver la tele(visión) [ber la tele(βiˈsjon)]
fernsteuern	teledirigir [telediriˈxir]
fertigmachen	acabar [akaˈβar]
fesseln	atar [aˈtar]
festhalten	retener [rreteˈner]
festnehmen	detener [deteˈner]
feststehen	ser seguro [ser seˈɣuro]
feststellen	notar [noˈtar]
filmen	filmar [filˈmar]
filtern	filtrar [fiḷˈtrar]
finanzieren	financiar [finaṇˈθjar]
finden	encontrar [eŋkoṇˈtrar]
flehen	implorar [imploˈrar]
flicken	remendar [rremeṇˈdar]
fliegen	volar [boˈlar]
fliehen	escaparse [eskaˈparse]
fließen	fluir [fluˈir]
flimmern	brillar [briˈʎar]
flirten	flirtear [flirteˈar]
fluchen	soltar tacos [soḷˈtar ˈtakos]
flüchten	refugiarse [rrefuˈxjarse]
flüstern	susurrar [susuˈrrar]
föhnen	secar [seˈkar]
folgen	seguir [seˈɣir]
folgern	deducir [deðuˈθir]
foltern	torturar [tortuˈrar]
fordern	exigir [eɣsiˈxir]
fördern	promover [promoˈβer]
formulieren	formular [formuˈlar]
forschen	investigar [imbestiˈɣar]
fortbilden	perfeccionar [perfeɣθjoˈnar]
fortfahren	continuar [koṇtinuˈar]
fortsetzen	proseguir [proseˈɣir]
fotografieren	fotografiar [fotoɣrafiˈar]
fragen	preguntar [preɣuṇˈtar]
frankieren	franquear [fraŋkeˈar]
freigeben	poner en libertad [poˈner en liβerˈtað]
freihaben	tener libre [teˈner ˈliβre]
freilassen	dejar en libertad [deˈxar en liβerˈtað]
freisprechen	declarar inocente [deklaˈrar inoˈθeṇte]

fremdgehen	ser infiel [ser iɱˈfjel]
fressen	comer [koˈmer]
freuen	alegrar [aleˈɣrar]
frieren	tener frío [teˈner ˈfrio]
frühstücken	desayunar [desaɟuˈnar]
frustrieren	frustrar [frusˈtrar]
fühlen	sentir [seṇˈtir]
führen	guiar [giˈar]
füllen	llenar [ʎeˈnar]
funktionieren	funcionar [fuṇθjoˈnar]
fürchten	temer [teˈmer]

G

gähnen	bostezar [bosteˈθar]
garantieren	garantizar [garaṇtiˈθar]
geben	dar [dar]
gefährden	poner en peligro [poˈner en peˈliɣro]
gefallen	gustar [gusˈtar]
gehen	ir [ir]
gehorchen	obedecer [oβeðeˈθer]
gehören	pertenecer [perteneˈθer]
gelangen	llegar [ʎeˈɣar]
gelingen	lograr [loˈɣrar]
gelten	ser válido [ser ˈbaliðo]
genehmigen	autorizar [au̯toriˈθar]
genesen	convalecer [kombaleˈθer]
genieren	avergonzarse [aβerɣoṇˈθarse]
genießen	disfrutar [disfruˈtar]
genügen	bastar [basˈtar]
geschehen	pasar [paˈsar]
gestatten	permitir [permiˈtir]
gestehen	admitir [aðmiˈtir]
gestikulieren	gesticular [xestikuˈlar]
gewinnen	ganar [gaˈnar]
gewittern	haber tormenta [aˈβer torˈmeṇta]
gewöhnen	acostumbrar [akostumˈbrar]
gießen	regar [rreˈɣar]
glänzen	brillar [briˈʎar]
glätten	alisar [aliˈsar]
glauben	creer(se) [kreˈer(se)]
gleichen	parecerse [pareˈθerse]

gleiten	deslizarse	[desli'θarse]
gliedern	(sub)dividir	[(suβ)ðiβi'ðir]
glitzern	centellear	[θeṇteʎe'ar]
glühen	arder	[ar'ðer]
gönnen	conceder	[koṇθe'ðer]
graben	cavar	[ka'βar]
gratulieren	dar la enhorabuena	[dar la enora'βwena]
greifen	agarrar	[aɣa'rrar]
grenzen	limitar	[limi'tar]
grillen	hacer una barbacoa	[a'θer 'una barβa'koa]
grinsen	sonreír(se)	[sonrre'ir(se)]
grübeln	cavilar	[kaβi'lar]
gründen	fundar	[fuṇ'dar]
grunzen	gruñir	[gru'ɲir]
gruseln	horrorizarse	[orrori'θarse]
grüßen	saludar	[salu'ðar]
gucken	mirar	[mi'rar]
gurgeln	hacer gárgaras	[a'θer 'garɣaras]
gutmachen	reparar	[rrepa'rar]

H

haaren	perder el pelo	[per'ðer el 'pelo]
haben	tener	[te'ner]
hacken	cortar	[kor'tar]
hadern	luchar contra	[lu'tʃar 'koṇtra]
hageln	granizar	[grani'θar]
häkeln	hacer ganchillo	[a'θer gan'tʃiʎo]
halbieren	dividir (en dos partes iguales)	[diβi'ðir (en dos 'partes i'ɣwales)]
halten	tener	[te'ner]
hämmern	martillear	[martiʎe'ar]
handeln	actuar	[aktu'ar]
handhaben	manejar	[mane'xar]
hängen	pender	[peṇ'der]
harmonieren	armonizar	[armoni'θar]
hassen	odiar	[o'ðjar]
hauen	sacudir	[saku'ðir]
heben	levantar	[leβaṇ'tar]
hecheln	jadear	[xaðe'ar]
heften	grapar	[gra'par]
hegen	guardar	[gwar'ðar]
heilen	curar	[ku'rar]
heimfahren	ir a casa	[ir a 'kasa]
heimzahlen	vengarse	[beŋ'garse]
heiraten	casarse	[ka'sarse]
heißen	llamarse	[ʎa'marse]
heizen	calentar	[kaleṇ'tar]
helfen	ayudar	[aɟu'ðar]

herausfordern	provocar [proβo'kar]
herrschen	gobernar [goβer'nar]
hervorrufen	provocar [proβo'kar]
hetzen	darse prisa ['darse 'prisa]
heucheln	fingir [fiŋ'xir]
heulen	llorar [ʎo'rar]
hinken	cojear [koxe'ar]
hinrichten	ejecutar [exeku'tar]
hinterfragen	indagar [iṇda'ɣar]
hinweisen	indicar [iṇdi'kar]
hinzufügen	añadir [aɲa'ðir]
hobeln	cepillar [θepi'ʎar]
hocken	estar en cuclillas [es'tar en ku'kliʎas]
hoffen	esperar [espe'rar]
holen	traer [tra'er]
hören	oír [o'ir]
humpeln	cojear [koxe'ar]
hungern	pasar hambre [pa'sar 'ambre]
hupen	tocar la bocina [to'kar la bo'θina]
hüpfen	saltar [sal̪'tar]
husten	toser [to'ser]
hüten	cuidar [kwi'ðar]
hypnotisieren	hipnotizar [iβnoti'θar]

I

identifizieren	identificar [iðeṇtifi'kar]
ignorieren	ignorar [iɣno'rar]
impfen	vacunar [baku'nar]
infizieren	infectar [iɱfek'tar]
informieren	informar [iɱfor'mar]
innehaben	ocupar [oku'par]
inspirieren	inspirar [inspi'rar]
installieren	instalar [insta'lar]
integrieren	integrar [iṇte'ɣrar]
interessieren	interesar [iṇtere'sar]
interpretieren	interpretar [iṇterpre'tar]
interviewen	entrevistar [eṇtreβis'tar]
investieren	invertir [imber'tir]
irreführen	engañar [eŋga'ɲar]
irren	errar [e'rrar]
irritieren	desconcertar [deskoṇθer'tar]
isolieren	aislar [ai̯s'lar]

J

jagen	cazar [ka'θar]
jammern	lamentarse [lamen̪'tarse]
joggen	hacer footing [a'θer 'futiŋ]
jubeln	dar gritos de júbilo [dar 'gritos de 'xuβilo]
jucken	picar [pi'kar]

K

kämmen	peinar [pei̯'nar]
kämpfen	luchar [lu'ʧar]
kapitulieren	capitular [kapitu'lar]
kaputtgehen	estropearse [estrope'arse]
kassieren	cobrar [ko'βrar]
kauen	masticar [masti'kar]
kauern	acuclillarse [akukli'ʎarse]
kaufen	comprar [kom'prar]
kehren	barrer [ba'rrer]
kehrtmachen	dar la vuelta [dar la 'bwel̪ta]
kennen	conocer [kono'θer]
kennzeichnen	señalar [seɲa'lar]
keuchen	jadear [xaðe'ar]
kichern	reír con disimulo [rre'ir kon disi'mulo]
kidnappen	secuestrar [sekwes'trar]
kitzeln	cosquillear [koskiʎe'ar]
klaffen	abrirse [a'βrirse]
klagen	lamentarse [lamen̪'tarse]
klammern	sujetar (con pinzas) [suxe'tar (kon 'pin̪θas)]
klappen	funcionar [fun̪θjo'nar]
klappern	golpetear [golpete'ar]
klären	aclarar [akla'rar]
klargehen	ir bien [ir bjen]
klarkommen	entenderse [en̪ten̪'derse]
klatschen	aplaudir [aplau̯'ðir]
kleben	pegar [pe'ɣar]
kleckern	manchar [man'ʧar]
klettern	trepar [tre'par]

klicken	clicar [kliˈkar]
klingeln	llamar [ʎaˈmar]
klingen	sonar [soˈnar]
klopfen	llamar [ʎaˈmar]
knabbern	roer [rroˈer]
knacken	chasquear [tʃaskeˈar]
knallen	estallar [estaˈʎar]
kneifen	pellizcar [peʎiθˈkar]
kneten	modelar [moðeˈlar]
knicken	plegar [pleˈɣar]
knien	arrodillarse [arroðiˈʎarse]
knirschen	crujir [kruˈxir]
knistern	crepitar [krepiˈtar]
knittern	arrugar [arruˈɣar]
knöpfen	abotonar [aβotoˈnar]
knurren	gruñir [gruˈɲir]
kochen	cocinar [koθiˈnar]
kombinieren	deducir [deðuˈθir]
kommen	venir [beˈnir]
kommentieren	comentar [komen̪ˈtar]
können	poder [poˈðer]
konstruieren	construir [konstruˈir/konsˈtrwir]
konsumieren	consumir [konsuˈmir]
kontrollieren	controlar [kon̪troˈlar]
konzentrieren	concentrar [kon̪θen̪ˈtrar]
kooperieren	cooperar [ko(o)peˈrar]
koordinieren	coordinar [ko(o)rðiˈnar]
kopieren	copiar [koˈpjar]
korrigieren	corregir [korreˈxir]
kosten	costar [kosˈtar]
krabbeln *Kind*	andar a gatas [an̪ˈdar a ˈgatas]
krankmelden	tomar la baja [toˈmar la ˈbaxa]
kratzen	rascar [rrasˈkar]
kraulen	acariciar [akariˈθjar]
kräuseln	fruncir [frun̪ˈθir]
kreisen	girar [xiˈrar]
kreuzen	cruzar [kruˈθar]
kribbeln	picar [piˈkar]
kriechen	reptar [rrepˈtar]
kriegen	obtener [oβteˈner]
kritisieren	criticar [kritiˈkar]
krümeln	desmigajarse [desmiɣaˈxarse]
krümmen	encorvar [eŋkorˈβar]
kühlen	refrescar [rrefresˈkar]
kümmern	importar [imporˈtar]
kündigen	despedir [despeˈðir]
kürzen	acortar [akorˈtar]
kuscheln	acurrucarse [akurruˈkarse]
küssen	besar [beˈsar]

L

lächeln	sonreír [sonrre'ir]
lachen	reír(se) [rre'ir(se)]
laden	cargar [kar'ɣar]
lagern	almacenar [almaθe'nar]
lähmen	paralizar [parali'θar]
lahmlegen	paralizar [parali'θar]
landen	aterrizar [aterri'θar]
langweilen	aburrir [aβu'rrir]
lassen	dejar [de'xar]
lästern	poner verde [po'ner 'berðe]
lauern	acechar [aθe'ʧar]
laufen	correr [ko'rrer]
läuten	sonar [so'nar]
leben	vivir [bi'βir]
lecken	lamer [la'mer]
leeren	vaciar [ba'θiar]
legen	poner [po'ner]
lehnen	apoyar [apo'ɟar]
lehren	enseñar [ense'ɲar]
leiden	sufrir [su'frir]
leihen	prestar [pres'tar]
leisten	producir [proðu'θir]
leiten	dirigir [diri'xir]
lenken	conducir [koṇdu'θir]
lernen	aprender [apreṇ'der]
lesen	leer [le'er]
leugnen	negar [ne'ɣar]
lieben	querer [ke'rer]
liebkosen	acariciar [akari'θjar]

liefern	entregar [eṇtre'ɣar]
liegen	estar acostado [es'tar akos'taðo]
lispeln	cecear [θeθe'ar]
loben	elogiar [elo'xjar]
locken	atraer [atra'er]
lockern	relajar [rrela'xar]
löffeln	comer con cuchara [ko'mer kon ku'ʧara]
lohnen	valer la pena [ba'ler la 'pena]
löschen	apagar [apa'ɣar]
lösen	resolver [rresol'βer]
losfahren	salir [sa'lir]
loswerden	librarse [li'βrarse]
lüften	airear [ai̯re'ar]
lügen	mentir [meṇ'tir]
lutschen	chupar [ʧu'par]

M

machen	hacer [a'θer]
mahnen	advertir [aðβer'tir]
mailen	enviar un e-mail [embi'ar un i'mei̯l]
malen	pintar [pin̪'tar]
manipulieren	manipular [manipu'lar]
markieren	marcar [mar'kar]
massieren	dar un masaje [dar un ma'saxe]
meditieren	meditar [meði'tar]
meiden	rehuir [rreu'ir]
meinen	pensar [pen'sar]
meistern	dominar [domi'nar]
melden	anunciar [anun̪'θjar]
merken	darse cuenta ['darse 'kwen̪ta]
messen	medir [me'ðir]
miauen	maullar [mau̯'ʎar]
mieten	alquilar [alki'lar]
mindern	disminuir [disminu'ir]
mischen	mezclar [meθ'klar]
missachten	despreciar [despre'θjar]
missbilligen	desaprobar [desapro'βar]
missbrauchen	abusar [aβu'sar]
missen	prescindir [presθin̪'dir]
missfallen	desagradar [desaɣra'ðar]
missglücken	salir mal [sa'lir mal]
misshandeln	maltratar [mal̪tra'tar]
misslingen	fracasar [fraka'sar]
misstrauen	desconfiar [deskoɱfi'ar]
missverstehen	malinterpretar [malin̪terpre'tar]
mitbekommen	enterarse [en̪te'rarse]
mitfahren	ir en coche con alguien [ir en 'kotʃe kon 'alɣjen]
mitfühlen	compartir los sentimientos [kompar'tir los sen̪ti'mjen̪tos]
mitmachen	participar [partiθi'par]
mitteilen	comunicar [komuni'kar]
mixen	mezclar [meθ'klar]
mögen	querer [ke'rer]
morden	asesinar [asesi'nar]
motivieren	animar [ani'mar]
multiplizieren	multiplicar [mul̪tipli'kar]
murmeln	murmurar [murmu'rar]
müssen	tener que [te'ner ke]
mutmaßen	suponer [supo'ner]

N

nachahmen	imitar [imiˈtar]
nachdenken	reflexionar [rrefleɣsjoˈnar]
nachgeben	ceder [θeˈðer]
nachholen	recuperar [rrekupeˈrar]
nachkommen	conseguir [konseˈɣir]
nachtragen	guardar rencor [gwarˈðar rreŋˈkor]
nagen	roer [rroˈer]
nahekommen	coincidir [koin̯θiˈðir]
nahen	acercarse [aθerˈkarse]
nähen	coser [koˈser]
nähern	acercarse [aθerˈkarse]
nahestehen	tener una relación estrecha [teˈner ˈuna rrelaˈθjon esˈtreʧa]
naschen	picar [piˈkar]
necken	burlarse [burˈlarse]
nehmen	tomar [toˈmar]
neiden	envidiar [embiˈðjar]
neigen	inclinar [iŋkliˈnar]
nennen	llamar [ʎaˈmar]
nerven	sacar de quicio [saˈkar de ˈkiθjo]
nicken	asentir con la cabeza [asen̯ˈtir kon la kaˈβeθa]
niederknien	arrodillarse [arroðiˈʎarse]
niederlassen	establecerse [estaβleˈθerse]
nieseln	lloviznar [ʎoβiθˈnar]
niesen	estornudar [estornuˈðar]
nörgeln	refunfuñar [rrefuɱfuˈɲar]
nummerieren	numerar [numeˈrar]
nuscheln	mascullar [maskuˈʎar]

O

öffnen	abrir [aˈβrir]
ölen	engrasar [eŋgraˈsar]
operieren	operar [opeˈrar]
opfern	sacrificar [sakrifiˈkar]
ordnen	ordenar [orðeˈnar]
organisieren	organizar [orɣaniˈθar]
orientieren	orientarse [orjeṇˈtarse]

P

packen	hacer la maleta [aˈθer la maˈleta]
paddeln	ir en canoa [ir en kaˈnoa]
parken	aparcar [aparˈkar]
passen	entrar [eṇˈtrar]
passieren	pasar [paˈsar]
petzen	chivar(se) [ʧiˈβar(se)]
pfeffern	sazonar con pimienta [saθoˈnar kon piˈmjeṇta]
pfeifen	silbar [silˈβar]
pflanzen	plantar [plaṇˈtar]
pflegen	cuidar [kwiˈðar]
pflücken	coger [koˈxer]
picknicken	hacer un pícnic [aˈθer un ˈpiɣniɣ]
piepen	hacer ruidos [aˈθer ˈrrwiðos]
piepsen	piar [piˈar]
plagen	fastidiar [fastiˈðjar]
planen	proyectar [proɟekˈtar]
planschen	chapotear [ʧapoteˈar]
plappern	cotorrear [kotorreˈar]
platzen	reventar [rreβeṇˈtar]
platzieren	colocar [koloˈkar]
plaudern	charlar [ʧarˈlar]
pleitegehen	quebrar [keˈβrar]
pokern	jugar al póquer [xuˈɣar al ˈpoker]
posieren	posar [poˈsar]
prägen	acuñar [akuˈɲar]
prahlen	jactarse [xakˈtarse]

prallen	chocar [ʧoˈkar]
präsentieren	presentar [presenˈtar]
pressen	prensar [prenˈsar]
probieren	probar [proˈβar]
protestieren	protestar [protesˈtar]
provozieren	provocar [proβoˈkar]
prüfen	examinar [eɣsamiˈnar]
prügeln	golpear [golpeˈar]
pupsen	soltar pedos [solˈtar ˈpeðos]
pusten	soplar [soˈplar]
putzen	limpiar [limˈpjar]

Q

quaken	croar [kroˈar]
quälen	atormentar [atormenˈtar]
qualmen	humear [umeˈar]
quengeln	lloriquear [ʎorikeˈar]
quieken	chillar [ʧiˈʎar]
quietschen	chirriar [ʧirriˈar]

R

rächen	vengar [beŋˈgar]
radeln	ir en bici [ir en ˈbiθi]
rascheln	crujir [kruˈxir]
rasen	ir a toda mecha [ir a ˈtoða ˈmeʧa]
rasieren	afeitar [afei̯ˈtar]
rasseln	hacer un ruido metálico [aˈθer un ˈrrwiðo meˈtaliko]
raten	adivinar [aðiβiˈnar]
rätseln	especular [espekuˈlar]
rattern	traquetear [traketeˈar]
rauben	robar [rroˈβar]
rauchen	fumar [fuˈmar]
rauschen	murmurar [murmuˈrar]
räuspern	carraspear [karraspeˈar]
rausschmeißen	echar [eˈʧar]
reagieren	reaccionar [rreaɣθjoˈnar]
realisieren	llevar a cabo [ʎeˈβar a ˈkaβo]
rebellieren	rebelarse [rreβeˈlarse]
rechnen	calcular [kalkuˈlar]
rechtfertigen	justificar [xustifiˈkar]
recyceln	reciclar [rreθiˈklar]
reden	hablar [aˈβlar]
regeln	arreglar [arreˈɣlar]
regen	mover [moˈβer]
regieren	gobernar [goβerˈnar]
registrieren	registrar [rrexisˈtrar]
regnen	llover [ʎoˈβer]
reiben	frotar [froˈtar]
reichen	bastar [basˈtar]
reimen	rimar [rriˈmar]
reinigen	limpiar [limˈpjar]
reinlegen	engañar [eŋgaˈɲar]
reisen	viajar [bjaˈxar]
reißen	desgarrar [desɣaˈrrar]
reiten	montar a caballo [mon̪ˈtar a kaˈβaʎo]
reizen	provocar [proβoˈkar]
rekeln	estirarse [estiˈrarse]
rennen	correr [koˈrrer]
renovieren	renovar [rrenoˈβar]
reparieren	arreglar [arreˈɣlar]
reservieren	reservar [rreserˈβar]
respektieren	respetar [rrespeˈtar]
retten	salvar [salˈβar]
revanchieren	desquitarse [deskiˈtarse]
richtigstellen	rectificar [rektifiˈkar]
riechen	oler [oˈler]
riskieren	arriesgar [arrjesˈɣar]
rollen	rodar [rroˈðar]
röntgen	hacer una radiografía [aˈθer ˈuna rraðjoɣraˈfia]
rosten	oxidarse [oɣsiˈðarse]
rubbeln	frotar [froˈtar]
rückerstatten	devolver [deβolˈβer]
rudern	remar [rreˈmar]
rufen	llamar [ʎaˈmar]
ruhen	descansar [deskanˈsar]
rühren	remover [rremoˈβer]
ruinieren	arruinar [arrwiˈnar]
rutschen	resbalar [rresβaˈlar]

rütteln	sacudir	[sakuˈðir]

S

sagen	decir	[deˈθir]
sägen	serrar	[seˈrrar]
salzen	salar	[saˈlar]
sammeln	coleccionar	[koleɣθjoˈnar]
säubern	limpiar	[limˈpjar]
saugen	chupar	[ʧuˈpar]
schaden	dañar	[daˈɲar]
schaffen	lograr	[loˈɣrar]
schälen	pelar	[peˈlar]
schalten	conectar	[konekˈtar]
schämen	avergonzarse	[aβerɣon̩ˈθarse]
schätzen	valorar	[baloˈrar]
schauen	mirar	[miˈrar]
schaufeln	palear	[paleˈar]
schaukeln	balancearse	[balan̩θeˈarse]
schäumen	producir espuma	[proðuˈθir esˈpuma]
scheinen	parecer	[pareˈθer]
scheitern	fracasar	[frakaˈsar]
schenken	regalar	[rreɣaˈlar]
scherzen	bromear	[bromeˈar]
scheuchen	espantar	[espan̩ˈtar]
scheuen	desbocarse	[desβoˈkarse]
schicken	mandar	[man̩ˈdar]
schieben	empujar	[empuˈxar]
schiefgehen	fracasar	[frakaˈsar]
schielen	tener estrabismo	[teˈner estraˈβismo]
schießen	tirar	[tiˈrar]
schildern	describir	[deskriˈβir]

schimmeln	enmohecer(se)	[enmoeˈθer(se)/ emmoeˈθer(se)]
schimpfen	reprender	[rrepreṇˈder]
schlafen	dormir	[dorˈmir]
schlagen	golpear	[golpeˈar]
schlecken	lamer	[laˈmer]
schleichen	avanzar a hurtadillas	[aβaṇˈθar a urtaˈðiʎas]
schleppen	moverse con dificultad	[moˈβerse kon difikuḷˈtað]
schließen	cerrar	[θeˈrrar]
schluchzen	sollozar	[soʎoˈθar]
schlucken	tragar	[traˈɣar]
schlüpfen	pasar	[paˈsar]
schmarotzen	vivir de gorra	[biˈβir de ˈgorra]
schmatzen	hacer ruido al comer	[aˈθer ˈrrwiðo al koˈmer]
schmecken	saber	[saˈβer]
schmeißen	tirar	[tiˈrar]
schmelzen	fundirse	[fuṇˈdirse]
schmerzen	doler	[doˈler]
schminken	maquillar	[makiˈʎar]
schmollen	estar de morros	[esˈtar de ˈmorros]
schmücken	adornar	[aðorˈnar]
schmunzeln	sonreírse (satisfecho)	[sonreˈirse (satisˈfeʧo)]
schnarchen	roncar	[rroŋˈkar]
schnauben *Tier*	bufar	[buˈfar]
schnaufen	resollar	[rresoˈʎar]
schneiden	cortar	[korˈtar]
schneien	nevar	[neˈβar]
schnurren	ronronear	[rronrroneˈar]
schocken	chocar	[ʧoˈkar]
schockieren	chocar	[ʧoˈkar]
schonen	proteger	[proteˈxer]
schrauben	atornillar	[atorniˈʎar]
schreiben	escribir	[eskriˈβir]
schreien	gritar	[griˈtar]
schubsen	empujar	[empuˈxar]
schummeln	hacer trampas	[aˈθer ˈtrampas]
schütteln	agitar	[axiˈtar]
schütten	verter	[berˈter]
schützen	proteger	[proteˈxer]
schwächen	debilitar	[deβiliˈtar]
schwanken	balancear	[balaṇθeˈar]
schwänzen	hacer novillos	[aˈθer noˈβiʎos]
schwärmen	entusiasmarse	[eṇtusjasˈmarse]
schwarzfahren	viajar sin billete	[bjaˈxar sin biˈʎete]
schweben	flotar	[floˈtar]
schweigen	callar(se)	[kaˈʎar(se)]
schwerfallen	resultar difícil	[rresuḷˈtar diˈfiθil]
schwimmen	nadar	[naˈðar]
schwindeln	mentir	[meṇˈtir]
schwingen	agitar	[axiˈtar]
schwirren	zumbar	[θumˈbar]
schwitzen	sudar	[suˈðar]

schwören	jurar	[xuˈrar]
segeln	navegar a vela	[naβeˈɣar a ˈbela]
sehen	ver	[ber]
sehnen	añorar	[aɲoˈrar]
sein	ser	[ser]
senden	enviar	[embiˈar]
senken	bajar	[baˈxar]
servieren	servir	[serˈβir]
setzen	poner	[poˈner]
seufzen	suspirar	[suspiˈrar]
sichergehen	ir sobre seguro	[ir ˈsoβre seˈɣuro]
sichern	proteger	[proteˈxer]
sicherstellen	asegurar	[aseɣuˈrar]
siegen	ganar	[gaˈnar]
siezen	tratar de usted	[traˈtar de usˈteð]
simsen	mensajear	[mensaxeˈar]
singen	cantar	[kaṇˈtar]
sinken	descender	[desθeṇˈder]
sitzen	estar sentado	[esˈtar seṇˈtaðo]
skaten	patinar	[patiˈnar]
sollen	deber	[deˈβer]
sonnen	tomar el sol	[toˈmar el sol]
sorgen	preocuparse	[preokuˈparse]
sortieren	clasificar	[klasifiˈkar]
sparen	ahorrar	[aoˈrrar]
spaßen	bromear	[bromeˈar]
spazieren	pasear	[paseˈar]
speichern	almacenar	[almaθeˈnar]
speisen	comer	[koˈmer]
spekulieren	especular	[espekuˈlar]
spenden	donar	[doˈnar]
sperren	cerrar	[θeˈrrar]
spiegeln	reflejar	[rrefleˈxar]
spielen	jugar	[xuˈɣar]
spinnen	estar loco	[esˈtar ˈloko]
spitzen	afilar	[afiˈlar]
spotten	mofarse	[moˈfarse]
sprechen	hablar	[aˈβlar]
spreizen	desplegar	[despleˈɣar]
sprengen	volar	[boˈlar]
sprießen	brotar	[broˈtar]
springen	saltar	[saḷˈtar]
spritzen	salpicar	[salpiˈkar]
sprudeln	salir a borbotones	[saˈlir a borβoˈtones]
sprühen	pulverizar	[pulβeriˈθar]
spucken	escupir	[eskuˈpir]
spuken	trasguear	[trasɣeˈar]
spülen	fregar	[freˈɣar]
spüren	sentir	[seṇˈtir]
stammen	provenir	[proβeˈnir]
stapeln	amontonar	[amoṇtoˈnar]
stärken	fortalecer	[fortaleˈθer]
starren	clavar los ojos	[klaˈβar los ˈoxos]
starten	despegar	[despeˈɣar]
stattfinden	tener lugar	[teˈner luˈɣar]
staunen	asombrarse	[asomˈbrarse]

stechen	pinchar [pinˈʧar]
stecken	estar metido [esˈtar meˈtiðo]
stehen	estar de pie [esˈtar de pje]
stehlen	robar [rroˈβar]
steigen	subir [suˈβir]
steigern	aumentar [au̯men̪ˈtar]
stellen	poner [poˈner]
sterben	morir [moˈrir]
steuern	conducir [kon̪duˈθir]
stieren	mirar fijamente [miˈrar fixaˈmen̪te]
stillen	dar el pecho [dar el ˈpeʧo]
stillhalten	quedarse quieto [keˈðarse kjeto]
stillliegen	estar cerrado [esˈtar θeˈrraðo]
stimmen	ser correcto [ser koˈrrekto]
stinken	oler mal [oˈler mal]
stöbern	revolver [rreβolˈβer]
stocken	interrumpirse [in̪terrumˈpirse]
stöhnen	gemir [xeˈmir]
stolpern	tropezar [tropeˈθar]
stoppen	parar(se) [ˈparar(se)]
stören	molestar [molesˈtar]
stoßen	empujar [empuˈxar]
stottern	tartamudear [tartamuðeˈar]
strafen	castigar [kastiˈɣar]
straffen	estirar [estiˈrar]
strahlen	brillar [briˈʎar]
strampeln	patalear [pataleˈar]
strapazieren	agotar [aɣoˈtar]
sträuben	oponerse [opoˈnerse]
streben	aspirar [aspiˈrar]
strecken	estirar [estiˈrar]
streicheln	acariciar [akariˈθjar]
streichen	pintar [pin̪ˈtar]
streifen	rozar [rroˈθar]
streiken	estar en huelga [esˈtar en ˈwelɣa]
streiten	pelear [peleˈar]
streuen	esparcir [esparˈθir]
stricken	hacer punto [aˈθer ˈpun̪to]
studieren	estudiar [estuˈðjar]
stürmen	precipitarse [preθipiˈtarse]
stürzen	caer(se) [kaˈer(se)]
stutzen	interrumpirse [in̪terrumˈpirse]
stützen	apoyar [apoˈɟar]
subtrahieren	restar [rresˈtar]
suchen	buscar [busˈkar]
summen *Insekt*	zumbar [θumˈbar]
sündigen	pecar [peˈkar]
surfen *Internet*	surfear [surfeˈar]
süßen	endulzar [en̪dul̪ˈθar]

T

tadeln	reprender [rrepren̪ˈder]
tanken	echar gasolina [eˈʧar gasoˈlina]
tanzen	bailar [bai̯ˈlar]
tapezieren	empapelar [empapeˈlar]
tappen	andar (a tientas) [an̪ˈdar (a ˈtjen̪tas)]
tarnen	camuflar [kamuˈflar]
tasten	palpar [palˈpar]
tauchen	bucear [buθeˈar]
tauen	derretirse [derreˈtirse]
taufen	bautizar [bau̯tiˈθar]
taugen	servir [serˈβir]
taumeln	tambalearse [tambaleˈarse]
tauschen	cambiar [kamˈbjar]
täuschen	engañar [eŋgaˈɲar]
teilen	dividir [diβiˈðir]
teilnehmen	participar [partiθiˈpar]
telefonieren	hablar por teléfono [aˈβlar por teˈlefono]
testen	examinar [eɣsamiˈnar]
ticken	hacer tictac [aˈθer tikˈtak]
tippen	escribir [eskriˈβir]
toben	rabiar [rraˈβjar]
tolerieren	tolerar [toleˈrar]
töten	matar [maˈtar]
totfahren	matar por atropello [maˈtar por atroˈpeʎo]
totschießen	matar de un tiro [maˈtar de un ˈtiro]
totschlagen	matar (a palos) [maˈtar (a ˈpalos)]
tragen	llevar [ʎeˈβar]
trainieren	entrenarse [en̪treˈnarse]
trampeln	patear [pateˈar]
tränen	lagrimear [laɣrimeˈar]
transportieren	tra(n)sportar [tra(n)sporˈtar]
trauen	confiar [koɱfiˈar]
trauern	llevar luto [ʎeˈβar ˈluto]
träumen	soñar [soˈɲar]
treffen	encontrar [eŋkon̪ˈtrar]
trennen	separar [sepaˈrar]
treten	dar una patada [dar ˈuna paˈtaða]
trinken	beber [beˈβer]
trocknen	secar [seˈkar]
trödeln	perder el tiempo [perˈðer el ˈtjempo]
trommeln	tamborilear [tamborileˈar]
tröpfeln	gotear [goteˈar]
tropfen	gotear [goteˈar]
trösten	consolar [konsoˈlar]
trotzen	hacer frente [aˈθer ˈfren̪te]
trügen	engañar [eŋgaˈɲar]
tun	hacer [aˈθer]
turnen	hacer (ejercicios de) gimnasia [aˈθer (exerˈθiθjos de) ximˈnasja]
tyrannisieren	tiranizar [tiraniˈθar]

U

üben	practicar	[prakti'kar]
überanstrengen	cansar excesivamente	[kan'sar esθe'siβa'meṇte]
überarbeiten	revisar	[rreβi'sar]
überblicken	controlar	[koṇtro'lar]
überbringen	tra(n)smitir	[tra(n)smi'tir]
überbrücken	superar	[supe'rar]
überdenken	reflexionar (sobre)	[rrefleɣsjo'nar ('soβre)]
übereinstimmen	estar de acuerdo	[es'tar de a'kwerðo]
überfahren	atropellar	[atrope'ʎar]
überfallen	atacar	[ata'kar]
überfordern	exigir demasiado	[eɣsi'xir dema'sjaðo]
übergeben	vomitar	[bomi'tar]
überholen	adelantar	[aðelaṇ'tar]
überhören	no oír	[no o'ir]
überlappen	solaparse	[sola'parse]
überlassen	dejar	[de'xar]
überleben	sobrevivir	[soβreβi'βir]
überlegen	pensar	[pen'sar]
überlisten	engañar	[eŋga'ɲar]
übernachten	pasar la noche	[pa'sar la 'notʃe]
übernehmen	tomar	[to'mar]
überprüfen	revisar	[rreβi'sar]
überqueren	cruzar	[kru'θar]
überraschen	sorprender	[sorpreṇ'der]
überreden	convencer	[kombeṇ'θer]
überreichen	entregar	[eṇtre'ɣar]
überschatten	ensombrecer	[ensombre'θer]
überschätzen	sobrevalorar	[soβreβalo'rar]
überschlagen	voltearse	[bol̩te'arse]
überschnappen	volverse loco	[bol'βerse 'loko]
überschneiden	(entre)cruzarse	[(eṇtre)kru'θarse]
überschütten	cubrir	[ku'βrir]
überschwemmen	inundar	[inuṇ'dar]
übersehen	abarcar con la vista	[aβar'kar kon la 'bista]
übersetzen	traducir	[traðu'θir]
überspielen	disimular	[disimu'lar]
übersteigen	pasar por encima	[pa'sar por eṇ'θima]
überstrapazieren	desgastar en exceso	[desɣas'tar en es'θeso]
überstürzen	precipitar	[preθipi'tar]
übertragen	tra(n)smitir	[tra(n)smi'tir]
übertreffen	superar	[supe'rar]
übertreiben	exagerar	[eɣsaxe'rar]
überwachen	vigilar	[bixi'lar]
überwältigen	apoderarse	[apoðe'rarse]
überweisen	tra(n)sferir	[tra(n)sfe'rir]
überwiegen	predominar	[preðomi'nar]
überwinden	superar	[supe'rar]
überzeugen	convencer	[kombeṇ'θer]
überziehen	cubrir	[ku'βrir]
umarmen	abrazar	[aβra'θar]
umbauen	tra(n)sformar	[tra(n)sfor'mar]

umbenennen	cambiar de nombre	[kamˈbjar de ˈnombre]
umblättern	pasar la página	[paˈsar la ˈpaxina]
umbringen	matar	[maˈtar]
umdrehen	voltear	[bol̪teˈar]
umfallen	caerse	[kaˈerse]
umfassen	comprender	[kompren̪ˈder]
umgehen	evitar	[eβiˈtar]
umhängen	colgarse	[kolˈɣarse]
umkehren	volver	[bolˈβer]
umkippen	caerse	[kaˈerse]
umklammern	agarrar	[aɣaˈrrar]
umkommen	morir	[moˈrir]
umleiten	desviar	[desβiˈar]
umräumen	disponer de otra manera	[dispoˈner de ˈotra maˈnera]
umreißen	esbozar	[esβoˈθar]
umrühren	remover	[rremoˈβer]
umschalten	cambiar	[kamˈbjar]
umsehen	mirar hacia atrás	[miˈrar ˈaθja aˈtras]
umsetzen	llevar a la práctica	[ʎeˈβar a la ˈpraktika]
umsteigen	hacer tra(n)sbordo	[aˈθer tra(n)sˈβorðo]
umstimmen	persuadir	[perswaˈðir]
umstürzen	volcar	[bolˈkar]
umtauschen	cambiar	[kamˈbjar]
umwerfen	volcar	[bolˈkar]
umziehen	mudarse	[muˈðarse]
unterbrechen	interrumpir	[in̪terrumˈpir]
unterdrücken	oprimir	[opriˈmir]
untergehen	naufragar	[nau̯fraˈɣar]
unterhalten	entretener	[en̪treteˈner]
unterlassen	omitir	[omiˈtir]
unternehmen	emprender	[empren̪ˈder]
unterrichten	dar clase(s)	[dar ˈklase(se)]
untersagen	prohibir	[proi̯ˈβir]
unterschätzen	subestimar	[suβestiˈmar]
unterscheiden	distinguir	[distiŋˈgir]
unterschreiben	firmar	[firˈmar]
unterstellen	suponer	[supoˈner]
unterstreichen	subrayar	[suβrraˈɟar]
unterstützen	apoyar	[apoˈɟar]
untersuchen	analizar	[analiˈθar]
untertauchen	sumergirse	[sumerˈxirse]
unterteilen	subdividir	[suβðiβiˈðir]
urteilen	juzgar	[xuθˈɣar]

V

verabreden	convenir [kombeˈnir]
verabschieden	despedir [despeˈðir]
verachten	despreciar [despreˈθjar]
verallgemei-nern	generalizar [xeneraliˈθar]
verändern	cambiar [kamˈbjar]
verängstigen	intimidar [in̪timiˈðar]
verantworten	asumir la responsabilidad [asuˈmir la rresponsaβiliˈðað]
verarbeiten	trabajar [traβaˈxar]
verärgern	enfadar [eɱfaˈðar]
verarzten	tratar [traˈtar]
verbergen	esconder [eskon̪ˈder]
verbessern	mejorar [mexoˈrar]
verbeugen	hacer una reverencia [aˈθer ˈuna rreβeˈren̪θja]
verbiegen	torcer [torˈθer]
verbieten	prohibir [proi̯ˈβir]
verbinden	asociar [asoˈθjar]
verbleiben	quedar [keˈðar]
verbluten	desangrarse [desaŋˈgrarse]
verbrauchen	consumir [konsuˈmir]
verbreiten	difundir [difun̪ˈdir]
verbrennen	quemar [keˈmar]
verbringen	pasar [paˈsar]
verdächtigen	sospechar [sospeˈʧar]
verdanken	agradecer [aɣraðeˈθer]
verdauen	digerir [dixeˈrir]
verdecken	ocultar [okul̪ˈtar]
verderben	estropearse [estropeˈarse]
verdeutlichen	aclarar [aklaˈrar]
verdienen	ganar [gaˈnar]
verdoppeln	duplicar [dupliˈkar]
verdrängen	echar [eˈʧar]
verdursten	morir(se) de sed [moˈrir(se) de seð]
verehren	venerar [beneˈrar]
vereinbaren	acordar [akorˈðar]
vereinen	reunir [rreuˈnir]
vereinfachen	simplificar [simplifiˈkar]
vereinheitli-chen	uniformar [uniforˈmar]
vereinigen	reunir [rreuˈnir]
verfallen	decaer [dekaˈer]
verfälschen	falsificar [falsifiˈkar]
verfassen	redactar [rreðakˈtar]
verfaulen	pudrirse [puˈðrirse]
verfehlen	fallar [faˈʎar]
verfeinern	refinar [rrefiˈnar]
verfluchen	maldecir [mal̟deˈθir]
verfolgen	perseguir [perseˈɣir]
verfügen	disponer [dispoˈner]
verführen	seducir [seðuˈθir]
vergehen	pasar [paˈsar]
vergelten	devolver [deβolˈβer]
vergessen	olvidar [olβiˈðar]
vergeuden	despilfarrar [despilfaˈrrar]
vergewaltigen	violar [bjoˈlar]
vergewissern	cerciorarse [θerθjoˈrarse]
vergiften	intoxicar [in̪toɣsiˈkar]
vergleichen	comparar [kompaˈrar]

vergnügen	divertir [diβer'tir]
vergraben	enterrar [en̪te'rrar]
vergrößern	agrandar [aɣran̪'dar]
verhaften	detener [dete'ner]
verhalten	comportarse [kompor'tarse]
verhandeln	negociar [neɣo'θjar]
verhängen	imponer [impo'ner]
verharmlosen	minimizar [minimi'θar]
verharren	perseverar [perseβe'rar]
verheilen	cicatrizar [θikatri'θar]
verheimlichen	ocultar [okul̪'tar]
verherrlichen	glorificar [glorifi'kar]
verhexen	embrujar [embru'xar]
verhindern	impedir [impe'ðir]
verhören	interrogar [in̪terro'ɣar]
verhüllen	cubrir [ku'βrir]
verhungern	morir de hambre [mo'rir de 'ambre]
verhüten	impedir [impe'ðir]
verirren	perderse [per'ðerse]
verjagen	ahuyentar [au̯ɟen̪'tar]
verkaufen	vender [ben̪'der]
verklagen	entablar un pleito [en̪ta'βlar un 'plei̯to]
verkleiden	disfrazar [disfra'θar]
verkleinern	reducir [rreðu'θir]
verknoten	anudar [anu'ðar]
verknüpfen	relacionar [rrelaθjo'nar]
verkommen	corromperse [korrom'perse]
verkörpern	encarnar [eŋkar'nar]
verkraften	soportar [sopor'tar]
verkrampfen	contraerse [kon̪tra'erse]
verkümmern	marchitarse [martʃi'tarse]
verkürzen	acortar [akor'tar]
verlangen	exigir [eɣsi'xir]
verlängern	prolongar [proloŋ'gar]
verlangsamen	ralentizar [rralen̪ti'θar]
verlassen	abandonar [aβan̪do'nar]
verlaufen	perderse [per'ðerse]
verleihen	prestar [pres'tar]
verlernen	olvidar [olβi'ðar]
verletzen	herir [e'rir]
verleugnen	negar [ne'ɣar]
verleumden	difamar [difa'mar]
verlieben	enamorarse [enamo'rarse]
verlieren	perder [per'ðer]
verloben	prometerse [prome'terse]
vermehren	acrecentar [akreθen̪'tar]
vermeiden	evitar [eβi'tar]
vermieten	alquilar [alki'lar]
vermischen	mezclar [meθ'klar]
vermissen	echar de menos [e'tʃar de 'menos]
vermitteln	mediar [me'ðjar]
vermuten	suponer [supo'ner]
vernachläs-sigen	descuidar [deskwi'ðar]
vernehmen	interrogar [in̪terro'ɣar]
verneigen	inclinarse [iŋkli'narse]
verneinen	negar [ne'ɣar]
vernichten	destruir [destru'ir]
veröffentlichen	publicar [puβli'kar]

verordnen	prescribir [preskri'βir]
verpacken	embalar [emba'lar]
verpassen	perder [per'ðer]
verpflichten	obligar [oβli'ɣar]
verprügeln	zurrar [θu'rrar]
verraten	traicionar [trai̯θjo'nar]
verrechnen	equivocarse en el cálculo [ekiβo'karse en el 'kalkulo]
verreisen	irse de viaje ['irse de 'bjaxe]
verrenken	torcer [tor'θer]
verriegeln	cerrar con cerrojo [θe'rrar kon θe'rroxo]
verringern	reducir [rreðu'θir]
versagen	fallar [fa'ʎar]
versammeln	reunir [rreu'nir]
versäumen	perder [per'ðer]
verschenken	regalar [rreɣa'lar]
verschicken	mandar [man̪'dar]
verschieben	desplazar [despla'θar]
verschimmeln	enmohecer(se) [enmoe'θer(se)/ emmoe'θer(se)]
verschlafen	quedarse dormido [ke'ðarse dor'miðo]
verschlechtern	agravar [aɣra'βar]
verschließen	cerrar [θe'rrar]
verschlimmern	agravar [aɣra'βar]
verschlucken	callarse [ka'ʎarse]
verschmutzen	ensuciar(se) [ensu'θjar(se)]
verschonen	no afectar [no afek'tar]
verschönern	embellecer [embeʎe'θer]
verschütten	derramar [derra'mar]
verschweigen	callar [ka'ʎar]
verschwenden	derrochar [derro'ʧar]
verschwimmen	desdibujarse [desðiβu'xarse]
verschwinden	desaparecer [desapare'θer]
verschwören	conspirar [konspi'rar]
versenden	enviar [embi'ar]
versetzen	desplazar [despla'θar]
verseuchen	contaminar [kon̪tami'nar]
versichern	asegurar [aseɣu'rar]
versickern	ser absorbido por el suelo [ser aβsor'βiðo por el 'swelo]
versinken	sumergirse [sumer'xirse]
versöhnen	reconciliar [rrekon̪θi'ljar]
versorgen	cuidar [kwi'ðar]
verspäten	retrasarse [rretra'sarse]
versperren	obstruir [o(β)stru'ir]
verspotten	burlarse [bur'larse]
versprechen	prometer [prome'ter]
verspüren	sentir [sen̪'tir]
verständigen	informar [iɱfor'mar]
verstärken	reforzar [rrefor'θar]
verstauben	llenarse de polvo [ʎe'narse de 'polβo]
verstauchen	torcerse [tor'θerse]
verstecken	esconder [eskon̪'der]
verstehen	comprender [kompren̪'der]
versteigern	subastar [suβas'tar]
verstellen	ajustar [axus'tar]
verstopfen	obturar [oβtu'rar]
verstoßen	infringir [iɱfriŋ'xir]
verstreichen	extender [esten̪'der]

verstummen	callar(se)	[ka'ʎar(se)]
versuchen	intentar	[iņteņ'tar]
versüßen	endulzar	[eņduḷ'θar]
vertagen	aplazar	[apla'θar]
vertauschen	confundir	[koɱfuņ'dir]
verteidigen	defender	[defeņ'der]
verteilen	repartir	[rrepar'tir]
vertiefen	profundizar	[profuņdi'θar]
vertragen	soportar	[sopor'tar]
vertrauen	confiar	[koɱfi'ar]
vertreiben	echar	[e'ʧar]
vertreten	substituir	[su(β)stitu'ir]
vertrocknen	secarse	[se'karse]
vertrödeln	perder desperdiciar	[per'ðer desperði'θjar]
vertrösten	hacer esperar	[a'θer espe'rar]
vertuschen	ocultar	[okuḷ'tar]
verübeln	tomar a mal	[to'mar a mal]
verüben	cometer	[kome'ter]
verunglücken	tener un accidente	[te'ner un aɣθi'ðeņte]
verunsichern	confundir	[koɱfuņ'dir]
verunstalten	desfigurar	[desfiɣu'rar]
verursachen	causar	[kau̯'sar]
verurteilen	condenar	[koņde'nar]
verwechseln	confundir	[koɱfuņ'dir]
verweigern	rehusar	[rreu'sar]
verwelken	marchitarse	[marʧi'tarse]
verwenden	usar	[u'sar]
verwirklichen	realizar	[rreali'θar]
verwirren	confundir	[koɱfuņ'dir]
verwischen	borrarse	[bo'rrarse]
verwöhnen	mimar	[mi'mar]
verwunden	herir	[e'rir]
verzaubern	encantar	[eŋkaņ'tar]
verzehren	consumir	[konsu'mir]
verzeichnen	registrar	[rrexis'trar]
verzeihen	perdonar	[perðo'nar]
verzerren	desfigurar	[desfiɣu'rar]
verzichten	renunciar	[rrenuņ'θjar]
verzieren	adornar	[aðor'nar]
verzögern	retrasar	[rretra'sar]
verzweifeln	desesperar	[desespe'rar]
voraussagen	pronosticar	[pronosti'kar]
vorbeifahren	pasar (en coche)	[pa'sar (en 'koʧe)]
vorbereiten	preparar	[prepa'rar]
vorbeugen	prevenir	[preβe'nir]
vordrängeln	colarse	[ko'larse]
vorenthalten	ocultar	[okuḷ'tar]
vorfallen	suceder	[suθe'ðer]
vorfinden	encontrarse	[eŋkoņ'trarse]
vorgeben	fingir	[fiŋ'xir]
vorhaben	tener la intención	[te'ner la iņteņ'θjon]
vorhersehen	prever	[pre'βer]
vorkommen	ocurrir	[oku'rrir]
vorlesen	leer (en voz alta)	[le'er (en boθ 'aḷta)]
vormachen	mostrar	[mos'trar]
vornehmen	planear	[plane'ar]
vorschlagen	proponer	[propo'ner]

vorschreiben	prescribir [preskri'βir]
vorsorgen	tomar precauciones [to'mar prekau̯'θjones]
vorstellen	imaginarse [imaxi'narse]
vortäuschen	simular [simu'lar]
vortragen	recitar [rreθi'tar]
vorübergehen	pasar [pa'sar]
vorweisen	mostrar [mos'trar]
vorwerfen	reprochar [rrepro'ʧar]
vorzeigen	presentar [presen̪'tar]
vorziehen	preferir [prefe'rir]

W

wachsen	crecer [kre'θer]
wackeln	tambalearse [tambale'arse]
wagen	atreverse [atre'βerse]
wählen	elegir [ele'xir]
wahrnehmen	darse cuenta [darse 'kwen̪ta]
wandern	caminar [kami'nar]
warnen	advertir [aðβer'tir]
warten	esperar [espe'rar]
waschen	lavar [la'βar]
wechseln	cambiar [kam'bjar]
wecken	despertar [desper'tar]
wegfahren	partir [par'tir]
wegfallen	suprimirse [supri'mirse]
weggehen	irse ['irse]
weglassen	omitir [omi'tir]
wegnehmen	quitar [ki'tar]
wegrennen	irse corriendo ['irse ko'rrien̪ðo]
wegschicken	mandar fuera [man̪'dar 'fwera]
wegschmeißen	tirar [ti'rar]
wehren	defenderse [defen̪'derse]
weigern	negarse [ne'ɣarse]
weinen	llorar [ʎo'rar]
welken	marchitarse [marʧi'tarse]
wellen	ondular [on̪du'lar]
wenden	girar [xi'rar]
werden	volverse [bol'βerse]
werfen	lanzar [lan̪'θar]
wetten	apostar [apos'tar]

wickeln	bobinar [boβiˈnar]
widerlegen	rebatir [rreβaˈtir]
widersetzen	oponerse [opoˈnerse]
widerspiegeln	reflejar [rrefleˈxar]
widerstehen	resistir [rresisˈtir]
widmen	dedicar [deðiˈkar]
wiedergeben	devolver [deβolˈβer]
wiederholen	repetir [rrepeˈtir]
wiederkehren	regresar [rreɣreˈsar]
wiederkommen	volver [bolˈβer]
wiedersehen	volver a ver [bolˈβer a ber]
wiegen	pesar [peˈsar]
wiehern	relinchar [rrelinˈʧar]
wimmeln	pulular [puluˈlar]
wimmern	gemir [xeˈmir]
winden	poner alrededor [poˈner alrreðeˈðor]
winken	hacer señas [aˈθer ˈseɲas]
winseln	gemir [xeˈmir]
wippen	balancearse [balan̦θeˈarse]
wirken	parecer [pareˈθer]
wischen	fregar [freˈɣar]
wispern	susurrar [susuˈrrar]
wissen	saber [saˈβer]
wohnen	vivir [biˈβir]
wollen	querer [keˈrer]
wundern	sorprender [sorpren̦ˈder]
wünschen	desear [deseˈar]
würdigen	apreciar [apreˈθjar]
würfeln	jugar a los dados [xuˈɣar a los ˈdaðos]
würgen	estrangular [estraŋguˈlar]
würzen	condimentar [kon̦dimen̦ˈtar]

Z

zahlen	pagar [pa'ɣar]
zählen	contar [kon̪'tar]
zähmen	domesticar [domesti'kar]
zanken	pelearse [pele'arse]
zappeln	patalear [patale'ar]
zaubern	practicar la magia [prakti'kar la 'maxja]
zeichnen	dibujar [diβu'xar]
zeigen	mostrar [mos'trar]
zelten	acampar [akam'par]
zerbrechen	romper [rrom'per]
zerdrücken	aplastar [aplas'tar]
zerfallen	desmoronarse [desmoro'narse]
zerkleinern	desmenuzar [desmenu'θar]
zerknüllen	estrujar [estru'xar]
zerkratzen	rascar [rras'kar]
zerkrümeln	desmigajar [desmiɣa'xar]
zerreißen	romper [rrom'per]
zerren	tirar violentamente [ti'rar bjo'len̪ta'men̪te]
zerschlagen	romper [rrom'per]
zerspringen	romperse [rrom'perse]
zerstören	destruir [destru'ir]
zertreten	pisar [pi'sar]
zertrümmern	destrozar [destro'θar]
ziehen	tirar [ti'rar]
zielen	apuntar [apun̪'tar]
zieren	adornar [aðor'nar]
zischen	silbar [sil'βar]
zittern	temblar [tem'blar]
zögern	vacilar [baθi'lar]
zoomen	enfocar con el zum [eɱfo'kar kon el θum]
zubeißen	morder [mor'ðer]
zubereiten	preparar [prepa'rar]
zubinden	atar [a'tar]
zublinzeln	guiñar el ojo [gi'ɲar el 'oxo]
zucken	trepidar [trepi'ðar]
zücken	sacar [sa'kar]
zudecken	tapar [ta'par]
zudrehen	cerrar [θe'rrar]
zufriedengeben	contentarse [kon̪ten̪'tarse]
zufriedenlassen	dejar en paz [de'xar en paθ]
zufügen	infligir [iɱfli'xir]
zugeben	admitir [aðmi'tir]
zugreifen	coger [ko'xer]
zugucken	mirar [mi'rar]
zuhören	escuchar [esku'ʧar]
zujubeln	aclamar [akla'mar]
zuknöpfen	abrochar [aβro'ʧar]
zulächeln	sonreír [sonrre'ir]
zulassen	permitir [permi'tir]
zumachen	cerrar [θe'rrar]
zumuten	exigir [eɣsi'xir]
zünden	activar [akti'βar]
zunehmen	engordar [eŋgor'ðar]
zunichte-machen	estropear [estrope'ar]

zunicken	hacer una seña con la cabeza [a'θer 'una 'seɲa kon la ka'βeθa]
zuordnen	clasificar [klasifi'kar]
zupacken	coger [ko'xer]
zupfen	arrancar [arraŋ'kar]
zurechtfinden	orientarse [orjen̪'tarse]
zurücknehmen	aceptar la devolución [aθep'tar la deβolu'θjon]
zurufen	gritar algo a alguien [gri'tar 'alɣo a 'alɣjen]
zusagen	prometer [prome'ter]
zusammenhängen	estar relacionado [es'tar rrelaθjo'naðo]
zusammenprallen	chocar [ʧo'kar]
zusammenschreiben	escribir junto [eskri'βir 'xun̪to]
zuschicken	enviar [embi'ar]
zuschlagen	golpear [golpe'ar]
zuschließen	cerrar (con llave) [θe'rrar (kon 'ʎaβe)]
zuschrauben	atornillar [atorni'ʎar]
zusehen	mirar [mi'rar]
zusichern	asegurar [aseɣu'rar]
zuspielen	pasar [pa'sar]
zuspitzen	agravarse [aɣra'βarse]
zustimmen	estar de acuerdo [es'tar de a'kwerðo]
zustoßen	ocurrir [oku'rrir]
zutrauen	creer capaz [kre'er ka'paθ]
zutreffen	ser verdad [ser ber'ðað]
zuvorkommen	adelantarse [aðelan'tarse]
zuwenden	prestar atención [pres'tar aten̪'θjon]
zuziehen	cerrar [θe'rrar]
zwängen	meter a presión [me'ter a pre'sjon]
zweifeln	dudar [du'ðar]
zwicken	pellizcar [peʎiθ'kar]
zwingen	obligar [oβli'ɣar]
zwinkern	guiñar [gi'ɲar]

INDEX DEUTSCH – ÍNDICE ALEMÁN

INDEX SPANISCH – ÍNDICE ESPAÑOL

INDEX DEUTSCH – ÍNDICE ALEMÁN

C

G

H

I

L

M

Q

R

T

U

V

W

INDEX SPANISCH – ÍNDICE ESPAÑOL

D

E

F

H

I

N

Q

U

V

BILDNACHWEIS

* - © Fotolia.com

14 */Csaba Peterdi, **16** */Alexander Raths, **16** */Jeanette Dietl, **16** */Forgiss, **16** */paulmz, **16** */fotodesign-jegg.de, **16** */mimagephotos, **16** */Syda Productions, **16** */iko, **16** */Jeanette Dietl, **16** */drubig-photo, **16** */oocoskun, **17** */damato, **17** */vbaleha, **17** */Rido, **17** */Ljupco Smokovski, **17** */Jeanette Dietl, **17** */Janina Dierks, **17** */Valua Vitaly, **17** */Rido, **17** */Andres Rodriguez, **17** */Syda Productions, **17** */Valua Vitaly, **18** */Dmitry Lobanov, **18** */Samuel Borges, **18** */DenisNata, **18** */Pavel Losevsky, **18** */Gabriel Blaj, **18** */WONG SZE FEI, **18** */vgstudio, **18** */Picture-Factory, **18** */Ariwasabi, **19** */endostock, **19** */mma23, **19** */Jasmin Merdan, **19** */Tom Wang, **19** */Michael Gray, **19** */JanMika, **19** */BeTa-Artworks, **19** */michaeljung, **19** */Savannah1969, **19** */patpitchaya, **19** */Sabphoto, **19** */Cello Armstrong, **19** */eyetronic, **20** */Danilo Rizzuti, **20** */Ruth Black, **20** */Smileus, **20** */chesterF, **20** iStockphoto/Catherine Yeulet, **20** */DenisNata, **20** */Melinda Nagy, **20** */Kaarsten, **20** */MISHELA, **20** */Eray, **20** */Unclesam, **20** */satin_111, **20** */Michael Fritzen, **21** */yanlev, **21** */BeTa-Artworks, **21** */Margit Power, **21** */Brenda Carson, **21** */Africa Studio, **21** */Piotr Marcinski, **21** */Fotowerk, **21** */AVRORA, **21** */stockyimages, **21** */Tyler Olson, **21** */ExQuisine, **21** */Glenda Powers, **21** Thinkstock/iStockphoto, **22** */Valua Vitaly, **22** */codiarts, **23** */Jaimie Duplass, **23** */krimar, **23** */magann, **23** */Stefan Balk, **23** */Kaponia Aliaksei, **23** */koji6aca, **23** */yuriyzhuravov, **23** */yuriyzhuravov, **23** */Ermolaev Alexandr, **23** */V.R.Murralinath, **23** */badmanproduction, **23** */Anton Zabielskyi, **23** */auremar, **23** */koji6aca, **24** */mimagephotos, **24** */Tiler84, **24** */velazquez, **24** */giorgiomtb, **24** */apops, **24** */dusk, **24** */Knut Wiarda, **24** */stokkete, **24** */Taiga, **24** */Taiga, **24** */Taiga, **24** */Taiga, **25** */Karramba Production, **25** */Robert Kneschke, **25** */cantor pannatto, **25** */Garrincha, **25** */Picture-Factory, **25** */bevangoldswain, **25** */WavebreakMediaMicro, **25** */Rido, **25** */Minerva Studio, **25** */cantor pannatto, **25** */Fotowerk, **25** */Fotowerk, **26** */Gelpi, **26** */stockyimages, **26** */WavebreakmediaMicro, **26** */pathdoc, **26** */Ilike, **26** */pathdoc, **26** */Andres Rodriguez, **26** */Garrincha, **26** */cantor pannatto, **26** */pressmaster, **26** */vladimirfloyd, **26** */Elnur, **26** */Klaus Eppele, **27** */boumenjapet, **27** */Vera Anistratenko, **27** */carol_anne, **27** */Andrey Armyagov, **27** Thinkstock/NikolayK, **27** */srdjan111, **27** */Zbyszek Nowak, **27** */Pamela Uyttendaele, **27** */Michaela Pucher, **27** */Katrina Brown, **28** */ghoststone, **28** */nito, **28** */zhekos, **28** */chiyacat, **28** */Alexandra Karamyshev, **28** */BEAUTYofLIFE, **28** */Lucky Dragon, **29** */Karramba Production, **29** */BEAUTYofLIFE, **29** */Khvost, **29** */Khvost, **29** */Elnur, **29** */Popova Olga, **29** */Artem Gorohov, **29** */Elnur, **29** */Ruslan Kudrin, **29** */Gordana Sermek, **29** */Alexandra Karamyshev, **30** */alaterphotog, **30** */Elnur, **30** */Elnur, **30** */Ruslan Kudrin, **30** */Alexandra Karamyshev, **30** */Alexandra Karamyshev, **30** */Oliver Preißner, **30** */Robert Lehmann, **30** */Alexandra Karamyshev, **31** */mimagephotos, **31** */Alexandra Karamyshev, **31** */Alexandra Karamyshev, **31** */ludmilafoto, **31** */okinawakasawa, **31** Thinkstock/Alexandru Chiriac, **31** */cedrov, **31** */Khvost, **31** */hifashion, **31** */Alexandra Karamyshev, **31** */Alexandra Karamyshev, **32** */Little_wine_fly, **32** */Jiri Hera, **32** */rangizzz, **32** */Jiri Hera, **32** */Andrew Buckin, **32** Thinkstock/Danny Chan, **32** */Artem Merzlenko, **32** */Cobalt, **32** */fotomatrix, **32** */Rozaliya, **32** */adisa, **32** */Kira Nova, **32** */Shariff Che'Lah, **32** */venusangel, **32** */Unclesam, **32** */srki66, **33** */adisa, **33** */adisa, **33** */lalouetto, **33** */PRILL Mediendesign, **33** */Africa Studio, **33** */adisa, **33** */Andrey Bandurenko, **33** */Nadinelle, **33** */design56, **33** */Sergey Rusakov, **33** */Jiri Hera, **33** */gemenacom, **33** */Andre Plath, **33** */Alexander Raths, **33** */Liaurinko, **33** */thaikrit, **33** */humbak, **34** */wiedzma, **34** */kontur-vid, **34** */Tharakorn, **34** */picsfive, **34** */pattarastock, **34** */NilsZ, **34** */picsfive, **34** */picsfive, **34** */ksena32, **34** */cristi180884, **34** */bpstocks, **34** */nito, **34** */Tarzhanova, **34** */bpstocks, **34** */terex, **34** */ibphoto, **35** */Gennadiy Poznyakov, **36** */stockone, **38** */JSB, **38** */stocker1970, **38** */photo 5000, **38** */Tiberius Gracchus, **38** */Ralf Gosch, **38** */visivasnc, **38** */Lasse Kristensen, **38** */Speedfighter, **38** */Bokicbo, **38** */typomaniac, **38** */O.M., **38** */designsstock, **38** */Tatty, **39** */Kurhan, **39** */selensergen, **39** */Brilliant Eagle, **39** */Iriana Shiyan, **39** */terex, **39** */Sashkin, **39** */bcdesign, **39** */pyzata, **39** */Thomas Aumann, **39** */Tiberius Gracchus, **39** */Igor Kovalchuk, **39** */Maksym Yemelyanov, **39** */pabijan, **40** */Magda Fischer, **41** */Kasia Bialasiewicz, **41** */bennnn, **41** */Bert Folsom, **41** */Aleksandar Jocic, **41** */yevgenromanenko, **41** */Aleksandr Ugorenkov, **42** */Iriana Shiyan, **42** */luchshen, **42** */sokrub, **42** */sokrub, **42** */okinawakasawa, **43** */pics721, **43** */Delphimages, **43** */arteferretto, **43** */Kitch Bain, **43** */Chris Brignell, **44** */stock_for_free, **44** */kornienko, **45** */mrgarry, **45** */mariocigic, **45** Thinkstock/Hemera, **45** */Alexander Morozov, **45** */Denis Gladkiy, **45** */Sergii Moscaliuk, **45** */sutsaiy, **45** */sutsaiy, **45** */okinawakasawa, **45** */Alexander Morozov, **45** */venusangel, **45** */bergamont, **45** */Alexander Morozov, **45** */sutsaiy, **45** */manipulateur, **45** */kmiragaya, **46** */fotyma, **46** */Denisa V, **46** */jonnysek, **46** */Kitch Bain, **46** */pholien, **46** */Alona Dudaieva, **46** */M.R. Swadzba, **46** Thinkstock/iStockphoto, **46** */bennyartist, **46** */Nikola Bilic, **46** */cretolamna, **46** */Igor Syrbu, **46** */Piotr Pawinski, **47** */cretolamna, **47** */Harald Biebel, **47** */gavran333, **47** */M.R. Swadzba, **47** */IrisArt, **47** */Diana Taliun, **47** */cretolamna, **47** */M S, **47** */nito, **47** */Bombaert Patrick, **47** */scol22, **47** */cretolamna, **47** */picsfive, **48** */Sunshine Pics, **48** */VRD, **48** */petrsalinger, **48** */cretolamna, **48** */gavran333, **48** */Uwe Landgraf, **48** */nito, **48** */Schwoab, **48** */cretolamna, **48** */Stefan Balk, **48** */karandaev, **48** */Lucky Dragon, **48** */PhotoSG, **49** */2mmedia, **50** */Andres Rodriguez, **50** */simmittorok, **50** */Liliia Rudchenko, **50** */venusangel, **50** */Ljupco Smokovski, **50** */Maksim Kostenko, **50** Thinkstock/Stockbyte, **50** */Xuejun li, **50** */Ljupco Smokovski, **50** */Coprid, **50** */Yingko, **51** */poligonchik, **52** */arsdigital, **53** */adpePhoto, **53** */Africa Studio, **53** */Tiler84, **53** */NilsZ, **53** */Africa Studio, **53** */Coprid, **54** */magraphics.eu, **54** */sommersby, **54** */ermess, **54** */AndG, **55** */ILYA AKINSHIN, **55** */Lusoimages, **55** */HamsterMan, **55** */jlcst, **55** */Foto-Ruhrgebiet, **55** */Dmytro Akulov, **55** */picsfive, **55** */ibphoto, **55** */Jonathan Stutz, **55** */Jackin, **55** */ganko, **55** */artmim, **55** */Klaus Eppele, **56** */Sashkin, **56** */Creatix, **56** */Andreja Donko, **56** */Katrina Brown, **56** */Ljupco Smokovski, **57** */Okea, **58** */kmit, **58** */luckylight, **58** */tuja66, **58** */tuja66, **58** */corund, **58** */tuja66, **58** */Rynio Productions, **58** */mick20, **58** */Denis Dryashkin, **58** */tuja66, **58** */claudio, **58** */CE Photography, **58** */tuja66, **58** */Бурдюков Андрей, **58** */vav63, **59** */Rynio Productions, **59** */Rynio Productions, **59** */Rynio Productions, **59** */PRILL Mediendesign, **59** */fefufoto, **59** */antonsov85, **60** */andersphoto, **60** */scis65, **60** */venusangel, **60** */Coprid, **60** */f9photos, **60** */tuja66, **60** */Konovalov Pavel, **60** */Freer, **60** */Nik, **60** */chungking, **60** */mariusz szczygieł, **61** */auremar, **61** */Africa Studio, **61** */ankiro, **61** */Ionescu Bogdan, **61** */piai, **61** */Denys Rudyi, **62** */Nomad_Soul, **62** */gradt, **62** */twister025, **62** */egorovvasily, **62** */womue, **62** Thinkstock/

iStockphoto, **62** Thinkstock/iStockphoto, **62** */cherezoff, **62** */by-studio, **63** */coco, **63** */D. Ott, **63** */D. Ott, **63** */federicofoto, **63** */babsi_w, **63** */Stibat Studio, **63** */Kara, **63** */Jeanette Dietl, **63** */sonne fleckl, **63** */keller, **63** */miket, **63** */WoGi, **63** */M. Schuppich , **63** */Marco Becker , **63** */kobra78 , **63** */Kalle Kolodziej, **64** */mallivan, **64** */Zbyszek Nowak, **64** */opasstudio, **64** */hsagencia, **64** */photka , **64** */photka , **64** */photka , **64** */photka , **64** */Gerald Bernard , **64** */Jaimie Duplass , **64** */steamroller , **64** */tompet80 , **64** */schankz, **64** */keerati, **65** */hopfi23, **65** */Alex Petelin, **65** */Patryssia, **65** */D. Ott, **65** */Horticulture, **65** */Kasia Bialasiewicz, **65** */mopsgrafik, **65** */B. Wylezich, **65** */fotoschab, **65** */Miredi, **65** */udra11, **65** */NinaMalyna, **65** */rupbilder, **66** */mates, **68** */unpict, **68** */Teamarbeit, **68** */Christian Jung, **68** Dreamstime/Christianjung, **68** */HLPhoto, **68** */ExQuisine , **68** */rdnzl, **68** */uckyo, **68** */ExQuisine, **68** */lefebvre_jonathan, **68** */Cornerman, **68** */Mara Zemgaliete, **68** iStockphoto/Vasko, **68** */Diana Taliun, **68** Thinkstock/Alena Dvorakova, **68** Shutterstock/marco mayer, **69** */ExQuisine, **69** */ExQuisine, **69** */fotomaster, **69** */Eric Isselée, **69** */boguslaw, **69** */Eric Isselée, **69** */nito, **69** */Irina Khomenko, **69** */Viktor, **69** */Oran Tantapakul, **69** */lightpoet, **70** */Rémy MASSEGLIA, **70** */Natalia Merzlyakova, **70** Dreamstime/Witoldkr1, **70** */Picture Partners, **70** */antonio scarpi, **70** */Gaetan Soupa, **70** */o.meerson, **70** */ExQuisine, **70** Dreamstime/Pipa 100, **70** */lunamarina, **70** */HelleM, **70** */Dalmatin.o , **70** */Witold Krasowski, **70** */Andrei Nekrassov, **70** */Dionisvera, **70** */Dionisvera, **71** */angorius, **71** */Dani Vincek, **71** */felinda, **71** */Andrey Starostin, **71** */pedrolieb, **71** */ExQuisine, **71** Dreamstime/Onepony, **71** */dulsita, **71** */Giuseppe Lancia, **71** */margo555, **71** */BSANI , **71** */womue, **71** */Jiri Hera, **72** */ExQuisine, **72** Dreamstime/Sethislav, **72** */volff , **73** */dimakp, **73** Shutterstock/Multiart, **73** Shutterstock/Krzysztof Slusarczyk, **73** */Daddy Cool, **73** */Brad Pict, **73** Dreamstime/Jack14, **73** */cynoclub, **73** */Picture Partners, **73** */Lsantilli , **73** */Coprid, **73** */Fotofermer, **73** */Brad Pict, **73** */Mara Zemgaliete, **74** */Dani Vincek , **74** */Natika, **74** */Luis Carlos Jiménez, **74** */angorius, **74** */marrfa, **74** */Natika, **74** */fotogal, **74** */Shawn Hempel, **74** */Jessmine, **74** */Daorson, **74** */Jérôme Rommé, **74** */gcpics, **74** */Picture Partners, **75** */valeriy555, **75** */valeriy555, **75** */Barbara Pheby, **75** */volga1971, **75** Dreamstime/Robynmac, **75** */Anna Kucherova, **76** */jerome signoret, **76** */boguslaw, **76** */fotomatrix, **76** */World travel images, **76** */margo555 , **76** */margo555 , **76** */margo555 , **76** */margo555 , **76** */Wolfgang Jargstorff, **77** */valeriy555, **77** */silencefoto, **77** */valeriy555, **77** */valeriy555, **77** */silencefoto, **77** */valeriy555, **77** */photocrew, **77** */valeriy555, **77** */Anna Kucherova, **77** */valeriy555, **77** */Malyshchyts Viktar, **77** */charlottelake, **77** */valeriy555, **78** */tycoon101, **78** */Zbyszek Nowak, **78** */M.R. Swadzba, **78** */Schlierner, **78** */Ekaterina Lin, **78** */Andrey Starostin, **79** */azureus70, **79** */azureus70, **79** */valeriy555, **79** */Dionisvera, **79** Thinkstock/anna1311, **79** */valeriy555, **79** */Andrea Wilhelm, **79** */valeriy555, **79** */valeriy555, **79** */valeriy555, **79** */valeriy555, **79** */valeriy555, **79** */valeriy555, **79** */Anna Kucherova, **80** */Malyshchyts Viktar, **80** */Malyshchyts Viktar, **80** */Malyshchyts Viktar, **80** */Malyshchyts Viktar, **80** */Malyshchyts Viktar, **80** */Malyshchyts Viktar, **80** */Malyshchyts Viktar, **80** */Malyshchyts Viktar, **80** */Malyshchyts Viktar, **80** */Malyshchyts Viktar, **80** */Natika, **80** */Malyshchyts Viktar, **80** */Malyshchyts Viktar, f9photos, **80** */Malyshchyts Viktar, **80** */Oleksiy Ilyashenko, **80** */Tim UR, **80** */valeriy555, **80** */valeriy555, **80** */Natika, **80** */valeriy555, **81** Dreamstime/Skyper1975, **81** */Werner Fellner, **81** */marilyn barbone, **81** */nblxer, **81** */goodween123, **82** */Popova Olga, **82** */Popova Olga, **82** */mates, **82** */Popova Olga, **82** */Popova Olga, **82** */Popova Olga, **82** */Popova Olga, **82** */Popova Olga, **82** */pimponaco, **82** */Schlierner, **82** */svl861, **82** */svl861, **82** Dreamstime/Margouillat, **83** */Team 5, **83** MDB/seli8, **83** */unpict, **83** */Tomboy2290, **83** */nbriam, **83** */Vera Kuttelvaserova, **83** */Vesna Cvorovic, **83** */Maceo, **83** */scis65, **84** Thinkstock/iStockphoto, **84** Thinkstock/iStockphoto, **84** Thinkstock/iStockphoto, **84** Thinkstock/iStockphoto, **84** Thinkstock/iStockphoto, **84** Thinkstock/iStockphoto, **84** Thinkstock/iStockphoto, **84** Thinkstock/iStockphoto, **84** */Popova Olga, **84** Thinkstock/iStockphoto, **84** Thinkstock/iStockphoto, **84** Thinkstock/iStockphoto, **84** Thinkstock/iStockphoto, **84** Thinkstock/iStockphoto, **84** Thinkstock/iStockphoto, **84** Thinkstock/iStockphoto, **85** Dreamstime/Sergioz, **85** */Africa Studio, **85** */Orlando Bellini, **85** */Inga Nielsen, **85** */Inga Nielsen, **85** */Inga Nielsen, **85** */Boris Ryzhkov, **86** */Popova Olga, **86** */Popova Olga, **86** */Popova Olga, **86** */Popova Olga, **86** */Popova Olga, **86** */Popova Olga, **86** */Popova Olga, **86** */Popova Olga, **86** */Popova Olga, **86** */Popova Olga, **86** */Popova Olga, **86** */Popova Olga, **86** */Popova Olga, **86** */Popova Olga, **86** */Elena Schweitzer, **86** */Picturefoods.com, **87** Dreamstime/Jirkaejc, **87** Dreamstime/Glasscuter, **87** */Andrzej Tokarski, **87** Dreamstime/Pryzmat, **87** */Stefano Neri , **87** */Roxana, **87** */enzo4, **87** */Stefano Neri, **87** */akulamatiau, **87** */zorandim75, **87** */marilyn barbone, **88** */pico, **88** */Sergejs Rahunoks, **88** Dreamstime/Givaga, **88** */Piovanello, **88** */Piovanello, **88** */the_pixel, **88** */Liaurinko, **88** */nemez210769, **88** */midosemsem, **88** */Jiri Hera, **88** */juri semjonow, **88** */Brad Pict, **88** Dreamstime/Travelling-light, **88** Dreamstime/Synchronista, **88** */Julian Weber, **88** */IrisArt , **89** */BeTa-Artworks, **89** */Sergii Moscaliuk, **89** */Diana Taliun, **89** */Daniel Wiedemann, **89** Dreamstime/Nagme, **89** */lantapix, **89** */Olegich, **89** */scis65, **89** */Vidady, **89** */komar.maria, **90** */Petrov Vadim, **90** */unpict, **90** */Smart7, **90** */tycoon101, **90** */M. Schuppich, **90** */digifood, **90** */Schwoab, **90** */photocrew, **90** */chrisdorney, **90** */anakondasp, **90** */unpict, **90** */sorcerer11, **90** */Lucky Dragon, **91** */MarFot, **91** */ppi09, **91** */Kesu, **91** */Andrea Wilhelm, **91** */kehr design, **91** */gtranquillity, **91** */Corinna Gissemann, **91** */Lucky Dragon, **91** */Jiri Hera, **91** */sergojpg, **91** */Daryl Musser, **91** */robysaba, **91** */unpict, **92** */Jiri Hera, **92** */Nitr, **92** */Nitr, **92** */ExQuisine, **92** */Natika , **92** */Inga Nielsen, **92** */Nitr, **92** */Nitr, **92** */Taffi, **92** */karandaev, **92** */unpict, **92** */baibaz, **92** */Africa Studio, **93** */pabijan, **93** */amenic181, **93** */Viktor, **93** */blende40, **93** */Fotofermer, **93** */Rob Stark, **93** */gtranquillity, **93** */gtranquillity, **93** */gtranquillity, **93** */gtranquillity, **93** */gtranquillity, **93** */Inga Nielsen, **94** Thinkstock/puchkovo48, **94** */neirfy, **94** */Nitr, **94** */Nitr, **94** */Nitr, **94** */Taffi, **94** */Taffi, **94** */Taffi, **94** */Taffi, **94** */karandaev, **94** */karandaev, **94** */karandaev, **95** */Hemeroskopion, **95** */Hemeroskopion, **95** */Hemeroskopion, **95** */Hemeroskopion, **95** */Hemeroskopion, **95** */Hemeroskopion, **95** */Hemeroskopion, **95** */Hemeroskopion, **95** */Hemeroskopion, **95** */Hemeroskopion, **95** */Hemeroskopion, **95** */Hemeroskopion, **95** */Hemeroskopion, **96** */kab-vision, **96** Shutterstock/Multiart - Shutterstock.com, **96** */Volodymyr Shevchuk, **96** */Sergejs Rahunoks, **96** */sspice, **96** */Corinna Gisseman, **96** */azureus70, **96** */Popova Olga, **96** */baibaz, **97** */Whitebox Media, **97** */angorius, **97** */Andrea Wilhelm, **97** Dreamstime/Margouillat, **97** */Viktor, **97** */Kesu, **97** */Peredniankina, **97** */margo555, **97** */Aleksandar Jocic, **98** */Jiri Hera, **98** */victoria p., **98** */djama, **98** */vagabondo, **98** */Jiri Hera, **98** */scis65, **98** */blende40, **98** */MUNCH!, **98** */Africa Studio, **98** */arinahabich, **98** */Marius Graf, **98** */Marius Graf, **98** */Marius Graf, **98** */Liaurinko, **98** */Brad Pict, **98** */juniart, **99** */Dmytro Sukharevskyy, **99** */Dmytro Sukharevskyy, **99** */Dmytro Sukharevskyy, **99** */Sergejs Rahunoks, **99** */canoncam, **99** */uckyo, **99** */torsakarin, **99** */Thibault Renard, **99** */eyewave, **99** */Orlando Bellini, **99** */Blue Wren, **99** */Dmytro Sukharevskyy, **99** */Dmytro Sukharevskyy, **100** */Jacek

Chabraszewski, **100** */Inga Nielsen, **100** */dusk, **100** */Road King, **100** */Jack Jelly, **100** Dreamstime/Tomislav Pinter, **100** */Jacek Chabraszewski, **100** */ExQuisine, **100** */aktifreklam, **100** */zhekos , **100** */Jess Yu, **100** */illustrez-vous, **100** */Andrea Wilhelm, **101** */Minerva Studio, **101** */Boris Ryzhkov, **101** */Nitr, **101** */unpict, **101** */Jacek Chabraszewski, **101** */photocrew, **101** */Viktor, **101** */eyewave, **101** Dreamstime/Lightzoom, **101** iStockphoto/Gordana Sermek, **102** */Africa Studio, **102** */Vitaly Korovin, **102** */Coprid, **102** */Schlierner, **102** */Fotofermer, **103** */ashka2000, **103** */womue, **103** */EM Art, **103** */ExQuisine, **103** */photocrew, **103** */jeehyun, **103** */reineg, **103** */reineg, **103** */reineg, **103** */reineg, **103** */Subbotina Anna, **103** */rangizzz, **103** */sjhuls, **104** */Fotofermer, **106** Thinkstock/Keith Levit Photography, **106** Thinkstock/iStockphoto, **106** Thinkstock/iStockphoto, **106** Thinkstock/iStockphoto, **106** Thinkstock/iStockphoto, **106** Thinkstock/iStockphoto, **106** Thinkstock/iStockphoto, **106** Thinkstock/iStockphoto, **106** Thinkstock/Fuse, **107** Thinkstock/Fuse, **107** Thinkstock/iStockphoto, **107** Thinkstock/iStockphoto, **107** Thinkstock/iStockphoto, **107** Thinkstock/Comstock, **107** */Alexandra Gl, **108** */leremy, **108** */leremy, **108** */leremy, **108** */leremy, **108** */leremy, **108** */leremy, **108** */mrtimmi, **108** */mrtimmi, **108** */mrtimmi, **108** */mrtimmi, **108** */mrtimmi, **108** */mrtimmi, **108** */Bobo, **108** */leremy, **108** */leremy, **108** */FelixCHH, **109** Thinkstock/iStockphoto, **109** */Eisenhans, **109** Thinkstock/iStockphoto, **109** Thinkstock/iStockphoto, **109** Thinkstock/Hemera, **109** Thinkstock/Hemera, **109** Thinkstock/Hemera, **109** */Bombaert Patrick, **109** */algre, **109** Thinkstock/Hemera, **109** Thinkstock/iStockphoto, **109** Thinkstock/Hemera, **110** */Vladimir Kramin, **110** */algre, **111** */algre, **111** */apttone, **112** Thinkstock/iStockphoto, **112** */Jenny Thompson, **112** */Aaron Amat, **112** */overthehill, **112** */eldadcarin, **112** */Michael Seidel, **113** Thinkstock/iStockphoto, **113** */gradt, **113** */Lasse Kristensen, **113** */Željko Radojko, **113** */golandr, **114** Thinkstock/iStockphoto, **114** Thinkstock/Stockbyte, **115** Thinkstock/iStockphoto, **115** Thinkstock/Hemera, **115** Thinkstock/iStockphoto, **115** Thinkstock/iStockphoto, **115** Thinkstock/iStockphoto, **115** */Bikeworldtravel, **116** */Idelfoto, **116** Thinkstock/iStockphoto, **116** Thinkstock/Hemera, **116** Thinkstock/Hemera, **116** Thinkstock/Hemera, **117** Thinkstock/iStockphoto, **117** Thinkstock/iStockphoto, **117** Thinkstock/iStockphoto, **118** Thinkstock/iStockphoto, **119** Thinkstock/Hemera, **119** Thinkstock/iStockphoto, **119** Thinkstock/iStockphoto, **119** Thinkstock/iStockphoto, **119** Thinkstock/iStockphoto, **119** Thinkstock/iStockphoto, **119** Thinkstock/iStockphoto, **119** Thinkstock/iStockphoto, **119** Thinkstock/iStockphoto, **119** Thinkstock/iStockphoto, **119** Thinkstock/iStockphoto, **119** Thinkstock/iStockphoto, **119** Thinkstock/iStockphoto, **119** Thinkstock/iStockphoto, **119** Thinkstock/Hemera, **119** Thinkstock/iStockphoto, **120** Thinkstock/iStockphoto, **120** Thinkstock/Hemera, **120** Thinkstock/Photos.com, **120** Thinkstock/iStockphoto, **120** */photo 5000, **120** Thinkstock/iStockphoto, **120** Thinkstock/iStockphoto, **120** Thinkstock/Hemera, **120** Thinkstock/Hemera, **121** */Eisenhans, **121** Thinkstock/iStockphoto, **121** Thinkstock/iStockphoto, **121** Thinkstock/Stockbyte, **121** Thinkstock/Hemera, **121** Thinkstock/iStockphoto, **121** Thinkstock/Julio de la Higuera Rodrigo, **121** */DeVIce, **121** */Artem Gorohov, **121** */Lukas Sembera, **121** Thinkstock/iStockphoto, **121** Thinkstock/iStockphoto, **121** */Eisenhans, **121** Thinkstock/iStockphoto, **121** Thinkstock/iStockphoto, **121** */auremar, **122** */laurenthuet, **122** */Nikolai Sorokin, **122** */Dmitry Vereshchagin, **122** */Ettore, **122** */tr3gi, **122** */12ee12, **122** Thinkstock/Vladimir Arndt, **123** */Fotito, **123** */mschick, **123** */BlueSkyImages, **123** */contrastwerkstatt, **123** Thinkstock/iStockphoto, **123** Thinkstock/Hemera Technologies, **124** */Okea, **124** */Marcus Lindström - iStockphoto.com, **125** */CandyBox Images, **125** */TMAX, **125** */michaeljung, **125** */Maygutyak, **125** */Steve Mann, **125** */nui7711, **125** */Jörg Hackemann, **126** */Sashkin, **126** */virtabo, **126** Thinkstock/iStockphoto, **126** */Ben Chams, **126** */Ben Chams, **126** */Ben Chams, **126** */mindscanner , **126** */swx, **126** */michaeljung, **126** */alexmillos, **126** Thinkstock/iStockphoto, **126** */Bergringfoto, **126** Thinkstock/iStockphoto, **126** */chalabala, **126** */Ben Burger, **127** */Tupungato, **127** */Pink Badger, **127** */HappyAlex, **127** */monticellllo, **127** */monticellllo, **127** */monticellllo, **128** */Masyanya, **128** */Dmitry Vereshchagin, **128** */Dmitry Vereshchagin, **128** */Dmitry Vereshchagin, **128** */Photobank kiev, **129** */vichie81, **129** */Uschi Hering, **129** */skampixelle, **129** */DOC RABE Media, **129** */Nadine Klabunde, **129** */AndreasJ. **130** */Farinoza, **132** */Marco2811, **132** */phant, **132** */Crobard, **132** */A.Karnholz, **132** */ermess, **133** */sborisov, **133** */XtravaganT, **133** */Mihai-Bogdan Lazar, **133** */jacek_kadaj, **133** */ArTo, **133** */hansenn, **133** */Marcel Schauer, **133** Thinkstock/iStockphoto, **133** */Jörg Lantelme, **133** */vaitekune, **133** */apops, **133** */motivation1965, **133** */steschum, **133** Thinkstock/iStockphoto, **133** Thinkstock/iStockphoto, **133** */HaywireMedia, **134** */Scanrail, **134** */anshar73, **134** */XtravaganT, **134** Thinkstock/iStockphoto, **134** Thinkstock/iStockphoto, **134** */A_Lein, **134** Thinkstock/iStockphoto, **134** */jovannig, **134** */Patryk Kosmider, **134** */Max, **134** Thinkstock/Getty Images, **134** */miket, **134** */Ciaobucarest, **134** */Paul Liu, **134** Thinkstock/iStockphoto, **134** */Adrian v. Allenstein, **135** */Pabkov, **135** Thinkstock/iStockphoto, **135** Thinkstock/iStockphoto, **135** Thinkstock/photodisc/David De Lossy, **135** */Anchels, **135** Thinkstock/Ingram Publishing, **135** */Ichbins11, **135** */MIMOHE, **135** */blas, **135** */Franz Pfluegl, **135** */Petra Beerhalter, **135** */davidundderriese, **136** */contrastwerkstatt, **136** */Berni, **136** */Berni, **136** */Berni, **136** */slava296, **136** */Berni, **136** */Berni, **136** */xy, **136** */lunamarina, **136** */Berni, **137** Thinkstock/Hemera, **137** */oranhall, **137** */Kzenon, **137** Thinkstock/iStockphoto, **137** */Margo Harrison, **137** Thinkstock/iStockphoto, **137** Thinkstock/iStockphoto, **137** */JackF, **137** */Africa Studio, **137** */Hirurg, **137** */stockyimages, **138** */qech, **138** */contrastwerkstatt, **138** Thinkstock/iStockphoto, **138** Thinkstock/iStockphoto, **138** Thinkstock/photodisc/Keith Brofsky, **138** */LVDESIGN, **138** */Santiago Cornejo, **139** */eyewave, **139** */jogyx, **139** */Joop Hoek, **139** */T. Michel, **139** Thinkstock/iStockphoto, **139** */dextroza, **139** Thinkstock/iStockphoto, **139** */lowtech24, **139** Thinkstock/iStockphoto, **139** Thinkstock/iStockphoto, **139** Thinkstock/Comstock, **139** */Picture-Factory, **139** Thinkstock/iStockphoto, **140** Thinkstock/iStockphoto, **140** Thinkstock/iStockphoto, **140** */zhu difeng, **140** */Gina Sanders, **140** */Bauer Alex, **140** */Andres Rodriguez, **140** */Kzenon, **140** */Alex Tihonov, **140** */Alex Tihonov, **140** */Christophe Fouquin, **140** */Sven Weber, **140** */mediagram, **140** */bradleyhebdon, **140** */Africa Studio, **140** */paul prescott, **140** */Tyler Olson, **141** */shotsstudio, **141** */luanateutzi, **141** */adisa, **141** */scaliger, **141** Thinkstock/Fuse, **141** Thinkstock/Andrey Burmakin, **141** Thinkstock/Digital Vision/RL Productions, **141** */Pumba, **141** */lightpoet, **141** Thinkstock/Fuse, **141** Thinkstock/iStockphoto, **141** */chamillew, **141** */gemenacom, **141** */mangostock, **141** */Tyler Olson, **141** */Kzenon, **142** */photocreo, **142** Thinkstock/photodisc/Siri Stafford, **142** */T. Michel, **142** */filtv, **142** */apops, **142** */Monkey Business, **143** */JJAVA, **143** */JJAVA, **143** */JackF, **143** */Pavel Losevsky, **143** */Pavel Losevsky, **143** */erwinova, **143** */JJAVA, **143** */Art Allianz, **143** */Sam Spiro, **143** */adisa, **143** */JackF, **143** */JackF, **143** */rufeh, **143** Thinkstock/Hemera, **143** */M. studio, **143** Thinkstock/iStockphoto, **144** */Minerva Studio, **144** */eyetronic, **144** */paul prescott, **144** */corepics, **144** */AlienCat, **144** */Thomas Francois, **144** */ag visuell, **144** */Minerva Studio, **144** */contrastwerkstatt, **145** */Art Allianz, **145** */adisa, **145** */Pumba, **145** */adisa, **145** */Vitaly Maksimchuk, **145** Thinkstock/iStockphoto, **145** */amlet, **145** Thinkstock/Brand X Pictures, **145** */

Joshhh, **145** */karandaev, **145** */808isgreat, **145** Thinkstock/iStockphoto, **145** */Andres Rodriguez, **146** */ruigsantos, **146** */Pixel & Création, **146** Thinkstock/iStockphoto, **146** */robert, **146** Thinkstock/Ingram Publishing, **146** */by-studio, **146** Thinkstock/Digital Vision, **146** */viperagp, **146** */OlegDoroshin, **146** */Pixelwolf2, **146** */VL@D, **146** */rekemp, **146** */Natalia Merzlyakova, **146** */spaxiax, **146** */Sunshine Pics, **146** */eyewave, **147** */nicknick_ko, **147** Thinkstock/iStockphoto, **147** Thinkstock/iStockphoto, **147** */Mingis, **147** */nyul, **147** Thinkstock/iStockphoto, **147** */Africa Studio, **147** */Minerva Studio, **147** Thinkstock/iStockphoto, **147** */fottoo, **147** */Africa Studio, **147** Thinkstock/iStockphoto, **147** */Digitalpress, **148** Thinkstock/Hemera, **148** Thinkstock/iStockphoto, **148** */cottonfioc, **148** */goodluz, **148** */Alen Ajan, **148** */Artur Bogacki, **148** */leungchopan, **148** */Paul Vinten, **148** Thinkstock/Jupiterimages, **148** */amarok17wolf, **148** */Scott Griessel, **148** */fxegs, **148** */terex, **149** */kameraauge, **149** */LianeM, **149** */XtravaganT, **149** */vom, **149** */dbvirago, **149** */Stuart Monk, **149** */legeartispics, **149** */phant, **149** */ArTo, **149** */Sorry, **149** */bbourdages, **149** */Furan, **149** */bluclementine, **150** Thinkstock/iStockphoto, **150** */AV, **150** Thinkstock/Mikhail Markovskiy, **150** */DragonImages, **150** */piccaya, **150** */Leonid Tit, **150** */ArtHdesign, **150** */womue, **150** */Maurizio Malangone, **151** */alex200464, **151** Thinkstock/iStockphoto, **151** */Arkady Chubykin, **151** Thinkstock/iStockphoto, **151** */djama, **151** */Schulz-Design, **151** */Martinan, **151** */Ammentorp, **151** */Gerhard Seybert, **151** Thinkstock/Digital Vision, **151** */travis manley, **152** */Nika Novak, **154** */Gennadiy Poznyakov, **154** */sdenness, **154** */contrastwerkstatt, **154** */Monkey Business, **154** */Robert Kneschke, **154** */shock, **154** */Monkey Business, **154** Thinkstock/iStockphoto, **154** */Cozyta, **154** Thinkstock/Comstock, **154** */tiero, **154** */contrastwerkstatt, **154** */hues, **155** */Gennadiy Poznyakov, **155** */kritchanut, **156** */luminastock, **156** */robert, **156** */yeyen, **156** */auremar, **156** */Javier Castro, **156** */peshkova, **156** */Gennadiy Poznyakov, **156** */Kzenon, **156** */sunabesyou, **156** */gemenacom, **156** */shock, **156** */Jürgen Fälchle, **156** */Nosvos, **156** */luminastock, **156** */kartos, **156** */peshkova, **157** */Olga Galushko, **157** */AVAVA, **157** */Tyler Olson, **157** */Sven Bähren, **157** */alco81, **157** */paylessimages, **157** */Robert Kneschke, **157** */auremar, **157** */ayutaroupapa, **157** */Aiwendyl, **157** */kmiragaya, **157** */contrastwerkstatt, **157** */Tomasz Trojanowski, **158** Thinkstock/iStockphoto, **158** */Africa Studio, **158** */Zerbor, **158** */dkimages, **158** */babimu, **158** */phloxii, **158** */Africa Studio, **158** */Vlad Ivantcov, **158** */Vladyslav Danilin, **159** */ThorstenSchmitt, **159** Thinkstock/PhotoObjects.net, **159** */lily, **160** Thinkstock/iStockphoto, **160** */leszekglasner, **160** */Mat Hayward, **160** */Konstantin L, **160** */josje71, **160** */xy, **160** */Creativa, **160** */Monkey Business, **160** */Monkey Business, **160** */aidaricci, **161** Thinkstock/iStockphoto, **161** */Marius Graf, **161** */muro, **161** */BEAUTYofLIFE, **161** */ia_64, **161** */lu-photo, **162** */Jörg Lantelme, **162** */Berni, **162** */Jeanette Dietl, **162** Thinkstock/Brand X Pictures, **162** */Randall Reed, **162** */Minerva Studio, **162** */trotzolga, **162** */johannesspreter, **162** */Africa Studio, **162** */Alexander Raths, **162** */contrastwerkstatt, **162** */agenturfotografin, **162** */lightpoet, **163** Thinkstock/James Woodson, **163** */CandyBox Images, **163** */Igor Mojzes, **163** */WavebreakmediaMicro, **163** */Africa Studio, **163** */Andres Rodriguez, **163** */xy, **163** */apops, **163** */pearl, **163** */Robert Kneschke, **163** */Markus Haack, **163** */lightpoet, **164** */Minerva Studio, **164** */WavebreakmediaMicro, **164** */goodluz, **164** */lightpoet, **164** */goodluz, **164** */Kzenon, **164** */CandyBox Images, **164** */Fuse, **164** */goodluz, **164** */pearl, **164** */mangostock, **164** Thinkstock/iStockphoto, **164** Thinkstock/Digital Vision, **165** */contrastwerkstatt, **165** */A_Bruno, **165** */WavebreakmediaMicro, **165** */Geo Martinez, **165** */Geo Martinez, **165** */endostock, **166** */Minerva Studio, **166** */apops, **166** */bevangoldswain, **166** */Adam Gregor, **166** */Kzenon, **166** */Kzenon, **166** */michaeljung, **166** */ontrastwerkstatt, **166** */Tyler Olson, **166** */Valentina R., **166** */contrastwerkstatt, **166** */Iurii Sokolov, **166** */Kzenon, **166** */Picture-Factory, **166** */Rido, **166** */nyul, **167** */goodluz, **167** */Kadmy, **167** */Peter Atkins, **167** */jörn buchheim, **167** */Kadmy, **167** */Kurhan, **167** */krizz7, **167** */Kadmy, **167** */ikonoklast_hh, **167** */Marén Wischnewski, **167** */apops, **167** */goodluz, **167** */Cyril Comtat, **167** Thinkstock/Andriy Fomenko, **167** */manu, **167** */petert2, **168** */Monika Wisniewska, **168** Thinkstock/iStockphoto, **168** */goodluz, **168** */Minerva Studio, **168** */Kzenon, **168** */Kzenon, **168** Thinkstock/Photodisc, **168** */Kzenon, **168** */Claudia Nagel, **168** */Minerva Studio, **168** */Kzenon, **168** */contrastwerkstatt, **168** */CandyBox Images, **168** */Kzenon, **168** */Kzenon, **168** */Kurhan, **169** */goodluz, **169** */contrastwerkstatt, **169** */Igor Mojzes, **169** */mezzotint, **169** */claudiaveja, **169** */Andrey Kiselev, **169** */WavebreakmediaMicro, **169** */Elnur, **169** */diego cervo, **169** */Africa Studio, **169** */Africa Studio, **169** */berc, **169** */Natali_ua, **169** Thinkstock/Fuse, **169** */lightpoet, **169** */contrastwerkstatt, **172** */terex, **172** Thinkstock/iStockphoto, **172** */nikkytok, **172** */marcoprati, **172** */eyewave, **172** */Africa Studio, **173** */Africa Studio, **173** */Diana Taliun, **173** */Rulan, **173** */interklicks, **173** Thinkstock/iStockphoto, **173** Thinkstock/iStockphoto, **173** */Corwin, **173** */rangizzz, **173** */monstersparrow, **174** */Picture-Factory, **174** */Carlos Caetano, **174** */vda_82, **174** */vetkit, **174** */Jacek Fulawka, **174** */masterzphotofo, **175** */Viorel Sima, **175** */Mi.Ti., **175** */Brian Jackson, **175** */juniart, **175** */Oksana Kuzmina, **175** */Marcin Sadlowski, **176** */Gelpi, **178** */TAlex, **178** */karandaev, **179** */Maksym Yemelyanov, **179** */Vitas, **179** */romantiche, **179** */rawcaptured, **179** */AVD, **179** */Sergey Dashkevich, **179** Thinkstock/iStockphoto, **179** */Artur Synenko, **179** */dimakp, **179** */heigri, **179** */Lusoimages, **179** */Apart Foto, **179** */sonne fleckl, **179** */Manuela Fiebig, **179** */Klaus Eppele, **179** */Artur Synenko, **180** */Gina Sanders, **180** */snyfer, **180** */snyfer, **180** */Iurii Timashov, **180** */Iurii Timashov, **180** */Iurii Timashov, **180** */Iurii Timashov, **180** */Iurii Timashov, **180** */Iurii Timashov, **180** */WonderfulPixel, **180** */Iurii Timashov, **180** */Iurii Timashov, **180** */Iurii Timashov, **181** */WonderfulPixel, **181** */WonderfulPixel, **181** */WonderfulPixel, **181** */WonderfulPixel, **181** */WonderfulPixel, **181** */vasabii, **181** */grgroup, **181** */Skipio, **181** */vector_master, **181** */Scanrail, **181** */Vectorhouses, **181** */Vectorhouses, **181** */Vectorhouses, **182** */Metin Tolun, **182** */inal09, **182** */electriceye, **182** */Do Ra, **182** */Do Ra, **182** */Do Ra, **182** */Do Ra, **182** */Do Ra, **182** */Do Ra, **182** */Do Ra, **182** */Palsur, **182** */marog-pixcells, **182** */Palsur, **183** */mtkang, **183** */Taffi, **183** */pizuttipics, **183** */by-studio, **183** */Scanrail, **183** */RTimages, **183** */Aleksandr Bryliaev, **183** */JcJg Photography, **183** */Coprid, **183** */tanatat, **183** */Palsur, **183** */Andrew Barker, **184** */ashumskiy, **184** */Gewoldi, **184** */Vitas, **184** */singkham, **185** */Sebalos, **185** */tomispin, **185** */manaemedia, **185** */Niceregionpics, **185** */thanomphong, **185** */Lusoimages, **186** Thinkstock/Alexander Podshivalov, **186** */wellphoto, **186** */Stefan Körber, **186** */Pavel Losevsky, **187** */TrudiDesign, **187** */WavebreakmediaMicro, **187** */ArtHdesign, **187** */valdis torms, **187** */cirquedesprit, **187** */Alexandra Gl, **187** */Sergey Nivens, **187** */imkenneth, **187** */WavebreakMediaMicro, **188** */jfv, **188** */pressmaster, **188** */jminso679, **188** */Marco2811, **188** */Johanna Mühlbauer, **188** */A_Bruno, **189** */pedrosala, **189** */fotomatrix, **189** */Uwe Bumann, **189** */robert, **189** */Milan Surkala, **189** */the_builder, **189** */reich, **190** */Scanrail, **190** */Dron, **190** */drubig-photo, **190** */mirabella, **190** */gradt, **191** */gradt, **191** Thinkstock/iStockphoto, **191** */JiSIGN, **191** */JiSIGN, **191** */JiSIGN, **191** */Rido, **191** */auremar, **192** */Elenathewise, **194** */mirpic, **194** */KB3, **194** Thinkstock/Stockbyte, **195** */lesniewski, **195** */Lario Tus, **195** */Melinda Nagy, **195** */kostasaletras, **195** */contrastwerkstatt, **195** */

beachboyx10, **196** Thinkstock/iStockphoto, **196** */Val Thoermer, **197** Thinkstock/Dorling Kindersley RF, **197** */snaptitude, **198** */
Pavel Losevsky, **198** */.shock, **198** */Nicholas Piccillo, **198** Thinkstock/Photodisc, **198** Thinkstock/Photodisc, **198** Thinkstock/
Photoobjects.net, **198** */.shock, **198** */micromonkey, **199** */kromkrathog, **199** Thinkstock/Fuse, **199** */Stian Iversen, **200** */Tan
Kian Khoon, **200** */modestil, **200** */Igor Sokolov, **200** */piai, **200** */Will Hughes, **200** */Actionpics, **200** */Kelpfish, **200** */Africa
Studio, **200** */Brocreative, **200** */karaboux, **200** */Lance Bellers, **200** */Sean Gladwell, **200** */by-studio, **201** */kanate, **201** */
by-studio, **201** */Michael Pettigrew, **201** Thinkstock/Ingram Publishing, **202** */Katya Constantine, **202** */Nicholas Piccillo, **203** */
Dmitry Vereshchagin, **203** */PinkBlue, **203** */PinkBlue, **203** */PinkBlue, **204** */Kris Strach, **204** */Kzenon, **204** */Kzenon, **205** */
Quasarphoto, **205** */sumnersgraphicsinc, **205** */sumnersgraphicsinc, **205** */Veniamin Kraskov, **205** */Apart Foto,
205 */RTimages, **206** */zozulinskyi, **206** */Stefan Schurr, **206** */berc, **206** */mezzotint, **206** */ekarin, **206** Thinkstock/Digital Visi-
on, **207** */Sportlibrary, **207** */lilufoto, **207** */roibu, **207** Thinkstock/TongRo Images, **207** */lilufoto, **207** Thinkstock/iStockphoto,
207 Thinkstock/iStockphoto, **207** */Michael Rosskothen, **207** */Oscar Brunet, **207** */Oscar Brunet, **207** Thinkstock/Comstock/
JupiterImages, **208** */alessandro0770, **208** */Stefan Schurr, **208** */Maridav, **208** Thinkstock/moodboard, **208** */endostock, **208**
*/lightpoet, **208** */yanlev, **208** Thinkstock/Fuse, **208** */Wong Hock Weng, **209** */Andres Rodriguez, **209** */goldenangel, **209** */
wellphoto, **209** Thinkstock/Digitial Vision, **209** */wellphoto, **209** */Cpro, **209** */Cpro, **209** */Birgit Reitz-Hofmann, **209** */Kitch
Bain, **209** */Tony Taylor Stock, **209** */xy, **210** */marsyk, **210** */Sportlibrary, **210** */agentur2728.de, **210** Thinkstock/Hemera @
Getty Images, **211** Thinkstock/iStockphoto, **211** Thinkstock/iStockphoto, **211** Thinkstock/Comstock, **212** Thinkstock/iStockphoto,
212 */dima266f, **212** */Maridav, **212** */Anion, **212** */beatrice prève, **212** Thinkstock/Hemera, **212** */EpicStockMedia, **212** Think-
stock/iStockphoto, **212** Thinkstock/iStockphoto, **212** Thinkstock/Monkey Business, **213** Thinkstock/Fuse, **213** Thinkstock/iStock-
photo, **213** Thinkstock/Pixland, **213** */attltibi, **213** */attltibi, **213** */belinka, **213** */Andrey Kiselev, **213** */auremar, **213** */tunedin, **213**
Thinkstock/Hemera, **213** */Dmitry Vereshchagin, **213** */Elnur, **214** */Kseniya Abramova, **215** */Thierry RYO, **215** */Kseniya Abra-
mova, **215** */Kseniya Abramova, **215** Thinkstock/Thomas Northcut @ Getty Images, **215** */Margo Harrison, **215** */fifranck, **215** */
hosphotos, **215** */Heike und Hardy, **215** Thinkstock/iStockphoto, **215** */PackShot, **215** */auremar, **216** */Ljupco Smokovski, **216** */
SS1001, **216** */Vadim Bukharin, **216** */Dmitry DG, **217** */ftlaudgirl, **217** */U. Woell, **217** */Anton Gvozdikov, **217** */project1photogra-
phy, **217** */Volker Skibbe, **217** */Marcelo Dufflocq, **217** Thinkstock/iStockphoto, **217** */roblan, **217** */andreshka, **217** */stoonn, **217** */
daseaford, **217** */sablin, **217** */garry_images, **218** */dell, **218** */Silvano Rebai, **218** */dell, **218** */victor zastol'skiy, **218** */mradlgruber,
218 Thinkstock/iStockphoto, **218** */© Olympixel, **218** */Val Thoermer, **218** */terranova_17, **219** Thinkstock/iStockphoto, **219**
Thinkstock/moodboard, **219** */Galina Barskaya, **219** Thinkstock/Hemera, **219** */Dreef, **219** */Steeve ROCHE, **219** Thinkstock/
iStockphoto, **219** Thinkstock/Photodisc/Ryan McVay, **219** */corepics, **219** */Lsantilli, **220** Thinkstock/iStockphoto, **220** */Netzer
Johannes, **220** */Stefan Schurr, **220** */inigocia, **220** */Netzer Johannes, **220** */Jan Kranendonk, **220** */monster85, **220** */Avant-
garde, **220** */photomag, **220** */storm, **220** */Fotoimpressionen, **220** */Marco2811, **220** */yanlev, **220** */lassedesignen, **220** */
Stefan Schurr, **220** */Grigorenko, **221** */lilufoto, **221** */3dmentat, **221** */maxoidos, **221** */Bergringfoto, **221** */Marin Conic, **221** */
Dimitar Marinov, **221** */just2shutter, **221** Thinkstock/iStockphoto, **221** */Shmel, **221** */olly, **221** Thinkstock/iStockphoto, **221**
Thinkstock/Cameron Spencer @ Getty Images, **221** */ChantalS, **221** */Felix Mizioznikov, **221** Thinkstock/Digital Vision, **221** */
artjazz, **222** Thinkstock/iStockphoto, **222** */okinawakasawa, **222** */VIPDesign, **222** */okinawakasawa, **222** */starush, **222** */
Hetizia, **223** Thinkstock/Wavebreak Media, **223** */Lerche & Johnson, **223** */Lerche & Johnson, **223** */Lerche & Johnson, **223** */
Lerche & Johnson, **223** Thinkstock/iStockphoto, **223** Thinkstock/iStockphoto, **223** */Lerche & Johnson, **223** */Wisky, **223** */nito,
223 */Kzenon, **224** */Africa Studio, **226** Thinkstock/iStockphoto, **226** Thinkstock/Digital Vision, **226** Thinkstock/iStockphoto, **226**
Thinkstock/Purestock, **226** Thinkstock/iStockphoto, **226** */Andrey Burmakin, **226** */Andrey Burmakin, **226** */Nejron Photo, **226**
Thinkstock/JupiterImages © Getty Images, **227** Thinkstock/Digital Vision, **227** Thinkstock/Digital Vision, **227** Thinkstock/Digital
Vision, **228** Thinkstock/iStockphoto, **228** */Africa Studio, **228** */Kalim, **228** Thinkstock/iStockphoto, **228** */ysbrandcosijn, **229** */
Klaus Eppele, **229** */scalaphotography, **229** */cynoclub, **229** */Brian Jackson, **229** */mekcar, **229** */by-studio, **229** */Henry
Schmitt, **229** */Henry Schmitt, **229** */alephcomo1, **229** */Henry Schmitt, **229** */deusexlupus, **229** */apops, **229** */MUE, **229** */
MUE, **229** */MUE, **229** thinkstock/Hemera (Cagri Oner), **230** */ReMuS, **230** */soerenkuhrt, **230** */Maruba, **230** */cjansuebsri, **230**
Thinkstock/iStockphoto, **230** */Constantinos, **230** */ILYA AKINSHIN, **230** */dvs71, **230** */Jürgen Fälchle, **230** */Uros Petrovic, **230**
*/Distrikt3, **230** */Lucky Dragon USA, **230** */Denis Ivatin, **230** */photlook, **230** */Klaus Eppele, **230** */venusangel, **231** Think-
stock/iStockphoto, **231** */visivasnc, **231** */sumnersgraphicsinc, **231** */ArtFamily, **231** Thinkstock/iStockphoto, **231** */ysbrandcosijn,
231 */jehafo, **232** */Andrey Armyagov, **232** Thinkstock/iStockphoto, **232** */G.Light, **232** Thinkstock/Digital Vision/A J James, **232**
Thinkstock/iStockphoto, **232** */bizoo_n, **233** */Bombaert Patrick, **233** */tuja66, **233** */Giuseppe Porzani, **233** */ILYA AKINSHIN,
233 */jiggo, **234** */starman963, **234** */Kirill Zdorov, **234** */tobago77, **234** */Steve Mann, **234** */Michael Flippo, **234** Thinkstock/
iStockphoto, **234** */Martina Berg, **234** */st-fotograf, **234** */imagika, **234** Thinkstock/iStockphoto, **234** */WavebreakMediaMicro,
234 */jillchen, **234** */Alexander Raths, **235** */Warren Millar, **235** Thinkstock/Stockbyte, **235** Thinkstock/iStockphoto, **235** Think-
stock/iStockphoto, **235** Thinkstock/iStockphoto, **235** Thinkstock/iStockphoto, **235** */ksena32, **235** Thinkstock/iStockphoto, **235**
*/AllebaziB, **235** */Barbara Pheby, **235** Thinkstock/Hemera, **235** */womue, **235** */Liliia Rudchenko, **235** Thinkstock/iStockphoto,
235 */jogyx, **235** */Marius Graf, **236** */Regina Jersova, **236** */bittedankeschön, **236** Thinkstock/iStockphoto, **236** */franzgustin-
cich, **236** */openlens, **236** */bruniewska, **236** */Amid, **236** Thinkstock/iStockphoto, **236** */Gino Santa Maria , **236** Thinkstock/
iStockphoto, **236** */krimzoya46, **236** */sandis94, **236** */tsaplia, **236** */tigger11th, **236** */neirfy, **236** */bahrialtay, **237** */akekoksom,
238 Thinkstock/iStockphoto, **238** Thinkstock/iStockphoto, **238** */Sergiogen, **238** Thinkstock/iStockphoto, **238** */babimu, **239** */
uckyo, **239** */RTimages, **239** */Africa Studio, **239** */Africa Studio, **239** */luiscarceller, **239** */Neyro, **239** */kornienko, **239** Think-
stock/thinstock Ablestock.com @ Getty Images, **239** */Mushy, **239** */maestria_diz, **239** Thinkstock/iStockphoto, **239** */U.
Hardberck, **239** */Andreja Donko, **239** */koosen, **239** Thinkstock/iStockphoto, **239** Thinkstock/Hemera @ Getty Images, **240** */
Printemps, **240** */Africa Studio, **240** Thinkstock/iStockphoto, **240** */shooarts, **240** */Vyacheslav Plyasenko, **240** */Artranq, **240**
Thinkstock/JupiterImages © Getty Images, **240** */Firma V, **240** */ronstik, **240** */lunamarina, **240** */iampuay, **240** */Kuzmick,
240 */marysa03, **241** Thinkstock/Fuse, **241** Thinkstock/Creatas Images, **241** Thinkstock/Fuse, **241** */Kzenon, **241** */nyul, **241** */

Sergey Nivens, **241** */Nejron Photo, **242** */Robert Neumann, **242** */ratana_k, **242** */Marius Graf, **242** Thinkstock/iStockphoto, **242** */Unclesam, **242** */indigolotos, **242** */Birgit Reitz-Hofmann, **242** */fotomanu21, **242** */Hamik, **243** */Lichtmaler, **243** */Cmon, **243** Thinkstock/iStockphoto, **243** */DoraZett, **243** */NoName, **243** */RTimages, **243** */avtor_ep, **243** Thinkstock/Comstock, **243** */Dan Race, **243** Thinkstock/Digital Vision/Ryan McVay, **243** Thinkstock/Ingram Publishing, **243** Thinkstock/iStockphoto, **243** */seen, **244** Thinkstock/Zoonar, **244** */donfiore, **244** Thinkstock/iStockphoto, **244** */eldadcarin, **244** */eldadcarin, **244** */Anja Roesnick, **244** */Anja Roesnick, **244** */Anja Roesnick, **244** */Africa Studio, **244** */Foto-Ruhrgebiet, **244** Thinkstock/Zoonar, **244** */eldadcarin, **244** */STUDIO12, **245** Thinkstock/iStockphoto, **245** */sergign, **245** */schoki_01, **245** */aleciccotelli, **245** */Fyle, **245** */frank peters, **245** */Christer Tvedt, **246** */benjaminnolte, **246** Thinkstock/iStockphoto, **246** Thinkstock/Digital Vision/Alexander Hassenstein, **246** */Aleksandar Todorovic, **247** Thinkstock/iStockphoto, **247** */f9photos, **247** Thinkstock/iStockphoto, **247** */photocrew, **247** Thinkstock/iStockphoto, **247** */Aleksandar Todorovic, **247** */mikesch112, **247** */rangizzz, **247** */chulja, **247** Thinkstock/iStockphoto, **247** */pressmaster, **247** Thinkstock/iStockphoto, **247** */arnau2098, **248** */B. Wylezich, **248** */philipus, **248** */Angus , **248** */od - pictureworks, **248** */bergamont , **248** */risto0, **248** */full image, **248** */Coprid, **248** */f9photos, **248** */sss78, **248** */federicofoto, **249** */Africa Studio, **249** */Ljupco Smokovski, **249** */Danicek, **249** Thinkstock/iStockphoto, **249** */Alexey Potapov, **249** */scphoto48 , **249** */tolism, **250** */babimu, **252** */CLIPAREA.com, **252** */CLIPAREA.com, **253** */CLIPAREA.com, **253** */CLIPAREA.com, **254** Thinkstock/Zoonar, **254** Thinkstock/Hemera @ Getty Images, **254** Thinkstock/iStockphoto, **255** */mrgarry, **255** */turhanerbas, **256** */adimas, **257** */adimas, **258** */pixelcaos, **259** */3drenderings, **259** */3drenderings, **259** */3drenderings, **259** */3drenderings, **259** */3drenderings, **259** */3drenderings, **259** */arsdigital, **259** */pixelcaos, **260** */pixelcaos, **261** */pixelcaos, **261** */Diana Taliun, **262** */vectorus, **262** */Lsantilli, **262** */Sven Bähren, **262** */Tyler Olson, **262** */GordonGrand, **262** */iStockphoto, **263** */reflektastudios, **263** Thinkstock/oksun70, **263** */Robert Angermayr, **263** */silverrobert, **263** */Popova Olga, **263** */gradt, **264** */Alexander Raths, **264** */fhmedien_de, **264** */Creativa, **264** */ISO K° - photography, **264** */Sashkin, **264** */Africa Studio, **265** */Monkey Business, **265** */dalaprod, **265** */drubig-photo, **265** */drubig-photo, **265** */vladimir-floyd, **266** */Africa Studio, **266** */iko, **266** */DoraZett, **266** */Creativa, **266** */Gina Sanders, **266** */Subbotina Anna, **266** */drubig-photo, **266** */Ocskay Bence, **266** */detailblick, **266** */Kurhan, **267** */Creativa, **267** */underdogstudios, **267** */Dmitry Lobanov, **267** */rangizzz, **267** */Dan Race, **267** */Eisenhans, **267** */smikeymikey1, **268** Thinkstock/iStockphoto, **268** */Guido Grochowski, **268** */Dmitry Vereshchagin, **268** */HBK, **268** */treetstreet, **268** */Peter Atkins, **268** */Bandika, **268** */wckiw, **269** */ksena32, **269** */Igor Mojzes, **269** */st-fotograf, **269** */Vidady, **269** */Maridav, **269** Thinkstock/iStockphoto, **269** Thinkstock/iStockphoto, **269** */Kondor83, **269** */Gelpi, **269** */Volker Witt, **269** */apops, **269** */juefraphoto , **269** */Joss, **270** */CandyBox Images, **270** */alswart, **270** */hitdelight, **270** */unclepodger, **271** */Igor Zakowski, **271** */Rade Lukovic, **271** */draw05, **271** */blende40, **271** */Kurhan, **271** */Jessmine, **271** */contrastwerkstatt, **271** */apops, **272** */Alexandr Mitiuc, **272** Thinkstock/iStockphoto, **272** */Tyler Olson, **272** */Africa Studio, **273** */malajscy, **273** */Gerhard Brée, **273** */ep stock, **273** */ksl, **274** */Gennadiy Poznyakov, **274** */Tobilander, **274** */malajscy, **274** */starman963, **274** */Jim Vallee, **275** */danutelu, **275** */spotmatikphoto, **275** */Robert Kneschke, **275** */Dmitry Vereshchagin, **275** */itsmejust, **275** */Robert Kneschke, **275** */WONG SZE FEI, **276** */Africa Studio, **276** */Africa Studio, **276** */contrastwerkstatt, **276** */khuntapol, **276** */Coprid, **276** */Anatoly Repin, **276** */adisa, **276** */Borys Shevchuk, **276** */Manuel Schäfer, **276** */Nataraj, **277** */Gordon Saunders, **277** */seen, **277** */only4denn, **277** Thinkstock/Hemera, **277** */Coprid, **277** */blondina93, **277** */by-studio, **277** */Jiri Hera, **277** */Johanna Goodyear, **277** */Nazzu, **277** */Tharakorn, **277** */Tarzhanova, **277** */terex, **278** */Tatjana Balzer, **278** */Tyler Olson, **278** */Schlierner, **278** */Kzenon, **278** */modul_a, **278** */Nikki Zalewski, **278** */Khorzhevska, **278** */bertys30, **278** */Tran-Photography, **278** */Zdenka Darula, **278** */WONG SZE FEI, **278** */pearl, **278** */Taffi, **279** */Gennadiy Poznyakov, **279** */ecobo, **279** */pukall-fotografie, **279** */goodluz, **279** Thinkstock/Dorling Kindersley RF, **279** Thinkstock/iStockphoto, **279** */Artem Merzlenko, **280** */Han van Vonno, **282** */CandyBox Images, **282** */Roman Milert, **282** */Volker Witt, **282** */AK-DigiArt, **282** */Dario Lo Presti, **282** */benjaminnolte, **283** */Michael Schütze, **283** */brozova, **283** */Rodja, **283** Thinkstock/iStockphoto, **283** */cristi180884, **283** */Lisa F. Young, **284** Thinkstock/iStockphoto, **284** Thinkstock/Photodisc, **284** */VRD, **284** */Andre Bonn, **284** */shutswis, **285** */Lukas Sembera, **285** Thinkstock/liquidlibrary, **285** */marog-pixcells, **285** Thinkstock/iStockphoto, **285** */koszivu, **285** */Photographee.eu, **285** Thinkstock/iStockphoto, **285** */Monkey Business, **285** */Photographee.eu, **285** */Gerhard Seybert, **285** */Artem Furman, **286** */PictureArt, **286** */Pavel Losevsky, **286** */davis, **286** */Arcady, **286** */playstuff, **286** */beermedia, **286** */Lucky Dragon USA, **286** */Igor Kovalchuk, **287** */Christa Eder, **287** */Svetlana Gryankina, **287** */creAtive, **287** */Berry, **287** */Maygutyak, **287** */WoGi, **287** */Tobboo, **287** */jogyx, **287** */rouakcz, **287** */Silvano Rebai, **288** */Fiedels, **288** */nupsik284, **288** */Birgit Reitz-Hofmann, **288** */Claudio Divizia, **288** */GP, **288** */S.Kobold, **288** */amorfati.art, **288** */CPJ Photography, **288** */Zacarias da Mata, **288** */Hugh McKean, **288** */aquapix, **288** */Eric Gevaert, **289** */andrewburgess, **289** Thinkstock/iStockphoto, **289** */lassedesignen, **289** */Heinz Waldukat, **289** */Sergey Kamshylin, **289** */Nazzalbe, **289** */Kalle Kolodziej, **289** */Roy Pedersen, **289** */MacX, **289** */reeel, **289** */marqs, **289** */william87, **290** */Igor Kovalchuk, **292** Thinkstock/iStockphoto, **292** */Artenauta, **293** */fergregory, **294** */Jürgen Fälchle, **294** */peresanz, **294** */magann, **294** */vencav, **294** */virtua73, **294** */Kovalenko Inna, **294** */creatifixus, **294** */cbpix, **294** */Florent DIE, **294** */ping han, **294** */peresanz, **294** */kevron2001, **294** */peresanz, **295** */jeremyculpdesign, **297** */Arid Ocean, **298** */artalis, **299** */jokatoons, **299** */Thomas Röske, **299** */jokatoons, **299** */jokatoons, **299** */jokatoons, **299** */jokatoons, **299** */jokatoons, **299** */jokatoons, **299** */jokatoons, **299** */jokatoons, **299** */jokatoons, **299** */jokatoons, **299** */jokatoons, **299** */jokatoons, **299** */jokatoons, **299** */jokatoons, **300** */jokatoons, **300** */jokatoons, **300** */jokatoons, **300** */jokatoons, **300** */jokatoons, **300** */jokatoons, **300** */jokatoons, **300** */jokatoons, **300** */jokatoons, **300** */jokatoons, **300** */jokatoons, **300** */jokatoons, **300** */jokatoons, **300** */jokatoons, **300** */jokatoons, **300** */jokatoons, **301** */jokatoons, **301** */jokatoons, **301** */Thomas Röske, **301** */jokatoons, **301** */jokatoons, **301** */Pekchar, **301** */jokatoons, **301** */jokatoons, **301** */jokatoons, **301** */jokatoons, **301** */jokatoons, **301** */jokatoons, **301** */jokatoons, **302** Thinkstock/Hemera, **302** Thinkstock/Hemera, **302** Thinkstock/Hemera, **302** Thinkstock/Hemera, **302** Thinkstock/Hemera, **302** Thinkstock/Hemera, **302** Thinkstock/Hemera, **302** Thinkstock/Hemera, **302** Thinkstock/Hemera, **302** Thinkstock/Hemera, **302** Thinkstock/Hemera, **302** Thinkstock/Hemera, **302** Thinkstock/Hemera, **302** */Route66, **302** Thinkstock/Hemera, **302** Thinkstock/Hemera, **303** Thinkstock/Hemera, **303** Thinkstock/Hemera, **303** Thinkstock/Hemera, **303** Thinkstock/Hemera, **303**

Thinkstock/Hemera, **303** Thinkstock/Hemera, **303** Thinkstock/Hemera, **303** Thinkstock/iStockphoto, **303** Thinkstock/iStockphoto, **303** Thinkstock/iStockphoto, **303** Thinkstock/iStockphoto, **303** Thinkstock/iStockphoto, **303** Thinkstock/iStockphoto, **303** Thinkstock/iStockphoto, **303** Thinkstock/iStockphoto, **304** Thinkstock/iStockphoto, **304** Thinkstock/iStockphoto, **304** Thinkstock/iStockphoto, **304** Thinkstock/iStockphoto, **304** */romantiche, **304** */romantiche, **304** */romantiche, **304** */romantiche, **304** */romantiche, **304** */romantiche, **304** */romantiche, **304** */romantiche, **304** */romantiche, **304** */romantiche, **304** */romantiche, **304** */romantiche, **305** */romantiche, **305** */romantiche, **305** */romantiche, **305** */romantiche, **305** */romantiche, **305** */romantiche, **305** */romantiche, **305** */romantiche, **305** */romantiche, **305** */romantiche, **305** */romantiche, **305** */romantiche, **305** */romantiche, **305** */romantiche, **305** */romantiche, **305** */romantiche, **306** */romantiche, **306** */romantiche, **306** */romantiche, **306** */romantiche, **306** */romantiche, **306** */romantiche, **306** */romantiche, **306** */romantiche, **306** */romantiche, **306** */romantiche, **306** */romantiche, **306** */romantiche, **306** */romantiche, **306** */romantiche, **306** */romantiche, **306** */romantiche, **306** */romantiche, **307** */romantiche, **307** */romantiche, **307** */romantiche, **307** */romantiche, **307** */romantiche, **307** */romantiche, **307** */romantiche, **307** */romantiche, **307** */romantiche, **307** */romantiche, **307** */petra b., **307** */petra b., **307** */petra b., **307** */petra b., **308** */petra b., **308** */petra b., **308** */petra b., **308** */petra b., **308** */petra b., **308** */petra b., **308** */petra b., **308** */petra b., **308** */petra b., **308** */petra b., **308** */petra b., **308** */petra b., **308** */petra b., **308** */petra b., **308** */petra b., **308** */petra b., **309** */petra b., **309** */petra b., **309** */petra b., **309** */petra b., **309** */petra b., **309** */petra b., **309** */petra b., **309** */Yotama, **309** */petra b., **309** */petra b., **309** */petra b., **309** */petra b., **309** */petra b., **309** */petra b., **309** */petra b., **309** */petra b., **310** */petra b., **310** */petra b., **310** */petra b., **310** */petra b., **310** */petra b., **310** */petra b., **310** */petra b., **310** */petra b., **310** */Pekchar, **310** */megastocker, **310** Thinkstock/iStockphoto, **310** */Thomas Röske, **310** Thinkstock/iStockphoto, **310** Thinkstock/iStockphoto, **310** Thinkstock/iStockphoto, **310** Thinkstock/iStockphoto, **311** Thinkstock/iStockphoto, **311** */Thomas Röske, **311** Thinkstock/iStockphoto, **311** Thinkstock/iStockphoto, **311** Thinkstock/iStockphoto, **311** Thinkstock/iStockphoto, **311** Thinkstock/iStockphoto, **311** */jokatoons, **311** */yannik LABBE, **311** */Dream Cursor, **311** */sunt, **311** Thinkstock/iStockphoto, **311** */Andreas Meyer, **311** */DomLortha, **312** */Elena Petrova, **312** */Christian Pedant, **312** */Tomas Sereda, **312** Thinkstock/Fuse, **312** */Masson, **312** */Alliance, **312** */marog-pixcells, **312** */byheaven, **312** */joda, **312** */Miredi, **312** */momanuma, **312** */pictureguy32, **312** */bugphai, **313** */Nathan Jaskowiak, **313** */Vera Kuttelvaserova, **313** */rangizzz, **313** Thinkstock/Image Source, **313** */Leonid Tit, **313** */hjschneider, **313** */tiplyashina, **313** */Serg Zastavkin, **313** */Vera Kuttelvaserova, **313** */Vera Kuttelvaserova, **313** */RyszardStelmachowicz, **313** */Hamik, **313** */rangizzz, **314** */Sunny Forest, **314** Thinkstock/iStockphoto, **314** */Minerva Studio, **314** Thinkstock/iStockphoto, **314** */steffendia, **314** */FrankBirds, **314** */Sunshine Pics, **314** */Christophe Fouquin, **314** Thinkstock/iStockphoto, **314** */lassedesignen, **314** Thinkstock/iStockphoto, **314** Thinkstock/iStockphoto, **314** */Maygutyak, **314** */mario beauregard, **314** */victor zastol'skiy, **314** */macky_ch, **315** */scattomatto74, **315** */Sabine Kipus, **315** */Cmon, **315** */Dario Bajurin, **315** */jacare35, **315** */kohy, **316** */nni94, **316** Thinkstock/Ingram Publishing, **316** */ollirg, **316** */Martin M303, **316** */mrks_v, **316** */doris oberfrank-list, **316** Thinkstock/iStockphoto, **316** */steffus, **316** */smereka, **316** */Ben Burger, **316** */kentauros, **316** */Bernd S., **316** */Dario Bajurin, **316** */acceleratorhams, **316** */Fyle, **316** */Alena Stalmashonak, **317** */siimsepp, **317** */siimsepp, **317** */siimsepp, **317** */siimsepp, **317** */siimsepp, **317** */Tyler Boyes, **317** */siimsepp, **317** */Tyler Boyes, **317** */vvoe, **317** */wlad074, **317** */Tyler Boyes, **317** */iraries, **317** */Ekaterina Fribus, **317** */Ekaterina Fribus, **317** */marcel, **317** */siimsepp, **318** */boykung, **318** */Alexander Hoffmann, **318** */Alexander Hoffmann, **318** */Atiketta Sangasaeng, **318** */byjeng, **318** */Alexander Hoffmann, **318** */Alexander Hoffmann, **318** */apttone, **318** */Alexander Hoffmann, **318** */bigjo, **318** */Rozaliya, **318** */VL@D, **318** */Alexander Hoffmann, **318** */Alex Shadrin, **318** */Alexander Hoffmann, **318** */Alexander Hoffmann, **318** */Digipic, **318** */volff, **318** */Alexander Hoffmann, **318** */Alexander Hoffmann, **319** */Alexander Potapov, **319** */Tiler84, **319** */Tiler84, **319** */Tiler84, **319** */Tiler84, **319** */lamax, **320** */vladimirkim3722, **320** */k_kron, **320** Thinkstock/iStockphoto, **320** */iko, **320** */ürgen Fälchle, **320** */ondrej83, **320** */Heinz Waldukat, **320** */termis1983, **320** */Tom, **320** */mubus, **320** */veneratio, **320** */Roman Pyshchyk, **320** */Picture-Factory, **320** */Omika, **320** */funnycreature, **320** */Almgren, **321** */Nik, **321** */Tonanakan, **321** */motorlka, **321** */Pavlo Vakhrushev, **321** */Miroslawa Drozdowski, **321** */pia-pictures, **322** */Gang, **322** */Africa Studio, **322** */felinda, **322** */sergio37_120, **322** */eyetronic, **322** */sergio37_120, **322** */VICUSCHKA, **322** */tr3gi, **322** */Tim UR, **322** */alfastudiofoto, **322** */sergio37_120, **322** */lenkusa, **322** */sergio37_120, **322** */Friedberg, **322** */Africa Studio, **322** */Roxana, **323** */anankkml , **323** */Daniel Strauch, **323** */Stefan Körber, **323** */hans klein, **323** */juiceteam2013, **323** */audioscience, **323** */keller , **323** */flucas , **323** */ijacky , **323** */Tomashko , **323** */Serghei Velusceac , **323** */Andrea Wilhelm, **323** */tab62, **323** */Ichbins11, **323** */Studio Barcelona, **323** */volkerr, **324** */Farinoza, **324** */Eric Isselée, **324** */jagodka, **324** */Azaliya Elya Vatel, **324** */Eric Isselée, **324** */Uros Petrovic, **324** */Katrina Brown, **324** */eastmanphoto, **324** */nn-fotografie, **324** */cynoclub, **324** */biglama, **324** */Eric Isselée, **324** */grafikplusfoto, **325** Thinkstock/iStockphoto, **325** */Eric Isselée, **325** */JackF, **325** */Eric Isselée, **325** */Eric Isselée, **325** */Aaron Amat, **325** */Eric Isselée, **325** */Eric Isselée, **325** */anekoho, **325** */Christian Musat, **325** */Eric Isselée, **325** */Eric Isselée, **325** */Christian Musat, **325** */ILYA AKINSHIN, **325** */Eric Isselée, **325** */Eric Isselée, **326** */Eric Isselée, **326** */StarJumper, **326** */Eric Isselée, **326** */Anatolii, **326** */Vera Kuttelvaserova, **326** */Eric Isselée, **326** */Coprid, **326** */Eric Isselée, **326** */JackF, **326** */nexusseven, **326** */EwaStudio, **326** */cynoclub, **326** */anankkml, **326** */tiero, **326** */Taalvi, **326** */Eric Isselée, **327** */Alexander Potapov, **327** */Eric Isselée, **327** */Eric Isselée, **327** */Eric Isselée, **327** Thinkstock/iStockphoto, **327** Thinkstock/iStockphoto, **327** */Mike Price, **327** */Roman Samokhin, **327** */Eric Isselée, **327** */Eric Isselée, **327** Thinkstock/iStockphoto, **327** */maz12, **327** */Eric Isselée, **327** */Smileus, **327** */XK, **327** */anankkml, **328** */Eric Isselée, **328** */Steve Byland, **328** */Eric Isselée, **328** */Eric Isselée, **328** */Eric Isselée, **328** */Eric Isselée, **328** */Eric Isselée, **328** */fotomaster, **328** */jakgree, **328** */Farinoza, **328** */Farinoza, **328** Thinkstock/iStockphoto, **328** */Eric Isselée, **329** */Uryadnikov Sergey, **329** */phant, **329** */Eric Isselée, **329** */Eric Isselée, **329** */ILYA AKINSHIN, **329** */Janis Smits, **329** */Aaron Amat, **329** */ILYA AKINSHIN, **329** */Eric Isselée, **329** */fotomaster, **329** */Roman Samokhin, **329** */shishiga, **329** */Nicolette Wollentin, **329** */sval7, **329** */Eric Isselée, **329** */Eric Isselée, **330** */eastmanphoto, **330** */eastmanphoto, **330** */Smileus, **330** */Daniel Nimmervoll, **330** */kurapy, **330** */Eric Isselée, **330** */jagodka, **330** */Richard Carey, **330** */Anatolii, **330** */antpkr, **330** Thinkstock/iStockphoto, **330** */Eric Isselée, **330** */eastmanphoto, **331** */Irochka, **331** */Giuseppe Porzani, **331** */eyeblink, **331** */manuart, **331** */Eric Isselée, **331** */lunamarina, **331** */pistol7, **331** */Richard Carey, **331** */Witold Krasowski, **331** Thinkstock/Hemera, **331** Thinkstock/

iStockphoto, **331** */Coprid, **331** */tongdang, **332** */Oliver Klimek, **332** */Valeriy Kirsanov, **332** */defun, **332** */Alekss, **332** */JPS, **332** */Gewoldi, **332** */Henrik Larsson, **332** */vnlit, **332** */Klaus Eppele, **332** */xiaoliangge, **332** */VRD, **332** */Alekss, **332** */Marco Uliana, **332** */morelia1983, **332** */Zbyszek Nowak, **332** */npps48, **333** Thinkstock/iStockphoto, **333** */defun, **333** */Cosmin Manci, **333** Thinkstock/Hemear, **333** */fancyfocus, **333** */gertrudda, **333** */xjbxjhxm, **333** Thinkstock/iStockphoto, **333** */defun, **333** */emer, **333** */chungking, **333** */Coprid, **333** Thinkstock/iStockphoto, **333** */eastmanphoto, **333** */Carola Schubbel, **333** */natara, **334** */tescha555, **336** */DDRockstar, **336** */Denys Prykhodov, **336** */Denys Prykhodov, **336** */Denys Prykhodov, **336** */Denys Prykhodov, **336** */Denys Prykhodov, **336** */Denys Prykhodov, **336** */Africa Studio, **336** */Africa Studio, **336** */Africa Studio, **336** */DB, **339** */robert, **340** */magann, **340** */magann, **340** */magann, **340** */magann, **340** */magann, **340** */magann, **340** */magann, **340** */magann, **340** */magann, **340** */magann, **340** */magann, **340** */magann, **340** */magann, **341** */magann, **341** */magann, **341** */magann, **341** */magann, **341** */magann, **341** */magann, **341** */magann, **341** */magann, **341** */magann, **341** */magann, **341** */magann, **341** */vvoe, **341** */Lucky Dragon, **342** */tomreichner, **342** */Marco2811, **342** */merydolla, **342** */in-foto-backgrounds, **342** */Reicher, **342** */ARochau, **342** */Yahya Idiz, **342** */motorradcbr, **342** */Beboy, **342** */Dmytro Smaglov, **342** */Anton Gvozdikov, **342** */sborisov, **342** */Netzer Johannes, **343** */Maria Vazquez, **344** */Juulijs, **344** */m.u.ozmen, **344** */lucato, **344** */www.strubhamburg.de, **344** */guynamedjames, **344** */Jörg Hackemann, **344** */MaxWo, **345** */Al, **345** */hayo, **345** */ufotopixl10, **345** */vector icon, **345** */vector icon, **345** */vector icon, **345** */vector icon

Die neue visuelle PONS-Methode: SEHEN und (endlich) VERSTEHEN.

ISBN: 978-3-12-562687-4
[D] 17,99 € **[A]** 18,50 €

Jeder kann Grammatik lernen!

- Ein Bild sagt mehr als 1.000 Worte.
- Grammatik kann schön sein! Gehen Sie angstfrei an Themen heran, von denen Sie immer dachten, dass Sie sie nie verstehen werden.
- Komplexe und „trockene“ Regeln werden übersichtlich und einfach dargestellt.
- Mit visuellen Darstellungen, wie z. B. Bildern, Grafiken, Piktogrammen u.v.m., prägen sich selbst schwierigste Phänomene leicht ein.

Lernen Sie erfolgreich Grammatik mit der neuen visuellen PONS-Methode!

Für visuelle Lerntypen, denen das Grammatiklernen bisher schwergefallen ist. Anfänger (A1) bis Fortgeschrittene (B2).

PONS
www.pons.de

Mit Bildern effizienter Vokabeln lernen.

ISBN: 978-3-12-562845-8
[D] 14,99 € **[A]** 15,50 €

Die neue visuelle Methode:
SEHEN und (endlich) VERSTEHEN.

- 800 farbige Bildkarten mit 2.000 Wörtern – thematisch sortiert und mit phonetischer Umschrift.
- Deutsche Übersetzung inkl. phonetischer Umschrift auf der Rückseite.
- Mit der bewährten 5-Fächer-Methode für Ihren Lernerfolg.
- **Extra:** Farbleitsystem für die einzelnen Themengebiete auf jeder Karte.

PONS
www.pons.de

PONS

Bildwörterbuch
Spanisch – Deutsch

Mit Premium-App

Bearbeitet von: María del Carmen Almendros de la Rosa, Anette Dralle, Montserrat Varela, Dr. Christiane Wirth

Entwickelt auf der Basis des PONS Bildwörterbuchs Spanisch
ISBN 978-3-12-517898-4

Bearbeitet von: María del Carmen Almendros de la Rosa, Anette Dralle, Georgina Moore, Gregor Vetter, Dr. Christiane Wirth

Warenzeichen, Marken und gewerbliche Schutzrechte
Wörter, Fotos und Abbildungen, die unseres Wissens eingetragene Warenzeichen oder Marken oder sonstige gewerbliche Schutzrechte darstellen, sind als solche – soweit bekannt – gekennzeichnet. Die jeweiligen Berechtigten sind und bleiben Eigentümer dieser Rechte. Es ist jedoch zu beachten, dass weder das Vorhandensein noch das Fehlen derartiger Kennzeichnungen die Rechtslage hinsichtlich dieser gewerblichen Schutzrechte berührt.

PONS verpflichtet sich, die dieses Buch ergänzende App mindestens bis Ende 2019 bereitzustellen. Einen Anspruch der Nutzung darüber hinaus gibt es nicht.

1. Auflage 2017 (1,01 – 2017)

© PONS GmbH, Stuttgart 2017
Alle Rechte vorbehalten

www.pons.de
E-Mail: info@pons.de

Projektleitung: Helen Schmidt
Gestaltung: Petra Michel, Essen
Umschlaggestaltung: Anne Helbich, Stuttgart
Satz: Satzkasten, Stuttgart
Umschlagfotos (vorne) von links nach rechts: Shutterstock/Lepas, Shutterstock/Turumtaev Ildar, Shutterstock/grynold
Umschlagfoto hinten: Graphicriver
Logoüberarbeitung: Sabine Redlin, Ludwigsburg
Druck: L.E.G.O. S.p.A., Lavis (TN)
Printed in Europe

ISBN: 978-3-12-516082-8